赵富海 著

南丁与文学豫军

河南人民出版社

图书在版编目(CIP)数据

南丁与文学豫军 / 赵富海著. — 郑州：河南人民出版社，2018.9
ISBN 978-7-215-11649-8

Ⅰ. ①南… Ⅱ. ①赵… Ⅲ. ①南丁-评传 Ⅳ. ①K825.6

中国版本图书馆 CIP 数据核字(2018)第 123381 号

河南人民出版社出版发行

（地址：郑州市经五路66号　邮政编码：450002　电话：65788053）
新华书店经销　　河南瑞之光印刷股份有限公司印刷
开本　710毫米×1000毫米　1/16　印张　26
字数　320千字
2018年9月第1版　　2018年9月第1次印刷

定价：58.00元

一个文学时代的取象

——序赵富海《南丁与文学豫军》

廖 奔

我是河南人,河南出作家。徐玉诺、苏金伞、姚雪垠、李季、魏巍、赵青勃、李準、张有德、乔典运、段荃法、徐慎、张一弓、田中禾、张宇、李佩甫……南丁说:文学豫军。

我是南阳人,南阳出小说家。二月河、周同宾、孙建英、殷德杰、周熠、李克定、李天岑、马本德、赵德玺、行者、秦俊、王俊义、窦跃生、廖华歌、张克峰、韩向阳……南丁说:小说出南阳。

南丁谁也?河南名作家,20世纪50年代以小说《检验工叶英》《科长》成名,80年代以小说《旗》开反思文学先河,《他们两个短暂一生的编年史》《尾巴》对文坛影响深刻,随即掌河南作协、文联牛耳,拉起文学豫军,小说散文随笔诗歌评论各体皆备,叱咤河南文坛30年。

中华先民以为河南据天地之中,赵富海《历史走动的声音》之著,即通过对中岳嵩山"天地之中"历史建筑群落方位观、文化脉与精神源的叩问,探询古人的天地宇宙人文思维方式。河南人因此爱说"中"。河南文化人因此而自豪、自信、自强,当然我希望没有捎带上自大、自满、自闭。

河南作家乔典运说：河南是中国的娘。皖人南丁也说：中州语言甲天下。他推崇河南话，特别是农民语言，生动、形象、准确、精练、幽默、上口、易懂、内涵丰富。赵富海鲁人，也认为河南语言富有表现力和感染力。

我离开了河南，又长期脱离了文学创作，但对文学豫军也耳熟能详，更知有小说宛（南阳）军，又更知有中州作家群。我与他们擦肩而过。当年，我在黄泛区知青农场懵懂学诗时，河南诗界苏金伞俯瞰众生，王绶青、王怀让如日中天。古典、外来之外，我读郭沫若、闻一多、艾青、李季、臧克家、阮章竞、贺敬之、郭小川、李瑛、严阵、雷抒雁。处女作《风雨护秧》发表在1974年《河南文艺》上。1979年写《我是个偶像崇拜者》投《诗刊》，通知采用后又退回，编辑写了封中肯的道歉信，说是风向突变——它浇息了我成为新诗人的激情，于是去搞文艺理论。我在北京用公共语写作，自己觉得脱离了语言本土，不接地气。也有离开而未脱地气的，如豫籍旅京作家成就卓显者周大新、刘庆邦、朱秀海、刘震云、阎连科、柳建伟，他们被笼统包括在中州作家群内。现我工作回归作家队伍，可以重新打理旧业了，颇感惬意。赵富海的《南丁与文学豫军》来得逢时，为我了解区域文学状况提供了一个便捷的切入口，我因而不胜欣跃。

文学豫军！中原地区在新中国成立前灾荒战乱频仍，水旱蝗汤蒋日伪拉锯，文人们逃难离散躲避不及，未能像陕晋冀鲁和东北那样聚合起文学新军，尽管此后奋起直追，仍然长久不可望人项背。新时期河南农村题材创作井喷，豫军成形。富海说，20世纪80年代后，文学豫军的干将们多自学成才，分布各处，身份从农民、工人、教师、干部到编辑、记者不等。"黄埔一期"（1980年河南省第一期文学讲习班）开始把他们集合，树旗者南丁。南丁育人团军，经他手调入文学岗位而至今活跃的作家有夏挽群、田中禾、张斌、孙方友、李佩甫、郑彦英、杨东明、齐岸青、赵富海等，组建起一支强健的专业作家队伍，给它宽松的写作环境，并以众多评点文章团聚、培育和扶持它。南丁领导并创办了大型文学期刊《莽原》以及《故事家》《散文选刊》《当代人报》《传奇文学选刊》《文艺百家报》《专业户报》等，筹建了文学院，为河南文坛开辟出阵地：搭个窝，你们在这里下蛋吧！

蛋陆续下出，地域、环境、氛围、气候、基因、气质、风格、流派的体现与集合体，所谓"国风"——中原文学之风。文学豫军多为新时期的一代人，如写小说成绩卓显而上面未提到的南豫见、王钢、墨白、孟宪明、王安琪、邵丽、李洱、乔叶、郭萍、原非、申剑、郑竞业、朱根发、刘向阳、兀好民、张兴元、侯钰鑫、傅爱毛等等。又有散文名家王剑冰。南丁说：河南省创作优势在农村题材，作家多是写农村的好手，作品的乡土韵味耐人品尝。从此豫军横空出世进入中国文坛，至上世纪90年代起与文学陕军、晋军、湘军、京派、海派、白洋淀派争锋逐鹿。南丁的个人贡献在于为文学豫军开掘出一片土壤，呵护出一个环境，改变了一方水土，氤氲成一个气场，使之葱郁成一片共生林，从而创造出一个特定时段的文学气候圈，烘托出近30年的河南文坛盛世。一方人文物理奠定一方文学。诗的建安诗派、齐梁体、大历十才子、新乐府运动，词的花间派、辛词豪放派，戏曲的吴江派、苏州派，绘画的吴门画派、扬州八怪，皆有生态类同处。

文坛上或少成就一位小说大家，河南文学苗圃却出现一位不可或缺的园丁。南丁虽未尽罄个体创作之才，却树起了一方文学旗帜，人称"中原文坛祭酒"，他把一段区域文化创造织入了中国文学大纛，丰盈了当代文学史。尽管他自己遗憾：遏制住小说创作的好势头去当了8年文联主席、党组书记，没能写出一部长篇小说。然而，南丁既立了言更立了德，他成为中原文化的一个特殊符号，南丁现象则成为中国当代文学的成功案例。

南丁行了善政，行善政是会被人记住的。富海说，南丁的善政就是对作家你我不分家，宽厚待人，在一起抽烟、喝酒、啜茶、聊大天中了解大家的需求，然后热心、诚心、急心地想方设法解决文学的条件问题，为作家写作铺路搭桥。他为人淳朴坦诚、幽默洒脱，执著于责任和服务，慷慨地挥洒着温馨与爱。于是,作家们也就把他当成哥儿们兄弟,推心置腹,更景仰他的人格魅力而齐集麾下。南丁说:作家最终拼的是人格。河南文坛气候也一度系于南丁的人格——这也是富海写作《南丁与文学豫军》的初衷。许多作家感恩于南丁的拔擢,他在现体制下帮助这些人从生存状态进入创作境界,于是,他们成名成家不忘本源:盛名岂止因佳作,兴振豫军无量功。文学豫军中人对南丁的崇仰,更是一代作家对合宜旗手及其所创辟文学环境的依恃、眷恋与珍惜。我从中看到的是同声相应、同气相求的依存关系,体味到的是鱼水和谐互相滋养的融洽气氛,感慨的是个体精神对区域文化气候的影响之大。文学豫军享有了这个前提,这是中原文学之幸。

文学是脆弱的,文学环境是脆弱的,人也是脆弱的,南丁终因年龄原因要谢幕了。但愿南丁的谢幕没有带走河南的一个文学时代。富海作为此一时代的个中人,在经历了文学豫军的鼎盛时期之后,回顾生长环境,用一首牧歌式的追忆作品,为南丁、也为这个文学时代铸刻了碑铭。

这个文学时代由一批信奉生活真知的人构成,他们为文学遭尽磨难蹉跎也享受到其光鲜荣耀,至今还恪守着既定的观念:深入生活。小说《鸡毛信》作者华山,虽娶了著名粤剧艺术家红线女为夫人,仍常年屯住河南太行山脉中的林县,写红旗渠,南丁说他魂系太行,最后骨灰撒入漳河。1958年被打成右派落户大别山4年的南丁受华山激励,为了深入了解山民,1970年又自愿举家迁入南阳伏牛山腹地3年。1961年,在兰州大学中文系读三年级的田中禾为了当作家,退学做了农民,写出后来影响全国的系列小说。即使被打成右派,他们也讴歌生活的馈赠。国庆10周年,在新县劳动改造的右派作家南丁和徐慎举酒庆贺,徐慎说:"他们不当右派能这样深这样近地了解生活了解人民吗?咋能写出好作品?就得看着咱们写!来,为他们没有当右派咱们当了右派干杯!"而今的网络文学写手日书万言夜进斗金,早已与深入生活派道不同不相与谋。富海也在为深入生活派撰写一首挽歌吗?

富海是文学豫军中一个独特的存在。他不安分于写小说,是小说家里喜欢谈历史文化的,他的作品写中州、写民俗、写盆景,却又用小说结构、散文笔法、诗歌意境来组合,语言则口头而家常,使你于惊诧艳羡中感受别样文境与别样心境。此书亦写法别致、结构新奇,不同于同类作品,既非文学史,亦非回忆录,亲历、直感、生动、贴切,边阐发其思边介绍背景边回忆中人边叙议评点。手法则回环牵绕,连带出击,似以人为经,又以时为线,更以思路牵文脉、作品带时代,跟着感觉、回忆走,解读作品不仅理性把握而且直感切近,细节多于概括,鲜活多于枯涩,遣词汪洋恣肆,文思汹涌澎湃,联想式的、跳跃的、意识流的,忽而描写,忽而引文,忽而评议,忽而感叹,"拿来"甚至不用引号,你竟分不清是谁的文字,然而却出奇和谐地风格统一,组成琳琅满目、色彩斑斓的理论推衍与真实生活图景。这是血肉粘连而非冷静旁观的议论,尽管也有理论框定,观察眼光与描写笔触却是小说式的,烟雾一缕,娓娓道来。如说南丁:稳如山石,静如止水。且加入人格评判:正派友好善良厚道。还特别点出南丁的悲悯情怀。写一个人,却状摹出一个时代,勾勒出了文学豫军的整体形象。当然,崇敬心态与追随者身份而非驾驭视角,或限制了作者对于对象的宏观定位与客观评述,但你能苛求知恩图报么?

于是,一部极为特殊的文学传记、回忆录、流派论、断代史合成了,从一个未被人使用过的视角论述了文学与环境、与氛围、与群体、与个人的关系,情理充沛、真气饱涨、引入深琢、开蒙发悟。

我于是也仿其笔法,赓其韵也好,以其人之道还治其人之身也好,总归不是我的惯常做法,在我的文集里从未出现过此种风格,写出上面文字。遭赵拐带?借赵突围?

你明净的身影,抑或在文学中再活一次
(代前言)

何南丁少壮来河南,他的骨肉血性与中原文化缠绕沧桑在一起,"咱河南,咱河南"了60多年,安徽人成了河南人。南丁远行,他辽阔人生中最纯净的留了下来,他把生命、才华、心血都给了河南文学乃至中国文学,有评论家说南丁闪烁着青铜般的光泽。

人类经历过青铜时代,大约是4000年,我想到了一座青铜,它是3000多年前西周初年无名氏铸冶记录何氏家族事迹的,名何尊,1963年在陕西宝鸡出土,何尊高38.8厘米,口径28.8厘米,重14.6公斤。内底刻有122字的铭文,说到何氏先父追随文王平天下而建功立业,周平王封地于何。铭文中有一句话"余其宅兹中国",这是"中国"二字第一次出现在实物上,传递出地理信息和文化内涵。我的"嵩山文化"二卷、长篇报告文学《历史走动的声音:天地之中历史建筑群申遗纪实》写到周公嵩山立杆测天地之中,嵩山周边是中国的"天地之中",外国也将中国视为世界的"天地之中",也因它具有地理概念和文化内涵的双重意义。

我以为《经七路34号》也是一座"何尊",它传递的也是地理概念和文化内涵。南丁老师说:我的家在经七路34号,经七路34号是我的家,我的单位是经七路34号,经七路34号是我的单位。南丁的经七路34

号,是地理属性,也有文化意义,其单位——文联大院,统领河南文学艺术、绘画、书法、电影、电视、戏剧、曲艺、杂技。

2016年春节,受郑州晚报副总李韬之托,请南丁老师为他的《风雅》上、下卷写序,我顺赠我的《我的花石纲》一书,进门只见桌子上、椅子上摆满了资料,有的杂志翻开着,我先送上《我的花石纲》两本,南丁老师说:"富海你成本的干开了?"我说:"这是30多年间散见报纸、杂志的集纳,不是新作。"南丁老师说:"留一本吧。"我又说:"这本书首还是《大河报》发的《南丁与文学豫军》,本书责编赵向毅先生在序里有一句话让我这个追随你30多年的人脸红,那句话是'河南文学泰斗级人物何南丁,给河南文学家们一个当代历史性的居所'。我脸红是因为,我写《南丁与文学豫军》有散文、有长篇报告文学,还没有'给河南文学家们一个当代历史性的居所'这样对南丁老师精神境界与博大胸怀的表述。"南丁老师说:留一本给向阳寄去。南丁老师远行,他的夫人张颖整理书刊时,发现有两本《我的花石纲》,打电话问我,我告诉了她当时赠书的情景,她说明天给向阳寄一本。

那天拜访南丁老师的第二个话题是请为李韬的新书作序,南丁老师翻看新书后说:"留下《女士们,先生们》吧!"说完他用眼扫了扫桌子、椅子上的资料、刊志说:"我正在写个大东西。"我插话说:"写回忆录吧。"南丁老师笑说:"他们说,你不写,没人能写!"不到一个月,南丁老师打电话给我,说序写好了,满意不满意就那样了,来取吧!我与李韬取回南丁老师为《女士们,先生们》作的序《盛夏的果实》。这篇序写于2016年5月30日,2240字,据南丁老师夫人张颖说,读得很细,一篇不落。

2016年,南丁老师完成了《经七路34号》,2016年11月11日,南丁老师远行。

南丁将其一生的才华和心血都交付给了文联这个家。这个家里置放着他的灵魂、文字和他在文化、文学上的创造。经七路34号成了一种文化符号,一个精神高地,一种文学滋养,一座"何尊"!

著名评论家、人民日报副刊部原主任刘玉琴说:《经七路34号》闪烁着不灭的时代与个性光泽!

南丁老师健在时,她曾在《人民日报》发评论:南丁"一个人的文学世象",南丁的文学世象折射出:

例数:搭窝"下蛋""黄埔一期"文学讲习班,出了著名作家茅盾文学奖得主,有文联副主席、作协主席、好几尊,《莽原》《当代人报》、《故事家》、中国散文的核心期刊《散文选刊》,好几家,还有,筹建河南文学院,最为重要的是他拉起文学豫军,与陕军、晋军、湘军、京派、海派共同撑起中国文学的晴朗天空。

南丁闪烁着不灭的时代与个性的光泽,是他生命与智慧的终生附丽!

南丁精神:忠实于自己的所见所闻,忠实于自己的内心感受,并勇于真实地表达和倾诉,爱恋自己所生活的这个世界和这个世界的人们,既充盈感恩之情,又满怀关切之意,对至美的不懈追求,对妨碍美实现的恶丑之类总义愤填膺;对自己的生命、对自己的文字时时感到一份沉甸甸的责任压在肩头;视读者为朋友;等等。

南丁精神:对文学的真诚,"与人民结合,为人民服务"的忠诚,对文学人才的热诚。这是他的人生理想、胸怀和精神境界,这是他的人格魅力!

"一切文字,拼到最后,只是两个字:人格。"

南丁,一个伟大的灵魂,超越了时代!

南丁,留下了一段空白!

赵富海

2018年6月6日

目录

岁月稠
  二十五岁成名,五十二岁拉起文学豫军 / 1

一生缘
  家与家的故情深处 / 9

时间点
  一个文化符号 / 21

小说值
  标志性作品精神直白的价值取向 / 37

话语权
  连接的是文学与人格的内质 / 49

生蛋乎
  文学创作幽默风趣的比喻 / 69

外一章
  "老汤""黄埔一期"的文学意义 / 79

文艺观
  文艺思想的阐释,知性的力量与精神境界 / 93

评与序

　　语言之根，文学之思，想象之力，命运之痛 / 117

外二章

　　"何尊","思"与"道"对人类心灵的勘探 / 169

人与文

　　文学史的承载，人文精神的时代感 / 199

半凋零

　　社会、人生、友情，永远的精神眷顾 / 223

"八〇后"

　　最纯净的留了下来，最澎湃不已的文化生命与激情仍在燃烧 / 251

再回首

　　最纯净的留了下来，比瞭望未来更明晰亲切 / 281

记住（代后记）/ 396

岁 月 稠

二十五岁成名,
五十二岁拉起文学豫军

一个人的文学史,折射出当代河南文学史、中国文学史。

"拉郎配"18岁为他人"做嫁衣",80多岁还在文坛心手相合,文章连带也透出意思意趣意味来。

1931年的深秋，蚌埠落叶铺地，那是南国独有的景致，却被一场大水荡涤干净，大水起泡、生烟，何南丁降生，那一天是9月20日。已过了82个生日的南丁老师告诉我："母亲说，我出生那天发大水。"我说：那你是"水命"？"上善若水。"不知是什么命。巧了，岳飞出生时，黄河发大水，我戏谑：岳飞创岳家军"踏破贺兰山缺"，你拉起文学豫军开创了河南文坛极盛期。

这是我的联想，人类没有联想世界将会怎样？我还联想：岳飞是地道的河南人，安徽人南丁一不小心也"咱河南，咱河南"了。

"咱河南"了之前的日子很短，头发微卷，面色白皙，一英俊少年，在蚌埠读高中时，打篮球摔伤了胳膊，父亲的护理母亲的好茶饭，哥姐的关心，伴随英俊少年的成长。晚年热上足球，每"世界杯"，他通宵达旦，为一个球的得失而喜怒哀乐，赛事结束，"世界杯"惯性使他抬手不知道该打开哪个频道，干脆，听音乐，暂与电视告别。18岁，南丁从华东师范学院新闻专业毕业，踏进黄河这块黄土地，正逢中华人民共和国成立，毛泽东向全世界宣告：中国人民站起来了。站起来的南丁先听河南日报领导对新同志的欢迎词，却背上行李参加许昌地区土改运动，回来却到河南省文联上班，19岁的南丁参加了文联的筹备工作，20岁入党，年轻的共产党员是河南省文联的先驱者、开创人。那是在开封，1954年河南省会由汴迁郑，在郑州工人新村的一个小院落，22岁的何南丁已在《翻身文艺》后改《奔流》的编辑岗位上干了近4年。

南丁老师好说"咱河南，咱河南"。"咱河南"自南丁19岁开始，再也没有挪窝，"正宗地道"的"咱河南"了。

捧，全国知晓；棒，45万右派之一。1955年，25岁的南丁在郑州纺织机械厂体验生活，写出了《检验工叶英》，先刊《长江文艺》，后《人民文学》转发头条。1956年，共青团中央与中国作协召开研讨会，将其列为首篇。1957年，《检验工叶英》选入高中语文课本。好起点，好作品，好人物，南丁遇到了好时候，从 25 岁到 27 岁，南丁又写出《回村的路上》《苦恼》《被告》《科长》等小说，1957 年反右运动，南丁 27 岁，《被告》《科长》受批判，一棒打来，南丁被划分为右派分子。当时统计全国右派分子 45 万，南丁是全国的 45 万分之一；河南 15 万右派，南丁是河南 15 万分之一。大小会批判，无休无止的检查之后，"兹介绍省直机关右派分子苏金伞、何南丁、徐慎到你处劳动改造"。改造两年零一个月，1959 年，两个右派，在新县改造地庆祝中华人民共和国成立 10 周年。右派徐慎把酒大言：来，为他们没有当右派，咱当右派干杯！南丁为年轻的共和国 10 周年，干杯。

岁月稠，南丁成文学大家，所谓的"家"，只是个人才华的衡量，南丁又被称为一代文贤，贤者，立德、立言、立功。德则为人正派、善良；举别人，扶持别人，这才能称起贤；言者，才华横溢，评、序河南文坛几百位作家，又有皇皇《南丁文集》五卷本，凡 150 万字；立功，办刊，《散文选刊》《故事家》《当代人报》等，又有提升郑州知名度的小小说的培育，拉起了文学豫军。中国文坛，河南文坛，贤者有几人，多乎哉？不多也。我心中唯南丁，众豫军心目中唯南丁。

南丁上任文联主席，持省委组织部调令，亲赴南阳调夏挽群，挽群调不来，他住南阳不走。这位南阳一文化馆的作者，调来省文联，先任《奔流》编辑部副主任，后任省文联副秘书长、省文联副主席、省民协主席、中国民协副主席。夏挽群说：南丁是我的恩人，知遇之恩，永世难忘。张宇，是农民，南丁慧眼识才，也是亲自上阵，跑他的调动。对张宇，南丁三次主持召开张宇作品研讨会，打排炮式地推介张宇，几年后他官升省作协主席，张宇说：南丁善良厚道又有才华，这很难得。张斌，打过右派，南丁也调来为专业作家。

杨东明、郑彦英，两个人都是省里专业期刊的编辑、文学青年，南丁也将两位调来省文联搞专业。杨东明在城市题材小说创作上全国有影响，后是河南省作协副主席。郑彦英的小说《太阳》《月亮》20 世纪 80 年代震动中国文坛,小说散文俱佳,当过河南省文学院院长,省作协副主席,其散文《在河之南》获第五届鲁迅文学奖。

从洛阳调共青团干部齐岸青来省文联搞专业创作,他的充满书卷气的《执火者》很快在全国打响,后是省文学院副院长,又办起了河南第一家文化公司,以后又是郑州市文化局局长、中华之源与嵩山文明研究会副会长,现任河南省文化投资有限公司董事长、党委书记,他为郑州被列入中国八大古都、登封"天地之中"历史建筑群列入世界文化遗产立下汗马功劳。

我是经南丁同意调入河南省文联影视部当副主任的。廖奔博士说我是豫军中的独特存在,我这个豫军,对历史文化兴趣大,30年来,我致力文化考察、文化行走,写出系列文化考察,追踪之作20余部。老郑州,赵富海,已为这座古老而新兴的城市认同。南丁老师也认可。

至今,河南省商丘市的一个乡村,还传诵着一个故事:何南丁黑夜看瘫子,大信封,500元。

1987年一个秋天的晚上,商丘市一偏僻的小村驶进一辆小轿车,没有什么欢迎仪式,但好事的村民还是尾随小轿车,看小车去谁家,嗨,惊奇又兴奋;是"瘫子"家,会写报稿的黄培民。下车的客人是河南省文联主席何南丁,在以后南丁用大信封寄杂志到"瘫子"家时,村里老少爷们儿从没见过这么大的信封,争先恐后地去送,高声大嗓地喊:大信封,老黄的大信封来了!

秋天的晚上南丁看望残疾人作家黄培民,寄"大信封",是因黄培民给南丁寄过"小信封",想一睹文学豫军统领南丁的风采,也想求教写作遇到的问题。南丁接信即利用在商丘开会的间歇去看黄培民,晚上,村里的电灯都亮了,唯独黄培民家漆黑一片,四处漏风。待南丁一行进屋里,黄培民的妻子才点上用墨水瓶做的煤油灯,灯影下,南丁看见了下肢截瘫的"半截人"黄培民竖在床边,他眼圈红了,问候,取走黄培民的作品,即与商丘军分区领导商议帮助黄培民,回到郑州,要省文联拨500元资助黄培民盖房子。

调田中禾,南丁动了心思,先是利用全国中短篇小说评委的身份,力推田中禾的短篇小说《五月》获奖首篇,再利用在河南召开的黄河笔会让田中禾重点发言,树田中禾形象,再与党组成员形成一致意见,田中禾调省文联专业作家顺理成章,几年后,田中禾官至省文联副主席、省作协主席。

李佩甫是调来省文联做编辑的。南丁在看好佩甫后,先将这位在工厂工作的青年调来《莽原》当编辑,南丁是从编辑走上作家岗位的,他认为干编辑组稿、看稿可开阔视野,对创作有益。佩甫编辑干得出色,很快升为二室主任,南丁决定起用佩甫为编辑部副主任。

一天晚上,佩甫突然造访南丁,这位不善言辞的青年突然到来,南丁有些吃惊,是为提他主任?只是个想法,他怎么知道了?是来表态?答谢?可能是两个人都在想心事儿,一人一支烟地吸,佩甫、南丁笑着,南丁、佩甫又接上一支烟,佩甫头低下来,说:"我想有个大块时间。"南丁明白了,但要佩甫提出,可佩甫站起来,说:"我走了,你忙吧。"来去匆匆,南丁想,这孩子太内向,太不善于表达自己,又想:他引而不发地说出了自己想当专业作家,也算会说话,想有个大块时间。又隔一段时间,又是晚上,还是先吸烟,多了几句寒暄,最后丢下一句:思想不能掉下去,生活不能浮上来。南丁惯常的微笑在这一瞬间消失。这是一句老话,20世纪五六十年代作家的座右铭,今天这位年轻人说出,有了意义,也有意思,那么佩甫是下决心搞专业了,什么二室主任、什么编辑部主任,统统不在话下。还是你忙吧,我走了。多了一句:我想搞专业,有大块时间。

两次登门,两次对南丁心灵的震动,当文联主席的南丁,竟这样认为:不给佩甫搞专业的时间,是一种"罪过"。"罪过",听听,一代文贤扶持新人的责任心,如此沉重而充满深情。李佩甫是文学豫军的中坚,他不负南丁所望,写出了震动中国文坛的《羊的门》《生命册》。现今是河南省文联副主席、省作协主席。

一代文贤南丁成就了一位大作家,省文学界的掌门人。流芳岂止因佳作,兴振豫军无量功。

我想,这一切都是南丁老师对于时代与社会文化的自觉承担,他做得如此坦然,从中可以见出襟怀。

一代文贤。

一生缘

家与家的故情深处

"回家到了""知识分子真正劳动化了"。作家,作家的幸福祭奠。文联这个家,出发点与落脚点都是繁荣创作。

《阳台下的小街》是南丁老师写于1994年的一篇散文,写自家二楼阳台下小街的变化。刚搬来,可在小街散步,听街两旁的小叶杨树动听的声响,看它告知你季节的变化。对面起楼之后,猜想被窗帘遮掩的故事,也挺有趣。后来建市场,驴叫,人喊,黄尘透过窗缝钻进屋里,半天不扫,桌面落满尘土。卖了莲菜,又搭棚卖土豆,又建房搭店卖玉器。小叶杨树枯死了、断裂了,散步也就不再去小街,因为没了小叶杨树的低声细语,也就没有猜想故事的心情。在南丁老师搬进河南省文联新建大楼15层之后,称旧居为"楼下",他说来"楼下"吸烟方便。我称南丁老师的旧居为"主席府"。这座楼是文联20世纪80年代初按职务、职称分配的,1981年南丁任河南省作协副主席,主持工作,主席由河南省文联主席于黑丁兼任。1983年南丁任省文联主席兼党组书记,一直住在二楼的四室一厅。

今天,我来到有阳台的二楼,演绎一个不用猜想的故事。这个故事是一位68岁的文学老年对81岁的老年文学大家的专访,这次和上两次专访,进入了文学老年的"编年史"。在"楼下""主席府"采访已不是主席而成文联、作协顾问的南丁老师。

仍然有书香气,那是感觉。立地而到屋顶的书已搬走,所以不必在走廊的书架中侧身往返,也没了书架上的烟灰缸。我说:没了烟缸,我有了失落感。南丁老师说:在桌上,两个。果然,南丁老师"老书房"里的书桌上并排一大一小两个烟缸,烟缸边是三包三种牌子的香烟。我手指烟缸和香烟说:特供。南丁老师笑说:共享。还有好茶。不让吸,我到楼下吸,看书,写东西。我俩笑着,各点燃一支香烟,烟雾顿时弥漫"老书房"。在香烟弥漫的"老书房"里,我开始了计划中的第三次访谈,南丁老师端坐不语,他在享受烟草的沁人心肺的芳香。

对南丁老师仰望、崇拜如高山,指日30年。近年,埋下身来阅读他的作品,挺起身来追踪他的文化活动,静下心来探寻他的文化生命和人格魅力。在我几十年间对郑州这座中国最早城市进行历史文化的勘探、爬梳、写作中,南丁总在我眼前出现。几十年间,南丁是河南乃至中国文学史的一段。他是新中国成立到改革开放一个历史时代文学的开启、行进、曲折、发展、繁荣的见证,坐标式的人物,绕不过去。

"喝茶,我的茶好。"南丁老师起身倒水时,才发现"热得快"的电源未打开,他笑了,脸上竟有一丝羞涩,就又回到他的老书桌前,复又点燃一支香烟,眯起了眼。这时,这间"通透"的"老书房"的南窗泄进一片阳光,洒在南丁老师的头部和身上,那阳光静静地勾勒出一座雕像,一座文化老人的雕像。我继续我的访谈意图,前两次采访,虽已说过,这次有必要再重申。我信奉胡风的"到处有生活",读书是我的生活。这一段,我"生活"在150万字的《南丁文集》中。我仅仅是进入南丁的小说、散文、随笔、诗歌、报告、讲话、评论、序言中"生活"的;我又从这种"生活"中走出来,将南丁的一系列作品梳理、分类,作一次解读,加上我解读的观点;然后,按我的解读观点再进入"生活"说上三言两语,因为:南丁老师的作品,已经丰富、饱满,思想性和艺术性已臻完美,我进入的三言两语是学习心得,或者是加了一点儿背景,如此而已。在今年8月15日,第一次访谈南丁老师时,我告知:每写一两章,访谈一次。那一次是喝酒,南丁老师的答复是,"啪"地与我碰杯。我还告诉南丁老师:有些作品,我是"进"不去"生活"的,那是我思想和功力达不到,大段的引用,让你的作品再鲜活地跃然纸上。这也是我的观点,抑或是写作方法。

8月的第一次访谈,3小时又10分钟。

在"主席府"的"老书房"访谈南丁老师,是3小时整。

继续访谈,南丁老师又回到8月16日访谈时所说的两段"深入生活",一段是派右派到大别山,一段是"斗批改"下放,自愿到山区去,与山民共命运——那里有南丁的家。

那两段终生难忘的"山水之间"的生活,是他生命的一个重要节点,28岁的右派到山区劳动改造,39岁的文化干部到山区与山民"三同",生长成南丁一生的温暖向善。

  大别山深处,来了右派何南丁,山民称他"何大锅","锅"应为"哥",当地方言,"锅""哥"不分。"何大锅"与山民平起平坐,日出而作,日落而息,融洽为一家人,这是血肉结缘,深入骨髓的情与爱。南丁老师下放南阳,自愿进山,他说他喜欢大山,伏牛山深处山路旁,有了一家三口人的何家,夫人左春,女儿向阳,小水大队倒出粮仓三间屋,又给南丁老师"干打磊"了一间书房,于是在苍茫的伏牛山区,自通长途汽车以来,汽车都是在粮仓的山坡下飞驰而去,南丁老师安家这里,专设一站:何家。长途车缓缓停下,售票员喊道:何家到了!还有生产队长王衍召,他是南丁老师下放时发展的党员,1993年,他已60岁,那一年南丁老师到西峡开会,王队长无钱买车票,徒步70里去看南丁老师,见面热泪奔涌,只一句话:想你,来看你。不吃会上的饭,又70里徒步回家。

  南丁语调是缓慢的,情感是炽热的,那是在说家事,亲情,是一种温情与敬意。南丁老师说:王衍召已不在了,他在的时候,我举家回去过一次。我则回去得多些。南丁老师用"回去"两个字,足见对这方水土和人情的眷顾与深情。南丁老师说:我要写一段文字纪念王衍召。

  两度山民生活,是南丁老师生命的重要节点,是南丁老师的历史,它的价值是"知识分子真正劳动化了"。我想,这是五六十年代中国知识分子的价值取向,今天的意义在哪里呢?用南丁老师的话来说:与人民结合,为人民服务。

  作家南丁,在"何家到了"之前他的创作被扼杀过,那是因了名篇《科长》,还有杂文《"糊涂涂"、"常有理"、"惹不起"》。这两个作品又一块儿入选中国新文学大系。《科长》50年后仍读出味道,是谓不朽。当时受批判的还有《苦恼》《良心》《被告》。

  从"何家到了"回文联,扼杀在继续。

  从1962年到1966年,写了几篇东西,焦裕禄长篇通讯发表,全国掀起焦裕禄热，文联党组开会，文学界要有东西发出，华山写报告文学，李準搞个电影，让我写个焦裕禄的长篇小说。我立即赶赴兰考，兰考已有300多位新闻、文学、音乐、美术各战线的记者、作家、画家、作曲家，前所未有的采访大会战。我借了一辆自行车，到各乡村跑、采访，从2月跑到5月，记了好几本笔记。南丁老师又进入了最佳创作状态，这个状态被林彪委托江青在军队有关文艺工作的讲话，大批十七年文艺黑线而终止采访。文联通知南丁：立即回机关，学习讲话，批"十七年"。说到这里，南丁老师怅然若失，说：我没有一部长篇。听到这句话，我肃然起敬，不仅是痛惜焦裕禄长篇小说未完成，而他最佳创作状态中还有长篇计划，而他话里的深层意思是，没有一个长篇，是一个历史性的缺失。

作家，南丁，在粉碎"四人帮"之后，他的心身都解放了，关于创作有很多想法。南丁老师眯着眼，香烟在他的上空飘动：我遇到了好时候，进入新时期，我写出了《旗》《死魂灵》《他们两个短促一生的编年史》《尾巴》。小说《旗》从"大干快上"的"大跃进"时代氛围中展开，以伏牛山深处一小山村核桃沟高级社由"白旗"到"黑旗"再到"红旗"的荣誉变迁，反映了从1958年到1978年20年间中国农村的时代变迁。

在"主席府"，30多年前，作家南丁在"老书房"，进入创作的最佳状态的幸福回忆：

1978年末，我站在郑州经七路34号河南省文联家属院4号楼西门栋东单元二层我的书房里，沉醉在小说《旗》的写作之中。沉醉是一种状态，如醉如痴，难于自拔，好像不是我在写小说，是小说在写我，那人物那情节那细节那对话那情景那眼神争着抢着涌上心头，形成堵塞，呼唤着你赶快在纸上予以疏通。这种写作状态之于我，也是可遇不可求，妙不可言。如此这般，沉醉数日之后，这篇以伏牛山中核桃沟村从1958年至1978年从"白旗""黑旗"而"红旗"的生活故事完稿,完稿之日为1978年12月21日。没记错的话,翌日早晨,我就从电台的广播里听到《中国共产党第十一届中央委员会第三次全体会议公报》的声音。这声音是全党和全国百姓期盼已久的,当然也是我期盼已久的,我也是那激动兴奋的千万党员中的一党员,是那激动兴奋的亿万百姓中的一百姓。我还另外增添了一分我个人幸福的感觉,那就是我的《旗》的写作在时间上竟与我们党的十一届三中全会如此的同步,在精神上竟与我们党的十一届三中全会如此的契合。这不是说我有如何的高明,这是说十一届三中全会与普通党员普通百姓普通作家之心是如此的相通相融啊。我刚好在那一个时间写了那一篇小说,幸福的感觉就自然地降临,也注定在日后会成为我幸福的回忆。

这篇小说发表在1979年1月《奔流》复刊号的头题,后来,有评论说,《旗》开了反思文学的先河。

2013年2月23日的访谈,南丁老师送我一部《南丁小说选》。书装帧考究,褐黄四封,大气厚重,书名《南丁小说选》竖排,左有"南丁著",手书体"作家出版社"。三排竖字下方是凸出的"南丁"两字。左下方有一醒目红五星,右1949—2009,下横排:共和国作家文库。掀开,看出版说明:作家出版社启动"共和国作家文库"大型文学工程,力图囊括当代具有广泛影响的重要作家的代表作品,以中国风格、中国气派和文学价值观上的人民立场,展示东方文明古国和平崛起的历史进程、社会变迁与现实图画,表现中华民族的艰辛求索、勇敢实践、创新思想和生存智慧。他很珍爱,我接过,拆书外的塑纸,再套时却怎么也套不上,南丁老师说"我来",他一下子就套上了,规整地放在案头。这部书,收入南丁老师短篇小说26篇,34万字。递我一支烟,他燃起一支。陶醉。

文联家,作家南丁视河南省文联为家,从20世纪50年代初到21世纪的现在，60年过往成古今。南丁18岁进入这个家门，近60年，他经历过中华人民共和国成立以来所有的政治运动，在社会这个大导演的派定下扮演过截然对立的两种角色，当过右派也当过左派。省文联有24位领导和群众时，打成右派12人，反右倾又反出6人。南丁老师曾在一篇文章里写到"庙小妖风大"。文联，知识分子成堆的地方，"盛产"右派、右倾分子。曾被划为右派的南丁在掌控文联这个家的时候，是把生命、才华都给了这个家，在家做服务。

南丁老师在电话里说：很早醒来，我想到了当年错划、错打右派的领导和朋友，给他们一个宽松的创作环境，甘心为他们服务，这或许就是我的动力。繁荣创作是文联这个家要干的事儿。但是，南丁是矛盾的，当作家！20世纪80年代初是他创作的好势头。当文联主席是拉郎配，他说。1983年组织上找南丁谈话，决定让他担任省文联党组书记、文联主席，南丁第一个反应是很突然，没有组织上的"吹风"，没有群众中的小道消息传播，南丁笑说：我一点儿思想准备都没有，当省作协副主席才两年，创办的大型刊物《莽原》正吃劲，影响已出去，重要的是我的创作进入到一个新的时期，渐入佳境。并不高兴，是头晕，面对组织部的同志，我说：换一个人选，或者我当副手，协助黑丁。"不行，省委已经定了，明天召开文联全体会宣布。"组织部的人说："穆桂英53岁又领三军，南丁你挂帅吧。"南丁老师说，那年我52岁，52岁的南丁老师当着组织的面说了一句可笑又可爱的话，他说：我今天晚上去大连，有一个创作研讨会，票都订好了。这么不以为然，这么目睹无视，这么不当一回事儿，组织部的同志又气又好笑，用手指南丁："你，你——就这样定了，明天开全体会宣布，省文联主席兼党组书记。"

南丁老师充满了深情忆文联这个家，还是"主席府"的"老书房"，我对南丁老师的又一次访谈。好茶、好烟、好酒地谈了5个小时。从19岁到82岁，他是在这个家长大变老的，60多年没挪窝，至真、至纯、至善是在家学到的、修养的。跟许多老前辈学习、成长,学写作、学编稿。当过右派,也当过左派。跟徐玉诺学写作,他长南丁30多岁,50多岁已白发飘飘,和他亲近的方式是捋他的胡子。与苏金伞,南丁说:我是一般编辑时,他就是文联副主席,我当了文联主席时,他还是副主席,从不称职务,金伞、南丁,这个风气直到现在。文联没有官儿,只有同事和朋友。还有赵悔深,他是河南文学的拓荒者。悔深是大家,他是领导,也是朋友。

南丁老师说:我在整理写作一部书,叫"朋友半凋零",有你——富海,也有我女儿向阳,女儿也是朋友。

南丁老师进入了状态。

对文联这个家,我有感情,从19岁到82岁,我知道它是干啥的,我也知道我该怎么办。自己又燃一支烟,语气加重:繁荣创作!为了这个,是干这个事儿的!

繁荣创作,靠什么?组建队伍、开展活动、开拓阵地;建县级文联,争取党的领导。

南丁老师说:这是繁荣创作的出发点和落脚点的保证。

繁荣创作,要有队伍。南丁拉起了文学豫军,是旗手、领军人。南丁1983年出任河南省文联主席,上台伊始重新组织创作队伍。张宇灵气,田中禾狂劲,李佩甫大智慧,还有郑彦英、齐岸青、杨东明、夏挽群、张斌、孙方友。看他们的作品,考察,冲破一些阻力,给他们一个机会,建一个平台。建书画院调画家曹新林。当年的书画院建在二七路,见曹新林,他是院长,踌躇满志地说:10年之后,画院是文联的最大亮点。

我说:你调来的这些作家,后来都是文学豫军的中坚。

没有阵地,繁荣创作等于空谈。办刊物,办报纸。南丁在20世纪80年代初,萌生创办大型期刊《莽原》的构想,又以为《莽原》组稿办了两期河南省文联创作讲习班。1981年,大型期刊《莽原》问世,随之刊发李準的短篇小说《王结实》获全国优秀短篇小说奖。又着手创办民俗文化的

《故事家》《传奇文学选刊》,全国性的《散文选刊》,后又出报纸《文艺百家报》《专业户报》。纯文学的、精品散文的、通俗文化的刊物,文化圈内的、面向改革的报纸鼎立豫地,面向全国,而在南丁执政之前的几十年间,河南省文联只有一家纯文学刊物《奔流》,戏剧类的是《河南戏剧》。筹建了河南文学院,为河南文坛开辟出阵地:搭个窝,你们在这里下蛋吧。

不开展活动,繁荣创作没有生气。南丁老师说:上任伊始的第二年即1984年在洛阳召开农村题材创作会,以后又开工业题材创作研讨会。请北京、外地名家参会、交流。1986年举办了中南六省区戏剧座谈会,黄河笔会。先是走出去参加山西省文联主办的"黄河笔会",请进来参加我们的"黄河笔会",豫地外省作家齐聚河南,有声势,有内容,意义重大,气氛活跃。搞专题、个人文学研讨会,南丁身心向内,工作向下。英雄出草根,作家也是从草根出来,注重个人创作特色的研讨。在不同时段召开张宇小说研讨会、乔典运创作研讨会,研究创作,创造创作氛围,掀文学热。

我查阅了有关史料,南丁任前,没有开过,工、农题材专题研讨是繁荣文学创作的组织保证。因此:第一是保住地市文联,第二是发展县文联。

南丁说:争取党的领导,我请顾问,1985年,我请河南省委原副书记韩劲草同志担任省文联名誉主席,劲草有名誉,也有了责任,以召开县级文联主席座谈会的名义,发了纪要,请劲草到省委批签。力保市级文联,建设县级文学艺术联合会。1987年,完成了全省县级文联的建设。在全国,河南省县级文联是最多的。各地市党委非常重视文联工作,一切围绕繁荣创作,已成了一个气候和氛围。

一席谈,一席繁荣创作谈,走,咱们喝酒去,今天还是年下。碰杯,南丁老师脸色微红,幸福的回忆,燃起。南丁老师说:在任8年,我的确是将我的日子都给了我的岗位——主席和书记这个岗位。

据说,我在任8年,河南的文学艺术呈初步繁荣局面。对此评价,我心感到宽慰。也算是种幸福的感觉,如今也成为幸福的回忆了。

我说到调入省文联的李佩甫、夏挽群、田中禾、张斌、郑彦英、杨东明、齐岸青等如今仍活跃在一线的重量级作家或文学、文化界领导人。说到这里,想起了20世纪80年代初的反精神污染。南丁老师说:我这个文联主席没有伤害一个作家,关键的时候,你要爱护他们,对上边有交代的,也只是作个检讨了事,有些事情,我担着。这也是南丁老师的人格魅力,才华横溢又正派善良厚道,这很难得。著名评论家孙荪说,南丁把宏大细腻,敏锐深刻,激情与理性结合得很好,构成了对文学豫军通常集体风格上的超越。河南省文学院院长何弘有祝词:流芳岂止因佳作,兴振豫军无量功。

时间点

一个文化符号

南丁与文学豫军是历史的标识,是为当代生活留影、立心。记忆,比瞭望未来更明晰、亲切。一个文化符号。

20年前,我说:投奔南丁。我虽有单位,但非我愿,参与了郑州市的地方志写作,对工厂、农村、档案馆、图书馆、郑州名人的寻访,开始了对郑州历史文化的行走。就很想有一个稳定的、专业接近的单位,最好是文化部门,这个机会来了,是借调到市文化局。

1986年,我受聘郑州市文化局,编撰一部介绍郑州市工业的大型图书《郑州工业大观》,主编是时任郑州市副市长的刘源,我任编辑部主任,日常工作由文化局戏研室主任、大观副主编孟华负责。两年之后,《郑州工业大观》由中国工人出版社出版,刘源调河南省政府任副省长,我因是借聘人员,市文化局没有指标,孟华曾与刘源商议,《郑州工业大观》可作为公开刊物发行,地点放省经委,这样做,门头大,有指标,也可解决我的调动问题,我听后想了一会儿,对孟华说:投奔南丁。南丁时任河南省文联主席兼党组书记,我还做着文学梦,到省文联,那里的文化、文学气息肯定比经济部门的好,再说,我已有过一进一出省文联的阅历:1980年夏天,我因一篇小说《幻想曲》而借调《奔流》帮忙,是年底,《奔流》编辑部主任庞嘉季,副主任丁琳、王大海三位领导正式谈调我来编辑部一事。那时我又参加过南丁主持的后我称之为"黄埔一期"的省文联第一期文学讲习班,对他的风度、气质很是崇拜,觉得他永远是那么不动声色,永远是胸腔共鸣的男中音,很有穿透力。在《奔流》时,曾参加过作协评论作家作品的座谈会,他一发言,总会有一种气场,幽默的谈吐有一种磁性,评说时,他有时眯着眼吸烟设问,有时他大笑之后,侃侃而谈。南丁有独特的魅力。

省文联是我的向往之地,我想再进一次,南丁是我的偶像,我想伫立他门墙。孟华同意,我俩在一个细雨绵绵的夜晚,拜访了河南省文联主席兼党组书记何南丁。我说:投奔南丁。他笑说:投奔我?孟华说了我们的设想,搞一个影视部,兼办一个杂志。他想着,手里的烟燃着,不动声色,忽然他拿起了电话说,挽群你来一下。

1988年10月7日,由时任省文联副秘书长的夏挽群约我与孟华,告知,你们的影视部设在三楼,原来的老干部活动室,其他手续正在办。杨兰春为主任,孟华为副主任,我为副主任兼制片。

河南省文联影视部一直到1994年11月27日完成它的使命。我去《郑州法制报》任总编。在这一段时间里,文学豫军已与陕军、晋军、湘军争锋于中国文坛,省内著名评论家写出了"中原突围",说的是文学豫军如何突破自己,引起很大反响。

20多年了,我已由文学青年成了文学老年,记忆开始由近及远,但记忆比瞭望未来更明晰、亲切。我在记忆里捡拾有关文学豫军的枝叶。中央批准建设中原经济区,并指出河南是"华夏文明传承创新区",于是我省领导就提出了"中原作家",中原作家聚三所开会、研讨。这已是2011年秋冬的事情了。

我是从报纸上看到"文学豫军"改称为"中原作家群"的提法,很不舒服的,也有更不舒服的,这个人是省委宣传部原常务副部长葛继谦。

葛继谦任省委宣传部常务副部长13年,这个时段南丁任河南省文联主席兼党组书记,培育了文学豫军,作为文联的主管部门,省委宣传部首先认可了对河南作家的定位,重要的是:文学豫军的中坚张一弓、李佩甫、田中禾、张宇、乔典运的作品以浓郁的黄土黄河的气势在全国打响。

2011年12月20日,葛天邀请报界、民俗专家、官员等商定他的有关春节庙会活动方案,地点在金水路上的华豫川酒家,我入座时,河南省委宣传部原常务副部长葛继谦已在座,他对我来迟,脸上不悦,我送上我的老郑州三部曲,葛继谦接书,说:富海,我在郑州70年,住在南大街,我才是老郑州呢。翻着书,葛继谦的脸展开了,嗯,不错,三部,下了功夫,回去看看。这时,葛天说:"葛部长,咱开始吧?"葛说:开始吧,大作家姗姗来迟,开始!

这时,葛继谦端起酒杯说:我不能喝酒,意思一下。实际他那天喝得不少,他抿了一口,站着,突然问我:富海,咱们是文学豫军,怎么改成中原作家群了？中原经济区可以，文学豫军多响亮。我站起来，举杯，说：为葛部长这句话，我干了。然后，我坐下来，对着葛继谦说：河南作家在三所开会，中国作协主席铁凝到会，她的祝词，仍然称文学豫军，人家不说你什么中原作家群。葛继谦端杯一饮而尽，道：这就对了。我又说：葛部长，我写的《南丁与文学豫军》连发五天在《大河报》上，您看了吧。葛说：看了，不错，文学豫军的提法，省委是同意了的，南丁当时是文联主席，是文学豫军的领军人。1994年张文彬是省委常委、宣传部部长，我在宣传部主持工作时，专题开过好几次文学豫军研讨会。

我离座走到葛继谦面前，他站起来，我们碰杯，我俩一饮而尽。

我在记忆里搜寻，葛继谦部长说的好几次文学豫军研讨会，有一次是"文学豫军南阳作家群研讨会"。时间是1994年的夏天，葛继谦部长主持，我只是听了报告，葛继谦讲文学豫军主力是南阳，出人才，出作品。另一次是新调来的宣传部部长张文彬召开的文学创作专题会，也大讲文学豫军。

1994年5月31日，中共河南省委宣传部主持召开了"工业题材、黄河题材笔会"，葛继谦副部长主持会议，省委常委、宣传部部长张文彬同志作报告，他从黄河文明讲到了文学豫军的历史使命。会议地点在省委二所，我荣幸与会，与杨东明同住206房间（邓小平曾住过的房间）。会上安排的活动是参观郑州高新技术开发区的竹林安特药厂和李超的大屏幕，参观列队时，我正好与葛继谦、南丁在一起。葛继谦有着惊人的记忆，他对南丁说：我在省机械厅时，下到郑州柴油机厂劳动，富海是厂党委副书记，他给我们厅8个参加劳动的干部讲话，赵富海说：你们会干啥？翻砂太累，做木模太精，倒铁包太重，主要是和工人建立一种感情吧，深入基层，不高高在上。南丁，葛继谦说，有水平啊，他从头到尾没有劳动改造这几个字儿。南丁笑而不语，接点一支烟说：富海撑过大场面，在文联时，接待过《文艺报》孙武臣，上海文学，都是让他代表省文联接待的。葛继谦见南丁吸烟，说：别吸了，马上更换衣服。换上防尘服，葛继谦问南丁：南丁，你说文学豫军，它的优势在哪里？南丁穿好防尘服，说：靠现实主义吃饭。

接待孙武臣时，我在《奔流》编辑部，主任庞嘉季把我叫到他办公室，郑重其事地说：孙武臣是《文艺报》副主编，《文艺报》是中国文学界的《红旗》杂志，他到郑州想看冬日里的花园口，你负责接待，杨旭村陪同。那是 1980 年 12 月，孙武臣身披大衣，伫立已近干涸的黄河，远望 10 公里河面，他感慨道：花园口，大扒口，震惊世界。吃饭时，他对用黄河鲤鱼做出的十六道不同的菜，大为惊叹，说：我今天光吃不喝了。趁他酒兴，我问：孙老师，现在批《讲话》六条批准，已批了五条了，最后一条是生活是源泉，能批吗？他放下筷子，大声说：不能批！

2012 年 10 月 17 日，我采访南丁老师时说到了这些话题，对文学豫军与中原作家群，他说都是一回事儿。吃饭时，向阳说：中原作家群更宽泛了，它还包括河南境外的河南作家。

关于与葛继谦开会、参观，南丁老师有记忆，他只是点头，嘉季老师让我代表省文联接待孙武臣的细节，他只是听说，谈到一位《奔流》的资深编辑，南丁老师立即说：阎豫昌，人民大学毕业的，已经不在了。他说：孙武臣来我知道，你接待我也知道。

如葛继谦所说，文学豫军是省委同意了的，省委宣传部同意了的，第一次使用这一对河南作家的定位概括是在 1996 年。那一年，省委宣传部召开 12 位散文作家的 12 本书《朋友丛书》研讨会，《河南日报》于 1996 年 11 月 1 日以通栏标题《文学豫军的一次散文出击》进行了报道。

在我的记忆逆时针旋转的时候，也会发生跳跃、回叙，或者说是重心移动。是"重心"移动，我写的《南丁与文学豫军》突显了出来，变得十分清晰。写之前我与《大河报》的编辑赵立功议论过，他说：赵老师，你的选题好，南丁是文学豫军的缔造者，应当大书特书，写长点儿。《南丁与文学豫军》在《大河报》"茶坊"连发5天,后挂中国作家网,点击率十分高,是年国内很有影响的《文学自由谈》杂志又发了这篇稿子,题为《南丁先生与文学豫军》。这是出乎我意料的,因我不会上网,又不熟悉《文学自由谈》。写作初衷,目的很明确,以文学讲习班为切角,写南丁与文学豫军的关系,为日后厚重展示中国文坛这一重大历史现象做准备。

2009年11月4日,首发在《大河报》上的《南丁与文学豫军》,触动了一些人的情怀,社会感知度增强了。

豫军中坚力量的情怀,首先是"黄埔一期"的学员孙方友,他第一个打电话给我,说:赵兄写得真好,我也写过南丁,写得不好,我感恩,没有南丁,就没有我孙方友,南丁老师第一次见我时,(孙方友学南丁的口气)低沉的声音问孙方友来了没有啊,把我这个农民吓一跳,这么大个文豪,还知道我孙方友。孙方友是很会过日子的人,打电话很节省时间,这次很长,他继续在电话里说:南丁老师握着我的手,说方友特色,笔记小说。富海兄,听到这话,我的手都抖,差点晕过去。

他话又转回来,你咋恁会写,记得那么美,珍贵呀!下蛋呀,咱那班蛋下得都不错,那时南丁就说,搭个窝,你们下蛋吧!那啥时候啊,刚改革开放,不说啥题材,给咱创造个条件,自由写作,了不起!

因为不是刻意收集反映,所以我是"被动"地接受,谁打电话听谁的,与谁见面聊到《南丁与文学豫军》也是非主动性地听。

夏挽群先生是当面谈及《南丁与文学豫军》的。南丁在任省文联主席时,夏挽群是《奔流》副主任,后提为文联副秘书长,"当面"谈时,他已是中国民协副主席、省文联副主席、省民协主席了。我与夏挽群接触多的时日有两段:一段是他在《奔流》任副主任时,我常来编辑部聊天,他喜欢听我讲故事,激动时,他竟让编辑部的编辑们放下手中活:来,听富海说一段再干;第二段是文联成立影视部后,因我坐班,所以,有些工作向他汇报,地点多是在他家,汇报完,总要有一杯浊酒下肚。谈《南丁与文学豫军》是在郑州市的非物质文化遗产研讨会上,挽群是副主任,我是专家组成员。

2009年12月,郑州市文化局在嵩山饭店召开郑州市非物质文化遗产研讨会,中国民协副主席夏挽群到会,见到我说:我看到你写的《南丁与文学豫军》了,文学豫军领军人非南丁莫属,这是历史。我很惭愧,我最应该写南丁。我说:你写肯定比我好。他说:不会,你那一段体验我没有,我真该写,他是我的恩人,为我调省文联,他数次去南阳,找组织部门。我说:求贤若渴。挽群说:有点儿小才。南丁很坚决,终于把我调来省文联。这一步对我至关重要。这是我人生的一大转折,南阳虽好,哪有省文联视野开阔。我得感谢你写出了《南丁与文学豫军》,我感谢南丁的引荐之恩。

杨东明与我面对面说《南丁与文学豫军》的时候,已是省作协副主席,1980年南丁创办的文学讲习班,杨东明的小说是第一个冲上国家大刊物《人民文学》的。2010年5月,郑州市政府主持召开"小小说节"庆典,地点在嵩山饭店,吃饭时,我与杨东明同桌,他问:富海,你今年六十几?我告知。你的《南丁与文学豫军》说出了一个时代记忆,我们刚刚文学起步,南丁给创造条件,难忘啊!你干脆搞文学史得了,文学豫军首先冲上国家大刊《人民文学》,我是之一。你的记忆真好,从30多年前的讲习班说起,说了那么多鲜为人知的事情,采风,我没去,很后悔。从此文学豫军登上中国文坛,这是南丁的功劳。

《莽原》杂志原主编何秋声说出了南丁与文学豫军的历史、历史感。

在我的记忆中,南丁上任省文联主席后,第一位接任《莽原》主编的是庞嘉季,那是1984年,嘉季在鸡公山开中篇小说笔会,我的中篇小说《年轻夫妻》入选。一年之后,主编换段荃法。我的中篇小说原名《爱情的轨迹》,发出的《年轻夫妻》是荃法改的篇名。何秋声接任段荃法是1986年,我的中篇小说《老鼠尾巴工程师》发在《莽原》1987年第3期,时任《莽原》副主任的孟应灵提审,写有:一个知识分子三十年的悲哀。1987年年底,郑州市文联在上街开笔会,刘思、矫桂棠都参加了,特别邀请了著名文艺理论评论家鲁枢元,他见到我说:听矫老师说你写了一部很现代派的中篇,再发两篇,我给你写个东西。我喜出望外,说:经你点拨,我要出名了。

2010年6月,著名油画家曹新林画展在省文联展出,这是省文联专为曹新林开的个展,我有幸被邀,会上,见到了何秋声先生,来《莽原》之前,他曾是《郑州晚报》的财经部主任,也曾是《百花园》杂志主编,后任《莽原》主编。见到我时,他很亲热,说:富海,你的书也不送我。我笑说:我登门送。他将手搂我的腰:走,去吃饭。先到一间,见南丁与张宇在座,又拉我走:去那边。边走,边说:你的《南丁与文学豫军》我看了,不错,1985年,我曾写过一篇文章,是写文学豫军的,这是最早提出文学豫军的文字,发在《文学报》上。我俩进一餐室,落座,我问:1985年南丁在任主席位置。何秋声说对。我又问:这篇文字南丁看过?何说:他知道。我说:南丁与文学豫军。我俩碰杯。

在我的记忆里,还有几位文学界的领导与朋友评说过《南丁与文学豫军》,市文联主席钟海涛在一次聚会上说:富海老师的《南丁与文学豫军》的一段历史,可以青史留名。市文联副主席朱耀辉说:赵老师的文笔漂亮,我也从中看到了文学豫军旗手,老文联主席的胆略和气魄。市文联副主席、百花园杂志社主编杨晓敏说:老赵,你写一代文贤南丁,太小了,要有大视野,他不仅仅是豫军领袖,南丁是一代文贤。也有刻意追问的,只一人,他是省作协原副主席兼秘书长,当年办讲习班,他是负责人之一的段荃法。

2010年2月14日,在黄河湿地,赏杏花,看《江湖》。我的《老郑州:民俗圣地老坟岗》被央视《见证》栏目拍成四集文化专题片《江湖》,2010年3月28日—31日在央视播出。我是《江湖》顾问。

赏杏花,看《江湖》,由郑州市城市文化所与惠济区图书馆主办,请来了北大教授、博士生导师宋豫秦,中国民协副主席夏挽群,散文大家王剑冰,河南省文联、作协顾问何南丁。

我打电话邀请著名作家段荃法,他说身体不适,很想看,夸我老坟岗写得好,改革开放以来出了一部好作品,也出了个好作家。在电话里说到我写的《南丁与文学豫军》,荃法老师说:写得好,就是那回事儿。南丁就是文学豫军的旗手,你文章最后一段说,南丁,南丁,已是一个文化符号,对呀!说完这句话,荃法老师突然又说:《南丁与文学豫军》,我每天都看《大河报》,一连看了5天,见到文联几个老同志,他们都说不错,写得好,那一段历史是应当记载下来的。我在电话这边听。荃法说:富海,你的文章写下了一段历史,那个讲习班,称"黄埔一期"有意思。

南丁老师在文坛德高望重,多年来,文联的同事、青年都能记住他的生日是9月20日,我参加过一次他的隆重的生日庆典,主办人是郑州市文联副主席兼百花园杂志社社长杨晓敏,时间是2007年9月14日。北方人祝寿过生日提前不错后。那年南丁老师77周岁,祝寿者有文学界的大腕张一弓、王怀让、何向阳、刘学林等,书画界有王澄、曹新林,还有《大河报》的则思等几位记者。场面大,隆重,但有点儿官方的味道,我想在南丁老师八十大寿时(2010年9月20日,南丁老师79岁,过九不过十)搞一次民间的,地点放在二七纪念塔,由我出面操办,约上30年前省文联第一期文学讲习班的豫军祝寿。2012年10月17日,我采访南丁老师时,将那次祝寿庆典的照片送给他,抽出一张我俩碰杯的照片,说:这张用在书中作者介绍,只写赵富海与南丁老师。他同意。

为此我还做了一个小方案,开始通知人时,发生了问题。我与李佩甫通话,告知南丁八十大寿一事,他说,南丁八十大寿,省文联党组出面办,以后,凡到80岁的文联老同志,都由文联党组办生日。我说,那咱们的二七塔祝寿咋办,李佩甫说:你带着酒菜,带着豫军的弟兄们来文联三楼会议室吧。

我没带酒菜和弟兄们参加南丁的八十大寿庆典。

2012年6月26日,省会文学界的一次集会,我有幸与南丁老师、李佩甫同桌吃饭。在这一桌的还有河南省文学院院长何弘、省作协副主席乔叶、郑州市文联副主席杨晓敏、河南文艺出版社总编陈杰。

佩甫见我,第一句是:你年轻,啥办法,心态好,你比我大那么多,比我年轻。南丁老师在李身边坐,笑着介绍说:赵富海,作家、学者。佩甫又说:你老兄这个豫军比我强,你做的是历史文化,富海老兄,文化学者,过去你在咱讲习班上就是新闻发言人,很有文化。我对佩甫说:你这豫军台柱子,又出《生命册》,我看它无法超越《羊的门》,别人也无法超越。佩甫说,先敬南丁老师一杯酒,我站起身走到南丁老师身旁,笑说:祝豫军头领万寿无疆。

《南丁与文学豫军》已进入历史,又常常从历史中走来,20世纪80年代、90年代,2000年,2001年,2002年,已经成为河南文坛的长久的话题,也是凝聚力、引爆力。《南丁与文学豫军》已经成了文艺界拉家常的话题,已经成了日常生活的意义。

南丁与文学豫军,已经成了一种文化现象,已经融入了文学的惯常生活中。写到这里,我决定将那篇《南丁与文学豫军》全文抄录,以印证在它发表之后文学界内各个层面、人物的热议。

2009年11月4日至9日,《大河报》刊发《南丁与文学豫军》。《文学自由谈》2010年第3期发表《南丁先生与文学豫军》。

20世纪80年代初,文学艺术界刚刚从"文革"中醒来,浸染人们头脑的"批判十七年文艺黑线"还未洗刷干净,英雄人物必须是"高大全"的创作原则还没有受到批判,文学创作题材仍然是分城市题材、农村题材两大类,"伤痕文学"引起震动,《爱情的位置》令无数读者惊喜,又有了青年题材的小说,探讨中国青年经过"文革"是迷惘的一代,还是有希望的一代。

在这一背景下,河南省文联却有创意地办起文学讲习班,听听大家的声音,组织了文艺界久违了的"采风"活动,具体的领导者是省作协副主席南丁先生。第一期文学讲习班是以给新创刊的《莽原》组稿的名义,约来了河南农村、工厂、学校、机关的近40名业余作者。这是南丁为大型文学季刊《莽原》集稿,也为日后文学豫军的形成做组织上的准备。20世纪80年代中期,南丁在多个会议上提到了文学豫军这一说法。豫军的中坚力量有不少是被称为"黄埔一期"的第一期文学讲习班的学员。一时间,文学豫军与湖南湘军、陕西陕军、山西晋军、京派、海派、白洋淀派等争锋于中国文坛。

南丁本安徽人,少壮来河南,他的骨肉血性与中原文化缠绕在一起。自1949年从华东新闻学院走出,先后在河南省文联任编辑、专业作家、作协副主席、省文联主席兼党组书记,没有离开河南,一直坚守在文艺战线。自1950年开始发表作品,先后有短篇小说集《检验工叶英》《在海上》《被告》,中篇小说《尾巴》,散文随笔集《水印》,以及《南丁文选》(上、下卷)、《南丁文集》(五卷)等问世。对南丁,我是从读书认识,参加文学班了解,从而仰慕他的人格魅力的,这源于《奔流》主编庞嘉季先生的引见。

那一天,我列读书单呈嘉季,他看后说:河南作家,你要看南丁的。那一天,距此28年,是个夏天,我在《奔流》帮忙编"蓓蕾专号"。去书店买来了《重放的鲜花》,书中收集了刘绍棠、陆文夫、王蒙、南丁等人的作品,"等人"曾统统被打成右派,"重放"是对原被划为右派的人和作品的肯定,南丁的"鲜花"是小说《科长》。

钱锺书说:吃了鸡蛋,不必见下蛋的鸡。那是他自谦。我迷信嘉季,他是资深编辑家、评论家。20世纪80年代初,读书热席卷中国大地,嘉季让我列必读书目给他看,他强调南丁作品,我当然想见本人了。我见南丁是在省文联食堂,他吃饭不多,香烟却一支接一支抽。先问:您是南丁老师?又自报家门,他递一支烟给我说:嘉季吹我,你跟他好好学,还有继扬。继扬姓钱,原《奔流》编辑部副主编,打成右派后到西华农场劳改,他与同是右派的原《郑州日报》副刊部主任李晴合办一块"劳改黑板报",甚是精彩。南丁说:一个省级刊物主编,一个省会报纸副刊主任,合办一块黑板报。他俩劳改是"主业",黑板报是业余,几天一期,管教人员、劳改犯争着看。"老老实实改造,认认真真办黑板报",右派平反,李晴将在劳改中写出的大书《太平天国》出版,继扬担任《奔流》杂志的总编校。头次见面,南丁没讲自己,却讲了两个右派。在文学班,南丁"广种博收,重点扶持",多次举办学员作品研讨会,对李佩甫是采取"名家会诊",请评论家分析其作品的优劣;对周熠是请编辑看完具体指导,开他的作品研讨会,南丁鼓励他说:语言好,能成大手笔。指导孙方友要在形成自己的风格上下功夫;对李长华创作的长篇《轿夫传奇》,南丁亲作修改。所有学员的作品,他每篇必读,每读必有具体的意见附上,包括错别字、语病,他都亲自动手修改。南丁说,这是他的正常工作,开会就得说话;看稿子就要提意见。他的"正常工作"令人感动、难忘,但最让人记忆犹新的是他的开班讲演、名人讲课、组团采风。南丁开班演讲最为精彩的是:搭个窝,你们在这儿下蛋吧!南丁在省文联、省教育学院搭窝供我们"下蛋"。其间南丁又请进来名人为我们"充电",毕业时,南丁又组团让我们走出河南"采风"。

南丁的"下蛋"说,不仅形象,而且大胆。他不讲写工业题材、农村题材、青年题材,他说,不要受题材限制,写什么,怎样写,是自己的事。全班欢呼雀跃,一阵春风,一阵细雨,滋润来自工厂、机关、农村的作者,刚刚走出"文革"阴影的我们敞开胸襟,心灵释放,放开手脚,自由创作。

南丁请大家给我们"充电",有李準、于黑丁、王大海,电影导演谢晋、陈怀凯等。王大海谈读书,举例司汤达的《红与黑》,还有我们闻所未闻的《红与白》,讲得最生动的是外国的一篇散文《幸福的黄手帕》。那是一个动人的爱情故事。大海时而正襟危坐,时而站立身体前倾宣讲,时而泪水涟涟倾诉,我们与之共鸣而声泪俱下。陈怀凯导演讲戏曲电影创作要素,批"外行领导内行"。谢晋导演大讲美国影片《魂断蓝桥》的人性光辉。人类文明应有"抽象继承",人性高于阶级性。就是这个谢晋,"文革"中《50部电影的毒在哪里》其中有他的《早春二月》《舞台姐妹》,这两部电影的毒是"人性论",他开口谈人性,令我们吃惊,因为我们搞文学创作,头脑里要清除的东西多于继承的,比如"阶级性",我们一直奉若神明,面对"人性"畏之如虎。半个世纪以来,文学界批判过冯定的"英雄冲动论",冯定不提阶级性,而谈人性。批判过邵荃麟的"人性论"。批判过赵树理的"中间人物论","中间人物论"说穿了也是讲"人性论"。批判过秦兆阳的所谓"现实主义广阔的道路",他是赤裸裸的反阶级性的。半个世纪以来,文学创作见到"人性"就心惊肉跳。谢晋不仅大谈"人性",而且说人性高于阶级性,令人耳目一新,灵魂震动。

28年前,众老师讲逢其时,众班员听逢其时。所以大家"吃得饱,喝得足,下蛋勤",向外"突围",在国内其他文学期刊上发表作品,成了文学讲习班的"共识"。张一弓创作出中篇小说《犯人李铜钟的故事》,后获全国中篇小说大奖。李佩甫创作了《无边无际的早晨》《红蚂蚱 绿蚂蚱》,深受好评。张斌的《柳叶桃》《杨花似雪》在《人民文学》等刊物上发了头条。李克定的《疙瘩妈告状》,杨东明的《摘葡萄的小伙子》也发表在《人民文学》上。李长华的长篇小说《轿夫传奇》,孙方友的陈州系列笔记小说已开始在国内几个大刊物上发出。河南作家,一个群体冲上了中国文坛,令文学界刮目相看。

南丁组团让我们去"采风",从中南河南郑州出发直奔大西南,顺江而下,抵华东上海,行程两万里路,一行14人搭火车、坐公交、乘轮船、徒步行走。在云南昆明,进石林,下黑龙潭,觅西山古迹,看"五百里滇池奔来眼底",吃正宗的过桥米线;在四川,登峨眉山,宿红椿坪,报国寺前思古之幽情,都江堰二王庙里见到2000多年前的水利专家李冰竟提出了

"水利是农业的命脉"这一农业的"永恒主题"。看到了三国时讨好刘备的张松所栽的歪脖子松树,树如人一般丑。登白帝城,伫立刘备托孤阿斗处,想的是刘皇叔自桃园三结义起兵护汉室,最终是魏、吴、蜀三足鼎立,历史不以刘氏意志为转移,最终三国归一晋。白帝城是长江边瞿塘峡山上一庙宇,一般是从县城登山,而我们因船抛锚,时至深夜,知白帝城是刘备托孤处,一行人急于前往,夜半出发,险要处,手拉手攀。庙主欧阳见状,说白帝城从无大队作家来,深夜更稀罕,河南人心诚。在成都杜甫草堂,杜甫哭孔明:"出师未捷身先死,常使英雄泪满襟。"重庆山城夜灿烂,万家灯火起伏如银河倒泻人间。最令人感动的是《红岩》,是英雄被囚的渣滓洞,观者个个表情肃穆。一部《红岩》竟能改编成戏曲、舞剧、评书、电影、京剧等文艺形式,就又想到了李润杰的快板书《双枪老太婆》,风靡全国。那是一个激情燃烧的岁月,崇尚英雄的时代。在上海,首选参观之地是"中共一大纪念馆"。

这般的"采风"在河南文学史上开风气之先,所到之处的作协主席、小说家、诗人,惊喜而又钦佩。我们到昆明时正逢雨季,诗人雁冀说:昆明的气候是四季无寒暑,一雨便是冬。他说昆明的冬天刮来了河南的春风,我们将组团领略中原文化。到了成都,《达吉和她的父亲》的作者著名作家高缨,来到了我们的住处,高声大嗓地说:南丁好样的,河南文学雄起了! 拜望诗人流沙河时,对"采风",他评价:"采风"虽然是传统做法,现在做起,要有胆量,我们毕竟是被禁锢了 10 年啊,南丁是不简单啰。在上海,与《上海文学》主编费礼文座谈,他说:有稿子留给《上海文学》,上海人也喜欢红薯味儿。

"下蛋""充电""采风"。南丁在 28 年前对河南作家进行了文学的历练与整合。在他出任河南省文联主席兼党组书记的时候,响亮地提出了文学豫军这一口号,20 世纪 80 年代中后期,文学豫军的中坚张一弓、李佩甫、二月河、何向阳、王剑冰、周同宾、孙方友、李洱等多交替在各个阶段领风骚于全国。而文学豫军中的两期文讲班办出三个省作协主席:张一弓、张宇、李佩甫。所以,南丁之文学豫军,不仅是河南文学的意义,也是中国文学的意义。

  在20世纪80年代的后几年,我又直接归南丁领导过。平时相处,大家都很随便。单位无论老少,都不称南丁的职务,而直呼其名,他也答得爽快。南丁、南丁,南丁成了一个文化符号,他也成了中国文学的文化符号。

小 说 值

标志性作品精神
直白的价值取向

"余一以贯之"的人物的人格与人性。语言白描的意思意趣和意味,更有意义在焉。是在时代与个人的境遇中写出来的小说。

南丁的小说作品，在中国文学的各个时期都有标志性意义。20世纪50年代《检验工叶英》问世，在文坛引起很大反响。著名诗人邵燕祥在1956年全国青年文学创作会议上发言说："从今天起，我要把轻率发表不成熟的作品当作自己的耻辱，因为这就等于把次品、不合格品供给劳动人民，我们需要'检验工叶英'来检验我们的成品！"

1951年，人民教育出版社将《检验工叶英》编入高中语文课本，译成英文。南丁20世纪50年代的"检验工叶英"一时成为时代的代言人。

20世纪80年代的小说《旗》发表在党的十一届三中全会之后，著名评论家刘锡诚说，《旗》开了反思文学的先河。

2013年1月16日，我与南丁老师去看望德高望重的编辑家、评论家庞嘉季，南丁老师是看望，我是"求证"嘉季老师对南丁的评说。他夫人黄大夫也在，仍是30多年前的称谓：小赵来啦。嘉季老师身着大红唐装，满头银发，面色红润，我说嘉季老师鹤发童颜。他说，88了。他在椅子上端坐，说：不喜欢这衣服。黄大夫说：买书，他喜欢，自己去不了，每星期列书单叫孩子去买。我说：嘉季老师也列书单给我，让我们河南作家看南丁的。南丁老师笑说：嘉季光说我好话。还是我的话多，我说：您1982年评南丁的《作家的忠诚》可视为文献，是您说出《检验工叶英》是时代代言人，是您评价《旗》开反思文学的先河，我学习、认知这两部小说是从您的评价受到启发的。我又说：您教我当编辑。在《奔流》的日子，接待，编稿，嘉季老师教我什么是初编、精编、剔编，什么叫净化，您说南丁老师小说白描空灵，我不懂。嘉季老师马上说：我说过空灵，还说过厚重，你看，现在他们才说厚重。88岁的老编辑家自称今年米寿，说"富海老郑州三卷，下了功夫，厚重呢"。南丁老师也说："搞创作，做一段编辑有好处，阅读眼界开阔。"

嘉季老师，教我当编辑，"一碗酒垫底"，当《郑州法制报》总编，《跨世纪》杂志副主编、副社长，没作多大难。

南丁老师是编辑出身的小说家。

南丁1953年发表小说《回村的路上》,时年22岁,1953年的小说习作尚有多篇,均未收入文集。1955年发表小说《检验工叶英》,时年24岁;1956年发表小说《科长》《苦恼》,时年25岁;1957年发表小说《被告》,时年27岁。50年代小说名篇,载入中国文学史。1976年恢复创作。1979年发表中篇小说《旗》《尾巴》,时年48岁。小说家南丁最后的小说是《第九十九棵是刺槐》。

写小说的,俗称自诩码字儿的,眼头高,认他的人品,认他的作品。南丁两条都占。人格魅力独具,其小说在中国文学几个阶段都有标志作品。靠这两条,南丁统领文学豫军,打造出河南文坛的盛极一时。

南丁的小说艺术,评论家说:南丁小说的几个阶段的几部标志作品,可见出他的智慧,而他的智慧不在于世故圆润,却恰在于他的不世故,不圆润通融,这是他小说的一种精神。从《检验工叶英》到《被告》再到《旗》,其中的人格随时代而起伏,人物的身份也各异,但是人物身上的人格人性却是惊人统一。认知一段:文学是年轻的,以新的笔触反映和描绘着新的世界、新的人格。南丁与生活突飞猛进。

新中国成立,中国人民成了真正的国家主人。南丁写出了主人翁叶英对国家财物的责任感,对自己职务的荣誉感,对人对事不徇私情的原则感,反映出新中国正在形成中的新的道德观念与那个时期的社会风尚。更使人瞩目的是它的立意新,它揭示了20世纪50年代与革命步伐紧密合拍的那种进取精神。

嘉季老师评说:这部作品有别于那些直接用于宣传某项政策因而煊赫一时,而现在又被人们贬为"运动文学"的作品。所以,今天读来,它的那种进取精神仍能给人以感染与触动。

2007年,也就是《检验工叶英》发表50多年之后,著名作家李佩甫认为,《检验工叶英》是南丁20世纪50年代的名篇,主人公叶英代表着一代新人进入了文学的人物画廊。段荃法说:南丁 20 世纪 50 年代的成名作,至今已有半个多世纪,读来仍令人难忘。张宇认为《检验工叶英》是中国文学 20 世纪 50 年代的代表作品。作家李洱认为:南丁的作品,从 1953 年的《回村路上》到 1955 年的《检验工叶英》,是南丁对不同生活领域的把握能力,我称之为"南丁式的现实主义"。

一段白描两个人物:门口巍巍峨峨架起小山似的赵得,他浑身充满了力量,胸脯和两肩都好像叫自己内部的一种什么力量崩得要炸裂了似的,眼睛又那么的醉着,使人老以为他刚刚喝过四两酒似的,这种眼睛很刺人。叶英什么都美,那对明澈的大眼睛黑黑的,那么深沉,显得这个女孩子的思想也是深沉得很。只是鼻子略微地塌了那么一点,略微的一点点,嘴唇薄薄的,一定是个不肯饶人的姑娘。叶英的日记记出了检验工的性格。她遭遇到第一个困难后,写道:我要凭着青年团员的良心和责任感来工作,我的责任是"挑毛病",不让废品和退休品混过关去。

我看到,为了二工段的胜利,在叶英家庆贺时都喝了酒。车间党支部书记唐亮有会先告辞,他走到门口,和大家一一握手,并说些简单的话。和叶英说的是"保持光荣",和赵得说的是"继续努力",最后拍了叶英的父亲的肩膀,故作小声地说:"小心点,人家可是追上来了。"父亲让叶英先去睡,叶英并没有睡。这时,她的心里充满了这样的幸福——个人和大家一起,为了一个崇高的理想活着,劳动着,斗争着,再没有比这更美好的了。

我工作虽晚于叶英时代几年,但植根心灵深处的是集体荣誉感、理想。

南丁干预生活。叶英对旧的意识、落后的思想采取的是一种冲击的态度,叶英胜利了。她是为了幸福的明天。

南丁干预生活。1956 年发表的短篇小说《科长》,刻画了一个无是非观,看着上级眼色行事的卑微的小人物。《科长》里的王科长,狗一样的嗅觉,鸽子眼朝上翻的小人,生活中常有。作家的鄙视、嗤之以鼻,鞭挞了这个人物身上所透露的那种佞人低劣的意识。因《科长》南丁被打成右派。24年之后的1980年,《科长》被收入《重放的鲜花》这本"右派"集子里。

南丁1956年发表的短篇小说《苦恼》,用白描手法塑造了一个年轻漂亮的18岁打字员何冰。共和国的天空是晴朗的,太阳是鲜艳的,何冰的心灵是纯洁的,她干了一年多的打字员,却是千篇一律地打"我们的缺点是,还存在着脱离实际脱离群众的官僚主义作风……"还有"必须大力开展……"还有"须努力提高……"这是市级团委工作报告的"关键词",何冰反感这官样文字,反感这种敷衍上级的工作报告。年轻的团机关的官僚作风,有可能年复一年。

18岁的何冰内心的厌烦、自责,这是她的"苦恼"。

打了一夜字,天亮了,何冰再好好想想,怎样把这些思想诉说出来。准备行动。《检验工叶英》是行动。而何冰不同,她是个小小的打字员,她向上级领导反映的"苦恼"正是领导的思想和工作作风的旧的意识。这需要勇气,不怕打击报复。人物身份各异,但是人物身上的人格人性却是惊人的统一。叶英和何冰。这种人格无论你在什么岗位,做什么工作,它是正派的、光明磊落的。人物人格人性惊人地统一,又不分时间,尤其在小说《被告》《旗》中的人物身上显现出夺目的光芒来——《被告》的潘淑芝、《旗》中的王明川和他的妻子陈金兰。

《被告》是南丁1957年发表的小说,仍然是白描手法,为我们塑造出一位美丽、干练的农村妇女潘淑芝,她敢于斗争,揭发反革命叔伯哥;不向旧势力低头,取消她选民资格,她仍去参会,揭露坏人,又以破坏选举、辱骂干部被判两年有期徒刑。病在牢中的她,艰难地给县委写信,告政治嫌疑分子王家兴、反革命分子李玉山和李金山。

南丁的白描语言,在《被告》中用得圆熟,叙述语言、人物刻画,全是。

叙述语言,小说开头,王家兴最害怕的是潘淑芝的那一对眼睛。这一句话引出了两个人物,留下一个大悬念。小说结尾叙述简洁而精当。

小说到这里结束了,想来读者都很关心小说中提到的几个主要人物的命运,这里交代一下:

王家兴,在工作组调查这个案件的那几天,突然失踪,后来人们在村头的小河发现了一具男人尸体,认出那是王家兴。

潘淑芝再也没到以前住过的院子里,她和李三娃结了婚,而且有了一个儿子。在村子里她再遇不到嘲笑的眼睛了。人们尊敬她,有事找她商量,并把她送到农业合作社的社务委员会。

秦信,听说县委已根据他所犯的错误,决定了对他处分、降职。现在仍做审判员工作,据说比以前谨慎多了。

至于二子娘呢,她把什么都跟工作组说了。可是,她脸上的一道伤疤至今还在流着发出臭味的黄水。为了这个,她恐怕这一辈子都会记住王家兴。这对她有好处。

这种结尾,还起到点题作用,几行字、几句话,包含很大的信息量,可供你重读小说,以人物为主线重读。

我们再选几节白描主人公潘淑芝的性格化语言。

在法庭上,潘淑芝对"被告人"三字听不入耳。

在法庭上怎么样?被告人怎么样?是反革命就该镇压,是好人就得放人回家。法庭也是毛主席领导的。

村子里开始普选,没有给潘淑芝发选民证。她自己去了麦场选举会场,王家兴说:你在受管制,没有选举权。潘淑芝向王家兴憎恶地啐了一口,就昂起了头,直对王家兴的眼睛看着,大声说:

连狗都有选民证,为什么没有我的?

我是说狗都有了选民证了,我指的是王家兴,我还要当众说,王家兴是条狗,是狗也不如的畜生……

　　凭啥不发我选民证?被管制,我检举了反革命,我知道有人恨我,巴不得我死掉才好。可是呀,我活得正快活呢。你们可要选好人哪,像王家兴这号人……

因不服管制、辱骂干部、破坏普选,潘淑芝被判刑两年。她在牢中,唱翻身歌,梦中斗王家兴,她还给县委写信。

县委:王家兴是一个政治嫌疑分子,千万不能叫他入党,他是一个坏蛋,和反革命分子李玉山、李金山都有关系。

性格化语言,让我们看到了一个社会主义新人跃然纸上。

评论界认为,南丁1970年发表在《奔流》上的短篇小说《旗》,是应当列入中国当代文学史的一篇重要作品。评论家庞嘉季在《作家的忠诚》一文中认为《旗》这篇作品开了"反思文学"的先河。这是南丁在大别山区长期生活所结的一个硕果,这也说明作家的胆识。在党的拨乱反正工作呈现徘徊局面,尚未发出解放思想的号召的时候,一个曾被错划为右派的作家,在作品中尖锐地揭示与批判了1958年的"左"倾错误,这需要多大的勇气。这说明在作家身上党性和人民性得到和谐的统一,表现了作家对人民的忠诚。

庞嘉季评说:遗憾的是这篇作品未能获得评论家们应有的重视,也未能列入1979年获奖短篇小说的名单。是作品的思想性不强烈吗?政治倾向不端正吗?显然不是这个情况。是作品艺术粗糙吗?也不是。这篇作品有着很精到的艺术构思,刻画了好几个栩栩如生的人物,安排了生动紧凑的故事情节,而且渲染出了在苦难和困难时候,人民乐观向上的气质。但是它究竟为什么为评论家们所忽略了呢?嘉季说,这里只能提出一个假设,即是人们习惯于对反右派、"反右倾"和十年动乱作直接的、正面的揭露,把这看成是作家对历史、对人民的责任感与作家的革命热情的一个标志,进而把这个标志又作为评价作品的一个尺度。而《旗》却是避开了这场历史悲剧凄惨场景的描写,突出了中国农民诙谐、幽默、机智的品格,因而使作品反而涂抹上了一层喜剧的色彩。这会不会是它落选的一个重要原因呢?其实,这也正是这篇作品的独到之处,过多的诉说愁苦,很有可能产生扩大和延长这些生活中阴影的结果,而"删削些黑暗,装点些欢容",却会使作品显出若干亮色,给人们一些安慰与鼓舞。

三个农村基层干部当然是抵挡不住这一阵阵从上而下刮来的瞎指挥、"浮夸风"等逆风,但是,这逆风也不一定毁灭得了他们,因为站在他们后面的是万千人民。《旗》展示了中国农民的命运,它把中国农民所走的一段曲折道路,浓缩在白旗、黑旗、红旗三面旗子的变易上,悲剧不悲,大团圆结局,这不正是准确地概括了中国人民经历的曲折和最后的胜利吗?

请看《旗》中的几个人物:核桃沟高级社党支部书记王明川,机智勇敢又风趣。他报的单产8016两的高产卫星,是多么精彩的细节呀!一下子戳穿了所谓粮食元帅升帐大会这场闹剧的虚妄性。王明川问了会上报的亩单产最高的是7321斤。他说:哈!才7321呀?听咱的,不夸大,不缩小,火车不是推的,牛皮不是吹的,磨盘碰碾盘,实打实。地和沟西社柿树洼五亩零三挨边,六亩七,单产8016。16去掉,留有余地,算是扣除水。放个整数,好记,8000!

王明川一边走,一边大声嚷:8000!不含糊!8000两!十六两秤那个两!

王明川的妻子陈金兰把黑旗、白旗看作是补鞋帮、垫鞋底的材料,这是多么锐利的讽刺。王明川领了白旗,妻子用白旗垫了鞋底。王明川领了黑旗,妻子说:看你这鞋,没见过你这号长了牙的脚,看看那小黑旗,能不能对付着补补鞋。王明川、陈金兰的幽默,是人民在逆境中的抗争,对敌手的嘲弄和对荒谬行径的蔑视中所表现出来的机智、坚韧和乐观。

南丁说:写作《旗》很顺手。从20世纪50年代的《检验工叶英》《被告》到20世纪70年代末《旗》中的叶英、潘淑芝、王明川,人物随时代起伏,但人格和人性惊人统一,这取决于作家,作家的人格与人性的光辉,它照亮了作品中的人物。还与作家的个人境遇有关。《旗》的创作,与南丁的农村生活有关——从1958年的4月至1962年的4月,南丁作为右派分子在农村度过;1970年至1973年,南丁又因为一场政治运动,下放到农村接受贫下中农再教育,有机会在农村度过三年多——这些经历,为他了解当时的农村提供了丰富的素材,建立了他与农民的精神联系,深刻影响了他的思想和文学创作。

评论家还说:小说艺术,见南丁的智慧。而他的智慧不在于世故圆滑,却恰在于他的不世故、不圆滑通融。这是他小说的一种精神。

南丁的小说精神归于一点,就是人格与人性。他的人格率真、真诚,他忠诚于生活,忠实于自己的良心。他的人性超越阶级性。

南丁自1976年恢复创作到1978年的两年间所创作的小说占其26年三分之一的小说创作中,还有三篇小说是批"左"的。这三篇小说是《新绿》《尾巴》《他们两个短促一生的编年史》。在我们几十年的生活中,包括创作,人们司空见惯,人们习以为常地认为"左"比"右"好。南丁的这三篇小说都发表在20世纪80年代初。那时,拨乱反正伊始,作家有良知,还需要勇气。《新绿》是作家塑造了象征百折不挠坚韧精神的护林员沙打旺的形象,描述了在十一届三中全会精神指引下,一个觉醒了的老干部,对过去所犯"左"倾错误的自省与改正。南丁满怀喜悦地写了这样充满诗意的句子:生活的色彩是纷纭的,各种色彩都有。但是我认为,十一届三中全会后,生活的主色调是绿。就是要把这种绿意葱茏写出来。

如果说,南丁在《新绿》中表现在对人民的光明的今后寄以无限的希望上,那么在《尾巴》中则表现在对人民过去的不幸的遭遇寄以深切的同情。

庞嘉季评说:《尾巴》中的梁满仓老汉是个寓意性的人物,他勤劳、能干但又有着令人扼腕叹息的愚昧,他默默地为社会生产着物质财富,当这些被无故剥夺时,竟自认为这都是自己的罪恶。这个被扭曲的人物身上,不正映照着那个黄钟毁弃、瓦釜雷鸣、人妖颠倒是非混淆年代的荒谬吗?不是透露出"左"倾思想和愚昧无知之间关系的一些消息吗?

短篇小说《他们两个短促一生的编年史》是一篇揭露"左"的错误的作品,作家对"左"的思想对人民的毒害表示了深沉的愤怒。作品叙述了两个在新社会健康成长起来的、有着生死之交的青年人,因为"左"的思想毒害变成了不共戴天的寇仇,最后竟同归于尽。这是一出摧人心肝的悲剧,一篇震撼人心的檄文,是对十年内乱危害的有力揭露。以揭露十年内乱灾祸为题材的作品很多,但是从这样尖锐的角度,以这么沉重的笔触来揭露的还不多见。小说发在《奔流》上,编辑部副主任王大海不无担心地问南丁:没事吧?南丁说:没事。这是南丁的性格,人性的光辉。

《检验工叶英》《苦恼》《科长》《被告》《旗》《尾巴》《新绿》《他们两个短促一生的编年史》等几个时期的代表作、标志性作品,我还从中看到作家南丁的智慧。

可以这样说,我看过读过这几个时期的几位作家的作品,有些成了后来所说的"运动文学",这属于"命大"点儿的;还有"短命"的,用我的话说是"政策文学",五六十年代的"车间文学",这些作品一个最大的问题是:作家利用小说去掩盖一些东西,获取名利。这也是一种智慧。而南丁的智慧,他一直崇尚的精神直白,坚持他的语言的白描,这些文与人的对比,有意思,也有意趣和意味,更有意义在焉。

话 语 权

**连接的是文学与
人格的内质**

《翻身文艺》《奔流》《莽原》,文联主席"权威发言人"。怎样做人,怎样生活,怎样写作,怎样爱国。责任和使命,创作思想和风格,净化你的心灵,提高你的审美。生活、思想、观念的表达,透出的是人文情怀和精神境界。

我读南丁的《检验工叶英》是在 1973 年，在《河南日报》副刊工作的王振洲推荐给我的，同时告诉我下放到南阳的南丁、赵青勃，还有在西华的李凖，先后都有稿件给《河南日报》，但一篇也未发。

认识王振洲，是我文学梦正做着的时候，正好住同院，又常去另一朋友、市图书馆的张万钧处读书，到市教育局顾圣一处聊天（他是山东大学研究生，主攻西方文学史）。三位既是朋友又是老师，王振洲已有儿童文学《大道通向远方》出版，顾圣一山东大学毕业，书拉了 8 架子车，万钧虽是聋哑之人，但他学富五车，有"历史活字典"之称，三个人曾给我提了个共同的问题——读书，增加阅读量。万钧给我列了中外名著的书单，振洲把他的书架敞开让我借，顾圣一更是有求必应。后来，顾圣一讲了一个精彩的故事，让我写成小说，交给王振洲，小说名字是《责任》，是说一个粮店服务员的服务尽心尽力。因是我与顾圣一、文学青年周建华一同议论，是集体创作，笔名海一舟——海是赵富海，一是顾圣一，舟是周建华。这个短篇小说发在《河南日报》1973 年 5 月 15 日的副刊上。

没有稿酬，到王振洲处取两份样报，两本《河南日报通讯员之友》，中午是王振洲个人招待，到花园路三味饭店一人一碗二两粮票、三角二分钱的山西刀削面。吃完，又到他三楼的办公室闲聊。王振洲从抽斗里取出了李凖、赵青勃、何南丁邮寄来的稿件。李凖，我知道，小时看过他的《孟广泰老头》《不能走那条路》，看过他写的电影《老兵新传》《小康人家》《李双双》，这此作品都挨批了。"文革"中，在粮院看过李凖的大字报《多像当年的我们》，不少学生在传抄。赵青勃，不熟悉。王振洲手拿何南丁的稿子说：南丁写《检验工叶英》就是在郑纺机体验生活的作品，主人公叶英写得好。我说：看了，叶英的父亲也写得好，读过。振洲说：这回他写的是下放劳动，如何改造自己与工农结合的故事，还是不错的。说到这，他把稿子又放回抽斗，说：打过右派，这回又下放，情况不明朗，咋发？发不成。彻底解放，重新工作以后，再说吧。

南丁,右派、下放劳动与《检验工叶英》进入我脑海,很快也就淡忘。到了 1980 年我在《奔流》帮忙,参加他主持创办的省文联第一期文学讲习班后,想起了这件事,告诉了王振洲,王振洲说:别说那年稿子的事。又说:你看,人家在逆境也不忘写东西。

1980 年,南丁办文学讲习班,是老师,我是业余作者、学员。

1988 年,经南丁同意调河南省文联影视部。他是文联主席,我是影视部副主任,下级。时间不长,约有 5 年,也算有在他手下工作一段的经历。1994 年,我离开省文联,任《郑州法制报》总编,很少联系,曾约他写稿,南丁以不熟悉政法为由,婉拒。真正关注南丁老师是从《大河报》发他的文学评论、作品序言开始,《大河报》的"河之洲""茶坊"隔天不隔周有南丁的评和序见报,我作了一些收集,作了简单分类,想干什么,当时心里很清楚:再写南丁与文学豫军。

2006 年,河南省文联与省直作协为南丁出了《南丁文集》(一至五卷)。

2006 年 3 月 9 日,南丁送我《南丁文集》(一至五卷)。我接书说:寻找中州语言甲天下,南丁说在书里。那时,我是《古都郑州》执行主编,请南丁写稿子,他写了《说不完的豫剧》。

既有南丁老师"文选"又有"文集"的不多,我进入,阅读,摘记,分类,意识进一步明晰,写他,写南丁老师。

南丁在《南丁文选》后记中说:小说、散文、随笔、诗歌、评论各选若干,加上一篇报告两篇回忆录,就算是这本文选了。

南丁自己发笑,说:各种文体搭配,好像在编一本杂志,就忍不住想笑。能否大体画出我半个世纪来从事文学工作的轨迹呢?是与否,都可作为回答。

这是一种幽默,是一种漫不经心,是一种看重,轻描淡写,都不是。他说:因为文学工作对于我,是痛苦并快乐着。在我被派定为右派或"左"

派时……（请注意"派定"二字，右派通常说是打右派、划右派，南丁是被派的。）

南丁说：我曾想过，只有告别文坛方能接近文学。如今虽早已退休，与文坛却依然不即不离。真是想说爱你不容易，想说再见也不容易。

这是一位文化老人的喟叹吗？这是一代文贤的反思吗？

学南丁的话，是与否，都刻骨铭心。

有不少文字散失。其中既有幼稚的文字，更有我如今引以为耻辱的文字，假以时日，耻辱应当找回，待有机会编文集时，应当画出一个完整的我。

面对历史，对过往的寻找；面对历史，对心路的剖析，需要撕开庄重的脸面，捧出滚烫的心，鞭打自己的灵魂。

它的背景是：我经历过中华人民共和国成立以来所有的政治运动，在社会这个大导演的派定下扮演过截然对立的两种角色。经历过两次较长时期的上山下乡，前一次被改造，后一次接受贫下中农再教育。"文革"中经历过被抄家，经历过无数次迁居。在中国，这是共性，在中国文坛，这也是共性。但南丁的个性很特别，在那个时期，他竟然去辅导文学青年——辅导的是以后在全国出了名的女作家廖华歌，是廖华歌告诉我的，时间，1994年夏末秋初，在郑州。

1994年秋，由郑州高新技术开发区管委会副主任范强策划，以孙荪、段荃法、范强三位为主编的《朋友丛书》的12位作者集会于高新区，这12位是河南省专事散文的作家矫桂棠、王钢、邓万鹏、廖华歌、周同宾、周熠、范强、孙荪、段荃法、周大新、卞卡、赵富海（周大新、周熠缺席）。范强主持会议，孙荪作出书意图发言。到会10位散文作者，发言十分热烈，可以概括为八点：一、所有出书者，必须是新作；二、唯如此，可见河南散文的时代影响，队伍的实力；三、体例仅限散文、随笔；四、合作出版，出版社在新华书店售书，个人获赠书100本；五、时间限定一年交稿；六、对12人合集丛书的书名,提出了三个,最后确认"朋友丛书",非组织安排,也不是文联部门征集;七、这套散文丛书,应该是能代表河南散文的最高水平,是对文学豫军散文的一次检阅;八、出书难,对高新区资助、出版合作表示感谢,表示要拿出自己的好作品。

"朋友丛书"计12部散文12名作家各一部。范强《街巷散步》、周同宾《绿窗小品》、王钢《昙华林》、周熠《水之湄》、段荃法《布袋子》、卞卡《雪飘雪落》、孙荪《瞬间解读》、余非《飘游的思绪》、廖华歌《细雨霏霏》、周大新《村边水塘》、邓万鹏《不敢说谎》、赵富海《浮生记感》。

就是这部12位作家的散文著作,再次叫响了文学豫军,被称为:文学豫军的一次散文出击。

"朋友丛书"12部,1996年4月由文心出版社出版,在国内散文界引起较大反响。1996年11月1日,河南省委宣传部文艺处、省作协、文心出版社联合召开了"朋友丛书"座谈会。《河南日报》用一个版的篇幅发了消息,领导讲话、专家评说、作者感言,大标题是《文学"豫军"的一次散文出击》。

河南省委宣传部文艺处吴长忠处长主持了"朋友丛书"的座谈会,他认为:这是河南文学豫军散文一支的整体出动,档次很高,说精品不为过。震动了文坛,在全国的散文随笔热中,我们唱出了强音,可喜可贺。他对12位作家的作品逐一点评。我记得他评我是:富海老师的《浮生记感》太沉重,希望能轻松些。

吴长忠处长最后说:文学豫军散文随笔队伍的整体出动,再一次说明河南这个文学大省的实力。

著名评论家耿占春发言说:在文学豫军中,这套丛书显示了作为"豫军"一个方面军的实力。

南丁是以著名作家,省文联、省作协顾问的身份参加座谈会的。南丁发言说:"朋友丛书"是对文学豫军散文随笔的一次检阅,作为一个老文学工作者,我很惊喜,也很振奋。

"朋友丛书"基本代表了河南散文的走向,也基本涵盖了国内散文的品类,生活散文、哲理散文、女性散文,可以说是风格各异、品类齐全。散文忌作忌矫情,这几本散文都是真情实感之作,难能可贵。

南丁评说:孙荪散文的哲思,矫桂棠散文的形散神聚,周同宾散文的美学意义,周大新散文随笔的时代感强烈,范强散文的随意散淡,廖华歌散文的意蕴悠长,荃法散文的富有生存哲理,尤其对王钢散文《饥饿的美丽感觉》,南丁大加赞赏,称是近年难得的佳作。

散文,我们河南是很有传统的,唐宋八大家,河南占好几位,比如韩愈,就是我们河南孟县人,这个传统"朋友丛书"得到了传承。希望在座的有更大气的散文问世。书稿写成,请南丁老师审阅,他说他不记得那次会上发言,我正好带有笔记本,记有他的发言,他看后说:真有此事。

回望历史,南丁这位安徽人,早在20世纪50年代已与河南文坛有了灵与肉的纠缠,1950年南丁19岁,已是《翻身文艺》(《奔流》前身)的编辑。一个年轻的生命与才华开始倾注于河南文坛,激情燃烧。

2002年,有一部电视剧叫《激情燃烧的岁月》,好看!重要的是它留下一段流行语,是情感的,也是政治的,即中华人民共和国初期阶段到20世纪60年代即"文革"之前,被称为"激情燃烧的岁月"。五六十年代初称之为激情燃烧的岁月,官认,民也认。

在"激情燃烧的岁月里",南丁,这位激情燃烧的英俊少年,19岁进《翻身文艺》,也即后来更名的大名鼎鼎的《奔流》,二十弱冠,南丁始为他人作嫁衣,启用了一个年轻编辑的"话语权"。

《翻身文艺》创刊在1950年1月15日。创刊在中华人民共和国成立的年代,中国人民站起来了,人民热切期望用自己的斗争变成现实的年代,这个年代人民可以尽情地歌唱。《翻身文艺》开辟了新民歌专栏,影响很大,编辑部请南丁对所发新民歌进行评介。

《试谈新民歌》是南丁1951年第一次使用话语权,即成为编辑部观点代言人,或曰他的看法就是编辑部的看法。他出任河南省文联主席时,他的话语权是省文联观点。

我将南丁的"话语权"作了一个时间上的梳理。这是我的一种学习、认识方法。问题分类,很难,南丁五卷本,对他著述分类也不甚科学、严谨,何况我这个文学老年呢。为什么这样呢?为随感而发,为我写作方便。

1952年,年轻的编辑南丁,代表《奔流》作为文学发言人,又写出了《关于反对麻痹松懈思想稿件的几个问题》《纠正农村剧团演唱中的混乱现象》《怎样区别神话与迷信》《反对抄袭》等评论文章。

1980年之后,南丁走上领导岗位,担任河南省作协副主席兼《莽原》期刊主编,1983年担任河南省文联主席兼党组书记,这几年的评论文章有写于1980年6月24日的《漫话提炼及其他》,1981年洋洋洒洒的近万字的《关于构思的断想》,1981年5月的《莽原》发刊词,1982年1月7日的《且说发现》,1982年8月的《断想录》,1982年9月的《反映新局面,塑造新人物》,1983年3月28日的《提炼不是蒸馏》,1983年8月的《努力描写社会主义新人》,1983年的《振奋中华需要提倡振奋文学》。

仅列举以上,这些文论和评论、发刊词,即是河南省作协的观点、思想,刊物的编辑思想,省文联主席的话语权,对河南文坛的指导和引领。

我们回到20世纪50年代,年轻编辑的权威发言,即编辑观点和思想。

《试谈新民歌》是20岁的南丁的评论处女作。在这篇近4000字的评论里,南丁写道:在读《翻身文艺》上的民歌之前,先简明扼要地、一般地谈谈民歌的特色。

南丁论谈的"新民歌",非常有见地、有思想,从生活、思想、艺术诸多方面谈到了七个问题。这七个问题是文艺创作带有普遍性的问题,现在看也有其指导意义。

一、新民歌的定位。民歌是劳动人民口头文学的主要部分,它最容易被不脱离生产的劳动人民直接掌握运用。因此,它也更直接、更真实地反映劳动人民的斗争生活,具有浓厚的人民性,最真实地表现了人民的思想情绪、愿望和理想。

二、新民歌里充满了劳动人民粗犷的气息(绝不是野蛮)和乐观主义的战斗精神。在民歌里还蕴藏着一种伟大的自信力量。即使他们流着眼泪唱着自己悲惨生活的时候,也是把这些与反抗、战斗联系起来的。

三、新民歌在艺术表现的特色上,是把人民的斗争生活形象高度地概括起来。其他的文艺形式也有这个特点,但却没有民歌表现得更为突出,因为它是直接为劳动人民创作的,所以形象特别生动丰富,语言特别精练。另外,单纯、朴实、明快、绝不市侩气油腔滑调,这与劳动人民的性格都是分不开的。

四、新民歌歌唱对新生活的热爱,对祖国的热爱,对人民领袖毛主席的热爱。爱国主义的新民歌,充满了愉快的情绪,气魄更雄伟,自信力更强。

五、新民歌存在的两大问题:一是形象不具体,标语口号化;二是千篇一律,老一套的公式主义。思想性和艺术性高度结合的不多。

六、对这些问题解决的根本方法,重要的还是生活与思想问题,也就是在斗争实践中学习马列主义、毛泽东思想。投身到群众的斗争中去,全身心地忠实于生活,把学习理论与自己的斗争实践统一起来。

七、创作是千万偷不得懒取不得巧的,只有老老实实诚诚恳恳毫不懈怠地劳动,才能创作出好作品来,民歌也是一样。

我惊异,20岁的文学编辑,不仅仅是深入浅出地谈论了新民歌的定位、风格、表现内容,还提出了一个民歌(不仅是民歌)的一个创作的思想问题,他说:投身到群众的斗争中去,忠实于生活,在斗争实践中学习马列主义、毛泽东思想。

1952年是年轻的编辑南丁话语权运用最为普遍而得体的一年,他写出了评论《关于反对麻痹松懈思想稿件的几个问题》。

这篇评论是南丁在阅读了大量稿件之后,有感而发,指出了稿件中过分夸张了地主的破坏活动;无视党对农民进行政治思想教育以及农民内部自我批评的力量;没有从本质思想上对麻痹松懈加以批判。

南丁在这篇评论中深刻地指出:"三十亩地一头牛,老婆孩子热炕头",一旦他们认为自己的利益又有了保障时,便又会麻痹松懈下来。还应该指出社会主义、共产主义的远景,引导农民向前看,为争取无比美好的生活而奋斗。

请注意南丁用语:引导农民向前看。

现在想:60年前,20岁的南丁竟然在文艺评论里提出"农民向前看",多政治,多境界!

《纠正农村剧团演唱中的混乱现象》,也写于1952年。

《翻身文艺》第六、第七、第八期的"演唱战线"上,连续报道了农村剧团在演唱活动中的混乱现象。

这些现象是:演旧戏加新词;演新戏穿古装;随意歪曲舞台形象;把旧戏塞一点儿"新"内容。

南丁提出了五条加强领导,纠正错误的措施:一是各县最好尽可能地办一次农村剧团训练班,把农村剧团的性质、方向与道路明确起来;二是纯洁组织,领导权掌握在党员和团员手里;三是抓住农闲季节,进行会演,定出评选条件,评出模范、树立旗帜;四是及时表扬、推广,对坏的及时批评,重视教育;五是区文教委经常给农村剧团以具体而切合实际的指导。

在这一年,南丁针对一封群众来信指出《翻身文艺》刊登的剧本《梁山伯与祝英台》提出了宣传迷信的意见,南丁作答:《怎样区分神话与迷信》。

南丁区分:迷信是封建统治阶级为了使人民服服帖帖地受他们的统治,于是编造了许多神鬼故事借以欺骗人民、恐吓人民、麻醉人民;神话却是大胆地天真地表现了我们难能可贵的梦想和愿望,这些梦想和愿望通过一些美丽的形象表现出来,比如梁山伯的坟墓在大雨中忽然开裂,祝英台跳了进去,变成蝴蝶双双飞舞,在事实上这都是不可能的,然而这是我们的希望,我们都不愿意他们两个屈服在封建统治之下,就此死去,所以这样的结局正符合我们的愿望。而且借这种庄严美丽的形象,表现了他们的真挚爱情,他们的坚强意志,反抗并最后战胜了当时的婚姻制度,并不至于引导人们走向愚昧无知。

从文中我们看到南丁的思想水平、理论水平。他令致信者心服口服,如果将这篇评论性的回信,放在50年后的今天来看,仍然有指导意义。我是郑州市非物质文化遗产专家委员会成员,近年间,评审各县、市申报非物质文化遗产的材料中,确有将迷信与神话混为一谈的问题,在报民间传说故事中,明目张胆地将鬼故事上报,美其名曰:神话传说。

1955年,南丁还有一篇评论文章《反对抄袭》,抄袭50年前有,现在仍有。这是文学创作中时有发生的事件。

南丁针对《翻身文艺》发生抄袭的非常恶劣的倾向,直书道:他们把别人劳动成果偷来,企图据为己有,这和不劳而获的剥削阶级有什么区别呢?

"你们这简直是小偷的行为。我们都反对你们这样做!"

南丁在这篇文章中指出:创作是为人民服务的一种严肃劳动,要想在文艺战线上做一个战士,是要忠实和不懈地劳动的,任何其他投机取巧的方法,都是"死路一条"!

南丁的《反对抄袭》发表在50多年前,指出作文做人的底线。50年后的今天,抄袭已从文学界泛滥到学术界,学者、教授也入列其中。读读南丁50多年前的《反对抄袭》,仍然直刺抄袭者的嘴脸。

如果说年轻的编辑南丁在代表编辑部有了话语权,针对的是现象、倾向他人,3 年后的南丁,他是挺身而出,对文学青年的骄傲情绪,针对老作家的纵容,进行批评和批判,写出了《请严格要求我们》,南丁将自己也摆了进去。

1956 年,南丁参加了全国第一次青年作家代表会。那年他 25 岁。文学青年南丁写出了《请严格要求我们》的文章。

起因是南丁看到各地报刊上发有前辈作家评介青年作者和他们的作品的文章。这些前辈作家充满了对文学界青年一代的关怀和爱护,但文章普遍缺乏对青年作者严格要求的精神,说:这是前进中的缺点,是可以理解的,我们决不挑剔,等等。

南丁尖锐地指出,前辈作家生怕把缺点说得重了、说得多了,从而沾上了挑剔之嫌,压制新生力量之嫌。要求前辈作家以高尔基为榜样——高尔基反对单纯的赞扬。

1929 年,在给卡明斯基的信中又这样写道:恭维您,我是不干的……可是现在的青年却渴望恭维,渴望得简直有点病态了,要是不对一个青年作家说,他几乎同果戈里不相上下,或者不折不扣的是契诃夫,他就要生气。1930 年,高尔基给某青年作家的信中这样写道:……赞赏之辞给了他有害的结果……因为他由此产生了自负心,因而引起了不考虑语言的意义而粉饰语言的倾向。

南丁说,在我们这一代从事文学工作的人中间,确有些人尾巴已经翘起来了。江西有一个青年作者,她写的歌词,得了三等奖,就让当地的文艺领导机关为她开庆祝会,没有庆祝,她就生气。湖南有一青年作者,才 21 岁,写了一本小册子,就向别的青年说:我老了,今后靠你们了。河南也有这样的人,他在中央文学讲习所学习了一年多,回河南就大大地自我膨胀起来。有一次我们和他谈起李希凡、蓝翎同志在对唯心主义的斗争中起了很大作用,他不屑地说:我们没有研究,要不然也不会让他们占了先。中央文学讲习所谁没经过、红过一阵？又有一次，人们在他的信中发现了起应兄……问他是谁，他说是指周扬同志。平常谈起赵树理同志，他则口口声声老赵如何、老赵怎样。

南丁1956年撰文抨击的现象，到了20世纪八九十年代的文坛，仍有发生。我们省内有一作家，开始到编辑部送稿，见编辑言必称老师、让烟，从不坐，伫立恭听，待发了一两篇作品，有点儿小名声，再来编辑部时，进门坐下，伸手两件事——烟，烟，水，倒水，然后，小李、小张，那稿子啥时发，要配个评论。

20世纪90年代初，我的报告文学《智慧的密码》在人民日报出版社出版，书名由李準老师题写，我专程到虎坊桥他的寓所拜望，说到出版社编辑很年轻，李準说，多大的作家，在编辑面前也是学生，我到《人民文学》都是站着，人家让坐我才坐，编辑一句话，就能救活你一篇文章。我知道咱省里有的作家，刚发了几篇东西，尾巴翘多高，说这编辑是书呆子，那编辑不懂生活。前一段来我家，跟我谈寻根文学，什么寻根？我那部《黄河东流去》就是寻根文学，我对他说：你问问王蒙，他敢不敢跟我说寻根文学？什么寻根，胡闹，老老实实写生活吧！

南丁在这篇文章里说：我们却在这个人的身上闻到一种腐朽的味道，很想呕吐。

还有40年、50年以后我说到的几例，事隔近半个世纪，看到文中南丁举例的翘尾巴作家，仍能闻到腐朽味，很想呕吐。

实际是在提醒前辈作家，南丁说：适当地鼓励我们，我们就有了信心。一个人在大有信心又能够清醒的时候，才能又快又稳又健康地前进，才能较少犯错误，这是建设社会主义文学的任务。

南丁希望，南丁要求：严格要求我们吧，我们能够体会到这是与那种挑剔完全不同的严格的爱，深刻的爱。我们的党爱他的党员，是这样爱的，一个好的妈妈爱他的孩子，也是这样爱的。

1980年之后，南丁已从事专业创作20余年，有名篇《检验工叶英》《旗》等，1980年南丁是河南省作协副主席，有作者致信他请教如何提炼生活，南丁又以作家、作协领导的身份，行使他的话语权。

一位读者来信，请教南丁有关创作的问题：想听你谈谈如何提炼、概括生活这个我们经常遇到的问题。

我从文学青年到文学老年的几十年中，遇到的也是这个问题，名家、大家也会遇到这个问题，不同的是解决得快慢、好坏，有的人写了一辈子，一辈子也没解决提炼、概括生活这一创作中的根本性问题。

南丁《漫话提炼及其他》发表在1980年的《奔流》文学期刊上。

南丁是以自己的创作实践来回答这个"老掉牙问题"的，具体地说是从小说《旗》谈体会的文字。

提炼、概括生活，是一古老而又年轻的话题。南丁说：是我遇到的问题，是一切从事文学写作的人们遇到的问题。他又说：所谓写作，就是干这件事的，这是一个老掉牙的问题。自从有了文学作品以来，也就有了这个问题。他还说：古今中外许多作家、评论家，就此问题已写了不计其数的文章。但这又是一个年轻的问题，好像还没有看到过哪位大师创造出一种关于提炼和概括的方式。我们大概也不应当做这种指望。

南丁建议：我们再读一次鲁迅的杰作《阿Q正传》，以及他所写的关于《阿Q正传》的一些文字，我们会得到一些有关提炼和概括的启示的。

这应是南丁的第一个观点，看大师作品，学提炼、概括生活。

既然谈到提炼，就要谈到生活，离开生活的矿藏，就无所谓提炼。南丁提醒说：生活，人们的物质生活和精神生活，丰富多彩，纷纭复杂，充满人间烟火味儿，是无比生动多样的共生矿。

这是南丁对生活的认识。生活如此生动多样，在提炼之前，总要解决一个认识生活的任务。

我认为，这是南丁关于提炼生活的第二个观点：认识生活。

第三个观点,他以他的小说《旗》为例,谈生活,谈对生活的认识、概括。

从1958年到1962年的整整4年,他称是有幸在农村度过。南丁的有幸,大概说的是体验生活,是深入到肉体到灵魂的体验。

我有幸,读这篇文字是在他的4年时段的50年之后,我眼里充满了泪水。那一段,我经历过。

我抄录南丁的文字。这4年是这样一个时期:公社化、"大跃进"、经济困难,开始贯彻"调整、巩固、充实、提高"的八字方针。这是一个这样的历史时期:由于在经济工作上的指导出了问题,导致"浮夸风""共产风""瞎指挥",使我们的工作遭受了挫折,人民的生活发生了困难。最为强大的还是规律本身,违背了它,就要受到它的惩罚。高喊着破除迷信,实际上破除了科学,这就是那历史时期的悲剧。粮食和钢铁的高产卫星满天飞。我这里有个资料显示——《人民日报》1958年6月8日报道:河南省遂平县平均亩产小麦2105斤,"大跃进"运动放出的第一颗亩产卫星。

我这里也有一个资料,1958年6月18日《人民日报》报道全国粮食生产放卫星,全国13颗粮食高产卫星,其中小麦亩产3500斤,河南省占9颗。自此,全国大行浮夸风。稻麦每年的亩产量不仅仅是现在的2000多斤或3000多斤,而是2000多斤的20多倍!几乎每天都可以看到各级报纸所发的号外,愈来愈玄乎,比着吹牛皮就是了。

南丁说:我在夏咀生产队时,和食堂关系很密切,我是食堂的专业挑水员,这个食堂有近百人吃饭,大别山区人有用热水洗澡抹汗的好习惯,我每天要给食堂挑四五十担水。那是吃饭不要钱的年代。饭由干而稠而稀而能照见人影,以至把"今日无饭"的牌子挂了出来。一个月按人头平均每人只有4公斤谷子,不得不上山挖葛根了。那么多的粮食高产卫星哪里去了呢?原来都是假的啊!

生活,用沉重是无法概括的。

南丁的生活:1970年至1973年,我又有机会在农村度过了3年多。其中两年半是蹲在伏牛山里一个叫下营的生产队里。身份是插队干部。这个时期的农村,正在搞什么样板戏、"五好"评比、政治建队、学语录、讲用会、批资本主义、批修正主义等一套所谓突出政治形式主义的东西。突出政治到以会背多少毛主席语录来评定工分。什么按劳分配?按"说"分配!也是给农业生产带来灾难就是了。

这应是南丁的第三个观点:从南丁的生活体验,认识生活需要时间和空间的距离。

1977年,南丁去驻马店的一个生产队采访,一个生产队甘愿当白旗,高征购、反瞒产时,他们自愿被斗被关,也硬挺住了,他们大队没有饿死一个人,叫作没有伤元气。除了南丁采访的那个大队,其他大队都战果辉煌,夜晚还请来剧团唱戏庆祝。南丁与他访谈的大队一行回来了,没心思看戏,在那个大队开了一天会,那个大队的食堂3天没有揭开锅。

这次采访有了创作冲动,大约是心里栽种上了一棵小树苗;长大,还需要时间。这是不是南丁关于提炼生活的又一个观点呢——冲动。

第四个观点:创作冲动。只是种下了一棵小树,还有待时日长大。

一年之后的1978年在柴达木采访回来,那棵小树悄悄地长大了,它在呼唤采伐呢。周恩来说过"长期积累,偶然得之"。是这个道理。

南丁开始着手编织这个构思大体已经成熟反映农村生活的短篇小说,从一年里采访那个农村实事求是的生产大队的情况出发,用一面红旗在三个历史时期被涂抹上三种不同的颜色这根线,把20年农村的现实生活贯穿起来,写出了《旗》。

1978年12月21日完成了草稿,在抄写时,听到广播十一届三中全会的消息,自己以为,与十一届三中全会的精神没有什么背离,也就没有再做什么修改,《奔流》复刊号等着发稿,抄好后,即交编辑部。

在南丁1980年6月24日答作者的有关提炼生活的长信中,他还奉劝作者,"不相信(小说做法)之类的话",鲁迅的这句话应当信奉的。近年反映农村生活的小说《李顺大造屋》是一篇佳作,值得探讨、学习。

学习理论,研究生活,博览群书,创作实践,会赐予我们一些提炼和概括的聪明才智。让我们一起努力。

1981年,南丁身为河南省作协副主席兼任《莽原》主编,主编是一家期刊的权威。南丁主编的话语权,话语的是办刊思想。

南丁的话语权在《莽原》发刊词里说出了基本办刊思想。

始终如一地坚持为人民服务,为社会主义服务的方向,坚持四项基本原则。贯彻百花齐放,百家争鸣的方针。解放思想,顾全大局。

这是办刊宗旨。为什么人的问题,作家的创作自由与责任问题,办刊方向和指导思想问题。这是基本的,是大是大非,是中国特色。

在题材上,南丁提出:反映当前各族人民同心同德搞"四化"。

建设社会主义四个现代化的强国,一直以来,是我们的党领导全国人民为之英勇奋斗的神圣事业。我们有什么理由不满腔热情地去招领它呢?另一方面,各种干扰"四化"的力量、倾向、错误思想、错误行为多的是,我们又有什么理由不理直气壮地去暴露它呢?

南丁在发刊词中要求,《莽原》应当牢记"靠现实主义吃饭,因为纵观近几年来的文学创作,之所以取得了很大成绩,可以归结为一点:因为恢复了革命现实主义的传统;之所以也发生了某些缺点,大约也是因为离开了革命现实主义吧"。

南丁在《莽原》发刊词中还指明了文学创作的两个问题:一是文学是诉诸感情的意识形态。归根结底还是写人,写人的精神,写人的灵魂。还是要塑造各种人物形象。还是要塑造典型。二是在风格上,支持作家在艺术创造上的探索,尊重作家个人风格。

南丁写于1981年5月的《莽原》发刊词,第一次提到了建设"两个文明",即我们要在建设高度物质文明的同时,建设高度的社会主义精神文明。也对《莽原》编者提出了要求,他写道:我们建设社会主义精神文明需要三个高峰:思想解放高峰,科学技术高峰,文学艺术高峰。

《莽原》的编者,当铭记在心,好自为之。

现在看《莽原》发刊词,南丁主编话语权里贯穿了他的文艺思想:

一、学《讲话》精神,坚持为人民服务。

二、贯彻"双百"方针:百花齐放,百家争鸣。

三、靠现实主义吃饭。现实主义是他一贯的文艺思想,他第一次将其提到"以民为天"的高度。

四、塑造典型人物。

五、尊重作家个人风格。

六、建设"两个文明"需要三个高峰。

1983年3月28日,南丁再谈提炼生活,也是书信形式,发表时为《提炼不是蒸馏》。

这篇文字源于一次文联会议上的讲话。1983年,南丁任河南省文联主席兼党组书记,省级文联权威的话语权有的放矢。

南丁在商丘文联文学评奖获奖座谈会上,讲了三个问题:接通作者通向时代、生活和读者的电源,发现自己,扬长避短,发挥自己创作上的优势,提炼不是蒸馏。

在这篇文章里,南丁讲的是:提炼不是蒸馏。

小说的成败,无不与提炼的成败有关。

某些小说生动感人,帮助人认识生活,给人以思想的启迪和美学的享受。或激人上进,或冶人情操,或领略人生。总之,开卷有益。

某些小说好像一杯蒸馏过的白开水,干净得很。洋洋万言,甚或数万言,其实是一篇或一部"正确的废话"。

前者给人以真实感,后者给人以虚假感。真实,具有吸引力。虚假,产生排斥力。它们分别用的是两种方法,前者是提炼法,后者是蒸馏法。提炼,是把自然形态的现实生活加以浓缩,于是,反映在小说里的艺术形态的生活,比自然形态的生活更加集中,更加强烈,更加生动,更加典型,更能打动人。这是现实主义的方法。蒸馏,把现实生活中的复杂、多样、缤纷,统统作为杂质,沉淀在瓶底了,呈献给读者的是一杯纯而又纯的蒸馏水。纯倒是纯了,但是,人们怎么可能从蒸馏水式的小说中去认识生活呢?这是背离现实主义的方法。

说到这里,也是写到这里,南丁说:我得赶快声明,我并非主张把生活中发生的一切都照搬到小说里去,这就滑到了自然主义,也是背离现实主义的。

提炼乃浓缩,劝君莫蒸馏。

三年两时段,南丁讲到了文学创作中的有关对待生活素材的态度和方法,现在是,永远都是,又老掉牙,又是新问题。

南丁的文艺思想,南丁的话语权:责任和使命,为什么人的问题,创作思想和风格,最终连接的是文学与人格的内质。

生蛋乎

文学创作幽默
风趣的比喻

独特的语言方式,鲜活,可视。生蛋乎?不生蛋乎?全在你这只鸡了。最出心得,让人会意又让人思考。自20世纪60年代始,80年代成为信奉,而今文学通用。

生蛋乎？不生蛋乎？全在你这只鸡了。南丁生动形象地比喻作家和作品，作品是鸡蛋，作家是鸡。可视为南丁丰富的语言之一种，也未尝不可，在这里，我从更大的社会认知度和历史感以及一度成为作家的流行语、为名言为"典"来使用，这就应重新认识、审视生蛋乎，从中探寻它的意思和意义。

且把南丁的生蛋乎视为"生蛋说"。分析"生蛋说"的时代背景。

一、南丁的"生蛋说"20世纪60年代是以书信形式披露出"生蛋乎？全在你这只鸡了"。20世纪80年代是在河南省文联第一期文学讲习班上发布的：搭个窝，你们在这里下蛋吧！

二、中国文坛、河南文坛的20世纪60年代和80年代，从文学的意义上来看这两个年代，应当是文学的晴朗天空，作家"生逢其时"的年代。20世纪60年代初至1966年，也即"文革"开始前，中国文坛、河南文坛十分活跃，我的记忆中，长篇小说《林海雪原》《红旗谱》《红日》《红岩》《青春之歌》《野火春风斗古城》《战斗的青春》《黄水传》，短篇小说《李双双》，等等。尤其是"三红"（《红旗谱》《红日》《红岩》）都改编成了电影，特别是长篇小说《红岩》，中国的所有文艺形式，都将其改编，李润杰的快板书《双枪老太婆》，赵铮的河南坠子《双枪老太婆》风靡全国。李準的《李双双》改成同名电影后，获新中国第一届百花奖最佳编剧，郭沫若亲自给李準颁奖、题辞"青年楷模"。

三、20世纪80年代初，改革春风吹拂，文坛空前活跃，《伤痕》《班主任》《爱情的位置》轰动全国，大型文学期刊《当代》《十月》《花城》横空出世，《小说月报》创刊，茅盾为其题写刊名，东北的《小说林》文学月刊、江苏的《钟山》、湖南的《芙蓉》、贵州的《山花》等大型期刊问世，接着是中原大地的《莽原》问鼎中国文坛，河南作家的第一部中篇小说都抢滩《莽原》，其中张一弓的中篇《流星寻找失去的轨迹》、李準的《王结实》获全国中短篇小说奖。郑州的《百花园》复刊，洛阳的《牡丹》《洛神》，开封的

《东京文学》,南阳的《躬耕》,也都披挂上阵。

中国文坛、河南文坛,在20世纪60年代、80年代是空前活跃期,出作品、出作家,有阵地。

南丁的"生蛋说"正逢其时。还要补上两条,即"生蛋说"的历史感和时代意义,名家的意思。

所谓历史感和时代意义,其一是20世纪80年代的省文联第一期文学讲习班将"生蛋说"当作指令,化为口头禅,想自己生蛋——出作品,看别人生蛋——评作品。多少年之后,当年的学生见面仍把"生蛋说"挂在口头。这是不是已成经典?其二是"生蛋说"的感染力。著名杂文家、教授陈鲁民在评其他作家的作品时,大标题即用某某又下了一个"蛋"。散文大家王剑冰、深悟南丁"生蛋说",在一次作家作品研讨会上,他一连用了几个"土鸡蛋"来评说一位作家的作品。

南丁的"生蛋说"有感染力,有了传承,有了更大的社会认知度。

这就有必要找一下"生蛋说"的最早披露者,他是见证人,功不可没。

第一个把南丁"生蛋说"公之于世的是资深记者、作家宋悟民。

2000年,宋悟民的作品集《风影集》出版,他请南丁为之作序,南丁作序《身影在风中屹立》。宋悟民在给南丁的信中说:我20世纪60年代初给您写信,您在回信中说:

生蛋乎?不生蛋乎?全在你这只鸡了。

看到这里,我哑然失笑,我会意,我思考,我联想到20世纪80年代省文联第一期文学讲习班上,南丁的"生蛋说",开头的几节文字,是我会意、思考联想的感悟,也是心得体会吧。我继续会意、思考、联想。

我曾读过一位评论家,(包括不少作家)将写作比喻成十月怀胎,怀孕是肚子里有,没有你生不出来。读来很费劲,一不如生蛋明晰,二不如生蛋形象,三不如生蛋贴切,四是"生蛋说"比"十月怀胎说"语言更有张力。

南丁的明白、形象、生动、贴切、更有张力的"生蛋说",20世纪80年代又登堂入室,成为"文革"结束后全国唯一的一个"文学行动"——文联文学讲习班的"宗旨",那是 20 世纪 80 年代初,办班大胆,任学员自由写作——下蛋——胆大。南丁大胆胆大地干了。

1980 年的夏秋之交,河南省文联举办了第一期文学讲习班,我称之为"黄埔一期"。

南丁的"生蛋说"是"黄埔一期"的办班宗旨。现在可以这样说,"生蛋说"的创造者南丁从 20 世纪 60 年代初到 20 世纪 80 年代初,20 年间,南丁也下了一个蛋,一个在河南文学史乃至中国文学史上前所未有的"蛋"——河南省文联第一期文学讲习班。

那是南丁的心灵创作,是心血和智慧的写作!

南丁时为河南省作协副主席主持讲习班,作协副秘书长杨晓杰具体负责,开班的时候,晓杰很随意地笑着说:南丁说了,搭个窝,你们在这里下蛋吧!来自省内工矿、机关、学校、农村的讲习班成员欢声雷动。

晓杰有很高的文化素养,新华社"名记",他笑着说,又遇一个宽松局面。后来,在讲习班结业赴云、贵、川"采风"时,我是团长杨晓杰的助理,住一个屋,探讨南丁的"生蛋说",晓杰说:南丁虽是河南作家,但他作品风格独具、空灵,有韵致,他说写作是下蛋,又很土,听着好玩儿吧,这是南丁独特的幽默,不让你们有压力,自由写作。说到这里,晓杰忽然问我:下蛋了没有?我说:下了,我写了篇《站在红岩下》。我们俩都哈哈大笑,晓杰又说:我这是下的第三个蛋,"青龙潭里无青蛇"。在"窝"里下蛋的有:

张一弓、李佩甫、刘思谦、周西海、张斌、杨东明、刘向阳、周熠、李克定、华桩、李青、邓兆让、李长华、崔复生、孙方友、南豫见、杨稼生、朱根发、肖正义、赵富海等 30 多位。

下出的"蛋"还有:

20 世纪 80 年代,张一弓中、短篇小说《张铁匠的罗曼史》《流泪的红蜡烛》《黑娃照相》等连获全国中、短篇小说奖。李长华写出了河南那个时期的第一部长篇小说《轿夫传奇》，震动文坛。孙方友的笔记体小说，被称之为现代文学中的稀有文体，而在全国几个大刊物上发出，深受好评。张斌的《杨花似雪》《柳叶桃》等短篇在《人民文学》上占据头条位置。李佩甫的《红蚂蚱 绿蚂蚱》给小说写作带来一股新鲜空气，说不清是什么文体。杨稼生的人生随笔写作，打动了千万读者的心。杨东明、李克定也多次有作品登上《人民文学》。

20世纪90年代，最为引人注目的是李佩甫的《羊的门》，《羊的门》社会认知度极大，官也读、民也读，各个层面的人读后都说好。

文坛罕见。

思考一下，可以这样说，20世纪80年代初的省文联讲习班，南丁的"生蛋说"是给刚苏醒的文学和创作人员一个创作自由。"搭个窝"，即提供一个条件，如此"生蛋乎""不生蛋乎"，全看你这只鸡了。

"黄埔一期"是在这种搭窝、生蛋的氛围中，在这种创作自由的氛围中，创作——生蛋。

生蛋乎？不生蛋乎？

南丁20世纪60年代初的对写作"生蛋"的一种形象比喻，其哲理与生命力成为20世纪80年代初河南省文联第一期讲习班的指导思想。南丁的"生蛋说"，有着长久的生命力和感染力。

南丁的"生蛋说"，也被拿来他用，生蛋乎？不生蛋乎？也在被传承。

2008年6月，中国民协与河南省民协联合召开赵富海新著《老郑州：民俗圣地老坟岗》研讨会，著名散文家、《散文选刊》主编王剑冰先生发言说：赵富海的民俗圣地老坟岗，是民间的，有意思的，他下了一个土鸡蛋，让我爱不释手。这个土鸡蛋，不刻意追求"有意义"，而将有意思的写透了，便自然地会变成有意义的。

"生蛋说"，在经历了20世纪60年代的信件披露，经历了80年代为文联讲习班定向、定调儿，21世纪初期的2008年又被著名散文家使用。

还有,大学教授也在用"生蛋说"。

有一天,我与陈鲁民教授在文联开会,他对我说:富海兄,我也下了一个蛋。我还没明白他的意思,他又说:写你的,在《郑州日报》副刊。教授也称自己的写作是下蛋了。

2008年9月,著名杂文家、解放军信息工程大学教授陈鲁民看了《老郑州:民俗圣地老坟岗》后,写了读后感发表在《郑州日报》上,标题赫然写着《赵富海又下了一个"蛋"》。

陈鲁民在2000多字的评论中,有十几处"蛋",先说在讲习班下"蛋",又说"蛋"的品种多,随笔、散文、学术专著、小说、报告文学,再说又下了一个好"蛋"——《老郑州:民俗圣地老坟岗》。

陈鲁民又引用著名散文家王剑冰对赵富海下的这个"蛋"的欣赏,说这个蛋很民间,就像我们喜欢的那种土鸡的"蛋",笨蛋。

陈鲁民说:我也很喜欢这个"蛋"。读完了"蛋",然后他从三个方面分析这个"蛋"究竟好在哪里——

赵富海下的这个"蛋",材料丰富翔实,语言平和散淡,角度新颖独特。这个"蛋"很真实,这个"蛋"很温馨,这个"蛋"很新鲜。

陈鲁民最后期望,赵富海先生不断推出新作,下更多、更大的"蛋"。

南丁的"下蛋说""往昔峥嵘岁月稠";南丁的"下蛋说"下蛋了,下得文学豫军出作品、出人才;南丁的"下蛋说"大俗若雅;南丁的"下蛋说"雅俗共赏——"下蛋说"已是经典。

但是,生蛋乎?不生蛋乎?全靠你这只鸡了。

20世纪60年代初,资深记者宋悟民第一次悟出了南丁"生蛋说"的内涵,1990年,在省文联主席位上的南丁再次说到生蛋,那是为宋悟民的作品集《真情》所作的序,大标题是:《你理当生出更大的蛋》。

宋悟民的《真情》按时间顺序颠倒排列,从20世纪80年代倒数过去至20世纪50年代,作者所写的报告文学、散文的一个选集,计32篇。多数篇章是党的十一届三中全会之后所作。南丁开头序很沉重,非一般人顺时针写时间,因为,请注意,这里有个相当宽阔的断裂层,20世纪60年代和70年代几乎是个空白。那是被耽搁了的青春年华和壮年岁月。只这一句就够了。够了,因这段时间宋悟民应当下蛋,所以没有"你理应生出更大的蛋"。

没有"你理应生出更大的蛋",是被耽搁了青春年华和壮年岁月。

南丁用了一整天的时间,聚精会神读悟民写下的这些文字。他说:一般文字要想骗我动情已是颇为不易了。但这个集子里的某些篇章,确使我不禁为之动情。这绝不是为了讨好悟民,或是为了慰藉我这位30多年的老朋友。南丁直率地说:这没有必要。即使有必要,我也还未学会如此办理。

南丁说,宋悟民的文字、结构都同他的为人,老实、朴素,没有什么奇惊之处。

我读到此,也在想,是什么令南丁动情呢?

南丁写道:是什么使我动情呢?

就是作为一个记者的宋悟民所记录下的生活本身,生活中的实实在在的人物。这就不得不感佩他的追寻,他的发现,他的选取。

追寻真,发现善,选取美,展示给人们,使人们热爱生活,激发人们为生活作出贡献的热情。这就是悟民这些文字的基调。

只是有基调,干巴巴的也不行,还得有魅力。

南丁从悟民所写人物、事件报告等的《落地生根》中的县长候选人刘振乾,《死神,在他面前败退》中的主人、工程师赵业安,《真情》中的那个见义勇为的小姑娘贺红伟,《老将新篇》和《一步一个脚印》中的领导干部刘大坤、林治开,以及《一个女地质工作者的自由》中的绰号叫石头的蔡石泉,还有张老、女钻探工丁秀、苏联女专家萨柯洛娃等,都是具有不同魅力的人物,他们吸引你,使你想与之结交为朋友,与之交心。事件报告

《扭转黄河历史的工程》,是一篇宏篇巨制,描述了三门峡水利枢纽工程的地位和作用。《豫西有个行云布雨的龙》展示了陆浑水库泽被豫西干旱山区的情景。《东场林传奇》则生动地反映了农村变革的景观。

南丁评说:生活毕竟在涌动着向前迸发。这种涌动和迸发,作用于读者的心灵,会产生一种涌动和迸发的效应,会诱使人们也为这种文明进步尽点力量做点事情。

南丁深情地评说《岳滩情》和《觉醒》时,不仅看出了作者一段文字生活之所以空白的最初消息,以及作者少年时代在家乡的生活和斗争,难得的是,南丁与作者交往不多,却相知;眼睛挺大挺亮挺深沉挺诚恳,是位可以相交相知的朋友。如今,30多年过去了,悟民已满头银发,鱼尾纹深深地印在眼角,那眼神却依旧光亮诚恳和深沉。我在读他写下的这些文字时,就觉得也在读着我朋友本人。

因此,在阅读时的动情,就也还有另一层意思在。

南丁动情地说:这些朴实的文字,不也证实着悟民少年时投身革命的初衷未改,不也可以看作是他奉献给党、人民和他追求的神圣的社会主义的一片真情吗?

在这篇序文中,宋悟民还历史地见证了南丁的"生蛋说"。南丁说:悟民说,我20世纪60年代初曾给他写信,信中说"生蛋乎,不生蛋乎",全在你这只鸡了。说至今他还将信保存着。

"你理应生出更大的蛋"!

南丁认为悟民积累了一生的生活、思想、感情,晚年得闲,正好坐在案头迸发。于是南丁说,我要对30年前在信中说的那句话作一句补充:"你理应生出更大的蛋!"

宋悟民果然生出了更大的蛋,结集100首诗而成《风影集》。2000年,南丁又为之作序,名:《身影在风中屹立》。这一年,宋悟民七十有二,南丁六十有九。

外一章

"老汤""黄埔一期"的文学意义

《羊的门》深刻、力度是窥探中国政治生活的一面镜子。《生命册》,一个当代知识分子50年的心灵史。他的作品,放在世界范围来看,同样是优秀作品。

文学豫军深入人心，"黄埔一期"的文学意义是不断地在社会各个层面跳动出火花，它的身影也不间断地闪现。32年，弹指一挥间，省会传媒组织的名人采风宋河活动，厂区大门赫然写有"欢迎文学豫军来宋河采风"。一列名人中的省文联第一期文学讲习班"黄埔一期"占有三位"份额"：李佩甫、孙方友、赵富海。其他豫军：河南文学院院长何弘，省散文学会会长、散文家王剑冰，河南杂文学会副会长陈鲁民，著名文艺评论家刘海燕，著名作家冯杰、陈铁军，《大河报》首席记者张体义，《郑州晚报》编委、副刊主任李韬和编辑陈泽宋等二十余人。

河南省文联副主席、省作协主席李佩甫无疑是这次采风中的重量级人物，他先飞北京领《人民文学》奖，又飞杭州领《钱江时报》奖，飞郑州赴周口到宋河酒厂，感慨颇深：一朝圣的心情，敬仰老子；二品宋河张扬酒文化。座谈会上他的发言，起到了引领作用。主办方宋河酒厂对李主席高看一眼，众豫军的发言也借李主席的调子生发开来，主方、客方皆大欢喜。而在另外两个场合，李佩甫的感慨却是"黄埔一期"。一次是在会客厅小叙，佩甫说：好家伙，第一期讲习班到现在都32年了，富海，这回来咱仨。佩甫历数杨稼生、张斌、老华桩、周西海、刘向阳、邓兆让、李青、刘镇，都比我强。方友说：富海选个大冷门儿，你作品获奖，过几年都忘了，历史文化谁能忘。佩甫说：比我强。我说：不能比，你的作品有民族性，厚重的中原文化，有世界意义。佩甫说：不，这次在杭州领奖，我发言说，莫言获诺奖，代表五〇后，再有那是六〇后、七〇后的事儿了。另一次是回郑时，佩甫坚持请我们几个吃饭，席间又说到第一期讲习班：难忘啊，富海老兄，那种自由创作氛围。我说：讲习班都30多年了，那是一道老汤，佐出我们的作品和人品。就是，佩甫说，采风，在车上我帮你打架儿，去重庆探路，我跟向阳陪你，没座儿，八百里，你老兄年龄大，让你坐，俺俩站一夜……

文学豫军的中坚、现在的河南文学界的最高长官，何以对第一期讲习班情深意长，我想：那是因为"黄埔一期""滋养"大家，也"滋养"了他。不是吗？李佩甫官至省文联副主席、作协主席，大作品：《羊的门》《城的灯》《等等灵魂》《生命册》，连续拿了几个国家大奖。

在座谈会上，我发言说，这次名人采风宋河，从某种意义上说是对酒文化的一次点燃，是文学豫军对宋河酒文化的点燃，我们对宋河酒偏爱，10多年前，佩甫送我《羊的门》，是盗版，以示歉意用宋河款待我，宋河是"正版"。笑声一片，在笑声中，我念了正写作中的《南丁与文学豫军》李佩甫的一章中有关盗版《羊的门》、"正版"宋河一节。

2013年1月5日，《大河报》以"文学豫军"采风宋河为题，报道了这次活动。

"文章为命，酒为魂"，老舍一句话道出酒与文人的难解情缘。2012年12月30日与31日，河南省作协主席李佩甫、河南省文学院院长何弘、河南省散文学会会长王剑冰，以及孙方友、赵富海、冯杰、陈铁军、陈鲁民等10位文学名家在"文学豫军走基层，豫酒宋河展雄风"活动中，来到宋河生产基地品酒采风，成为20世纪80年代魏巍、曹靖华、姚雪垠等著名大家莅临宋河之后的又一批文化历史见证者。

我在座谈会上读了2012年11月22日写成的李佩甫请我喝正版宋河，送我盗版《羊的门》。

写这一节的时候，看了一下日历，是2012年11月22日，再看案头的《羊的门》，是李佩甫12年前送给我的。书的扉页上写道"富海兄雅正。李佩甫　2000.11.22"。认识李佩甫却有32年了。

与佩甫夫妇见面是为索要《羊的门》，佩甫为人憨厚，说：正版都卖完了，我给你的是盗版，我买的，对不起，请老兄喝酒。那天我赴他居住地金水花园，在一餐厅与佩甫两口小酌。

《羊的门》我看过，索书是要佩甫签名。多年来，我已有张一弓、何向阳、叶文玲、徐慎、于非、王剑冰、原非、郑竟业、申剑、段荃法、周同宾、孙方友、墨白、刘学林等几十位作家的签名书。盗版就盗版吧，得有李佩甫三字儿签上。所以,佩甫两口请我喝的是"正版"30年宋河,给我的是盗版《羊的门》。碰杯之间,我想起佩甫多年前说过的一句"积累生活是'老汤'",《羊的门》无疑是"老汤"佐出来的。我说:你的"老汤"说很经典,很独特,很生动形象,令人难忘。佩甫说:啥时候啊,说老汤?我说:是20多年前,你帮我构思中篇小说《九擒九纵》时说的。佩甫脸一红,喝酒,他举杯一饮而尽。《九擒九纵》在佩甫新分的宿舍,我俩席地而坐。佩甫装作思索,说:吸烟,老兄。我接过香烟,端起酒杯,说:在你发表《李氏家族第十七代玄孙》时说过"老汤"。我两次举证,佩甫看着我笑,他爱人也笑,然后,佩甫喝了一杯酒:我说过老汤吗?你老兄比我强。这是他独特的语言方式,一种自谦的表述。

李佩甫的"老汤"说,我认为是他的借喻词,大厨卤肉,必有"老汤"佐料,传说河南道口烧鸡有一锅300年的老汤,兄弟们分家,房产、财产都各得其所,皆大欢喜,唯300年的老汤争执纷起,进而大打出手,打官司到衙门。佩甫"老汤"说是指生活积累,我以为,南丁创办的省文联第一期讲习班,后被称为"黄埔一期"就是一道"老汤"。这道"老汤"叫"搭个窝,你们下蛋吧"。不提城市文学、农村文学、自由创作,写你最熟悉的。2012年10月12日,《郑州日报》浓墨重彩说到了这道"老汤"。

多年之后,当人们在打量河南当代文学发展历程时,不得不承认,这些活动为河南作家的迅速成长起到了重要作用。1980年代后期,"文学豫军"横空出世,而豫军的中坚力量不少正是出自当年号称"黄埔一期"的文学讲习班。这是一道"老汤"。

这一"老汤"滋润出了名作家,滋润出了河南文坛的各级领导。

文学讲习班班长、采风团团长张斌,20世纪80年代初以几个头条发《人民文学》,晚年笔耕不辍,又以老张斌为名创作出版了10余部中、长篇小说,兼有杂文、散文问世,令文学界刮目相看。孙方友的陈州笔记系列小说,被称为"蒲松龄之后第一人",影响至深至远。他先任周口地区作协主席,后为省文学院专业作家。孙方友的意义还在于拉出了其弟墨白,扶持女儿搞文学创作。墨白现已是省文学院副院长,女儿已在《散文选刊》任职,其两部中篇已被《中篇小说选刊》选载。南豫见,文学讲习班回来后,即任西华县文联主席,已出长篇8部,多部震动文坛。豫见还培养其子南飞雁搞文学创作,飞雁多次获国家、省级文学奖,现在也是省文学院签约作家。朱根发,现为《河南教育报》副主编、编审,多年来,他致力于杂文写作,以"耿发"为笔名的杂文作品已出多本,在国内杂文界颇有影响。刘向阳,曾任许昌县(现为许昌市建安区)文联主席,其作品多以中、短篇小说见长,已出集子多部。赵富海,曾先后任《郑州法制报》总编,《跨世纪》杂志副主编、副社长,他的作品以一系列探寻老郑州历史文化为主,出书20余部,其报告文学《历史走动的声音》文化追踪中华之源嵩山文明,受到广泛好评。第一期文学讲习班的杨东明以城市小说领风骚于文坛,后为河南省作协副主席。李克定,"毕业"后即为南阳市文化馆馆长、周熠为《南阳日报》副总编、李九思为焦作市文化局副局长兼创作室主任。杨稼生的散文多部在台湾出版,影响海峡两岸文坛。张一弓在20世纪80年代初中期多部中、短篇小说获全国大奖,人称"获奖专业户",1988年出任河南省作协主席。其他如周西海、李青、邓兆让、崔复生等人也都在各自地区、单位担任文化部门的负责人。周西海的戏剧、小说影响全国,有农民作家、"河南浩然"之称。

南丁第一期讲习班的成果。

南丁第一期文学讲习班的最大成果是李佩甫,他曾是河南省文联副主席、省作协主席。

2012年,李佩甫出版了长篇小说《生命册》,他自己认为是酝酿积累了他50年的生活。评论家何弘认为:李佩甫对现实的关注,对人类生存产生积极的意义,这是一种可贵的文学精神,李佩甫坚持了这种精神,才受到广泛的关注,他的《羊的门》《生命册》等作品,放在世界范围来看,同样是优秀作品。

在南丁的第一期文学讲习班,李佩甫完成了中篇小说,似乎不是小说文体的,10个片断的《红蚂蚱 绿蚂蚱》,为他的第一部长篇小说《李氏家族的第十七代玄孙》做了充分准备。在讲习班,佩甫曾对我说过"老汤",这大概是这部长篇的灵魂——"老汤"。

印象深刻,对我创作有启发的事情有两件:一件是李佩甫为我的一部中篇小说构思、命题;另一件是2005年秋参加由省市作协举办的赵富海作品研讨会。

我的中篇小说是写一个老民警挽救社会青年的故事,素材源于郑州二里岗的一失足青年,民警抓放数次,失足青年重获新生。讲这个故事是在李佩甫新分的居室,连床也没有,有一领新席,我俩席地而坐,喝茶、抽烟、讲故事。在他的新居,他又说到了"老汤"。我讲述故事时,佩甫一言不发,香烟一根接一根,很少喝茶。当我讲完,他说。待他说时,时间已到后半夜。他说:第一,题材可以,编辑部接到这类稿子也比较多,但你这是写民警挽救失足青年的,所以,你一定要写好民警老陈这个人物;第二,老陈为啥多次抓放小张,你要挖掘老陈这个老民警的爱心,不是一般的爱心;第三,咱都看过《三国演义》诸葛亮七擒孟获,老陈九抓九放小张,你小说的题叫《九擒九纵》,对,《九擒九纵》。说到这儿,李佩甫一拍腿站起来:九擒九纵,你重点写三次。佩甫又坐席上燃着一根烟:哪三次呢?让我说第一次,第六次,第九次。第一次抓放不以为然,到第六次,这应是高潮,一定要写透老陈的心理斗争,也写失足青年小张的心理斗争。老兄,这次你不妨用点意识流。第九次,你咋想?别致点,老陈根本没抓,而是让小张知道,抓他易如反掌……不成熟,不成熟,老兄你的作品,你当家。这时,天已放亮,我大呼一声:妙。给佩甫点上一支烟,握别,我回家。在路上我又想佩甫的"老汤",对生活不够,第二天我又骑车到二里岗采访。

中篇小说《九擒九纵》由展望出版社出版,1992年黄山电视台拍成单本电视剧。

另一件事是李佩甫参加我的作品研讨会。

2005年9月5日,河南省作家协会与郑州市作家协会联合举办"赵富海作品研讨会",会议由郑州市文联副主席、百花园杂志社社长杨晓敏主持。应邀到会的有:南丁老师,省文联副主席、省作协主席李佩甫,原省文联副主席田中禾,《大河报》副主编杨长春,著名画家曹新林,省作协副主席兼秘书长刘学林,郑州市作协主席原非、副主席郑竟业,百花园杂志社副主编寇云峰、王中朝,郑州市文联创研室主任、著名杂文家刘思,《大河报》茶坊主编赵立功,《郑州日报》资深记者左丽慧。

研讨赵富海的作品四种:文化散文《老郑州:商都遗梦》、散文随笔集《人间牵挂》、传记《女公安局长任长霞》、学术专著《中州盆景》。

会议定10时开,省市文学界、报界均准时到会,10时,李佩甫尚未到,省文联的几位领导说:佩甫不一定来了,他从未参加过个人作品研讨会。九点半,主持会议的杨晓敏说:富海,咱开吧。这时,我的手机响了,是李佩甫,他说:马上到,你老兄的事,我会不来?别人的我不参加。我与杨晓敏迎出会议室门,李佩甫连声说:迟到了,迟到了,道歉,道歉!

曹新林率先发言,他说:"文革"时期,我有一次与赵富海通话,说到西方艺术,他竟一口气说出25篇世界名著,真令我刮目相看,现在他驰骋文坛上,也就一点也不奇怪了。田中禾发言说:看了赵富海这几种作品,我们与其去吹捧一个二三流的作家,真不如认真研讨赵富海的作品,我从中看到了一个作家的责任。杨长春说:我一直称赵富海为老师,这几年,他在郑州市的历史文化上贡献是大的,他执着,用心。《老郑州:商都遗梦》影响非常大。南丁老师说:今早上我5点起床,看了《半个妈》《那如血一般的太阳花》,前者写他的身世,后者写在"文革"武斗中死去的女中学生。富海用两种不同语言,写得好,《半个妈》土得掉渣的语言,有滋有味儿,太阳花的语言,一下子把我们带进那个时代,富海没准儿还真能成语言大师呢。

当时作为河南省文联副主席、省作协主席李佩甫的发言自然也是重量级的。他先从1980年的第一期文学讲习班说起,他说:那时富海就是我们班的形象代言人。他对文学的追求,执着、长久,从不间断。我很早就注意到他开始写一个城市历史文化、人和事。简单地说,这种事是作家不愿干也不想干的活,但是,这类东西涉及多学科,一般作家也是完不成的,富海的这类作品是扎实的、上乘的,有的是能流传后世的。富海的执着精神,对社会的责任,都是值得我学习的。

我学习他。

李佩甫26岁开始发表作品,那一年是1978年,作品是《咱们的车工班》。而李佩甫所有的作品,都是在参加河南省文联第一期文学讲习班之后,是从许昌走出,到省文联当编辑,为专业作家。这才有了长篇小说:《李氏家族第十七代玄孙》《金屋》《城市白皮书》《羊的门》《城的灯》《李氏家族》等7部长篇小说,中篇小说《黑蜻蜓》《村魂》《田园》《李佩甫文集》4卷等,《颍河故事》《平平常常的故事》《难忘岁月——红旗渠的故事》《申凤梅》等4部电视剧,电影《挺立潮头》以及多卷文集。

因这些作品,李佩甫荣升河南省文联副主席、省作协主席,因这些作品,李佩甫为国家一级作家,享受国务院政府特殊津贴。李佩甫的作品也获得了巨大的荣誉。曾先后获全国庄重文文学奖(1994年)、"飞天奖"、"华表奖"、"五个一工程奖"、"人民文学优秀长篇小说奖"、《小说选刊》优秀作品奖、《小说月报》优秀小说奖、《中篇小说选刊》首届文学奖、全国"金盾文学奖"、"全国十佳小说奖"等多项大奖,2002年获河南省"十大文艺成果奖"。被授予省"五一劳动奖章",获"国家有突出贡献专家""河南省省管优秀专家""省十佳电视艺术家"等称号。部分作品被翻译到美国、日本、韩国等。

中国的文艺评论家认为:李佩甫早期作品多以乡土为题材,但跟乡土作家不一样的是,他除了擅长讲故事,更擅长的是剖析当代农民的精神,通过他们的成长过程,反映中原文化的独特生存环境。他对中原民性、民心,尤其是底层往上爬的天才和野心家,"吃"得最透。他喜欢把人喻为植物,植物的根都在土里,人与土地、与世代相传根深蒂固的意识无法割裂。由此,他挖掘中原的文化底蕴,揭示中原文化生态,把人对权力的迷恋刻画得力透纸背。他的《等等灵魂》这部小说是"中国商界病相报告"。

让李佩甫享誉文坛的是1999年7月出版的长篇小说《羊的门》。这是一部令人震撼的作品。它描述了一个村庄的党支部书记,在将近40年时间里,利用各种"人脉",经营"人场",营建了一个从乡到县、从省到首都的巨大关系网,把村子里的人才一个一个地往城市输送,往官场输送,让村庄一步步地走向繁荣富强。小说通过刻画乡村权力运作的过程,展示各级官场的争斗,塑造了一个"国中之国",一位"东方乡村教父",在这位"东方乡村教父"身上寄寓了中国社会40年的风云。由于这个"东方乡村教父"式的人物,人们就把整部小说作为窥探中国政治生活的一面镜子。李佩甫由此被视为描写中国"官场"运作最深刻、最有力度的作家。这部长篇使李佩甫从纯文学作家进入了畅销书作家之列。

我们阅读全书,当然我的是盗版的,除纸张差,编校质量还是可以的。

《羊的门》以历史与现实的交汇为基本结构框架,塑造了呼家堡"四十年不倒"当家人呼天成的形象。这个人物无疑是中原大地上的智者和行动家。他在村中君临天下舍我其谁的优越感,是基于他对"土地"与"人民"原初而真切的认识,基于他对"父老乡亲"有计划地"修理"。他成功地把村里人控制在股掌之间的胆识,与他远大的眼光经营"人场"紧密相连;他用40年的时间,营建了一个从乡到县、从省城到首都的巨大关系网,这确保了他呼风唤雨、左右逢源的神力和"只有成功没有失败"的辉煌。在呼天成身上积聚了中国社会近40年的风云。而李佩甫通过对县长呼国庆在当今仕途官场上的沉浮、挣扎,更是把现实的温情与残酷、合作与较量、本真与异化、情感与利益等,汁液淋漓地呈奉在读者面前。作品通过人物在官场、情场上没有硝烟的搏杀,以现实主义的冷峻,洞透了这块古老大地的精神内核,具有极强的现实冲击力。它的深刻的批判力度,足令世人震惊。

"老汤"佐出李佩甫的又一部巨著《生命册》。

评论家如此说:《生命册》是著名作家李佩甫《羊的门》之后"平原三部曲"巅峰收官之作,一个背着土地行走的心灵史。

我以激动的心情在关注,阅读了李佩甫的收官之作。长篇小说《生命册》书一出,中国作协与河南省文联即召开研讨会,《大河报》连载《生命册》,我所在的单位,都争相看连载《生命册》,偶尔有一天未载,去问我为啥,我说有重要文章排版。特别是两位刚分来的研究生,他们关心书中主人公,也是研究生的命运,这也是一种共鸣、互动吧。

"我是一个有背景的人。"这是贯穿《生命册》全篇的主题句,一句貌似平淡实则富含深意的话。这个"背景",指的是自古及今一切生命赖以存活、变异和演进,千百年来一直供给谷物生长、生灵繁衍的土地。《生命册》中的无梁村就是主人公吴志鹏的背景,无论他在村内、在京城、在深圳,还是在世界的任何地方,他都背负着故乡的土地,自然也背负着土地固有的沉重与苦难。李佩甫或许是在提醒我们:不要忘记我们的来处,土地是我们的胎记。

采风宋河时,我与李佩甫交谈过这句提醒,他说:评论家嘛,人家会从理论上提升,不过,富海兄,我是不会忘记我的来处的,我深爱着养育我的那片土地。我说:那才是真正的"老汤"。佩甫一笑:你给升华啦!

30多年前,南丁、嘉季都有文字评说过河南作家的优势在农村题材,而做得到位的,有突破与创新的是李佩甫。他的《生命册》则是寻觅出:知识分子在时代氛围中的求索、乡村与城市永恒的差异性存在成为贯穿本书始终的表现主题、理想与现实的纠缠与落差。李佩甫的笔端不断地穿梭在城与乡、理想与现实、灵与肉、过去与未来之间,试图摸索出时代与人的命运之间的某种或显性或隐性的关联。在不懈的探索与无限靠近历史和人性真实的过程中,作者勾画了一幅具有反思意义的人物群像图。

李佩甫用大量笔墨来描绘乡村中的各色人等,形式上看类似多个人物的小传,人物的一生在乡村背景或城乡结合背景下被演绎和诠释。在李佩甫笔下,故事发生的场景无梁村曾是淳朴的编席之乡,乡间的人际关系大部分仍旧停留在中国传统乡村固有的类似于大家庭的融合状态,善与恶的价值观也多沿袭传统的价值判断。在李佩甫笔下,乡村生活表面之后支撑日常运转的始终是历史沿袭下来的强大的内在固有价值,传统的关于善恶的价值观支撑着人们的行动与选择,如老姑父在政治运动中对教师老杜的隐性保护,为了乡人更好的生活而对"我"一次次地纸条指示,等等。老姑父虽然在运动中受着外界政治压力制约,但是在深层次上,他的价值判断与行为准则还是依从于传统乡村的淳朴善恶观念,一个善良、正直却也执拗的村干部形象跃然纸上。与乡村相对,大都市里人们的价值观在商品经济的冲击下,发生了游离与模糊。"我"在进城后,千方百计地试图摆脱农村背景,希望成为一个完全脱离乡村的真正城里人;骆驼在大都市里为了体面的生活,逐步变得贪婪、唯利是图,沉湎于声色犬马,并不惜诱使他人犯罪。骆驼也曾是善良的读书人,在步入大都市之后,价值观发生了急剧改变,并最终沉沦。

理想与现实的纠缠与落差始终贯穿整部小说。小说中几乎所有的人在最初都保有各自或大或小、或淳朴或奢华的理想。如在村中地位很低的虫嫂,她的理想只是在饥荒年代里让孩子们吃得饱;骆驼的理想,由曾经的出版文学名著,升级到后来的拥有数亿元资产;而"我"的理想,由最初的"逃离"农村,到获得城里的爱情——"阿比西尼亚玫瑰",再到后来的似乎是无目的的摸索……而这些理想,有的在乡村中匍匐挣扎着,如虫嫂的一路艰辛;有的在财富的积累中变质着,如骆驼的堕落;有的在追寻的过程中变得面目全非,如"我"的"阿比西尼亚玫瑰"终敌不过岁月而凋零……乡村的理想和城市的理想,均在各自的轨道上艰难前行着,没有谁的理想会一帆风顺。在与现实的遭遇战中,理想或坚挺,或犹疑,或妥协,或溃败,而一个个活生生的生命情状也由此铺开。

没有谁的理想更高贵。李佩甫从中原文化的独特内蕴出发,以乡村和城市为参照系,将各色人等在时代巨变面前对前路的探寻、灵与肉的挣扎、人性深层的坚守与裂变等进行了人文主义的观照,权力、欲望背后,透视出最原初的民心与民性。

摘录这一段评论家的文字,我想到了三个问题:一是"老汤"说。这是李佩甫创作的最根本的、伴他左右的生活,生活积累。二是"思想不能沉下来,生活不能浮上去"。20多年前,南丁老师在吃惊一个青年作家讲出的"老话"时,认定佩甫是会有大动作、大作品的,30多年来,李佩甫如此不"沉下去"、不"浮上来",自然会有惊世之作,《羊的门》《生命册》为证。三是责任。这是南丁老师一贯的作家的社会担当,也是他对作家的要求。李佩甫是一位极富同情心,极有责任感的作家。他评我的作品时也说到作家的责任。所谓的作家的良知,所谓的悲悯,所谓的担当,所谓的义务,最终是用两个字来表述:责任。

在宋河采风,我与孙方友、李佩甫都议论到书中对植物的描写。方友说:我生长在农村,对那些树啊,草啊,知道得不多,你佩甫长在城市,你咋对树木那么清楚?几年生,几年脱皮都知道。佩甫作答:谁说我没在过农村?我说:佩甫的基地在农村在"姥姥家"。我想:问题是,我玩盆景40多年,是将树木看成生命,从艺术出发;佩甫是将生命的树木、草芥从文化着眼,是从人物着眼,不仅是描写了植物,它的内涵是揭示了人的生存状态。

有一篇评论说李佩甫背着土地行走。这话准确,会成为经典。我打电话问佩甫:你是否赞成这种说法?他在电话里笑了,说:是当代知识分子50年的心灵史吧。评论家也是这样认为的。他评说道：每一个人，都有一本属于自己的"生命册"，它随着时间的变化而不断添加崭新的内容。

一个当代知识分子50年的心灵史，为我们展示出那个社会关系的总和。

真实地、艺术地、文化地评说《生命册》是一部在反映现实生活和作为"社会关系总和"的人的方面探索力度很大的小说，艺术上也颇有特色，可以说是一部非常难得的长篇佳作。评论家蒋久贞评说李佩甫是以长篇小说《羊的门》《城的灯》《等等灵魂》等一大批作品扬名海内外的著名作家。她曾经细读过他的《羊的门》，那是一部可以说独树一帜的作品。《生命册》在叙述和描写方面保持了《羊的门》的特点，而又大大进了一步，深化了现实主义创作的"路"和"度"，成为中国文坛上现实主义的又一个高峰。

所以，我赞成评论家何弘对李佩甫作品的评说：在世界上也是优秀作品。

所以，我对佩甫说：我要收集你的材料，为你写个东西。

说这番话的时候是在宋河采风，李佩甫说：千万别，我在领奖会上发言说"莫言获诺奖是代表了中国五〇后的作家，再往后，那是六〇后、七〇后的事儿。"富海兄，你要看清这个形势。

李佩甫的作品已经有了世界意义，他说的这番话呢，有中国意义吗？

文艺观

文艺思想的阐释，知性的力量与精神境界

呼唤英雄主义。提倡振奋文学。努力描写社会主义新人。文艺家应当有社会责任感。坚守"百花齐放,百家争鸣"方针。与人民结合,为人民服务。靠革命现实主义吃饭。中州语言甲天下。悲悯情怀。文学、艺术、思想、精神的底蕴。

大约是在20世纪90年代初,南丁在一篇文章里不无感慨地说:我63年的生活,有45年是喝黄河水的,一不小心张口就说我们河南如何。他为河南作家的创作成长付出了心血。

1983年至1991年,何南丁出任河南省文联主席兼党组书记,"管事儿"8年。

这是一个重要的时期,河南文坛、中国文坛面临新时期转型,面临改革,文学豫军形成,争锋中国文坛,旗手是南丁。

纵观河南文坛,纵观河南文学发展史,最有历史使命感的人物是南丁,最有资格评说河南作家的是南丁,最有责任感的是南丁,最令人信服的是南丁,60年如一日对文艺思想的坚守,这应当是旗手必备的品格和力量,魅力和境界。

这是一种文化现象,在河南文坛独有、唯一,在中国文坛罕见。

南丁是一个文化符号!

南丁是文学的良心!

我先从南丁的回忆录开头。

《回忆河南文学创作四十年》——为《河南新文学大系》作,是南丁的一篇回忆文字,写于1994年5月31日凌晨。

很权威,虽然南丁已从当了8年"管事儿"的省文联主席任上走下来;很有历史感,1949年至1990年,40年河南文学与创作,过去、现在的连接,不仅是时间,而是意味着文学新生命的诞生,南丁是见证人、参与者。这类回忆,非南丁莫属。

南丁不情愿干这件事,因为对朋友们和同行们的艺术创造说三道四,这是件对人对己都讨嫌的事。手头没有资料,不知道关于1949年至1990年河南文学创作状况的资料。

所以,南丁不妄图提供这40年间一个省的文学创作的历史图景,这应当是文学史家们的研究课题。

南丁说：又不是自找。《河南新文学大系》史料卷的编者，登门抓住不放，如不交卷就不罢休。我这个人一向软弱，只好举手投降。

南丁回忆录是"秉笔直书"的，说到这一阶段的小说作品在扩大化的反右派中都受过批判。1956年由中国作协和共青团中央联合召开的第一次全国青年创作者会议，河南去了12位代表，在"反右派""反右倾"斗争中多数未能幸免。全省各地从事业余写作的人中也有不少因文得祸。

这是对"双百"方针的践踏，对文学生产力的破坏。

17年这一段，南丁回忆了20世纪60年代以后到"文革"前活跃的作家中李準的《李双双》，为新文学的人物画廊增添了一个新的人物。还有一个文学上的重大事件，即新华社河南分社记者、作家周原写作的长篇通讯《县委书记的榜样——焦裕禄》，这篇1966年2月上旬由新华社发的通稿，几乎震撼了全中国所有人的灵魂，比13年前的《不能走那条路》的影响更为深刻、更加广泛。

但就整体而言，河南新文学的17年，尚未形成气候，是它趔趄学步又多灾多难的童年和少年时光。

南丁回忆20世纪70年代末80年代初新时期河南文学创作，它的意义在于敲响了河南新时期文学创作的开场锣鼓。南丁列举了中、短篇小说：张有德的《辣椒》、叶文玲的《心香》、张一弓的《犯人李铜钟的故事》《黑娃照相》《张铁匠的罗曼史》、原非的《曹书记买马》、张宇的《头条新闻》、南丁的《旗》《尾巴》等，这些作品有些在全国和省里获奖。

南丁的记忆力是惊人的，除了上述作家的几十部作品，他又开列了近百人的作品单子，如乔典运的《村魂》、王钢的《野花瓣儿》、马其德的《赵家屯今日有好》(《红旗》杂志曾撰文评论其《两个贫穷的富翁》)、田中禾的《五月》(《五月》获全国短篇小说大奖)、张一弓的《春妮和她的小嘎斯》《流星在寻找它失去的轨迹》、赵玄的《红月亮》。诗歌、散文、报告文学都呈蓬勃发展势头。李艾云、何向阳等人常有散文新作面世。

这个回忆录的信息量很大,它还记载了河南文学界的两个大的文学活动。

一个是:1984年冬季,河南省文联在距第一次青年文学创作会议28年之后,召开了第二次青年文学创作会议。我有幸参加了这次会议,会议地点选在省委三所,现在叫黄河迎宾馆。听了时任河南省文联主席何南丁同志的报告。他的报告分析了河南文学创作情况,概括起来有以下几点:

第一,河南创作的优势在农村。

第二,近年来创作的题材拓宽了,开始走向多样化,这主要是青年作家的贡献。

第三,创作更加贴近生活,力图追赶时代前进的步伐。

第四,青年作家力图在艺术表现手法上做些探索。

第五,注意作品思想内容的健康,主题意义的积极。

南丁在回忆录里说了短处。短处:一是能够进入新时期人物画廊的形象不多;二是格局小、情趣小、感情小、气派小、场面小,不能展开冲突,又不能以小见大,难以震撼人心;三是慢半拍,不能为人先,或不敢为人先,这主要是就思想解放和文学观念及艺术探索而言;四是以土取胜而失于土,以实见长而失于实。

另一个是:1986年深秋,河南省文联作为东道主,承办了第二届黄河文学笔会。南丁在会上谈到河南文学的创作现状:十七十八,已经长大。

在这年年初,河南省文联召开创作、理论研讨会,主要议题是研讨1985年河南文学创作和文学理论状况,南丁在会议开始时有个发言,会后写成文章《喧闹的一九八五》。文中说:河南的文学创作成了气候,河南作家的群体形象趋于形成。

这是南丁在为《河南新文学大系》所写的回忆录——40年河南新文学史,从孩童到成了气候,形象趋于形成。

说文雅点儿是爬梳南丁文化、文学史料,从中理出南丁文艺思想,追寻南丁独立的、独特的理论建树,应当是理论家们的事儿,但作为一个追随者,作为一个在中国文坛、在河南文坛混了一些时日的我,因写过一篇《南丁先生与文学豫军》,又因有了不俗反响,又因看了一些名人评论南丁先生,令我有了深入写南丁、深刻解读南丁文艺思想的想法。

我这样说:一不怕评论家们见笑、挑剔;二不怕自己浅显;三是"秉笔直书"我的见解,归类不准,只是我本人的见解;四是从对河南文坛的影响筛选南丁文艺观。

我将南丁文艺思想列了如下九个方面:

一、呼唤英雄主义。

二、提倡振奋文学。

三、努力描写社会主义新人。

四、文艺家应当有社会责任感。

五、靠革命现实主义吃饭。

六、坚守"百花齐放,百家争鸣"。

七、与人民结合,为人民服务。

八、中州语言甲天下。

九、悲悯情怀。

一点没有凑全的意思,有的是否可视为文艺思想,另说,但它是南丁文艺思想的一部分,列出是为更鲜明而已。比如中州语言甲天下,是对河南方言的概括,南丁提倡,在他的讲话、著述中出现的频率较高。比如悲悯情怀,南丁提倡,也身体力行。悲悯是人性的,是超越阶级的,注入了我的个人情感,是我对南丁文艺观的认知"情怀"。

我这样认为:遵循与坚守,释放与张力,从一个普通编辑到省文联主席,南丁一以贯之的文艺观,植入了他的生命中,是他的文学史、心灵史,是他掌控一方文坛的精神高地,是他"管事儿"的指引,它的认识价值是有历史感的,是应载入河南文学史册和中国文学史册的,它曾经被"奉若神明"。

先说"呼唤英雄主义",应当视为新的英雄史观,它有时代的标记。

"英雄主义"的提法出现在南丁《断想录》里,时间是1982年8月。断想的背景是:人们议论近来震撼人心的作品少了。靠什么震撼人心呢?南丁说靠形象的思想力量和感情力量,靠作品反映的生活内容。

南丁举例《人到中年》的成功,在于反映生活内容,它创造了陆文婷这个形象。举例《钢铁是怎样炼成的》中的奥斯特洛夫斯基,刘胡兰、白毛女、董存瑞,这些人物与中国人民的斗争生活、与苏联人民的生活相通,都是震撼人心的形象。

南丁提出:我们建设社会主义四个现代化的事业,应造就众多的英雄。

英雄在人民之中,在我们的事业之中。

我们的文学,应当表现英雄主义。

英雄主义在人民之中,在我们的神圣事业之中。

《断想录》计13章,在这13章中,南丁还"断想"有关"伤痕文学""反思文学",南丁认为不能忽视他们的认知价值。

"伤痕文学""反思文学",有待深化。

在《断想录》里,南丁还说到某些作家热衷于"表现自我"。遭到某些评论家理所当然的反对。

我是这样认为的,南丁英雄主义的提出,是有背景的,1982年在中国文坛上,抢了风头的是"伤痕文学""反思文学",另外,一些作家将文学创作视为"表现自我"。

1982年,南丁是主持河南省作协工作的副主席、《莽原》主编。从文学创作的大背景看,"伤痕文学"是主流,是势头,是作家争创的主题,在这种情况下,南丁提出了"呼唤英雄主义",不仅是胆略,也是他的反思,他认为"伤痕文学","不能忽视他们的认识价值",仅仅如此,我认为,社会要前进,我们不能停留、沉湎于"伤痕",建设社会主义四个现代化,应造就众多的英雄,所以,文学要呼唤英雄,要写英雄。

南丁还在《断想录》中提倡"振奋文学",它的提出,合拍振兴中华,是唱响的一个音符,期待华彩乐章。

"振奋文学",也是在这个大的背景下提出的,也是在《断想录》13章中写下的。

时代毕竟是前进了。

党的十一届三中全会以来,形势的进展比人们预料的要快得多、要好得多。现实是很振奋人心的。人们有理由要求文学反映这振奋人心的现实。

不能说我们没有此类杰作。

但是,与现实生活相比较,从量和质两个方面来看,我们的作品都显得苍白无力。

我们应当把主要的力气放在"振奋文学"上面,我们的时代,需要振奋精神。文学应当听命于属于我们自己的时代。

南丁提出了"振奋文学",是在党的十一届三中全会之后,是"伤痕文学""反思文学"的有待深化。我认为,这个提法至今对河南文坛仍然有着指导意义。

时隔一年的1983年,南丁专论"振奋文学",这是一次座谈会上的发言,整理后,收在《南丁文集》一至五卷中,标题是《振兴中华需要提倡振奋文学》。

开篇,南丁说"振奋文学"这个词,我在1981年和1982年,曾两次提起过它。

第一次,是1981年的9月。我说过:我们处在一个新的历史时期,要振兴中华,要振奋民族精神,就要提倡"振奋文学",通过塑造四化建设中的工农兵新人的形象,鼓舞人民的士气。我们的青年一代需要"振奋文学"的陶冶。有人认为,只有揭露才是现实主义,歌颂就不是现实主义,这种看法是不对的(见《座谈小说〈重返柳河湾〉纪要》,《河南日报》1981年9月17日三版)。

第二次,是1982年8月。我说过:最重要的,我们是否应当把主要力气放在"振奋文学"上面？我们的时代,需要振奋精神。文学应当听命于属于我们自己的时代(见《断想录》,《中岳》1982年第9期71—72页)。

南丁解释:我所以用了"振奋文学"这个词,只不过是表示自己的一种想法罢了。

这个想法基于:在文艺界一些人对党中央提出的文艺为人民服务、为社会主义服务的口号表示淡漠,对文艺的社会主义方向表示淡漠,对党和人民的革命历史和他们为社会主义现代化而奋斗的英雄业绩,缺少加以表现和歌颂的热忱,等等。

1983年,南丁已是河南省文联主席兼党组书记。两次说到"振奋文学"是一种想法;出自省文联主席之口,一个省的文学界是应当当作创作的指针、指导思想去做的,去执行的。

通读《南丁文集》五卷本,贯穿的是作品中真诚、挚爱和责任心,这就是南丁精神。南丁将"努力描写社会主义新人"看作是作家的责任。这是文学创作的根本任务,文学画廊也需要,必须有这个时代的新人。

1983年8月,南丁再次提出了"努力描写社会主义新人",与文学界的同志们交换意见。

在写这一节的时候,我挑选阅读了南丁在不同时期描写社会主义新人的作品,如1956年的小说《检验工叶英》、1955年的散文《三门峡的尖兵》、1963年的散文《文香兰的性格》《箭厂河边》、1981年的散文《刁文在兰考》、1993年的散文《读赵明恩》、1996年的散文《挺拔——速写袁隆》(写黄委会主任的)、2004年的散文《双汇万隆》(南丁写双汇,大工业替代小作坊,时年 73 岁)。

有两个有关对社会主义新人的认识问题,南丁作了解释和回答:

一、写社会主义新人的任务提出之后不久,的确有过"什么是新人,新人在哪里"等议论。社会主义现实生活的发展,生活中不断涌现出来的新人形象,已经作了回答。

二、一提及新人、一提及英雄,就好像容易引起人们不愉快的记忆,就想起了"三突出"之类的东西,这里是有着严格的原则界限的。我们写社会主义新人的任务,是有着充分的生活依据的,是从我们文学的社会主义性质这一原则出发的。"三突出"必须摒弃,新人必须写。

南丁态度很坚决地表示,我愿意和文学界的同志们一起,在描写社会主义新人方面付出更大的努力。

南丁大声疾呼:写社会主义新人吧!社会主义的文学不去描写社会主义新人,难道让别的什么主义文学去描写社会主义新人吗?

南丁认为"文艺家应当有社会责任感"。一代作家的担当。

南丁的这个提法是他在"管事儿"当河南省文联主席的第 3 年,即 1985 年,以《微调》为题,是一篇学习笔记,他先"微调"自己。

不要用创作自由去抵制社会责任,也不要用社会责任去限制创作自由。如果这样做,都是干了蠢事。

南丁分析说:很难设想,一个对时代进步缺乏时代感的作家,能够自由地创作出与人民声息相通的作品来,也很难设想,总是向作家下达具体的指令计划,你必须写什么,你必须怎样写,能够达到社会主义创作的繁荣,这岂不要导致倒人胃口的公式化概念化?

怎么办?

南丁指出:又说创作自由,又说社会责任,这是两句话。这两句话互为补充,如同看电视,有时要进行必要的微调。

方法有了,微调,这就看你如何动作了。

面对改革开放新时期,南丁曾说过文学的改革仍然坚持开放的原则,仍然讲到作家的责任与创作理由。

《微调》原来发表时题为《自由与责任的辩证》,南丁在文中辩证地、历史地论述了作家责任与创作自由。

南丁论述道:自由感、责任感,这正是中华人民共和国公民的公民感。在这里,自由与责任融为一体。作家也是公民,而且首先是公民,当然具有公民感。那么,"创作自由,社会责任",这两句话,在这里就化成了一句话了。它们原来是一句话啊!

南丁在分析了为何微调之后,指出:

创作必须是自由的。

文艺家应当是有社会责任感的。

表现腾飞的时代,讴歌伟大的人民,不正是我们这一代作家所要苦苦追求的创作自由吗?不也正是我们这一代作家所要勇于承担的社会责任吗?对这种创作自由的追求愈强烈,就愈能更好地承担起社会责任来;社会责任愈强烈,就愈能更好地进行这种创作自由的追求。

这就是南丁《自由与责任的辩证》。

"百花齐放,百家争鸣"的一以贯之,浸淫于南丁心灵深处,是其文艺思想的出发点和终点。

南丁对党的"双百"方针的坚守,是一以贯之的。党对文艺文学提出的"双百"方针是在1956年,自1956年开始,"双百"方针即成为南丁为他人做嫁衣当编辑的编辑思想,自己创作的指针,几十年如一日,南丁是"双百"方针的捍卫者、执行者、传播者。

1957年8月,南丁在《对"百花齐放,百家争鸣"方针的认识》一文中,在讨论"百花齐放,百家争鸣"方针的讨论会上,发表了自己的看法。

"百花齐放,百家争鸣"方针的提出,知识分子的状况正是重要的根据和出发点之一。

南丁认识到:我党的"百花齐放,百家争鸣"方针,是与毛泽东关于人民内部矛盾的问题理论相联系的。人民内部矛盾在社会主义革命胜利后变得突出了,它也反映到文学艺术领域里来。

"百花齐放,百家争鸣"的方针,也是根据学术、文艺发展的规律提出来的。学术、文艺必须经过自由竞赛、自由论争,才能繁荣,才能发展,而决不能依靠一纸命令。

党提出的"百花齐放,百家争鸣"的方针,为我们开辟了无限广阔的道路,这个方针提出后,文艺界的思想解放了、活泼了,好多老作家重新动起笔来,又涌现了不少青年作家,总之,是一片令人高兴的繁荣景象。

这是南丁在河南省委宣传工作会议上的发言,时间是1957年4月,那年他25岁,风华正茂。25岁的青年作家对"双百"方针的学习和认识,受益一生。

但从1958年起,南丁被打为右派之后,挨批斗、下放农村改造、经历"文革",这段漫长的岁月,人所共知地隔过去了。

1985年,南丁在河南省文联主席的位置上已3年,他重提坚守党的"双百"方针,是从作家创作的自由与责任说起的。他说:20世纪50年代中期,毛泽东同志提出了"双百"方针。百花齐放,这不是创作自由？百家争鸣,这不是评论自由？当然,也必须承认,说是说了,但并没认真去做。

及至"十年浩劫","四人帮"实行封建法西斯文化专制主义,哪里还有什么"双百"方针？哪里还有什么创作自由？

改革开放,社会主义转型期,也称为新时期的到来,文艺势必走向繁荣,因为真正实现"百花齐放、百家争鸣"这个马克思主义方针的条件,也在日趋成熟。

这些有关南丁对"双百"方针的认知、强调,见诸他1985年5月13日夜写就的《自由与责任的问题》。

1980年的夏天,我在《奔流》帮忙编《蓓蕾》专号,参加了省文联第一期文学讲习班。

参加省文联全机关传达有关胡风平反的文件,记得是1980年10月的一天下午,文联机关全体党员听传达有关胡风平反的中央文件,不准记录,没有传达任务,不知谁还把会议室的窗帘拉上了,弄得我很紧张。现在想想,我参加过各种会议无数,从未这么紧张过,一说不让记录,我的笔记本,竟然从手中掉到地下。肖正义说:黑材料掉了。传达完,黑丁说:30万言,坐牢近30年,现在胡风话都说不成了。南丁(时任省作协副主席、主持工作)说:胡风事件是对"双百"方针的践踏。没有人再说什么,大家都悄悄地离开了会议室。我心里说:胡风是"到处有生活"的倡导者,30万字置他于死地,监牢也是他的"到处有生活",李辉《风雨中的塑像》说胡风的骨头最硬。

在文学讲习班,定期评学员们的作品时,南丁有两句话总是在口头上,还是现实主义,还是"百花齐放,百家争鸣"。同志们,别糊涂,这是我们生存的法宝,是创作的法宝。

1986年与1987年的两年间,南丁多次谈"双百"方针,已完全是以省文联领导的身份,带头去贯彻"百花齐放,百家争鸣"的,从中可以看到,一个老文艺工作者对"双百"方针的坚守,新的文艺界领导人对"双百"方针贯彻得坚决。

南丁在《喧闹的一九八五》这篇总结河南文坛一年工作的文章里指出:我们的小说创作成了气候,我们河南小说作家的群体形象趋于形成。"喧闹的一九八五"——对我们河南小说界来说,的确是一个重要的年头,叫人高兴和催人奋进的年头。

我查看资料,1985年,《河南日报》撰文《中原文学豫军崛起》,《莽原》主编何秋声在《文学报》上撰文《文学豫军崛起》。

南丁在《喧闹的一九八五》最后提出:

进入1986年,清醒而又热诚地面临新的任务,要更加认真、正确、全面地贯彻执行"为人民服务,为社会主义服务"和"百花齐放,百家争鸣"这两项互相联系又互相制约的根本方针,使我们省的文学艺术工作有一个更加繁荣更加健康的发展,在社会主义精神文明建设中,发挥更大更好的作用。

新报纸创办,南丁也不忘"双百"。

1986年,河南省文联《文艺百家报》创办,南丁为它写了发刊词,他开篇便写下了:新时期十年,是"双百"方针认真贯彻的十年。

文学艺术园地繁花似锦、争奇斗艳的喜人景象,生动地认定了小平同志于1979年论证的:"真正实现百花齐放,百家争鸣这个马克思主义方针的条件,也在日益成熟。"

如今是1986年,"双百"方针提出30年,新时期文艺发展10年。

很有纪念意义的年头,创办了这份《文艺百家报》。不用提醒,这么一点儿聪明还是有的:纪念是为了发展。因此,不言而喻,办报,当然是想有一番作为的。

南丁要求《文艺百家报》多一点儿信息,多一点儿言论,多一点儿侧影,多一点儿各界读者观众对文艺界的意见,多一点儿雨后春笋般的文艺社团里青年们的声音……要"百花齐放,百家争鸣"。

纪念老刊物,南丁也谈"双百"。

1987年,南丁在《纪念〈奔流〉二百期》中写道:我们要像爱护自己的眼珠一样爱护我们的共和国擎天柱——四项基本原则。

南丁又写了坚持四项基本原则与贯彻"双百"方针的关系。

当然,也还是要坚持"百花齐放,百家争鸣"。这是党一贯坚持的马克思主义方针。坚持四项基本原则,反对资产阶级自由化,才能更正确地贯彻"双百"方针。在风格、技巧、手法诸种艺术问题上,还是要鼓励探索和创新,允许失误。不允许失误,等于不允许探索和创新。在提倡反映生活主流的同时,还是要提倡题材的多样化,这是由生活本身的广阔丰富和多样决定的。

在1987年的6月,南丁在他的读书札记里,态度坚决、旗帜鲜明地谈"双百"。

南丁在1987年6月写《读书札记二则》这篇文章中说"精神食粮"时指出:新时期的文艺工作,在"为人民服务,为社会主义服务""百花齐放,百家争鸣"的方针指引下,在文艺工作者的努力下,是有成绩的。这是主流。

"百花齐放,百家争鸣"方针,贯穿南丁一生的文艺思想,浸淫到他的心灵深处。

毛泽东《在延安文艺座谈会上的讲话》(以下简称《讲话》),对中国的文学艺术永远有指导意义。《讲话》归其一点:我们的文艺要解决的是为什么人的问题。南丁概括为"与人民结合,为人民服务"。

这是南丁学习《讲话》的精当概括,是他学习《讲话》的精神与境界。

翻阅南丁著述,我们历史性地看,追踪南丁在几个时期学《讲话》的精彩论说和心灵感悟。

1994年,他为《河南新文学大系》撰写回忆录《回忆河南文学创作四十年》,写到1957年至1958年的扩大化反右派斗争,以及1959年的反右倾斗争,使河南省文联这个单位的创作干部和其他业务干部全军覆没。南丁深刻指出:这是对"双百"方针的践踏,对文学生产力的破坏。

南丁走上文艺战线,即以《讲话》为他创作、编辑工作的指针,几十年不动摇,几十年他将《讲话》概括为10个字:与人民结合,为人民服务。

42年前第一次读《讲话》,年轻的人,火热的心,跟随毛泽东前进! 真读懂了一点儿使命感责任感。那时南丁不到20岁,但感到了《讲话》不可亵渎的神圣。

每读《讲话》,一段往事总会伴随着涌来。

李準、吉学沛、张有德、乔典运,都在《翻身文艺》上趔趄学步。对《讲话》方针的实践有声有色,受到当时中南局宣传部门的表彰。

我还要抄录一段南丁对《讲话》学习的心得,散文诗一般。

《讲话》开创了一个文艺创作的时代。

读《讲话》,其实是在读一个时代。

时代发展了。

《讲话》铸造了一部文艺运动的历史。

以上是南丁 1992 年《重读〈讲话〉札记》中的部分文字。

1992 年是毛泽东《在延安文艺座谈会上的讲话》发表 50 周年。

南丁在札记里写道:彼时彼地早已成了此时此地。我们今天纪念《讲话》50 周年,其意义何在呢?

什么是《讲话》的基本精神?

在那个时代,在那个时期,南丁独有的对《讲话》的领悟。先从 1992 年重读《讲话》札记里领会。什么是《讲话》的基本精神?

南丁说:我在 1982 年纪念《讲话》发表 40 周年时,曾著短文,按照我的理解,我用 10 个字来表述,那就是"与人民结合,为人民服务"。1983 年向河南省文学创作讲习班学员讲话时,我重申了此点。1990 年,《人民文学》创刊 40 周年出版纪念册,约请一些作家各写几句话,我就写了这 10 个字。《河南日报》纪念《讲话》48 周年座谈会上,我还是讲这个意见。今天纪念《讲话》50 周年之际,我重读《讲话》之后,仍持此看法。

对《讲话》精神,不能动摇。

1983 年 11 月,南丁重申《在延安文艺座谈会上的讲话》的根本原则是不能动摇的,我体会《讲话》的精髓,10 个字:与人民结合,为人民服务。

从 1982 年至 1992 年的 10 年间,南丁学习《讲话》突出《讲话》中的一个词"人民"。他的心得是 10 个字:与人民结合,为人民服务。

在这篇学习札记里,南丁进一步阐释他的"与人民结合,为人民服务",是毛泽东同志《在延安文艺座谈会上的讲话》的灵魂和精神。人民不朽,人民万岁!《讲话》的精神将永放光辉,照耀为人民的社会主义文学艺术健康发展,不断前进。

南丁在实践中,贯彻《讲话》精神,在实践中,去结合他的"与人民结合,为人民服务"。

在《一九八五年的河南文坛》中,南丁用了"喧闹"一词来形容已趋于繁荣的河南文坛,说:我们在进入1986年,就可以和国家同步进入"七五"计划,清醒而又热诚地面临新的任务,更加认真、正确、全面地执行"为人民服务,为社会主义服务"和"百花齐放,百家争鸣"这两项互相联系又互相制约的根本方针。《在纪念〈奔流〉二百期》这篇文章里,南丁认为:《奔流》从历史中走来,面对现实和未来,首要我以为,对为人民服务、为社会主义服务的方向是含糊不得、淡漠不得的。当然,还要坚持"百花齐放,百家争鸣"。这是南丁1986年对《奔流》的厚望。1987年,南丁在《读书札记二则》中指出,新时期文艺工作的成绩,是因为有"为人民服务,为社会主义服务""百花齐放,百家争鸣"的指引。

多年来,我接触河南作家很多,他们谈到南丁的文艺思想时,认为现实主义是他最突出、最闪光的一条,而且,南丁还经常变换现实主义说法,比如:老老实实的现实主义,提倡革命现实主义,走革命现实主义的道路等。

靠革命现实主义吃饭,是南丁一以贯之的遵循与坚守,是宗旨和明灯,是定力和航标。

这是南丁一贯的文艺思想——革命现实主义,他表述这个思想时很口语化,特别是用了"吃饭"这个词儿,通俗而又重要,比"为稻粱谋"更为亲切、贴切。

南丁在他的"讲话""报告""文章"中,不厌其烦地、重复多次地讲到我们文学创作应遵循现实主义这一原则。

想起了一个背景材料,1956年,时任《人民文学》主编的秦兆阳,曾写过一篇文章叫《现实主义——广阔的道路》,后遭到全国文艺界的批判。

南丁梳理审视十数年来,河南文坛、文学豫军怎样吃革命现实主义这碗饭的。

南丁在1981年《莽原》发刊词中写道:纵观近年来的文学创作,之所以取得了很大的成绩,是否可以归结为一点,即因为恢复了革命现实主义的传统。之所以也发生了某些缺点,大约也是因为离开了革命现实主义吧。

《莽原》应当牢记:靠革命现实主义吃饭。

对。南丁又强调革命现实主义文学与人民的关系。

1982年,南丁在他的《断想》中提出:面对以反映现实为己任的现实主义文学,我们要作出回答。也是在这一年,他在《反映新局面,塑造新人物》一文中肯定地说:革命现实主义文学,从来都是与人民共命运,与革命同呼吸的。

南丁肯定地说:中国特色,走革命现实主义的道路。

1983年10月,南丁在学习《邓小平文选》笔记中,强调:这个走自己的路,就是深深扎根于社会主义的中国土壤中,紧密地和社会主义的中国人民相结合,走革命现实主义的道路。否则,还谈得上什么中国特色?

南丁说:鼓吹中国文艺要走现代派路线的论调,可以休矣。

南丁要求创作摆正改革与革命现实主义文学的关系。

1984年11月5日,南丁在《面对改革的文学思考》中谈到了改革与革命现实主义文学的关系。

改革即是浪潮,它将波及一切生活领域,只是说"改革题材",是不够意思的,好像不能归之于哪一类生活领域,它要广泛得多广阔得多。因此,改革的浪潮,必将带来改革文学的浪潮,这是毋庸置疑的。否则,我们的文学就不配称之为革命现实主义文学。

针对一些作品,读者不买账,南丁写道:革命现实主义不是不灵了,而是我们的某些作品,未能体现出革命现实主义的精神力量。

革命的现实主义是南丁文艺思想最为闪光的一束。

他认为:现实主义既要深化,又要开拓。在他1984年写的《与共和国共同着命运的文学》里,他从吉学沛、冯金堂、段荃法、徐慎等写农村题材的作家的成长,说到写工业题材的郑克西、儿童文学的张有德、诗人苏金伞和青勃的创作论说。特别是新时期以来,他开列了一大串名单:张一弓、叶文玲、张斌、杨东明、原非、李克定、李佩甫、郑彦英、张兴元、齐岸青、杨金速、孙方友、南豫见、马本德、田中禾、王不天、黎婴、陈创、兀好民、马凤超、孙建英、王钢、武蒙辛、寇云峰、彼岸、耿法、马岭、刘向阳、董晓宇、郑电波、刘学林等等。他们的作品既有强烈的现实感,也有厚重的历史感。在这篇文章里,南丁再次提到革命现实主义。

南丁说:我在1981年春天为《莽原》代拟的发刊词中,曾提出"靠革命现实主义吃饭"的口号。这个口号是没有错的,那之后不久,研究了农村题材、工业题材未得到根本改观,知识分子题材、爱情题材、道德伦理题材还很少看到成功之作。神州异彩有中州,中州大地应写的报告文学题目的确俯拾皆是,这件事情务必做好,以不负时代。

南丁在分析文学创作的整个形势后说:我们说"靠现实主义吃饭",绝不意味着只看重反映某一方面的社会生活,也绝不意味着只固守着某一种表现方法的程式,这都是与革命现实主义相违背的。从我们文学创作的现状看,现实主义既要深化,又要开拓。

在梳理这几篇文字时,我看到南丁文章的理性之光,情感之炽,文采和大气磅礴。

论说革命现实主义,南丁总是意犹未尽的。

南丁在说到现实主义既要深化,又要开拓之后,说:不能只是满足于泥土的气息,更具有时代的色彩。我们既要采取各种形式深入到变革的生活中去，又要思接千载，视通万里。拘于一时，囿于一隅，只知微观，不知宏观，是写不出大作品来的。说到时代色彩，我们当代生活的色彩如此斑驳，矛盾如此错综，人物如此多姿，音响如此纷呈，的确需要调动各种艺术手段，才能加以表现。不要拒绝重乐器，不要拒绝木管乐器和铜管乐器，不要拒绝打击乐器。表现我们史诗般的时代，也需要我们自己民族的交响乐。

两年之后的1986年，南丁在《也说河南小说》中写道：以现状论，现实主义仍是我们河南小说创作的主潮。他放眼全国肯定地说：这一点，比之其他省份，比之全国，尤为明显。说得再细一些，作家们更多关注的是农村变革的现实进程，手法是写实的，仍以情绪结构为主，致力于创造典型环境，塑造典型人物。近年来，有影响的作品如《犯人李铜钟的故事》《张铁匠的罗曼史》《流星在寻找失去的轨迹》《村魂》《满票》《乡醉》《桥》《活鬼》《五月》《心香》《小溪九道弯》《疙瘩妈告状》《辣椒》《酸棍刘刚》《太阳》《活宝》等。

河南文坛的作品，南丁认为，现实主义是占了先机的，是厚实的，是它的优势。

优势与局限，是一个事物的两个方面。

南丁从宏观上谈河南小说：把写实，把情节结构，视为应当抛弃的旧事物，应当突破的局限，一律要向空灵、情绪结构靠拢，才算是有了小说的新观念，才算赶上了新潮头，或把空灵情绪结构视为异端，加以排斥，都是不慎重的、不科学的。

把优势当成局限抛掉，笨蛋；把局限当成优势死守，蠢货。

南丁坚守革命现实主义，他靠革命现实主义吃饭，他也让作家吃现实主义这碗饭。1986年，南丁评说张宇的中篇小说《活鬼》时，说：《活鬼》是张宇小说中隆起的山头。

《活鬼》侯七的命运，是典型环境中的典型性格，这一现实主义的创作原则,依然有着强大的生命力,并未过时。南丁还称赞张宇不苟同无主题,小说不能写成大说、中说,要写成小说。南丁说:这两个问题是一个问题的两个侧面,是讲现实主义的另一个创作原则,即倾向越隐蔽越好,要在情节的发展中自然地流露出来,而不要特别地说出。

"中州语言甲天下",不是南丁的文艺思想,是他"绝对"的对河南话的概括,是创造性的,河南人是应当有自豪感的。

"中州语言甲天下",又不仅是对河南方言的概括、升华,天下语言居中州,实在是中国之中的语言,"天地之中"的语言,其他地域是无法比的。

20世纪80年代初,我在《奔流》帮忙,知道了研究中州语的大家陈雨门,他祖居开封,几次想去拜望,终因故未能成行,但手头有陈先生的有关中州语的著述,常取出翻看、学习,兴趣浓时搜集了郑州方言千余条,想写写中州语的生命张力,所以,在80年代初,在文联的一次会议上,听南丁评一位作家的小说时,说到中州语言甲天下,极为兴奋。2000年之后,我曾专门拜访南丁老师,讨教他说的"中州语言甲天下",他送我《南丁文集》一至五卷,说:在书里。

我找到了。

南丁的一篇《说不完的豫剧》中说到了"中州语言甲天下",他认为:河南豫剧之所以成为"国剧"之一(有一个时期,对中国的戏曲是这样排序的:京、评、话、豫)。豫剧走遍中国大地,包括西藏也有豫剧团。豫剧的优势在语言,中州语言甲天下。

追溯一下,南丁最早提出中州语言甲天下是在1986年,在他的一篇《回顾与展望》中。

南丁说:我常鼓吹中州语言甲天下,这是否有些言过其实了?也未必,试看豫剧在全中国流行的情况,便可以知道,豫剧的传播之广,为地方剧种之冠,这是无可争议的。为什么?一个异常重要的因素,乃是语言,沾了语言的光。

南丁进一步引申:这应当对作为语言艺术的文学有所启示。我们应当认识、珍惜、发挥我们的语言优势。从这里出发,逐步建设我们自己的风格流派。中州的地方色彩,黄河中下游广大土地的泥土气息,中华民族文化发源地人民生动、形象、准确、精练、幽默、上口、易懂、内涵丰富的语言。这种语言,如前所述,它的腿是很长的。建设有中国特色的社会主义文艺,我们应当对此有所奉献。

我注意到了几个问题:

一、南丁指出河南是中华民族文化发源地,没有用"之一",他对河南的定位是科学而精准的,考古界大家严文明1986年讲学《中国史前文化的多样性与统一性》中第一次提到中华文明是"重瓣花朵",中原文化是"花蕊"。党的十七大报告中说:河南是中华民族的重要发祥地,也没有"之一"。

二、南丁将中州语言的特点概括了八个方面:生动、形象、准确、精练、幽默、上口、易懂、内涵丰富。史来第一人。

1983年的11月22日,南丁在河南省作协青年作者读书班上的讲话中讲道:河南是中华文明的摇篮,我们应当搞一点儿自己的东西。我们将来逐步形成自己的风格。

我觉得河南省得天独厚,中州语言甲天下,好多地方的语言不如河南的语言,像豫剧,在全国流传多广,一唱就能听懂。河南的语言写到作品里,变成铅字,好像不用费很大的劲儿,写到作品中就能看懂,而且生活气息,语言的鲜明性、生动性、形象性,别的地方的语言是比不了的。河南农民语言的幽默感,也是很少见的。

中州语言甲天下,河南豫剧响全国。举一例:常香玉的《花木兰》选段"刘大哥讲话理太偏",自上"春晚",每次必有传唱,而且不仅是河南人,全国各地,从大人到小孩都唱,在中国,没有任何一个剧种中的一个唱段能家喻户晓,只有河南豫剧做到了,只有甲天下的中州语言做到了。

南丁的中州语言甲天下,已经铺开了社会的感知度和认知度了。

南丁的悲悯情怀,不仅贯穿在他的诸多作品中,对待作家也是温暖向善的。悲悯情怀,就是文学精神,南丁有悲悯情怀,南丁有文学精神。客观地说:悲悯情怀不是南丁的文艺思想,只是南丁文艺思想的一部分,重要的一部分。情怀应当是思想派生的。

有一个背景材料,那是何向阳评张一弓《远去的驿站》,名为《历史的"张"看》,张一弓对这篇短评不止一次泪湿眼眶地读。南丁猜想,因为何向阳的评论里提到了悲悯。

南丁说:悲悯情怀就是文学精神,或者说是文学的精髓和灵魂。文学精神可以作出更广泛的解读。

什么是悲悯情怀?什么是文学精神?

南丁解说:照我的理解,忠实于自己的所见所闻,忠实于自己的内心感受,并勇于真实地表达和倾诉;爱恋自己所生活的这个世界,对这个世界的人们,既充盈感恩之情,又满怀关切之意;对至美的不懈追求,对妨碍美的现实的丑恶之类总义愤填膺;对自己的生命对自己的文字时时感到有一份沉甸甸的责任压在肩头;视读者为朋友;等等。

当然,南丁说:最终还是要用艺术去实现。如果没有文学精神这个内核,还可以称作艺术吗?文字游戏而已。

南丁又说:文学精神在人生态度中可以寻找到它的踪迹,或者说,文学精神是人生态度的一种折射。

南丁有悲悯情怀,他提倡的文学精神伴他走过河南文坛、中国文坛。

悲悯情怀是一切作家应有的,是精神,也是境界。

评与序

语言之根，文学之思，想象之力，命运之痛

总是意味着一个新的生命诞生。揭示其本质,拓展创造性的空间,魅力永恒。在文学中活着,抑或再活一次。人品,文品的精神向度,人文关怀。

用稿纸铺满他自己走向坟墓之路。

作家黄培民的怆然悲壮，直刺南丁的心。

2012年8月18日，我访谈南丁老师，动情地说：在评与序的一节里，我先写黄培民，那个竖着的人，那个凄苦的女孩，那几个无钱无物为母亲过生日的三个女儿。南丁老师点头应允，眼圈红了，趴在桌子上，任手上的香烟燃烧。

寄去的刊物在穴庄引起轰动，因为村里人没见过那么大的信封，南丁定期给业余作家黄培民寄刊物。

黄培民好像一个影子，竖在门里的一个火炉边，见我们到了之后，他的妻子才赶忙点亮了墨水瓶做的煤油灯。小屋四处漏风。南丁到寒舍看望黄培民，黄培民写出《春风抚慰我的心灵》，发在《商丘日报》上，这使南丁惊惶不已。

以省文联的名义拨给黄培民500元盖新房，黄培民感激不尽，南丁说：他一感激，我就越发感到有许多对不住他的地方。

写到这里，我的心情十分沉重，沉重的心看南丁与黄培民往来的文字，比如1987年1月5日的散文《穴庄土屋》、1995年1月写黄培民的女儿黄瑾来访的散文《来访的女孩》。"用稿纸铺满他自己走向坟墓之路"，一个双腿肌肉萎缩而不能站立的作家的悲壮誓言，敲击我的心。《来访的女孩》，黄培民的女儿黄瑾到南丁家，听说姑姑何向阳在校读书20年，她说：下一辈子要在学校里度过一生。那是决心，那话里有许多苦涩。每个月只有100多元的生活费，一顿饭吃两个馍一碗面条，两个馍五毛钱，一碗面条六毛钱，一共一块一毛钱。从来没吃过菜，一碗菜一块钱，够吃一顿饭的了。

想让她吃一顿有菜的饭，她没有，走时，又偷偷地放在书房茶几下两袋炒花生。够她吃五顿饭的钱。

南丁与女儿向阳冒寒送黄瑾到32路公交车站，黄瑾又写信说：爷爷您送我,天气那么冷,又走好远的路,没感冒吗?没累着吗?我心里真不安。

南丁说:孙女,我的好孙女,我该向你说些什么呢?

命运应该对这个女孩公正一回才是。

我含泪读南丁2000年写的《怆然心痛》。

是写黄培民的死。南丁说。黄培民说他要用稿纸铺满他的走向坟墓之路,这真是想起叫人不忍不敢看的残酷美丽,听着叫人怆然心痛的话语。

黄培民,下肢肌肉萎缩,几乎全部消失,成了半截人,20多年来,他就是在他的小土屋里半截儿地竖在那里写作,这是他能够支撑生命可以从事的劳作。53年的人生之路,黄培民走完了。

南丁说:我不忍不想写什么悼念文字,只想在心里记住这位朋友。

宁陵县文联写了悼念黄培民的文字,黄培民的小女儿黄瑾写了《怀念爸爸》,都由南丁推荐在《河南日报》《河南作家通讯》上发表了。

黄培民死后,他的女儿黄瑾曾给南丁寄去两封信,第一封信写的是爸爸死后,黄瑾与妈妈的情感经历,妈妈说,要不是还挂念小瑾,都跟爸爸一块儿走了。与这封信寄来的还有一首《青春不只是美丽时光》的诗。黄瑾写道:醒来时才知道,青春如此凄凉。回头时才知道,青春是那样匆忙。凝思时才知道,青春不只是美丽时光。

一个女孩对命运的述说,真实而又令人心情沉重,命运没有对她公正过一次。

黄瑾的第二封信说到了三个女儿给妈妈过生日,妈妈没说过生日这件事儿。"我们不敢开口,真的怕抱头痛哭的场面,太可怕了!"黄瑾由于经济拮据,竟无力给妈妈带去生日礼物。黄瑾看着妈妈头上的白发,体会了什么叫心痛。在这封信里附来的诗叫作《妈妈的生日》。傍晚,妈妈为牛儿割草归来,山一样的草捆压得妈妈弯腰喘息,无情的麻绳勒进妈妈的肩膀,为妈妈的生日留下道血红印迹。诗的结尾是:我的泪流进水盆为妈妈洗干净了衣服,我想呀,想呀,这颗颗泪珠若能用线穿起,送给妈妈,该是多美好的生日贺礼。

读到这里,我怆然泪下。

南丁《怆然心痛》最后说:县里的文联集资为黄培民立一块墓碑,请我为培民写一篇祭文,就写成宣纸那样的篇幅,就可以直接刻在石碑上。我没有回信,我不知道能否再一次承受这怆然心痛。

写到这里,应该说是抄写到这里,我泪流满面,为黄培民,为他的女儿黄瑾,为他的妻子,也为南丁的怆然心痛。

我想到了悲悯,一个作家的悲悯。

南丁说:悲悯情怀就是文学精神,或者说是文学精神的精髓和灵魂。

我之所以在南丁评介、作序文学豫军方阵中,将黄培民这位作家放在首位,是看中、认识、学习了南丁的悲悯情怀,这,也是南丁的文学精神最为闪光之处。

开列一个名单(自然以小说为主的)——

小说:张一弓、李佩甫、段荃法、张宇、田中禾、乔典运、孙方友、郑彦英、杨东明、墨白、李洱、南豫见、郭萍、原非、郑竟业、朱根发、李克定、刘向阳、乔叶、邵丽等。

散文:王剑冰、周同宾、廖华歌、卞卡、杨稼生、赵富海等。

评论:鲁枢元、孙荪、何向阳、刘思谦、余非等。

报告文学:王钢、张文欣等。

诗歌:王绶青、王怀让、申爱萍、马新朝等。

书法家:王澄。

画家：曹新林。

摄影家：王世龙。

南丁或为他们开作品研讨会，或评论，或作序。包括了文学豫军的一个方阵。我所列名单，只有遗漏的，决无添加的。放眼中国文坛，无论是评论家关注一个地域的作家群，抑或是省文联主席指点他的队伍，我只能用"罕见"两个字概括它。我还要用一句话来说明，南丁所评论的作家，当然包括以散文为主的，以报告文学为主的，以诗歌为主的，还有书法家、画家、摄影家的艺术与人格的评论。他热切的情怀，情感的撞击与迸发，语言的强力与弹性，将其作品展示出光彩，将其人格演绎得透亮，这是一文坛领袖、文学豫军旗手对中原这块热土的厚爱。南丁的血脉偾张着他性格的质感。

"天下谁人不识君！"

我再开列一个单子，是南丁为人作序的（时间跨度：1990 年至 2012 年）：

《你应当生出更大的蛋》为宋悟民作品集《真情》作序，《追逐太阳》为《河南农民报》报告文学集作序，《寸心摇摇》为杨贵才报告文学作序，《蓝色的宇宙》为范文章、郑志强纪实散文集作序，《与乡土结下终生之恋》为《兰建堂曲艺作品选集》作序，《女孩，你不要长大》序萍子诗集《纯净的火稻》。为《颖河作家丛书》总序，序《晓宇小说》，《小小说是一滴水的艺术》序《中国当代小小说精品库》，《读出沧桑来》序李蔚《春歌秋唱》，《重新起步》序《卢晓更中短篇小说集》，《与诗人的心跳谐振》序王幅明《男人的心跳》，《山川田园抒情诗》为王世龙《1956—1996 图像岁月——昨天的农业、农村、农民图像纪实》作序，《迷人的画廊》序张文欣报告文学集《灿烂人生》，序王剑冰《散文创作谈》，《吟草翠竹庐》序谭杰《翠竹庐吟草》，《和玫瑰站在一起》序康丽《午后的玫瑰》，序张挺双诗集《燃烧人生》，为李冷文《冷文赤语集》作序，序南阳作家散文集《菊乡行吟》,序赵雅安中篇小说集《红色曼陀罗花》,序新县作家作品集《生命的灯》,为李光照杂文集《烧把小火》作序,序李东红中篇小说《想去看细雨》,为濮阳作家散文集《红桑葚、紫桑葚》作序,《曾经的老坟岗》为赵富海叙事散文《老郑州:民俗圣地老坟岗》作序,为高洁传作序《为了梦中的橄榄树》。

张一弓的解剖深刻直入人心灵的底里,乔典运的咏叹透露着幽默,段荃法的戏谑不动声色,田中禾的自然淡雅,李克定的凝练,张宇的行云流水,李佩甫不加掩饰的真诚焦虑。

1986年,中原农民出版社将以上7人中短篇小说结集为《活鬼》,南丁作序。

我认识张宇是从《土地的主人》开始,到他的《活鬼》出世时,我与他已交往频繁了,直到他当上河南省作协主席,频繁的交往很少谈及文学,而是盆景。张宇玩盆景一般,但他能变成文学,如《一棵枯树的诞生》《说说树来,说说狗》,而我玩盆景则从学术着眼,先后出有《中州盆景艺术谈》《中州盆景》,张宇夫人陈静见后说:张宇那是玩意儿,你这是学问。其实她不懂,玩盆景到文学,已成为一种文化了。

再度接触频繁是我出任《郑州法制报》总编时,请他写稿,他每约都有佳作给报纸,那时他正写几个大东西,虚构的小说用了郑州的真实地名,令人称奇、叫好。而在报社组织的有段荃法、王守国、孟宪明、张宇参加的《话说郑州》电视研讨会上,张宇提出了郑州这座城市的巨大包容性,令人耳目一新。

南丁对张宇是历史性的评说。

《有地在,不愁长不出庄稼来》,是南丁1984年读张宇的小说后的评说,作为省文联主席,南丁的文学兴奋点一度在张宇身上。1985年,南丁又评张宇《张宇找自己》,1990年南丁序张宇的《活鬼》。

由深沉而轻柔,张宇改弦更张。

1979年末,读张宇的处女作《土地的主人》。两年之后读他的《脊梁》,南丁欣喜,从语言风格上看,就更增添了一分亲切感。在以后的4年间,张宇连发30多个短篇,其中不少引起反响。

1983年,河南省作协用了3天时间召开张宇作品研讨会。这是作协首请十多位评论家、作家讨论一个青年作家的作品,张宇也应邀列会。

南丁主持了这次会议。南丁发言"综述":

《土地的主人》这个起步是扎实的,围绕黑子队长这条硬汉的形象组织矛盾,传递了十一届三中全会后首先从农村兴起的改革之风的信息,有气势,是成功的。结构上,却还失之于粗糙、简单和生硬。《脊梁》中的狗栓形象要丰满厚实得多,给人留下很深的印象。这是采用纵剖面的写法,为一个长处与短处并存的普通农民作传。另一篇《金菊花》,描述一个农妇的命运,也是纵剖面,也是深沉的调子,也是浓墨重彩。

我把这对姊妹篇当作油画来欣赏。

刚刚欣赏完油画,啊,这个张宇又奉献出一组水彩画来,《夏夜小河边》《月上西墙》《河边丝丝柳》《最后一次约会》《秋天,桂花开了》《雪还在飘》《菊花晨》《青草叶儿》。

由深沉到轻柔,对于这种变调,众说纷纭。

有一种意见:回避矛盾,粉饰生活。

另一种意见:作者在这种调子中找到了自己,应当往深处走。

南丁评说:我比较喜欢油画,我也乐意欣赏水彩画。我不以为张宇是在粉饰生活,他所描绘的正是新生活的一幅幅画面。我采取折中的态度,以为"如果两只脚都是踏在土地上的,为什么不两条腿走路呢"?

把他多次出现的月夜小河边、人约黄昏后的男女声二重唱,集中起来欣赏,难免也有一种重复单调之感。

事实上,张宇已经改弦易张。他已从潺潺小河边,在金色月光下走向了社会,从抒情走向了思索。他试图探求纷纭复杂的当代生活的底蕴。

1982年年底,我们就陆续读到了他的《管理员的烦恼》和《头条新闻》。1983年5月讨论会后,他又有《境界》《桥》相继问世。《头条新闻》虽引起反响,但思想大于形象,失去了他作品中原有的魅力。《桥》与《头条新闻》相反相成,通过金斗老汉修桥的故事,成功地写出了不可抗拒的社会和道德力量。

《活鬼》是个隆起的山头。

南丁说:从这个山头回过头去看张宇的小说创作,虽也逶迤,却都成了丘陵地带了。这篇《活鬼》,才算得上一篇正经八百的玩意儿。

张宇说:中篇小说《活鬼》,我写了17个开头,算下来已经写了两天,废了几十页稿纸,写败了一万多字。到后来忽然找到了一句话"旧社会有三教九流",一下子激动起来,觉得就是这个味道。结果一口气写下去,四万多字一个中篇,再也没有打住过,而且,越写信心越足,越写越轻松自如,像玩儿一样。

南丁说:这大约就是创作完全进入自由那种最佳状态了。

南丁评说《活鬼》侯七:诞生在匪窝里的怪胎,混世在旧中国的魔鬼,在不正常的政治生活中耍尽奸猾的游蛇;但他有善的一面。

南丁说:这一个侯七,他一生看似荒诞实则实实在在的命运,折射着数十年的世态。反过来,正是这样光怪陆离的世态,造就了这一个侯七。典型环境中的典型性格。这一现实主义的原则,依然有着强大的生命力,并未过时。侯七,不论在认识价值还是美学价值上,都算得上一个人物。我斗胆说:新时期人物画廊里,又增添了一个形象,那就是侯七。

张宇还为这个《活鬼》成功地寻找到了一个极为相宜的形式,对民间的、民族的、传统的形式的借鉴相当纯熟,内容与形式很是和谐,既可以当成小说读,也可以作为评书说,雅俗共赏。这就使之能走向更广大读者和人群。我们的文学,也的确有一个如何走向更广大的读者群的问题。先升华自己,"反弹琵琶",不要在自己的身上长别人的耳朵和鼻子。南丁评说这是张宇找自己。他把自己和别人区别开来,这区别是创造,是风格,是生命。走得越远越有出息。

应当这样看张宇,张宇在1985年3月完成中篇小说《活鬼》前后,就已经在创作实践上完成和确立了他的风格。他已经有了一个作家应该具有的独立意识。人们看到了张宇塑造的活脱脱的侯七,也看到张宇塑造了既区别于别人又超越了自己的一个新的张宇。

南丁在《张宇找自己》中说:张宇是从《土地的主人》撞开文坛大门,粗犷和粗糙、单纯和简单、硬朗和生硬搅合在一起,既显示了他的稚嫩,也证明着他的坚实。是他升起的第一面风帆,催他开始了文学的远航。从这里说到为父辈作传的《脊梁》《金菊花》。艺术上虽可求疵,但你仍不能不承认它们透着深沉凝重,还是打动了你。他改弦更张,轻歌曼舞起来,《夏夜,在小河边》《秋天,桂花开了》《雪还在飘》。得之于情,失之于浅,是它们共同的长短。但也是用心在唱。另有一系列,尝尝,它是咸的;想想,它是甜的。苦而不忘的儿时山村生活的回忆,未能引起注意。其实,那难忘的童年时纯净得如水晶般的真情啊,也沁人心脾。《境界》《头条新闻》这些篇章都带有供读者思索的哲理,这标志着他的思考向生活的另一个更深的层次渗进,这无疑是一个进步。然后,又有《皮包》《书记与小偷》等问世,另是一种轻松自如谐趣横生的调子,有点儿辣味了。这几篇透露着作者艺术上日趋练达的消息。

南丁评说:深沉凝重、轻柔甜美、苦而不涩、哲理思想、诙谐辛辣,他不断地改变着读者的印象。他经常地变换着花样,陆续端出酸甜苦辣各色菜肴供人们品尝。这里蕴含着这位年轻作家不断寻找自己的许多艰辛。

张宇说:自己4个年头,回头看一看身后的脚印歪歪扭扭,虽然幼稚,但字里行间燃烧着我对农民和大地的火热感情,写下的是我的热爱和思索,是我的忠诚和心声。

南丁在他的作品里看到他对生活充满的爱恋之情,这是一个文学工作者带有的根本性质的、很重要的、不可或缺的品质。

张宇还寻找什么？追求小说之外！

1984年，张宇在《莽原》上写出《先升华自己》，南丁说：张宇下决心要在小说之外下些功夫，要多读马列、多读些杂书，多到城里跑跑，多参加专门讨论政治、经济的座谈会。南丁赞道：好一个小说之外。

这也是一种寻找。

南丁论张宇就是寻找自己的那份创作自由，就是寻找最能发挥自己优势的那种最佳创作状态。《活鬼》是张宇的最佳创作状态，最大的创作优势。

张宇还在寻找什么？

张宇在《小说之谜》中还提过两个问题：其一是关于主题思想。他不苟同无主题的主张。说事先连自己都不知道是什么玩意儿，怎么好写出来糊弄别人？其二，看来小说不能写成"中说"，更不能写成"大说"，小说要写成小说，说不准干脆别说，等到说清楚实话再细细去说。

南丁说，其实，这两个问题，是一个问题的两个侧面，是讲现实主义的另一个重要侧面：倾向越隐蔽越好，要在情节的发展中自然地流露出来，而不要特别地流出。

南丁理论阐述，准确、科学。

这也是寻找。真正寻找到现实主义的真谛，并非易事。在张宇以为，他的《活鬼》大约和这个真谛握住手了。既不是"中说"，也不是"大说"，而是地道的小说了。

以下我要写南丁评说与作序的两人，这两个人是南丁同时代的人，也是一同进入文学圈的人，当年的文学青年。这两个人是杨稼生、段荃法。

杨稼生，我是1980年在省文联第一期文学讲习班认识的，很快知道了他的两个信息：一是年轻时被打过右派，这是讲习班班长张斌告诉我的，张斌说，跟我一样，因为一篇东西打成了右派；二是写得好，这是王大海告诉我的,王大海也被打过右派,他是研究鲁迅专家,1980年夏天,我借调《奔流》帮忙编"蓓蕾"专号,他是小说组组长,年底才当了编辑部副主任。有一次,大海手拿杨稼生的稿子,说:编一下,杨稼生写得好,他的散文很有美学价值,另外周同宾的你也要多看,一样的。在文学讲习班相处几个月,很少听见杨稼生说话,组织大家采风时,杨稼生不去,我问张斌,张斌说他没钱,现在还在林场,算是农民,买短裤的钱都没有,很惨,哪像我,《奔流》还补贴我200元钱。我心里很难受,对张斌说:把《奔流》给我的钱给他吧。张斌说:算啦,你当我和晓杰的助理,一路上打头阵,花钱多,再说,稼生早回林场了,他回去写东西,算了。

南丁与杨稼生相识40多年,1956年春天,他们一块儿参加了全国第一次文代会,那年稼生22岁,南丁25岁。是1955年的时候,稼生有短篇小说《春梅与秋莲》发表在《河南文艺》上,语言轻灵人物鲜亮,与中华人民共和国初期的天朗气清和谐一致。因此文,杨稼生被打成右派,从此,稼生在林中度过,与牧者、樵者在一起,更多的是与树木森林与花草虫禽在一起,与自然在一起。

南丁说:稼生复出后,不再虚构小说,只写散文,陆续有《海蓝海蓝的眼睛》《我女儿必经此地》等散文集出版。读稼生的散文能感受到他经过在自然中20多年的陶冶获得的灵性,文字也优雅,是艺术享受。

2000年9月,杨稼生的散文集出版曰《叩问童心》,稼生致信南丁,想请他看看,说几句话。

杨稼生的文字好,田田的日记动人,周同宾的序也漂亮,郭瞻的插图也属上乘。封面有提示语:倾心倾力爱护田田,让她知道这世界上究竟有多少爱,然后,让她依着这个"数儿"去爱世界。封底是台湾著名诗人也是河南老乡的痖弦给杨稼生的一句话:你写田田的文章我都仔细看了,都是极动人的散文。大陆十几家报刊,台湾报纸,北美的《世界日报》都曾设过《叩问童心》专栏。

南丁读《叩问童心》后,说:诚如周同宾在序中说,我看田田常常无意中教导稼生,把年过花甲的爷爷教导成了童心十足的老小孩,正是因为这,爷孙俩才互相理解,性灵相通,才在一块儿玩得舒服,生活得陶醉。

稼生快乐起来,真叫人高兴。

南丁有话对稼生说,60多岁的爷爷和6岁孙女的沟通交流,总嫌有那么一点不平等,总嫌有一点儿单向灌输,如果在叩问童心的时候也童心叩我,这就是双向的平等了,也必定是更加丰富好看动人的了。

读到下面的句子,我流泪了:

"我多么希望稼生被田田叩开的心扉,更开阔地敞开起来,我多么愿意听到稼生大声地说话朗声地大笑。"

南丁又说:用田田对爷爷说的话,让我们用声音手牵着手,我就用这从我心里生长出的声音,与稼生与田田与你们爷孙俩手牵着手。乐意吗?

我是通过画家曹新林认识段荃法的,那是1979年,因为喜欢文学,想请人指点一下看书,而且知道《奔流》,知道段荃法,那时看过段荃法的《凌红蝶》。曹新林结识段荃法是在1962年,他从广州美院分到河南,这位湖南人立志要"喝黄河水,画河南人",不留校,不选南方。曹新林到许昌之后与在许昌地委宣传部的段荃法相识了,后又调来郑州,且段荃法的儿子又在郑州少年宫美术班学习。我与曹相识在1973年,一块儿筹备市共青团第九届代表大会。

到荃法家,曹新林说明来意,荃法很严肃地问我都读过哪些人的作品,我一口气说了二十几位法、美、英、俄的作家,如莫泊桑、梅里美、福楼拜、左拉、哈代、杰克·伦敦、大小仲马,我尤其说了俄罗斯文学,苏联文学,比如大小托尔斯泰、高尔基、法捷耶夫、肖洛霍夫、普希金等。曹新林说:真读了,这些人名我也熟悉。荃法不动声色地问:中国呢?我说:赵树理、马烽,现在的王蒙。段荃法说:要读孙犁,南丁的作品有特色。我说:我读过你的《凌红蝶》,你把一个乡下女人写得那么活。荃法仍不动声色地说:一般,《状元搬妻》好些。南丁的作品你要读,他的作品跟河南作家的不一样。

聊天式的,段荃法也没有给我开列书目,只说:先读一阵子书吧。当段荃法看见我发在《奔流》(1980年6月号)的小说《幻想曲》时,高兴地说:书没白读,有点意识流,好,写下去。当他又知道我来《奔流》帮忙时,喜出望外地激励我:好地方,富海,咱省里的几个名家都是从《奔流》出来的,李準、南丁、徐慎、有德、克西。好,在这块地方好好学。我,还有一帮子文学青年对段荃法很尊重。大约20世纪是90年代中期,有几个文友常在一块儿小聚,其中有一话题是荃法为啥还能存在,就是说这位20世纪50年代的青年作家,到90年代仍然笔力雄健,作品一部一部问世。结论是,荃法是河南写农村高手,但他不断地在调整、充实自己,他的"瓜棚"就是最好的说明。

南丁在序段荃法的小说集《乡音》里,介绍了段荃法的阅历之后,如数家珍地推介了他的作品。这是南丁书评和序言的一大特色,这要下功夫,要读的。在所有南丁评说段荃法的著作时,都会提到荃法的名篇《状元搬妻》。他说:20世纪50年代和60年代中期,段荃法曾有两个短篇小说集相继问世,一是《雪英学炊》(作家出版社),一是《雪路》(百花文艺出版社),都是反映农村生活的。其中至今给我留下难忘印象的是《状元搬妻》,一个模范饲养员的喜剧故事,颇有韵味,把农民的淳朴、幽默,可以说写得淋漓尽致。河南人民出版社的《河南三十年短篇小说选》、上海文艺出版社的《建国以来短篇小说》、人民文学出版社的《短篇小说》(1949—1979)都选了《状元搬妻》这篇佳作,是选得准的。

南丁说段荃法在粉碎"四人帮"之后,又写出了一大批作品。

这批作品收在《乡音》里,是段荃法4年的创作成果。《乡音》接触到农村真实的生活。《假戏真做》《一墙之隔》的真情厚爱,自然而朴实。《座谈会的风波》《拉车小记》《回村》《旅伴》《五月鲜》《泡桐树下》《调令》多富喜剧色彩。

南丁评说:《泡桐树下》的语言,我较喜欢,我以为这可代表荃法的语言风格,是农民那种并不外露比较内涵的诙谐调子。中篇小说中,杨老固(《杨老固事略》)这个悲喜剧形象,我以为是有时代感和历史感的,应予以重视的。

段荃法笔下,没有叱咤风云的人物,也没有十恶不赦的坏蛋。他所写的事件,既不错综复杂,更不惊心动魄。日常生活中日常人物的日常故事。可以说是凡人小事。他的手法,力戒雕琢,更忌矫饰。他不用重彩、泼墨,多用白描。顺其自然,慢慢道来,倒也娓娓动听。比之某些编造的小说,他的故事更接近于生活,朴素、自然。

南丁评说作品,从不一味说好,会指出问题,一针见血,老朋友段荃法也不例外。

南丁读《乡音》不满足,他在找《状元搬妻》那种韵味,他要段荃法多一点儿色彩。

南丁期待着。

南丁评孙方友,名《晕说孙方友》。

我也晕说孙方友。这位 30 多年前的省文联文学讲习班的"同窗",高大健壮,一双贼亮的眼睛,写的小说很有特点。方友很整洁,我们同去采风,睡觉时他的衣服一定要叠好、放平。采风外出时,方友出了坏主意,每晚进庙要跪在佛像前汇报一天的思想,实际是说见了什么样的女人,动心了没有,别人汇报都一般,唯他编得"龟蛋儿圆",瞪着他那双贼眼,"啪",一天对着几个女人闪电。这给我们解了不少闷儿。说他整洁,写作也是这样,稿纸上若出现错白字儿,他一定用水笔一点点画圆。在武当山笔会,我去他屋,他正改稿,拿给我看,说:滴上了墨汁,我一定要用粉笔揾净,保持卷面干净。又对我说:我很用心开头的一句话,这句话是定调儿的,你看"早年间,多美",一下把握得很远很远。对开头第一句话的雕琢,我很佩服,但自己弄不来。

南丁在《晕说孙方友》里说到了这个细节:据说 12 年前第一眼看孙方友的目光叫孙方友难忘,据说我那目光非常自信,自信没看错人。当我看到方友寄来的洋洋洒洒的作品要目时,就很为自己 12 年前的那目光骄傲。

方友开来的要目单子:中篇十几部,短篇几十篇,小小说上百篇,一百二十余万言。收成不错。

所谓晕说,是对方友作品读得不够,不能严肃地正经评论。

但南丁还是评论了。

方友的小小说,显然得益于中国古典的笔记小说,有容量,耐咀嚼,极精神。他的小小说《豹尾》,点明叫响就叫豹尾,那结尾也精彩,够豹尾的,于是,也叫得极响,《小小说选刊》转载,收入《全国优秀短篇小说选》。读《女匪》《蒲黄》《官威》《陈州名医》,就感到方友深谙豹尾的艺术,情理之中,意料之外,那结尾总有豹子尾巴的力度,只一甩就把全篇甩活。

每个作家都有专属他自己的那一份创作自由,不要羡慕人家的那一份。方友有清醒的认识,1990 年年末或是 1991 年年初时,他说过,别人对他说:你要尽量站住自己的脚跟,保持你自己的情怀,不要让你所敬佩的大师和文学潮流改变冲刷你的东西。你若在当今文坛风云变幻潮流席卷下保持了你自己,那就是胜利。

如对待一切严肃的评论一样,南丁说:方友的目光、他的热情、他的笔端更多地倾注于过去倾注于历史,对颍河的新的潜流新的浪潮关注不够。如《老辙》,写得漫不经心,就略逊色。

我是在 1984 年《莽原》中篇小说笔会上认识乔典运的,地点在鸡公山一号楼。主持这次笔会的是主编庞嘉季。我与齐岸青住一屋,乔典运与田中禾住一处。八月的天,大地酷热,鸡公山凉爽如秋,晚饭后,我们常在一号楼前山沿边看夕阳、看云涌动。这时乔典运走过来,手扶树,应邀给大家讲笑话,他讲他的村支书乱搞男女关系,其妻帮忙在村里物色对象,老乔不这样说,他说,这是给支书败火、找药。大家笑得前仰后合,又说老乔对林支书有意见,在"文革"中是一大罪状,老乔笑而不语。又吹:我1959年发表诗歌,歌颂劳动人民,四句,给了90块稿费。都问哪四句。乔答:高高山上一棵槐,姐妹二人上山来……只记住两句,算了。大家说:还讲支书败火吧。老乔突然一转身,说:支书来了。大家也转身,却发现是文联的一位令大家讨厌的中层领导,随即散去。

幽默、机智的乔典运,1984年已52岁。他1957年开始发表作品时才26岁,生机勃勃,一发不可收,有短篇、中篇,还有长篇。

对乔典运,南丁是在20世纪50年代中期结识他的,对他的作品,评说也多。乔典运作品结集出版时,一定请南丁作序,那是1997年,南丁老师已从文联主席位上离任五六年了,老乔一定请南丁写序,南丁写了《回望乔典运》。这篇长序是从乔典运的命运切入的。20世纪50年代末,老乔作为农民作家已成名,又以写"中间人物"成为"四类分子"。

南丁在《回望乔典运》中说:乔典运没有躲过"十五"。1964年,他发了小说《石家新史》,是写中间人物的,正好赶上批"中间人物论",这篇小说就在劫难逃地受了批判。

这里摘一段乔典运在《我的小井》里的一段话:

> 30多年来,我一直在一个小村子里生活,与群众同欢乐共患难。多数时间里,我处于生活的最底层,比当时的"四类分子"(地、富、反、坏分子)的处境还要差得多。因为他们是死老虎,打不打他们无关紧要,我却是一只半死不活、时死时活的老虎,理所当然地我成为打的重点。我常说,全大队的"四类分子"应该感谢我,因为我承包了全大队的一切打击,才使他们得以幸免。

乔典运的家，我去过。1984年武当山笔会，由省文联召开，先在浙川，后到西峡，然后由马蹬渡丹江去武当山。在西峡，我们专程去了乔典运的家，他的家真正是依山傍水，门前有小溪流，都说老乔的家是神仙修炼的地方。真不知住在这里的老乔，几十年前过的竟是非人的日子。

乔典运在《我的小井》里说：这种生活对我来说，除了痛苦的一面，也有幸运的一面，这就是赐给我一个真正深入生活的良好机会。当人们全不把我当成一个人时，当人们认为我不能对他们有不利影响时，他们竟然当着我的面商量如何盗窃集体，商量如何炮制某个人，甚至当着我的面研究如何往死处整我。当然，还有更多的好人，他们也常常当着我的面商量如何玩弄上级，对付错误的命令和瞎指挥……

南丁评说：这段折腾对他创作的影响，说得再明白不过了。

乔典运创作的华彩乐章是从20世纪70年代末开始的。如同井喷。《旋风》《气球》《笑语满场》《村魂》《满票》《无字碑》《冷惊》《乡醉》《问天》等，佳作迭出，好戏连台，目不暇接，一出手就令人惊叹。

南丁评说：最早令我惊叹不已的是《气球》。某生产队金副主任绰号火眼左三，不知二十四节令为何物，却能记住全村上千人的大小问题，对那些所谓大小问题甚至能够倒背如流。围绕一个气象气球降落在村里这个偶然发生的事件展开，无知的左三坚持认为这是一颗定时炸弹，搞得沸沸扬扬，驻军来人认定这是废弃气球，火眼左三仍坚持己见。左三写揭发信，还想作揭发报告，还让妻子给他做了新衣服以便作报告时穿，还见人就说：唉，真熬煎人！我啥也不怕，就怕请我去作报告！有啥好讲啊，我只是做了一点点分内的事。你想想，几千双手鼓起掌那个响劲，真叫人难为情啊……

乔典运不动声色地将这个运动迷、整人狂刻画得入木三分。读起来叫人可恶可恨可怜可笑可叹。

乔典运的《气球》，将他的笔直插进人灵魂的底里，这是一种穿透力，尖锐锋利。结构聚焦,语言流畅明白,诱发读者丰富的想象,都可圈可点。

南丁评过乔典运的《满票》。《满票》在第八届全国短篇小说获奖的19篇作品中,按得票多少顺序排在第三位。南丁的《小议满票》发表在1988年第七期《小说选刊》上。乔典运看到这篇评论后从西峡来信,表示了他颇为高兴很是欣赏的心情,以为南丁能读懂他的小说。《小议满票》的结尾说:小说的语言是大白话,好像没有多少曲里拐弯的文学性,不识字的农民大多也听得懂,结构,单线平涂,貌似平实,平实中藏着机巧。内涵、外透,都能提供比故事本身丰富得多的东西。这就是乔典运的艺术。

还有一段非评论的话,大约是1985年,《满票》将要在《奔流》发稿前的某天,在省作协办公室里碰见了乔典运,典运对我说,他听张宇说,编辑部将《满票》删去了约2000字,他希望我能说句话。张宇是消息灵通人士,这消息想必可靠。我随即拿起电话要通《奔流》,说不要删典运的稿子,恢复原样。那时我在河南省文联管事,说这话还可以算数。《满票》获奖,典运见了我说些感谢的话,说要不是我说了句保持《满票》的完整,《小说选刊》不会连载,更不用说获奖了。我没有看过那删节的稿子,不知道删节得是否有道理,就信了典运的话。

南丁在《回望乔典运》中说:不可以将乔典运的小说仅仅视为乡土文学,它们既是乡土的,也是超乡土的。他以他的小山村为载体,反映了这个大时代,这是乔典运对当代文学的贡献。

《匆匆行色依旧》是南丁写顾丰年的一篇随笔。

我知道顾丰年,是看了《散文选刊》选辑了她的四篇散文:《烂柯人》《黄河女儿梳妆来》《黄河,从我们脚下流过》《遗憾》。我喜欢那篇《遗憾》,她写的20世纪50年代初男女中学生的那种初恋,看文就想见人儿。顾丰年是《当代人报》主编,我在郑州市文联搞作家与企业家联谊会,有篇稿子想在《当代人报》上发表。见到顾丰年时,我大吃一惊,虽然她看起来很有学养,谈吐文雅,但脸上已无光泽,黑发间有白发。我寻找的是当年的上海姑娘,我自己暗暗发笑,又想:《遗憾》写的真好,它能让我穿越时空寻找那位美丽而羞涩的上海姑娘,更想知道30多年之后,那位上海姑娘变成了什么模样。

南丁看了顾丰年的四篇散文,最欣赏的也是《遗憾》。

我喜欢《遗憾》,为什么喜欢呢?20世纪50年代初男女中学生间羞涩的朦胧的健康的只可意会不可言传的说不清算不算初恋的那种初恋,写得情真意切,情意绵绵,没有掩饰,读者就会感到作者交出了自己,就会感到这篇文章是流出来的,不是写出来的,就自然会有某种交流。

我的那些想法是某种交流吗?我说是。

即便是一篇随笔,南丁也会指出作者文章的问题,我看到了两个字眼,一个是"做",一个是"隔"。

南丁说:顾丰年的《烂柯人》和《黄河女儿梳妆来》,立意、结构、文字,甚至于文采,好像都没有什么可挑剔的,但总感到少了点什么,又多了点什么。少了点什么呢?少了点儿味道,耐人咀嚼的味道。多了点儿什么呢?恕我直言,仿佛多了一个"做"字,如此,文章与读者之间便多少有点儿隔,交流不那么自然和流畅。由此看来,"做"恐是为文一忌。我把散文与诗归为一类,总是要流出来的才是好的诗文。此论未知谬否?

1984年,南丁担任河南省文联主席一年之后,他的目光聚焦南阳作家群。他说:小说出南阳。10年之后,省委宣传部专事召开南阳作家研讨会,称之为"文学豫军南阳作家群"研讨会。

南丁1984年1月,随笔《寄希望于南阳》。在这一年,南丁与段荃法在苏州与陆文夫见面,陆文夫问:怎么河南没有声音?南丁回忆这段苏州之行,当时被问二人没有当面回答。其实,南丁的《一九八四年的河南文坛》已作了回答,仅就小说创作而言,张一弓的《春妮和她的小嘎斯》获全国中篇小说奖;郑彦英的小说《太阳》已改为电影,上影投拍;叶文玲的《湍溪夜话》、乔典运的《村魂》、刘学林的《品茶》、李佩甫的《森林》、段荃法的《典型人物》都引起巨大反响;《村魂》《品茶》入围全国短篇小说奖。《寄希望于南阳》中,南丁说:我在估计咱们河南当年的文学创作情况时,常爱说"小说出南阳"。乔典运的小说,人们是熟悉的,还有李克定、田中禾、孙建英、周熠、马岭、殷德杰、马本德、曲范杰等,他们的小说也各见功夫。当然,周同宾、刘先琴、廖华歌、王俊义的散文,也各有建树。

后来,乔典运、田中禾的短篇小说都曾获全国短篇小说奖。乔典运的是《满原》,田中禾的是《五月》。周同宾的散文《皇天后土》获首届鲁迅文学奖。

1995年5月,河南省委宣传部专门召开"文学豫军南阳作家群"研讨会。南阳的文学艺术创作,从宏观上看,有那么一股气势,煞是喜人。

在这篇随笔里,南丁还讲到了组织部门的功劳,还有刊物《躬耕》。《躬耕》"青年作者作品专辑"一下推出16位年轻的作者,当然是件有意义的事情,令人高兴。

南丁希望:《躬耕》,使老作者经常露面,新作者不断涌现,新老作者衔接起来。

南丁认为:我们省的创作优势在农村题材,南阳的作者多是写农村的好手,作品的乡土韵味是很耐人品尝的。近年来塑造出当代农民的典型形象,时代气息略差,如能把乡土韵味和时代气息结合起来,作品就必定可以行万里路了。这里,就提出一个问题,盆地也要开放,不要被盆沿的伏牛、桐柏诸山挡住了视线,视野要开阔些,信息要灵通些,感觉要敏锐些,思想要活跃些。深深扎根于自己所立足的土壤,并不意味着闭目塞听,两眼只看脚下,双耳不闻室外。

在任的权威,评说南阳作家群;离任的威望,南丁以评论家的眼光,评说河南文坛。

南丁在1995年8月为河南省第二届文学艺术优秀成果奖揭晓,写了一篇文字叫《扫描1234》,那时,南丁已从河南省文联主席的位置上离任4

年了。因是评选 1991 年 10 月至 1994 年 6 月这 3 年间的,南丁依然权威。南丁是著名作家,也是著名评论家,这两个头衔在他离任之后,在介绍南丁时,往往是这两句。

《扫描 1234》,南丁笔下记录了这三年文学创作历史的价值。河南文学史将刻记下以下的作品及作者:

《雍正皇帝》(二月河)、《匪首》(田中禾)、《血染的芳草》(崔复生)、《豌豆榆树》(李佩甫)、《天棚趣话录》(段荃法)、《大地风流》(卞卡)、《情歌、挽歌》(周同宾)、《天野海郊集》(王绶青)、《我们光荣的名字:河南人》(王怀让)。依次为长篇小说三部,中篇小说一部,短篇小说集一部,散文集两部,诗集一部,长诗一首。计九部(篇、首)。

南丁评介将刻记河南文学史的作品:

《雍正王朝》,洋洋百万言。全书以权力斗争为主线,辐射了当时的政治、军事、文化,深刻地反映了当时社会生活的各个层面。雍正的艺术形象很成功。同时还塑造了一批鲜活生动的文臣武将老百姓的艺术形象。

《匪首》通过在同一位母亲抚育下长大的三个异姓兄弟分别走上官、商、匪人生道路的故事,展现出特定时期中原历史文化的变迁。

《血染的芳草》以行云流水般的文字叙述了太行山儿女投身抗战,在战火中成长的动人故事。

《豌豆榆树》通过民办教师的经历,真实广阔地揭示了农村现实生活的矛盾,表现了崇高的人格力量与道德力量。

《天棚趣话录》是一短篇小说集,为笔记体。细致入微地表现了历史变革时期乡村世界人们的种种行为方式、文化心态。

《大地风流》以广阔的视野和现实主义的手法反映了伟大社会变革在社会人生、心灵世界所激起的感情波涌和思想浪花。

《天野海郊集》在艺术上坚持中国作风、中国气派,音韵铿锵,节奏鲜明。

《我们光荣的名字:河南人》以黄河为背景,正面塑造了河南人的光辉形象,气派宏大,充满激情。

这是扫描二。在这里南丁评介了获奖的三部文艺理论著作。

《豫剧唱腔音乐概论》对豫剧音乐的历史渊源、流派分支、声腔体等发展创作的宏观考察,颇有理论价值和实践意义。

《中原文学艺术的魅力》立论严谨,行文流畅,颇见学术价值和现实主义。

《隐喻》角度新颖,新见迭出,证明了作者吸收现代西方理论并把它融入东方传统的能力。

扫描二也扫到了青年鼓励奖得主:

冯杰,有《一窗晓雪》诗集出版,不重客观描写,表现一种境界、一种情绪、一种心态、一种鲜活的意象。

刘纪成《庄子审美论》《庄子审美论乌托邦》受到学界称赞,对中西造型艺术、中国传统文化、心理学也颇为关切。

何向阳,以文艺心理学的观点研究当代文学,已有30万字发表,颇见影响,她的《文学:人格的投影》提出的文学人格研究的新思路,受到学术界重视。

扫描三:

12件作品及著作。3个人,评介虽极简约和浓缩,加在一起也够品的了。

9件作品,是从申报参评的151件文学作品中评选出来的。

3部著作,是从申报参评的38件文艺理论著作中评选出来的。

扫描四:

总有遗珠之憾。

这种感觉与3年之前参加首届河南文学艺术大家作品成果评奖工作

时的感觉一样。

评介结束后的心情:欣喜与遗憾,一半对一半。这大约是一种命定的感觉。这是无奈的事。

南丁在任创办了全国唯一的一份《散文选刊》,至今,这份刊物已经走过30多个年头。写这段文字,我先进入了《散文选刊》的历史。1984年南丁任河南省文联主席,他主办一份散文刊物,当时跑这件事儿的是张若愚。若愚是我的朋友,为人忠厚,学养高深,若愚是《散文选刊》的具体经办人、操作者,后又加入了庞洋、王剑冰、卞卡等人,卞卡后为主编,卸任后,王剑冰接任。

若愚虽是《散文选刊》的先驱,但没混上一官半职,后文联又办《南腔北调》期刊,若愚才坐上了主编这把交椅。筹备时,他与张宇一块儿约我写稿,张宇说:洛阳的赵国钦、郑州的赵富海能说,杂家。若愚就给我在《南腔北调》上开了专栏,稿我及时投,另定每期见稿,我俩必小酌一次。

《散文选刊》易主王剑冰,有了大气象,每期都有名人名文,阅读这份刊物真是一种享受。

南丁在2000年7月28日为王剑冰写的《散文创作谈》中说道:1982年7月王剑冰由河南大学中文系毕业分配到河南省文联来工作时,才是个20多岁的小伙子,前8年在《奔流》文学月刊和《文艺百家报》,后10年在《散文选刊》做编辑、主编。

我是在王剑冰前8年在《奔流》当编辑时认识他的。我送稿子给他,是写一个农村小女孩黑妮酷爱艺术的故事,王剑冰看好,提上去,但未发出来。后我转交《河南日报》王钢,也编好,发不出来。最后这篇名为《淡云飞》的短篇小说发在了《百花园》上。

交往到2000年之后,约王剑冰写稿,让他为我出书写序。王剑冰已是名人,尤其是他的散文《绝版的周庄》被周庄勒石,为《新华文摘》收存,在国家新闻联播中,我看到王剑冰的身影,帅气的王剑冰正在指说周庄。

2002年,我在郑州市旅游局编写一部图文并茂的《郑州十大历史故事》,这部书由四部分内容组成:一是原来的故事,二是老照片,三是故事绘成连环画,四是请名家写随笔。就请了何向阳、王剑冰、王钢、张宇、孙荪、周同宾等。王剑冰写的是陈胜,名《遥远的雷声》;何向阳写的是大禹,名《大禹的寂寞》,几家大刊物转载。2009年,我在郑州文化局,接手《古都郑州》杂志执行主编,给王剑冰开了专栏,专写郑州历史人物,如今已发有十数篇,篇篇佳作,令人称道。2009年,我的"老郑州三部曲"之《老郑州商都老字号》出版,请王剑冰写个序,他愉快接受,在《大河报》上发出,名为《老郑州富有的海》,引起很大反响,我很感谢他。

在《老郑州富有的海》里,王剑冰写道:富海用文字的形式做着挖掘工作,在和时间争速度。

他总是进行着文化的行走,显现出一种忧虑,一种责任,以他的黄昏之阳发散晚霞的辉光。这不是一般作家喜欢干的事。骄阳灿烂,寒风朔朔,春雨绵绵,冬雪郁郁,一个人在郑州的大街小巷步履蹒跚。这个影像是另一个老郑州的影像。

王剑冰在序中对我的写作给予很高的评价。他写道:富海的写作是文化的也是文学的,他的文字自然、生活。富海的文字是没有框囿的,正是这种随意写作,读来觉得亲切自然。这是富海独特运用文字的方式,他的方式也给了文学很多可能的启示。富海文字的意思让我们有了这样的认识,他的意义是郑州的意义,或者说不止是郑州的意义。

《老郑州富有的海》又收入王剑冰的评论集《文本立场》中了。

我感谢王剑冰。

南丁序王剑冰的《散文创作》以他惯有的人文情怀,评介了王剑冰从进文联门的18年的编辑历练、为他人做嫁衣裳、幕后英雄。南丁看好剑冰的艺术眼光、文字水平、广博的知识、敏锐的政治感觉,有大局观。

南丁继续评说剑冰:剑冰注意让时光丰富自己、壮大自己,理所当然地获得编审职称,主持《散文选刊》编务工作已3年了,业余时间笔耕也勤奋,出了几册散文集,听说还写了部长篇小说,他的《绝版的周庄》,给我留下很深的印象,以为是当代散文中极精的一篇。

剑冰主持的《散文选刊》,有新的构想、新的开拓,逐步显示出勃勃生机,逐步获得散文界和读者的认同,发行量也有可人意的上升。

《散文创作谈》是王剑冰有关散文的评论文字的结集,也是剑冰的第一本评论集。南丁读后,说:作为我们中国这个泱泱大国的《散文选刊》的主编,剑冰会感到这副担子的重量,也会知道该如何将它扛起。能在这个岗位上磨炼锻造,剑冰有福了。

南丁是诗人,他关注诗人王怀让是另一番诗情。

王怀让,一生共写了6000首诗,文则有200多万字,新文集有8部。应当说王怀让的主业是报人,写稿作文是业余。但诗在8部中占6部,有时代抒情诗、生活抒情诗、人物诗、田园诗、儿童诗。

我最早读王怀让的诗作是1971年,发表在《河南日报》上,写的是知青与贫下中农的结合,我记得几句,如"认亲""认阶级",作者署名:王红农。后来听河南日报社副刊编辑王振洲说,王红农就是王怀让。王怀让大学毕业以后分来《河南日报》副刊当编辑,发过我两篇散文。我请怀让为我的《中州盆景艺术谈》写序是1992年的事。那一年,王怀让已是河南日报社文艺处处长了。之所以找王怀让写序,是因为他是诗人,我玩盆景十多年,盆景审美追求的是"诗情画意上盆来"。没说理由,怀让满口答应,说:后天来吧。我后天到时,王怀让的序已在牛青坡那里,青坡说:怀让行,写得好。又说:不是写的,他口授,由陈伟笔录,改了几个字后给我,说:"青坡,你转给富海,满意不满意,就这样了。"我看后十分满意,太满意了,当场叫好,青坡说:怀让说了,满意了,请客。我说:好。后来在花园路一家酒店请了一顿酒,怀让说:我不能喝酒,光吃菜。为啥?他说:我有心脏!谁没心脏?幽默又滑头。

我对怀让的序满意有二。他写道：看赵富海的《中州盆景艺术谈》倒着看，先看后记。他说：我先拜读了他的《后记》，很惊异，很惊奇，很惊愕。《后记》我写的是玩盆景十味。王怀让说：先读一读这本书作者的后记。那正是"谁解其中味，字字都是作者血和泪"。第二满意的是王怀让肯定了这本书的写作方法。他说：一部看似技术性的技巧性的知识读物，一部很容易写成枯燥的甲乙丙丁枯萎的一二三四的讲义式的读物，在赵富海先生的笔下不知道怎么样地左一揉右一搓东一把玩西一摆弄，它居然成了一部很优雅很优美很优秀的、具有小说式结构的、散文式语言的、诗歌式意蕴的你叫不出它是一种什么文体，总而言之是让人读之觉得很惬意的一本好故事的结集和美丽文字的装订。

怀让已离开我们5年了，留下6000首诗，也留下了他永远咄咄逼人的气势。他是政治诗人。

南丁是这样评介王怀让的。他说：读或是听王怀让的《我们光荣的名字：河南人》，作为河南人，你不能不骄傲不能不自豪，不能不热血沸腾。

时任河南省委书记的李长春，副书记宋照肃，省委宣传部长张文彬等领导对王怀让的这首朗诵诗作了重要批示，省会文艺界的诗人、作家、教授就此题目开了座谈会。南丁1994年1月30日凌晨三点半，写成断想《我们光荣的名字：河南人》，之后1999年3月，南丁为王怀让等人的报告文学《中国有条红旗渠》评论，2003年7月，又对王怀让有关反映"非典"的诗作评介，名为《言大志者》，那可是大气磅礴的散文诗。

"断想"透出两个信息：一是南丁说他喝黄河水近50年了，不小心说"咱们河南"，认自己也是河南人了。二是南丁还在"断想"里说出了宣传河南就是宣传中国，爱我河南就是爱我中华。在他之前没人说过此话，唯南丁。

南丁说，怀让虽然也有杂文、散文、随笔作品，也写爱情诗、田园诗，但他是政治抒情诗人,他的政治抒情诗比之他操作的其他艺术形式最见影响力。读怀让的政治抒情诗,其气势使人想起李白的黄河之水天上来,想起苏轼的大江东去,想起艾青、田间、郭小川、贺敬之,想起美国的惠特曼、智利的聂鲁达,想起苏联的马雅可夫斯基的著名长诗《一亿五千万》《好》《列宁》。这都是影响历史的战鼓与号角、旗帜与炸弹。怀让是从这些古今中外大师身上获取了丰富的营养,壮实了自己诗人的躯体和羽翼的。

南丁还直接评说了怀让阳刚大气的《我们光荣的名字:河南人》给我们河南人带来思考:作为河南人你已经做了些什么你正在做些什么你准备做些什么,你已经做的正在做的准备做的这些,等等,与河南的辉煌历史相称吗?不愧对河南的伟大士气吗?与河南人这个光荣的名字对得上号吗?我猜想认为河南人你必定是感情激荡地与诗的激荡感情相呼应。

南丁指出了《我们光荣的名字:河南人》中的疵点:我们河南人把自己最信任的军队——譬如红四军和刘邓大军迎进了家门,迎接他们就是迎接新的乾坤!读后,觉得语气不到位,自己最信任的军队就不如用自己的子弟兵为好,前者是两家人的感觉,后者是一家人的感觉。

王怀让与董林、张冠华写成长篇报告文学《中国有条红旗渠》,南丁1999年3月评论文字是《人活精神》。南丁说,正文三部九章三十三节,即第一部写修红旗渠;第二部写林县(今林州市)人出山东西南北搞建筑盖房子;第三部写林县企业兴旺发达的景象。南丁给这部报告文学提了一种说法:第一部,十万大军上太行;第二部,十万大军出太行;第三部,十万大军富太行。

上太行、出太行、富太行,红旗渠精神是一条经线,贯穿其中,将三部曲串联起来。如同交响乐,由修建红旗渠锻造出来的红旗渠精神,作为主旋律,始终轰鸣其间。

"非典"的第一位诗人王怀让。我的诗页就是你的纸钱/你已经来了/走的日子还会远吗(《告非典诗》);小汤山将变成一枚奖章/挂在中国的胸前/在世人面前骄傲地闪光(《小汤山》2003.5.17)。

民族精神其实是一首诗其实是一种疫苗,这种疫苗只要植进我们的细胞,SARS 就不会闹得人间发烧(《疫苗》2003.5.17)。

南丁在 2003 年 7 月写就的评论《言大志者》称王怀让是抗"非典"第一位诗人,在抗"非典"的日子里,王怀让出版了一册诗集《告非典诗》,计 10 首,由海燕出版社推出,印 51000 册,每册定价 2.6 元。诗人不要稿酬。出版社将其作为赠品送往前线。这是诗人与出版社对抗击非典斗争的共同奉献。

王怀让是以政治抒情诗人著称于世的。南丁还说,孙中山对于政治有经典的解释,就是管理众人之事。如此延伸可以得出合理的解释,政治抒情诗人就是关注众人之事的诗人。用现代话语来说,就是贴近人民生活、关注民族命运的诗人。

王怀让,这位政治抒情诗人 2000 年之后,写下了《我骄傲,我是中国人》《诗为杨皂而作》《我们光荣的名字:河南人》《中国人,不跪的人》。《东方吏》《郏州吏》《篡江吏》"新三吏"面世,向人民所深恶痛绝的腐败射出仇恨的子弹。

南丁特别说孙荪,他说:我要特别说一下孙荪。我最早接触他的文章是 1981 年春天。那时我正在筹办《莽原》,看到了他的原稿《烘云托月纵横谈》,是讲一种艺术手法的。文中以许多中外名著为例证。我读后印象很好,很喜欢他这种文体,既有理有据,又娓娓道来,就是说既有理论色彩,又是散文的笔法,很好读。当即请他作删节,发《莽原》创刊号。

南丁在会议上报告,又回忆道:近几年,孙荪针对河南创作现状发表的文章《时代呼唤大手笔》《乡土——国土——乡土》《让艺术的精灵腾飞》等,我都拜读过,以为也都写得好,有见地,依旧保持着他那种文体。他也写散文,时有散文新作发表。这就难怪,他的理论文章的韵致是有来头的。理论文章也有一个可读性问题。

这是南丁第一次提出理论文章的可读性，无疑，孙荪的理论文章可读性强。

关于可读性，南丁在作为领导讲话、为他人作序、评介中讲到文学作品的可读性，理论文章也须有可读性，这不仅仅是南丁对孙荪理论文章的中肯评价，我想，这也是南丁独特的思想见识，这应当成为一种观念。

南丁评介何向阳：1991年的时候，向阳已有文艺心理学研究30多万字发表，颇具影响。她的《文学：人格的投影》，提出文学人格研究的新思路，受到学术界重视。她还涉及社会学、文化学，关注20世纪中国文学中的文化精神。

自从1984年《莽原》鸡公山笔会与田中禾相识，就觉得这个在高中时代被打成右派的人，自有一股不同凡响的气势，心说：这家伙是大才。果然，一年以后，田中禾的短篇小说《五月》获全国短篇小说奖，再后来，他调河南省文联搞专业写作，后任作协主席，后任省文联副主席。

2005年9月，河南省作协与郑州市作协联合召开赵富海作品研讨会，他说了两条：一条是，赵富海是值得吹捧的人，他对文学的执着，是常人比不了的；另一条是他的作品门类如此之多，说明了他知识的渊博，所以他的散文、盆景艺术、小说都是上乘的。作品里透出来的文化，这也是别人不好比的。

田中禾说：一个作家不追求不朽，是不可原谅的。

南丁至少是很看重田中禾这句话的。1994年8月4日，南丁以散文的形式写了《浪漫的田中禾》。田中禾的个头较高，留着平头，戴着眼镜。谈吐文雅，话不多，深沉状。读过他发在《奔流》上的《大牌坊轶事》，觉得小说的文学品位挺够档次。

南丁说人品文。

田中禾的浪漫全是为了文学。

他少年时出版的第一部长诗《仙丹花》就是一个浪漫的童话。一篇上百行的童话诗《仙丹花》,写一个少年在全村瘟疫蔓延,其母病重后,决心找仙丹花为母亲治病。这少年靠着善良勇敢战胜风雪严寒、战胜贪婪歹毒的恶人,取来仙丹花使全村人得以康复。

1959年的郑州新华书店有广告宣传《仙丹花》。

1961年再版,被选送巴黎国际儿童读物博览会展出,又被收入《河南十年儿童文学选》。

那时的田中禾是兰州大学中文系的学生。之前,他上高二时,已写出两部长诗。

正读大三的田中禾要退学,当作家。老师吃惊。田中禾不要文凭,田中禾对老师说:我要当作家,我相信这样读下去根本当不了作家,这样下去我就完了。我一定要当作家,我能成功。

田中禾退学回郑州当了农民,真正地体验生活。

1962年,田中禾在郑州郊区安了家;1964年,田中禾在信阳六里棚林场安了家;1968年,田中禾回故乡唐河县城。田中禾夫妇开始当代课教师,田中禾月工资26元,妻月工资25元。

在当教师期间,田中禾因反对"毛泽东思想为马克思主义顶峰"的提法,而被打成反革命,被抓。田中禾却一闪念:这一回有体验观察监狱生活的机会了。关了200多天,出来后成了反革命。直到1981年的春天,田中禾才得以平反,才得以在唐河县文化馆谋得一个拿工资的职位。这年他40岁。

这是浪漫的田中禾没有想到的。

南丁更多地是从田中禾的作品中认识浪漫的田中禾的。

20世纪80年代初、中期之后,田中禾除《五月》之外,陆续发表中篇小说《构桃树》《明天的太阳》《轰炸》等,短篇小说系列《落叶溪》等,长篇小说《城廓》由上海文艺出版社出版时改为《匪首》。还有三卷本长篇小说《瞬时过程》。田中禾说,他企图摒弃叙述,而以画面展示,写了改,改了写,进度慢。第一卷《少女的风景》的两个片段发表于今年《莽原》第4期,取名为《浪漫的种子》。南丁说:我觉得这个标题用语有点儿意思。

南丁是中国作家协会第八届全国短篇小说评委。1995年,田中禾的短篇小说《五月》被评为第八届(1985—1986)全国短篇小说19篇获奖篇目的榜首。评论家对其他入选篇目多有争议,而对《五月》则交口称赞,其全票当选列为榜首就是当然的了。

1985年,田中禾的《五月》发在《山西文学》,南丁看后说:《五月》那人物、视角、叙述、图像都给我一种新鲜的感觉。

两次会上田中禾的发言,即山西主办的黄河笔会、河南省办的第二届黄河笔会,田中禾,对在河南一向叫好的有定论的一些写农村生活的小说、戏剧,进行了猛烈的抨击,坦诚相见直言不讳感情激越,可以听出有深思熟虑的理性思考在支撑着他。我觉得这个人有些独特的想法,不媚俗,不附和。这个发言给我留下深刻印象。

南丁说:我那时正着手于调整充实河南专业文学创作队伍,田中禾是我物色对象之一,中禾也想来省城搞专业创作,两厢情愿。不久,他就到河南省文联来做专业作家了。在一个城市,就日渐了解了这个看不出浪漫的男子汉的浪漫。

在《浪漫的田中禾》这篇长散文里,南丁是以悲悯之心、以宽大的胸怀来看待田中禾的。

南丁在文章的前后引用田中禾的话说:"一个作家不追求不朽,是不可原谅的;追求了而没有过,是可以原谅的。"

他仍在追求。

2011年,田中禾两部长篇同时问世。

南丁评李佩甫的文字有三篇之多,先评李佩甫对生活思想的认识。

李佩甫告诫自己:生活不能浮上来,思想不能掉下来。

南丁说,李佩甫不加掩饰的真诚焦虑,他的小说《红蚂蚱　绿蚂蚱》

风格别具,文体学家也说不清文的归属。十小节,十个人物的命运。

李佩甫的长篇小说《羊的门》,南丁评介:好看、丰富、大气、深刻。

南丁在 1988 年春节、1999 年 8 月,分别写出两篇评论文章:《李佩甫和他的小说》《简评羊的门》。在《李佩甫和他的小说》里,南丁这样评介《蛐蛐》,与他起步时的虽有真情但总显拘谨的习作相比,就颇有点儿灵气儿,就觉得这个李佩甫应当另眼相看了。《森林》是在宣泄一种男儿的阳刚之气,分明是他的自我宣泄,那粗犷,也不是用糨糊贴上去的。我就猜想,他要有一点儿大的动作出手。别看他寡言少语,却有心计,有大志,内秀。我注意到他对同辈写作的朋友不卑不亢,学人家的长处,不嚼人家的馍。

《红蚂蚱　绿蚂蚱》证实了我的推想,果然出手不凡。这篇 3 万余字韵致别具的小说,真切生动地塑造了"住着姥姥的村子"在特定历史时期的整体形象,深沉、凝重。他的长篇小说《李氏家族的第十七代玄孙》是历史与现实交错叠印,游刃自如,很有点儿大家气势了。

佩甫写小说 10 年,从事专业创作后,第一件事就是冒着陡峭的寒风回到他插队的村子里,去寻找感觉,强化情绪。这种寻找,这种强化,我记忆中,他不时插空进行,他在实践另一句老话"生活不能浮上来"。

这是南丁为李佩甫小说结集写的序,时间是 1988 年春节,南丁已在河南省文联主席兼党组书记的位置上"管事儿"5 年了。

《羊的门》好看,丰富、大气、深刻——见南丁的《简评〈羊的门〉》。

南丁独见慧眼,《羊的门》一出,"洛阳纸贵",国内所有评论家都评说《羊的门》,业内业外争读《羊的门》,书店争相出售《羊的门》。

南丁读完《羊的门》,接通李佩甫的电话,说了八个字:好看、丰富、大气、深刻。佩甫说了些谦逊的话。

南丁对这八个字作了阐释。

好看,与可读当然不是一个层次。它吸引你,诱惑你,开卷就难以释卷,就渴望着读下去。我就用了两个夜晚和一个半白天读完了这部30多万字的长篇。有色彩、有气息、有质感、有乐感的语言引领着阅读,不断带来阅读快感。这就叫作好看。可读何谓？马马虎虎、勉勉强强、可读可不读之谓也。

我看现在的杂志、出版社发刊、出书广告词中第一句就写上"好看",如好看长篇、好看散文。你的好看的内容能有与南丁所论的色彩、气息、质感、乐感的语言吗？有,才能带来阅读的快感。好看,已经成为出版界的时尚用语了。

丰富。它所展示的场景广阔,从乡村到城市。它所描绘的人物众多,从农民到干部,写来都烂熟于心,游刃有余。既是长篇,读者当然就有理由要求不是伸长了的中篇,就要求它提供时代信息、社会信息、精神信息的丰富性。《羊的门》满足了这种阅读期待,相当精彩。

我的读后感,兴奋点在李佩甫塑造了一位文学画廊从未有过的人物——东方教父,我的兴奋点还在于《羊的门》提供了时代、社会、精神的信息。这是其他长篇小说做不到的大气。与耍小聪明,与玩文字游戏,与不免露出破绽的编造,与迎合某些读者的某种口味等划清界限,方能做到大气。

大气是建立在对生活的观察、思考、表现的自信上。有了这种生长在生活土壤中的自信,当然就不用借助那些糊弄人的小东小西小玩意儿了。从《羊的门》可以看出佩甫大气的功力。大气与个人气质有关,功力靠长期锻炼。

我认真看了这段有关大气的阐述:大气是建立在对生活的观察、思考、表现的自信上。这是一个人的功力,功力是靠长期锻炼的。

深刻。莫为浮云遮望眼。佩甫的眼未被遮住,他望到了浮云后面隐秘的存在,言人所未言,这就是发现,就是创造。

李佩甫塑造了呼天成,60岁的村委书记。

南丁说:我欣赏佩甫塑造的呼天成这个人物,是因为从呼天成这里可以看到,人身依附关系还是那么顽固地存在。具有独立人格具有平等意识的民主建设任重道远,精神层次的文明建设比之物质层次的文明建设更加艰难,而这正是社会主义精神文明的题中之义。

南丁又说:让呼天成到20世纪中国文学人物画廊里辉煌,但愿呼天成21世纪时不要再从那画廊中到现实生活中徜徉。

《弓未藏》,南丁评说张一弓悲悯情怀。

1980年的秋冬,我与张一弓相识,与一件事有联系。《上海文学》历燕书、杨晓敏来郑组稿,专约张一弓。当时《奔流》接待,主任嘉季让我代表编辑部接待二位,按历、杨两位约稿名单,我给她二位联系了郑大教授何均地、张一弓、叶文玲等人,地点在国际旅行社。何均地到时,正下雨,他个头小,雨水淋湿了他,像个落汤鸡。历、杨问他何以在"文革"中受批?何说:因为名字。他说:"我出身地主,'均地'是反对共产党分地给农民,何均地。"大家都笑了。找李英,我真费了一番功夫,历、杨说:一定要找到,他投给《上海文学》的稿子有基础,这次来是让他修改的。我还是找到了,张一弓也找到了。那时,张一弓是中岳庙公社的副主任,写作就在庙里,他市里的家在行政区甲院,找他时由李长华陪同,敲门不开,待门打开,一弓正围着被子在床上写,他问:何事?我说明来意,他说:我正在与情人谈话,稍等。我与李长华愕然,见他一叠稿子在被头上,埋头写作,这才明白,原来他正进入创作的情景中。我俩等了好大一会儿,一弓从特定情景中走出来,下床说:刚才说的啥?我说:《上海文学》来约你稿。他说:好事,明天晚上我做东,咱喝夜郎村。结果第二天晚上都喝醉了,丁琳先醉,一弓后,一弓醉后声泪俱下,历没喝,杨晓敏大醉,由丁琳儿子用自行车驮回国际旅行社。酒会上,历燕书说:一弓的《犯人李铜钟的故事》是巴金亲自定稿的(评奖时,巴金已从《收获》退下,写《红日》的吴强接管,因为一弓的情况,河南不同意评奖,故他又来河南做工作)。另外,因一弓仍在登封,所以信件寄到《奔流》,由我来传递。

去买了一本《收获》看了张一弓的《犯人李铜钟的故事》,一口气看完,只觉得这是真正的批判现实主义作品,一弓所揭示的不仅是一个地方的苦难,而且是全人类的苦难,李铜钟为民劫粮库的行为,已不是一个人的品格,而是共产党的化身。一弓的语言土洋结合,突破了河南的乡土味儿。我认为:一弓这部作品,可以称之为划时代,可以称之为经典。后来看到关于一弓的《犯人李铜钟的故事》评奖时,巴金不仅力主,而且将其排在中篇小说全国奖的榜首,其意义也是重大的。

1982年10月17日,南丁在《风格梦》中推介河南作家。

起因是在湛江,散文家郭风在福建作协的刊物《榕树》拟出个小说编辑计划:一组现代派的,一组乡土派的。南丁约了河南作家几篇乡土派的小说,南丁说"《文艺研究》一位编辑说,河南的作品,一看就知道是河南的"。我在一些场合,遇到机会也鼓吹——我们河南、黄河流域、中州土地、语言得天独厚,特别是农民语言,准确、生动、形象、幽默,富有表现力和感染力。有许多语言甚至不用怎么加工就可以直接印成铅字,就是好的文学语言。

20世纪50年代,河南出现了一批土生土长的作家,如吉学沛、李準、张有德、乔典运、段荃法等,还有已故的李文元、冯金堂。他们的作品都透着河南的泥土气息,是地道的河南特产、河南货色,近年来,又欣喜地看到李克定、李佩甫、张宇、孙方友、段德杰、原非、兀为民等人,带着他们溢着泥土芳香的作品进入了河南文学界。还有以《犯人李铜钟的故事》小说而闻名于文坛的张一弓。

2001年2月,南丁写张一弓《弓未藏》,一米七五,66周岁,走路依旧保持着昂首挺胸身材笔直的姿态,显得年轻,说他爱唱歌,舞跳得也好,嗜酒,也有量,但不能自控,醉时就不一定会搂住哪位朋友的肩膀,眼泪两行地哭出声来。南丁几笔刻画出,入木三分。

1986年秋天,河南省文联召开城市文学座谈会,地点在郑州市电缆厂,白天讨论,晚上有舞会,一弓身着绛黄色小皮夹克,昂首挺胸进会场。舞会上,他能邀五六个女同志跳舞。那时,我们几个郑州市的作家都不会跳舞,对一弓很是羡慕。喝酒,一弓量大,两次酒会,他哭两次,一次是在西部白天鹅,他与矫桂棠抱头大哭,嘴里说着什么,听不清楚,过来一会儿,好些,又喝又哭。第二次是在电缆厂招待所,这次动静大,又哭又唱,直到夜半,我与原非陪他,下半夜醒来,一弓问:我是否喝醉了,没出洋相吧?我俩笑说,都没有。

《弓未藏》里,南丁评说张一弓独领风骚80年代,《犯人李铜钟的故事》《张铁匠的罗曼史》《春妮和他的小嘎斯》连获三届全国中篇小说奖。《黑娃照相》则是短篇小说获奖篇目。一弓是获奖专业户。20世纪80年代,几乎可以说是一弓的年代。

90年代他沉寂了,也几乎沉寂了整个90年代。原因有二:一是当了省作协主席,事务性工作多了;二是办了《热风》,又是主编,写稿子,拉赞助,而且还去泰国。

新千年开始,一弓想全新恢复小说创作,多次讲起他的长篇小说构思。不久,一弓告诉南丁,他的长篇小说已进展近半,题暂定为《远去的驿站》,约今年上半年可杀青,也就是2001年的上半年。

南丁的《弓未藏》是应《北京文学》约稿的,南丁寄出一弓《远去的驿站》的写作过程。2004年秋天到来,一弓《远去的驿站》已由长江文艺出版社出版。反响颇佳:获长江文艺出版社金奖,上了中国小说协会排行榜,获中国图书奖,获国家"五个一工程"奖,入围矛盾文学奖。

南丁在《漫话一弓》中这样漫话:我与一弓,青年时代相识相知,他在新闻界,我在文艺界。20世纪80年代初,一弓由新闻界到文艺界工作,近距离相处,也已20多个春秋,如今都是古稀之人。如此长的岁月,可说的、想说的话当然很多。回想起来,我对一弓的评说,也已有多次。1982

年在《风格论》这篇短文里,我说张一弓的语言风格另当别论。意思是,一弓是特立独行的。1984 年,我在河南省第二次青年文学创作会议的报告中说过,能与李铜钟这个形象相媲美的能进入当代中国文学人物画廊的作品尚未产生。1986 年,在讲话和一篇序中,谈及一弓的中篇小说《流星寻找失去的轨迹》说,一弓总能在物质富有与精神贫困的矛盾中表现人物。

南丁评说《远去的驿站》:

悲悯情怀是文学精神,或者说是文学精神的精髓和灵魂。文学精神是可以做更宽泛的解读的。

南丁解读:坚定于自己的所见所闻,忠实于自己的内心感受,并富于真实地表达和倾诉,受益自己所生活的这个世界;对这个世界的人们,既充盈感恩之情,又满怀关切之意;不懈追求,对妨碍美实现的恶丑之类总义愤填膺,对自己的生命对自己的文字时时感到有一份沉甸甸的责任压在肩头,视读者为朋友等;都可看作是文学精神的题中之义吧。

文学精神在人生态度中可以寻到它的踪迹,或者说,文学精神就是人生态度的一种折射。悲悯情怀、文学精神是他 60 多年的人生态度,是他的世界观、宇宙观,是南丁的精神向度。

2008 年 8 月,中国民协与河南省民协举办了赵富海《老郑州:民俗圣地老坟岗》的研讨会。会议由中国民协副主席夏挽群主持。散文大家王剑冰、民俗专家郑大教授高天星、《大河报》总编王守国等 20 多位到会参加研讨,作了发言,南丁老师的发言格外引人注意。

南丁是在大致回顾了民间文化拯救和研究近年来的成就,以及河南在这方面的成绩后,总结"老坟岗"一书成绩的。

南丁是站在中原文化的高度来审视"民俗圣地老坟岗"的。

南丁讲了两个问题:

一、与其说赵富海对老郑州文化的追寻,不如说是对老郑州文化的

"打捞"。

南丁用的"打捞"二字,更为准确,也更生动。

二、关于语言。这本书的叙事语言,南丁认为,赵富海的语言叙述像聊家常,是雅俗共赏的文字,不是在"做"文章,这种口头语言契合民间文学特点,因为读这本书的语言比某些作家的文学作品还"得劲儿","不隔"。

南丁有名言:中州语言甲天下。在这里他用了"得劲儿",这是河南方言中常用的。有时高兴,真"得劲儿";气愤也会用这句,咱别弄"不得劲儿"。

"不隔",中州语言,郑州话,形容一件事不好交流,常用"隔"与"不隔"。

南丁在评"民俗圣地老坟岗"时,专评语言的读来"得劲儿""不隔",多么通俗的民间用语,听起来亲切,"得劲儿"。这是南丁的学识、素养和人格魅力。出书也这样,企盼、希望南丁给评一下,写个序,我就是这样企盼的。南丁也给我写过评序,也参加了作品研讨会。

南丁为散文家胡亚才作序,标题很能吸引人,叫作《为一种写作姿态祝福》。

在这篇近万字的文章中,南丁从散文集《另一种存在》说起,十数篇都是关于故乡关于家族的,故乡的黄花、桃花、月光、大路、山河、树木、寺庙、水塘、街巷、人物、逝去者的祖辈父辈的灵魂、童年少年青春的记忆、母亲的祖母的温馨的爱……一个游子对故乡的深情回望。仿佛能听到这个游子思乡情绪的小河汩汩流淌。

《老家》万余字的长文,亚才说,老家是什么呢? 老家当然是根了。我是一定要将老家石佛揣在心窝里的,无论我将如何游走四方。

另一篇万余字的长文《走年坟》。亚才不但自己将老家揣在心窝里,作为父亲,他希望研究生毕业已在北京工作的儿子也不要忘了老家。

曾获 2007 年中国散文排行榜提名的《关于祖母的话题》几乎写了 1911 年出生到 2007 年去世的祖母的一生。祖母 96 岁去世前清醒地交代：一、回石佛老家，葬在老当家（祖父）的身边；二、千万不要声张，免得亡人不安生；三、千万不要受礼，免得孩子们受影响。

《三位老奶奶》，当然都是老家石佛店的老奶奶，都是没有名字。李张氏，会接骨，亚才的腰椎错位，她一招对位。吕陈氏，卖膏药，亚才左腿部的贴骨疮，经她三帖膏药治愈。白穆氏，为保住自己的老屋不被拆迁，不畏强权，宁死不屈。白穆氏于 2005 年正月初五去世，亚才正好在老家过年，也去为老人送殡，送去致意。李张氏，102 岁；吕陈氏，95 岁，白穆氏，100 岁。真都是老奶奶，老家的史河和清河的长长流水，润泽着这三位老奶奶平凡而有尊严的长长岁月。

翻开胡亚才 2006 年出版的散文集《春天的角度》，这本散文集共分四辑：第一辑，展开细节和流水。第三辑，浅浅的歌唱。这两辑的不少篇章都在述说着故乡和家族。第四辑，细饮民谣的情绪中的 11 个篇目，则全是关于故乡的，故乡的历史、故乡的风情、故乡的语言、故乡的人物。

故乡人物，亚才涉及颇多，只举其要者。《春天的角度》那个集子里，《别有一番滋味在心头》这篇文字中，记述了两位。一位是他这个稚嫩少年的冬夜，在老家石佛店街南头那三间坯墙草顶的老屋里，在焚烧着噼啪作响的枯树根旁，偎着祖父，听到的：1937 年 7 月 7 日晚 10 时，面对猖獗的日寇进攻，时在卢沟桥防卫的我营长金振中下令还击，打响了中国人民全面抗日的第一枪。这位金振中，是固始人，固始人的骄傲。另一位是他成年后，曾怀着崇敬心情在县城东门坎至史津渡口大码头一带遍寻的抗日忠烈张绍坡。这位张绍坡在日本侵略者占据固始的 1938 年曾被强迫出任维持会长，他以"驱除倭寇，保我中华"八个大字严辞拒绝，惨遭杀害。亚才慨叹，如今的固始人，竟有不少将这两位抗日英雄淡忘。他为自己许下心愿："总有一天，我将带上我的孩子，站在庄严神圣的卢沟桥上，向浴血抗日的民族英雄们深深鞠躬。"意犹未尽,又在文末《附二则往事》,其实也是与抗日战争有关的两个固始人物,一位是张唤民,曾代民上书迫使国民党固始县五区区长周虹如退出贪污的淮河赈款。1938年秋,张唤民组织"淮南抗日游击队",欲联合周虹共同抗日,冒险前往周虹处,为周虹所害。被害前,张唤民说:"国难当头,可叹我张唤民未能为报国死于抗日疆场。"时年仅27岁。另一位是艺名叫作菊姐的烟花女子,1938年农历闰七月某日,日本侵略军一头目欲睡菊姐,菊姐不从,并大声呵斥:"你是畜生!我不跟畜生睡。"那畜生便一刀劈下。这四位身份不一,指向共同的固始历史人物,是轰响在亚才胸中的强音。《温馨永远》,则记述了小学、初中、高中三位石佛店的老师,对他这个学子的教诲和帮助,这三位现实中的老师,使已人到中年的亚才心中依然保存着他们关切的温度,久久不能忘怀。

老家是什么?老家不是概念,不是符号,是实实在在的一方水土,是实实在在的一个家,祖辈父辈兄弟姊妹,亲戚邻里,童年少年青年的时光,耳濡目染的或感动或不感动的人和事,一年复一年三百六十五天平常和不平常的日子,生于兹长于兹在这些日复一日的日子中长大。这就是老家。各人有各人的老家。亚才将老家揣在心里,以我看,亚才是将老家养在心里。这是自然之事,因为就是老家将他养大。将老家养在心里的人,时刻不忘自己从哪里来。知道自己从哪里来,才能明白自己往哪里去。不忘,是情义。一个寡情少义之人,能够行远吗?

亚才关于故乡关于家族的文字,是他思念的记忆小河里自然流淌出的清澈洁净暖人的水。这就与硬做出来的在当今散文中也存在着的矫情文字划清了界限。我欣赏亚才的这种真情文字。

在《也谈散文》《春天的角度〈后记〉》《一切如我们的虚拟〈后记〉》这几篇谈创作的文字中,可以多少窥见亚才的写作姿态。

《也谈散文》这篇答《安徽文学》编者问的文字结尾,亚才说:没有同情没有信仰没有心灵没有"学书始于象绝于无象,始于无我绝于有我",也就没有以人为本深层次的精神内核而空空荡荡,这注定了我们的行囊里蓄满了无法远行的隐患,注定了我们搭建不起支撑散文的精神骨架。散文要从容,要自信,要有责任感,要有心灵的沟通,要有永远的相互牵挂和永远真诚的共同前往。

《春天的角度〈后记〉》中,亚才说:"我将继续诚实而真情地写作散文,并由此承担应承担的责任,松树就是松树,玫瑰花就是玫瑰花,如同做人要有个自然的状态,同样也应给散文一个自然的状态。当然,节制还是需要的,忌浮躁,保持清醒头脑,以在纷繁的语境面前,做到坚持。坚持来自内心深处的钟情,坚持真正的生命体验与独立风骨,坚持散文的底线。"

2007年,南丁又为82岁的沈德滋、81岁的王世龙作序。我称之为高龄文化人为高龄文化人作序。

南丁写道:"沈德滋曾用名沈流,少年时受老师影响,热爱文学,追求进步思想。小小年纪的在校中学生,即有幸成为某民间进步报纸的通讯员,锻炼着最初的写作。及至大学,在大一至大三的三年时光吧,写作并发表了50余篇作品,小说、散文、文学散论诸种体裁俱有,并且还得了这个奖那个奖的。以当时的文学青年要求,从那文字看,还是有功力的,对生活也有所感悟。不仅在他所求学的国立西北师范学院,即使在当年的兰州,也是有影响的小名人,许多圈内人很少有不知道这位'三月文艺社'的组织者沈流的,那是他20至22岁的青春年华,那是他昔日曾经拥有的辉煌。是昔日,说起来都是60多年前的往事了。1946至1948年的往事。往事如烟?往事已矣。也不如烟,也不已矣,对于沈流自己,都真切而清晰。

"在黎明前的黑夜的兰州,沈流也是反动派注意的人物之一,上了'二马'(马鸿逵、马步芳)拟抓捕的黑名单。少年时,曾想由故乡去延安,未果。后经人介绍参加了'民先'。这一次,为避开危险,向往光明,他从兰州回到已经解放了的家乡河南。解放区的天,是明朗的天。

"沈流入中原大学学习,如沐春风。一路顺风顺水,在河南青年报、省教育厅编审科、河南人民出版社的编辑工作都有成绩,沈流甚为惬意。1953年,国民经济第一个五年计划开始实施的第一个年份,沈流获得去丁玲任所长的中央文学研究所(鲁艺前身)学习的机会,为第二期40名学员中幸运的一员。这期学员中,有日后颇有成就的小说家邓友梅、玛拉沁夫、白刃,诗人张志民、苗得雨、孙敬轩等。沈流学成归来后,也要圆他的作家梦,曾比较长期地到襄城县农村体验生活,参加农业合作化运动,其间写了两个电影文学剧本,因故未能拍摄。

"沈流在《传略》中说:反右之后,河南文联垮了许多人,宣传部调我回文联。我就是那垮了的许多人中的一个,1962年我从改造地回到河南文联后,才知道沈流在编辑部工作,这才与他相处。沈流是笔名,原名申德滋。虽在一个单位,不在一个部门,且德滋性格内向,与他交流不多。印象中,他节俭、整洁,无吸烟饮酒等不良习惯,爱书如命,多少有点郁悒。

"文艺界是个多事的界别,文联更是在屡次政治运动中首当其冲者,从1966年开始的十年动乱,河南省文联从斗批改到斗批散,终至被砸烂,单位建制撤销,人员各奔西东天各一方。待20世纪70年代末重聚恢复中的文联时,青年已成为中年,中年已垂垂老矣。德滋仍做他的编辑工作,《奔流》《河南戏剧》,文学、戏剧编辑都做过,就是在为他人做嫁衣的编辑岗位上白头离休。

"倏忽间,德滋今年82岁了,已过了耄耋之年。不由喟叹:人生易老天难老。德滋选了他历年来的作品约30万言,要出一本书,名曰《春华秋实》,要我说几句话。我面对这本书稿,思索良久,感慨系之。书中的这些文字,也是德滋的人生之一种,证实着他对这个世界对这个社会曾经说过些什么。我猜想,或者是,这个耄耋老人心里涌动着的更是他曾经想说得更多更精彩但终未说出的缺憾和无奈。德滋健康状况尚好,天必假他以年,他也必定会有继续说的冲动。有此冲动就好,这是生命的冲动。"

南丁为王世龙写的序文,我是在《大河报》上看到的,标题很有意思,《王世龙这个小老头》,亲热温暖。

南丁开篇说:"这个人精人怪比我大一岁的小老头儿王世龙,又要出书了,这回,书名为《1956—1996图像岁月——昨天的农业、农村、农民图像纪实》。300余幅照片,3万余言文字,述说着40年间中国农业、农村和农民的沧桑。先不说这就是史诗,但你不能不以凝重的眼光进入阅读,然后进入凝重的思索。三农,对于中国的国计民生,的确是一个最为凝重的课题。破题,用了几十年的时光,几代人的努力,付出过巨大的代价。今天,21世纪初的今天,2007年的今天,免除了农业税免除了几千年来'皇粮'的今天,工业对农业反哺,国家对农业实行各种补贴的今天,返观历史,就别是一番滋味在心头。

"对于昨天曾经发生的狂热、盲目、失误、荒谬,不要责骂,不要妖魔化。昨天是今天的历史,今天是从昨天走来的,今天对待昨天,只需清醒地回顾理性地反思科学地梳理,如此,便会踏实地走向今天的未来——明天。《图像岁月》将一个个瞬间定格,联结为一幅历史长卷,提供了可观可触可感可知的艺术的回顾反思与梳理,对于当代以至于今后,自有其不可替代的思想与艺术价值。

"这是他的第八本书。世龙出书不早,1995年他65岁时才同时推出两本摄影画册:《历史脚印》和《中原父老》。1996年出版摄影文集《瞬间纪事》。1999年又同时推出两本摄影画册:《风情》与《风光》。2004年出版摄影画册《水!水!水!》,同年还出版散文随笔集《牛歌》。加上此次的《图像岁月》,12年间,8本书,这是世龙晚年的井喷,酣畅淋漓,快哉快哉!

"1999年的《风情》,我曾奉世龙命为之作序,在那篇序结尾时我说:

'如今坐在我对面的这个小个子老头儿,脸上的皱纹虽然比前些年深刻了些,还是燃烧着激情,还是透亮着精气神。人家命大,坠崖、癌症都奈何不了他。这世界总是对他有些期待吧。期待什么呢?期待他在即将到来的新世纪,必定会有新的创造,奉献给这个世界吧。我祝福你,朋友。'

"果如所料,新世纪伊始,又是3本书。

"30万言的散文随笔集《牛歌》,真实质朴,精彩独到。以文字与世界对话,世龙只是偶尔为之。他与世界对话交流倾诉感受的主要工具还是他于20岁时在部队就拿起的照相机,他用镜头说话。这个经过人民解放军这个大学校严酷锻炼的乡村穷苦孩子,以常人难以相信的毅力在病床上痛苦地顽强地躺了1400多个日日夜夜,治疗好战争给予他的伤痛,坚持拒绝给他的一等残废军人待遇,争取到降低一等的二等残废军人待遇,也就争取到他向往的重新工作的机会,逐步扔掉支撑他行走的双拐,在无数次跌爬滚打中学会了骑自行车,终于可以到地方媒体重新拿起了他心爱的相机。几十年来,他的镜头须臾没有离开过乡土,没有离开过农民。他就是要用他的镜头诉说他对乡土对农民深深的爱恋,那是他的乡土,他的父老兄弟。

"世龙有文《死鬼,你认识我吗?》记述了他五胜死鬼的情景。一次是1950年冬,这年他已是中国共产党党员,解放昌都战役中,夜行军包围敌人时,他坠崖,他的坐骑和他的行李资料全都顺水东流,只有脖子上挂着两部相机的随军记者的他,被挂在古树的乱枝上,战友们用绳子绑住他的手脚将他打捞上来,放在骆驼担架上。又一次是1951年初夏,胜利完成解放昌都战役,完成进军玉树任务,部队奉命返回西宁,他的伤虽尚未痊愈,但已从骆驼担架上下来,换成骑马。第二次途经巴颜喀拉山上的花石峡,他伤痛复发,高烧三天不止,茶饭不进,晕倒在帐篷里,不省人事,命在旦夕。部队接受剿匪任务立即出发,留下徐班长和一班人马为他办理后事,战友们在花石峡的水泉边给他修好墓地立好墓碑,一边无奈地看着听着他逐渐衰竭的呼吸,一边派出3名战士骑马去200里外的修路部队求救,竟请来一位医生,带来12支盘尼西林针剂,连注射三针,高烧逐渐下降,从昏迷中醒来,能一勺勺地接受战友们的喂水了。再一次,是1953年的春天,在兰州军区摄影训练班学习半年,照完毕业合影后回到招待所的当天晚上,从床上掉到地上,腰部疼痛难忍,旧伤又复发了,下肢几近瘫痪。由兰州至天水、宝鸡、西安、开封、上海、北京、天津,一路转院,在天津医学院附属骨科医院,由苏联专家参加,"死马当成活马医",给他动了取骨疗毒,"刀卸八块"式的大手术,石膏固定全身,除头部和两手能动外,就像一具僵尸。手术后转新乡荣军康复医院治疗休养,一躺就是4年,待挂着双拐能站起来时发现人矮了一截。这就是所谓的取骨疗毒,手术时将他的腰脊骨截掉一节。这也就是我为什么叫他小老头儿的理由。人家给他评了个一等残废军人,其待遇是由国家养老终生,给一套住房,给找个老婆,老婆也可拿一份相应的工资。他写信给省民政厅厅长,表示坚决不要这个待遇,而要可以重新工作的二等残废军人待遇。他要工作。人们看来,此人真是有点怪怪的。第四次是1989年,癌症。在广州治疗期间,上午治疗,下午还背着相机在广州街头转悠,不时抓拍个街头即景之类。第五次是1992年,开膛破肚将胃切除三分之一。如此这般,与死鬼进行了五次较量,世龙写道'每一次较量我都对着它大喝一声:死鬼,你认识我吗?'

"王世龙以他的残疾之躯,背着他的摄影包,走遍了河南这块热土,拍了上万张照片,就凭这,当了全国劳动模范,当了首任河南省摄影家协会主席,为河南的摄影艺术事业作出过巨大贡献。以乡土摄影家的身份随中国摄影家代表团访问美国,美国同行认为,王世龙的摄影艺术最洋,他的多幅照片被美国收藏家和西方艺术机构收藏。

"行文至此,就可理解我在本文开头为什么要称他为人精人怪了。或可加一条'人杰'。或可再加一条'人龙'。诸君以为如何?有时候,我看坐在我对面或者站在我身边的这个小老头儿,心中不由暗想:你就不是个人,你是一个传奇。

"回到文本,回到《图像岁月》,我说了不少好话,也想说点不满足处。此话,世龙已在此书中说过,他说:天有不测风云,我知照晴;人有喜怒哀乐,我知照笑。因此,我的照片用现代眼光审视,大都是公式化概念化。但作为历史的记载,尽管是千篇一律,或者千人一面,但总归是那一段历史的脚印。言重了,自责过苛。不能说是公式化概念化,也不能说是千篇一律千人一面。既有不测风云,也应当照阴;既有喜怒哀乐,也应当照哭。综观全书,虽也有困难时期'瓜菜代'一些照片,但对灾祸苦难的反映的确太淡,致使沧桑感稍欠缺。世龙在'记者感悟'等题目下的文字中作了些说明,想来,他也感到这种缺憾了。照晴照笑,几十年的摄影生涯中,世龙是当作座右铭的。我猜想,这是对新闻摄影的要求,更重要的是世龙对世界对人生对生活的观点、认识和表现方法,他总要将光明的一面让人们看。这也是王世龙的《图像岁月》,那岁月已经流逝,无法要求世龙再重走一遭。

"世龙向我大声说,这是我画句号的一本书。

"我搂紧世龙的肩膀,也大声说:你画什么句号?你这精气神,你美吧,你得意吧,你照一百岁活吧。

"世龙笑了,我看到那笑着的眼睛燃烧着光亮,我感到那光亮有种灼人的力量。"

这是南丁文字的魅力。

"高洁在心中供奉的那圣洁的艺术理想,就是她梦中的橄榄树,她的拓荒,她的守望,全是为她梦中的橄榄树……"这是一段南丁《为了梦中的橄榄树》的提示语,准确、精到地概括了演员高洁为豫剧艺术的追求。

《为了梦中的橄榄树》发表在《大河报》"茶坊"头条位置,时间是2012年12月17日。"80后"的南丁为贺宝林的《拓荒与守望——高洁评传》一书所作的序。

"80后"的南丁为他人作序,依然激情四溢,多了历史、人生和令人掩卷沉思的回味,似乎有着些许的伤感。

南丁作序,从来切入点是大视野,常有诗意文字的调动,读序,也能读史,一个时代,一个人的历史与时代的契合。南丁在这篇序中,文字依然幽默、洒脱,也因是写艺人,多了文化含量,可以这么说,南丁的序,升华了高洁。

南丁从历史着眼,20世纪末,曾写过一篇短文《说不完的豫剧》,短文中有这样的文字:

"50年代初在开封看常香玉的《花木兰》、高洁的《罗汉钱》,至今还能想起当年自己的那份儿感动,这大约是我关于豫剧的最初记忆。

"为了查找这段文字的原话,翻开了我的文集的随笔卷。在随笔卷里就又看到一张照片。那照片的说明是:由左至右,申爱萍、常香玉、南丁、高洁、于黑丁、赵峥,1991年5月25日在河南省人民会堂休息厅,省第三次文代会刚刚闭幕时。

"在另一篇短文《对花甲的误读》里,对这张照片的历史背景可以作为间接的注解:60岁的时候,我从河南省文联主席这个职位上退下来。那是1991年5月下旬,在文代会上,按照惯例我当然有个报告。报告完毕了,我在这个职位上所应尽的责任,也就画上了句号。选举完毕,有些作家艺术家拉着我在会场的侧厅里照相。这张照片便是我从当时的一些照片里选出收在文集里的。

"如今是2012年,21年过去了,那张合影中的黑丁、香玉、赵峥,已相继作古。活着的三位,也或已耄耋,或已望八,或已古稀,都到了迟暮之年。

"高洁首演《罗汉钱》时,为1953年。那年她19岁,一个俊秀的小姑娘。59年过去了,她早已是个奶奶,是个姥姥。

"在半个多世纪的时间长河里,时代给她提供了什么机遇,她为时代作了什么贡献,生活给了她什么馈赠,她对生活作了哪些回报,她从一个连河南话都不会讲的安徽小女孩,如何成长为一个豫剧表演艺术家,她的艺术如何日益成熟,她的生命如何日益丰沛?贺宝林的这部《拓荒与守望——高洁评传》,都给予了绘声绘色的生动描绘。贺宝林与高洁的女儿尹鸿同在河南省艺术研究院工作,是业内人士,因此,他这部书做得相当专业。不仅是专业,他是怀着对前辈艺术家从心底生发出的敬爱之情做这部书的,做得诚挚认真。"

看这一段,我想到了《人格与史》。高洁是三团的台柱子。1965年,我所在的郑州市团委曾与省豫剧三团联欢,大家最想见的是三个人:魏云(饰银环)、高洁(饰拴保娘)、王善朴(饰拴保)。请魏云唱"走一道岭来,翻一座山……",请王善朴唱"你前腿蹬,后腿弓……",请高洁唱"亲家母你坐下,咱们说说知心话……"。联欢会结束,郑州市的45名街道青年下放到郊区郭当口落户,1968年,我还专程去看过这批青年,现在的这批青年,无论是留乡的或回城的,都在70岁上下了。而当时的他们下乡务农,的确是受《朝阳沟》的影响。这是艺术的力量。

1966年,我参加郑州市"四清"工作队,工作队在郑州油脂化学厂,参与了一次外调,被调查对象是安徽人,在蚌埠下火车后改乘轮船。在船上,一位女服务员组织大家唱红歌,她先唱了首《东方升起了红太阳》,另一个男服务员唱了一首《天大地大不如毛主席的恩情大》。这时,一个女孩突然闯进人群,她说她是这条船上的炊事员,她要唱河南豫剧《朝阳沟》拴保娘一段。我仔细看去,这位女炊事员长得瘦弱,却选拴保娘一段,唱时,腔调不准,奶声奶气,听者哄然大笑,她硬是把这段戏唱完,然后用安徽话说:拴保妈是安徽人,是同乡!大笑,离开。老乡的魅力,高洁的魅力。

南丁写道:我早年是高洁的观众,因同在河南文艺界长期工作,我们又同为安徽人,先后来到河南,我又比她年长几岁,我在心里是把她当作家乡小妹的。读了宝林的这本书,我才对她有了更多的了解,也才有了更深的感动。作为读者,我要感谢宝林这本书。

南丁在这篇序中,令人意想不到的是引用刀郎的歌来写高洁与尹涛的一生相守,纯贞爱情。这也应该是意料之中的事,南丁老师是"歌唱家"。我2012年8月登门造访时,他正在听音乐,他说:写写东西,浇浇花,听听音乐,也喜欢流行歌曲。序的标题《为了梦中的橄榄树》就是一首流行歌曲的歌名。我想南丁老师也偏爱刀郎那几近苍凉的歌声。

每一个成功的男人背后,都有一个女人。反过来说也是一样,每一个成功女人的背后都有一个男人。高洁身边的男人,就是她的初恋,她的先生,她的老伴尹涛。他们的终生不渝、一生相守的爱情,堪称典范,叫人动心动容。细节在宝林的书中有真实的述说,不在此重复。我倒想起刀郎唱的几句歌,那歌唱道:"爱到什么时候/要爱到天长地久/两个相爱的人/一直到迟暮的时候/我牵着你的手/我牵着你到白头/牵到地老天荒/看手心里的温柔。"就仿佛这歌是专为高洁、尹涛写的,专为高洁、尹涛唱的。前些天,在一次聚会上碰见他们的女儿尹鸿,她问起我读了宝林的著作的意见,我向她讲了此感受,并说了这几句歌词,她小声地仿佛自言自语地说:"我家多亏有了我爸,我妈多亏有了我爸。"是这样,不论什么时候,无论怎样情况,尹涛都是高洁的精神支撑,那是爱情的力量。

现在回到高洁的艺术上来。

南丁对高洁艺术的评价是到位的,"中原第一老大娘",又行家地评价高洁的艺术创造。而这些,南丁还是归结到高洁的人格魅力。

"时代给了高洁机遇。新中国成立初期,河南全省文工团整编,高洁所在的淮阳文工团被编入新建的河南省歌剧团,歌剧团后又整体改组为河南省豫剧院三团,豫剧三团的任务是演出豫剧现代戏,由此,高洁开始了她学习豫剧学演豫剧现代戏的路程。她是幸运的,她遇见了著名的编剧、导演,之后被称为豫剧现代戏之父的杨兰春。老杨还是三团团长,他对演员要求严格,又能慧眼识人,根据演员的不同素质派定角色,慈眉善目又是慈善心肠的高洁自然就被派定为演母亲的角色。自1953年她扮演《罗汉钱》中的小飞娥始,就与母亲这一角色形象结下不解之缘。1955年她扮演《刘胡兰》中的胡兰娘,1958年她扮演《朝阳沟》中的拴保娘,一发不可收。她一生中在近60部戏曲影视作品中,塑造过不同年龄不同身份不同职业的母亲形象,母亲这一形象就成了她的艺术符号,从而被称为'中原第一老大娘'。

"高洁也有幸获得些学习交流的机会,她22岁即随中国音乐家代表团访问欧洲。她25岁时去著名的上海音乐研究所师从林俊卿教授学习声乐理论。她30岁时即登上中国音乐学院的讲坛,讲授戏曲演唱方法。这可否看作高洁的三十而立呢?

"在实践中学习,高洁创造出了喷口、咬字、嚼字、钢音、柔音、颤音等演唱发声方法,形成了自己的风格。

"高洁参与了开垦豫剧现代戏这片处女地,她与同代的豫剧现代戏人共同创造了豫剧现代戏的辉煌,她是拓荒者中不可或缺的重要角色。

"1999年6月2日,高洁在《大河报》上发表纪念艺术前辈阎立品的文章《从艺当学阎立品》,文中说:这是一个多么有骨气、多么值得敬佩的艺术家啊!现在的演员,在人品艺德方面应该向她学习,应该树立起起码的自尊。

"这是高洁的心声,她自己就是这样的人。

"行文至此,我突然联想起《橄榄树》那首老歌。高洁在心中供奉的那圣洁的艺术理想,就是她梦中的橄榄树,她的拓荒,她的守望,全是为了她梦中的橄榄树。"

外二章

"何尊","思"与"道"
对人类心灵的勘探

历史文化的灵性化，弥漫的是浓郁的人文意蕴、真挚的精神品格。其论点数十次为《新华文摘》《文艺理论》摘编。《人格与史》《人格与文》《人格与人》，二十年孕育。

请南丁老师的女儿何向阳为我的《历史走动的声音》作序,源起"何尊"。"何尊"是3000多年前的西周青铜器,是何氏记载记述周初重要史事、家史辉煌的器物,在122个字的铭文中,有句"余其宅兹中国",史学家称:这是"中国"二字的第一次出现。"咱们的大中国呀,好大的一个家","中国",即成为华夏民族自诩中央之国的最早的"实证"。

《历史走动的声音》,通过"天地之中"历史建筑群申遗成功,追踪它的文化背景,探寻"嵩山地区即是中国的核心区域和精神本源所在,中国是从这里走向世界的。"我在自序《大时间所接生的》,引文"何尊"中的"中国"最早出现在嵩山地区。由"何尊",我想到何南丁、何向阳。虽然史学界对"何尊"有两个说法:一说"何尊"的何为姓,即何姓;一说为名,姓待考。但无论是名与姓,3000年一脉下来的"何"字不改。

何向阳在《历史走动的声音》序中,以《正日月影 得天地心》为题,从何尊说起:公元前1042年到公元前1021年间,已无从查考何人铸了一尊青铜,只知这尊青铜刻有"何"姓,称为"何尊"。何向阳关注的是3000年前这座青铜铭文122个字中的一句"余其宅兹中国"。我以为这正是"中国"一词的最初由来。在这篇3000多字的序文中,有两段约600字评说书与我。

她说:"拿在手中的这份书稿,正是力图揭开中国之'中'的历史内涵与精神本源的文化追踪之作。这一部书,因其内容的丰富与体量的强硕,使我无法将其视作是一部单纯申遗的实录报告。之于诚挚地面对现实记录生活的报告文学而言,它的文化含量与历史分量也是难以计量的,而且必将在未来的社会发展中显出文化书写的深层价值。作者赵富海先生长年生活于郑州,他近年的'老郑州'系列已出三部,步步勘探功夫了得。赵先生虽已是一位近70岁的老人,在古稀之年,他以一系列探讨与纪录文化的作品,完成了一个上世纪80年代的小说作家向文化学者的华丽转身。当然,据我所知,这部书稿他易稿5次,3年写作与修订长度,足见其对文化的用心,事实上,我手头翻阅的这份书稿也已有三稿之多,从初稿、定稿到校样,每一遍,他都认真修改,不肯轻率。其间,学者同仁与出版社方面多次催促,想趁'申遗'成功后重磅推出,但都被赵富海先生婉拒,他追踪事件,采访大家,研究历史,实地勘探,并将个人的文化情怀倾注于文,单是他参阅的文化学建筑学以及历史学考古学的著作,其厚度便可以尺丈计算。数次我们一起探讨中原中国,他热烈而赤诚的样子令我感动于心,他说:'你知道你曾有句话打动过我吗?'面对我的茫然,他认真地重复着这句话——是'历史的耐心'!

"这部书,正是力图揭开中国之'中'的历史内涵与精神本源的文化追踪之作。之于诚挚地面对现实纪录生活的报告文学而言,它的文化含量与历史分量也难以计量的,而且必将在未来的社会发展中显出文化书写的深层价值。"

何序中,最为精彩的是有关"历史的耐心"的描述,我见识了,她视野宽阔,思路活跃,将她细腻的艺术感受与深邃的理性思考融于一体,使其文字展现出来丰沛的人文意蕴。

序中曰:"诚然,历史是有耐心的。一千年两千年的建筑群落,并不是哪一个人、哪一个朝代所能完成的,但是历史完成了。历史是有耐心的,事关一千年两千年乃至三千年的文化论证,也并不是哪一个人、哪一个团队能够完成的,然而历史将它完成了。完成它的天时地利像是天地已安排好的,当然最重要的还是得益于中原文化中的"中正仁和",得益于这样文化中成长起来的人。历史耐心地等待着山川水土,等待着人文风物,等待着前来探索求证它的核心的那些人,那些将文化注入血脉而又将血脉回注文化的一代代的人。他们披星戴月,他们皓首穷经,他们不计得失,他们身体力行,这些历史中人,在历史的追述中,创造着更大的历史。历史,有谁说,只是固化、外化于我们的物,只是一个个建筑、一个个事件、一个个人物,当你以"生命"的眼光去看待历史时,历史就不是一个个散在的存在,而就是我们生命的一部分;以这样心情去对待历史时,历史就是我们的生命灵魂。一个个人组成的民族的文化精神,这个群落,一直在文化中坚韧地存在,并推动着历史的前行。

"是呵。中原之大,中国之大,回看日月影,正得天地心的,何止一个周公,何止一个范仲淹!

"中华文化之所以至今生生不息,正因有历代生生不息的薪火相传者,赵富海先生,无疑是他们中的一个。"

在这篇序中,我还看到何向阳广博地占有材料,爬梳辩证,沿流溯源,以对描写对象深入认识的丰赡繁富的表述。她富于激情,且有诚恳、真挚的精神品格。

她写道:"公元前1042年到公元前1021年间,已无从查考何人铸了一尊青铜,只知这尊青铜刻有'何'姓,称为'何尊'。何尊高28.8厘米,口径28.8厘米,重14.6公斤。考证是西周初年的器物。它的价值还不仅在历史的久远,而在其内底刻有铭文,铭文12行,122字。大意书写了铸尊由来——前1038年,周成王对武王进行祭祀,并于宗室训告中讲到何的先父追随周文王,文王受天之大命统治天下,武王灭商后告祭于天,并重赏何氏。可见何尊之铸在于纪念。但我关注到它的价值还不在距今约3000年的文字对于家族历史的记载,而是3000年前的这122个字中有这样一句:'余其宅兹中国。''余其宅兹中国'中的'中国',历史学家的解释多指政权的中央之国。而依我浅见,我以为这正是'中国'一词的最初由来。

"何尊铭文中的一句或可也是'中国'一词最早的文字记载。

"'中国'之'中',在我以为,更多地来源于地理概念。

"或者干脆来源于天文。

"登封观星台是一有力的见证。

"因在河南郑州居住40年,登临不计其数。现存的登封观星台,位于郑州西南81公里处的登封市（属郑州市）告成镇。登封，告成，一看地名就有来历，登封观星台，其实包含周公测景台、观星台、周公庙三部分。其中周公测景台建于唐开元年间的723年，观星台则建于元至元年间的1276年，周公庙为后人纪念而建。500多年的日月相隔，郭守敬仍然选址登封，而且建立了一个13世纪中国颇具规模的天文仪，当然正如英国李约瑟所言，或可受了当时阿拉伯天文仪巨型化潮流的影响——11至15世纪，天文学家伊本·奎拉加，以及撒马尔罕各建有彪炳史册的天文台。但其根本还是应从本源去找，比周公测景台建筑更早的是《周礼·地官·大司徒》的记载：'日至之影，尺有五寸，谓之地中。天地之所合也，四时之所交也，风雨之所会也，阴阳之所和也。然则百物阜安，乃建王国焉。'《周礼》成书于战国，大约公元前476年至265年间，较之'何尊'之'中国'之文，《周礼》中的'地中'是一地理的释义。当然，今天我们与'以土圭之法，测土深，正日影'的年代已相距遥远，但无数次站在周公测景台前，感念于心的仍是《隋书·天文志》中跃动的一句话'昔者周公测影于阳城'。站在登封告成这一古阳城遗址之上，回味这句自历史深处迸出的话，有壮怀在胸，可与天宇共鸣。

"所以我理解宋人范仲淹《和人游嵩山十二题》之《中峰》的感慨：'嵩高最高处，逸客偶登临，回看日月影，正得天地心。念此非常游，千载一披襟。'千载披襟，何其壮丽！这还只是一个逸客旅人的匆促感受，而我，一个在黄河南岸居住三分之一多世纪的人，对它风物中蕴藏的文化的深情可想而知。观星台之天文地理观固然已随着科学的发达予以更新，'地中'说，在14世纪之后由于所依据的'地平'观念的解体而不再提，但'地中'说留下来的均衡、规则、有序的美学观念，'中国'之'中'延伸而来的天人合一、中正仁和的道德法则却留传下来，经久不衰，直至长成我们文化的血统，在每一个个体身上得到体现与传承。这可能就是周公测景台大门影壁上的四个大字——'千古中传'的意义。1748年（清乾隆十三年)建立的照壁上书的这四个字,有大义存焉。'千古中传',一句话,真的是'文接千载,千古为旧,传而为新',中间的"中"字,承前启后,续旧拓新,这个'中',是空间地理概念,同时,又接续了一个大时间的概念。

"大时间所接生的,观星台只是其中的一个。仅登封一地,仅建筑一项,还有初祖庵、少林寺常住院、少林寺塔林、少室阙、会善寺、嵩岳寺塔、嵩阳书院、启母阙、中岳庙、太室阙等,它们分布于嵩山脚下近50平方公里内,准确地说,在太室与少室两山之间,同属嵩山世界地质公园保护范围。上述所列'8处11项'虽散落于历史的不同时段,却共同坐落于登封一地,大时间与大自然展开的共同怀抱,拥簇着它的大小儿女。这里,人文与自然交融,建筑与历史呼应,信仰与科技并举;这里,我们可以看到教育、伦理、宗教的物化载体,我们可以触到文化、政治、天文的外化结构,我们可以认知到不同的思想体系——这一以登封'天地之中'历史建筑群为题申报'世界文化遗产'的方圆约50公里的区域,竟集中了如嵩阳书院的儒教建筑,如中岳庙的道教场所,如嵩岳寺塔、少林寺、会善寺的佛教建筑,以及汉三阙与原祠庙结合的仅存至今的礼制建筑。由于历史的悠久、战乱的频仍,今天我们已很难在一个不大的文化区域中见到儒、道、释三教并存的人文景观,而同时又有礼制之建的并置共存,中国乃至世界我想只有登封一地。自汉至北魏,至唐、宋、元、明、清,其间几千年的天文、人文集中于一片星宿般的古建筑群落中予以对话式的呈现,我想,三千年间,能够做到于此的,只有一个中原。

"中原精神在登封'天地之中'历史建筑群中得到了极其直观而鲜明的体现。

"所以我非常赞同'天地之中'项目申遗补充文件中所述,关于'天地之中'的认知首先不是一种宗教信仰,而是一种古代的对于人类生存最基本环境——天与地的真相和规律的科学探索过程和结论';然后才有政治与社会的尊崇与跟进。对于大自然界的最原初最真实的认知,或许源于人类对于宇宙外物的一种探求的理想；正是这种理想，化解了宗教之间可以想见的纷争，化解了朝代更迭时不可回避的破坏，化解了不同文化之间必然存在的差异，从而形成自己特有的儒、道、释思想的并存共生。三教建筑各个分布坐落，是三种文化思想脉络和谐相处于一地的最好见证。我们常说一方水土风物，常讲一种文化气场，常念一种'场所精神'。那么，登封'天地之中'，这个方圆50公里之地、由建筑言说的'场所精神'，其内核，只是我上面所讲的'天人合一，中正仁和'吗？当然是。但还不够，中原之地的儒道互补，兼容并蓄，刚柔相济，革故鼎新，难道不是在一个大时间段落中由这些具体的历史建筑群所体现的精神？由此辐射扩展，这种精神，不止中原，整个中国的文化留存都能找得到它的影响；只不过，在这里，中原是中国的腹地，是重瓣的花蕊，是深静的本源。"

何向阳的这篇序，在很长的一段时间里，我都是放在案头，经常捧读，心情与张一弓老师一样，向阳曾为他的作品写过评论，一弓说，向阳读懂了他——悲悯。我不敢这样说，我只能说，每读一遍便是一次学习、感悟，我学习、体会最深刻的是何向阳严谨的治学精神。

长篇报告文学《历史走动的声音》写作时间长达3年，3年里，重大修改5次，这5次几乎都是"颠覆性"写作，每改写一次都发给向阳审看。2010年发给在北京的何向阳，2012年4月之后，则是将修改稿子送到来郑州工作的何向阳省社科院居住处。第一年，向阳接到书稿。半年之后，我电话询问，向阳说：看了一大半，别催我。又3个月，向阳说：看完了，正消化。她正消化的是我大改的第二稿。第二年，也就是2011年3月，我又将大改后的第三稿发给向阳，6月份电话问及书稿，向阳说：挺好的。第三年，2012年2月4日，我背大改第五稿由郑州赴京，登门向阳家，大约三十五六万字。向阳说：我4月16日回河南，要待两三个月，赵老师，到郑州联系吧。2012年4月之后，我开始关注何向阳来河南的活动：她回河南，肯定是带任务来的，当然是从报纸等传媒得知的，因为我要选择一个适当的时间登门拜访,也就是插空。回郑后,向阳即参加了由河南省文联主办的李佩甫长篇小说《生命册》的研讨会。南丁老师也参加了,都有重要评说。向阳还参加了几次地区文联的活动,《文艺报》还发了她为长篇小说《焦裕禄》写的评论。2012年5月10日,我电话联系,向阳说:过一段吧,面谈。告诉我她的地址,楼号。

2012年5月26日,我如约来到何向阳家,谈书稿三个多小时。

时间已经过去两个多小时,我要告辞,修改书稿。当我起身拿起一校稿时,何向阳提出让我取材料给她参考,令我吃惊,转而是敬佩。

何向阳说:赵老师,请把申遗最初文本、补充文本给我看,还有郭黛姮的历史建筑群保护规划。

看了36万字的书稿,还要看几十万字的申遗文本、补充文本和几十万字的古建筑群保护规划,为写一序下如此大功夫,我说:申遗文本、补充文本我都可以拿给你看,唯独保护规划,一是孤本,二是不准拿出档案室。向阳毋庸置疑地说:我必须看!她如此坚决,我只好说:我找局长特批吧。向阳笑了。我正欲说再见,向阳说,书稿我要看二校。我又吃一惊。

听说过,也见过为他人著述写序的,有的是听作者说一下作品的主题,下笔洋洋数千字序;有的是随手翻翻书稿,然后写上数条优点,举几例精彩片段和文字,最后再不疼不痒地说上一二所谓的不足和缺点;还有的,干脆由作者本人写成,名家再署上自己的大名了事儿。20多年前,我与省内著名文艺评论家牛青坡探讨过此类的序与评,青坡说:这类序、评写得再好,不是一棵树,而是一挂藤,它是攀附在作品这棵大树上的。我赞成牛青坡的观点,并说:我看过苏联的几位伟大的评论家,如别林斯基、杜波留勃夫等人,他们的评论绝对是一棵独立的大树,是这棵大树托带出作家这棵树,从而托出一个时代。牛青坡说:我的评论不能说很好,但如你说的别林斯基,我是独立的一棵树,绝不做藤,附在作品的树上。

三天以后的5月29日,我将向阳索要的申遗文本、补充文本、古建筑保护规划,三个"厚重"的材料交到何向阳手里。在取郭黛姮历史建筑群保护规划请任伟局长特批时,这位博士局长吃惊地说:写个序还要看保护规划,这么认真的评论家。

何向阳接过这三件大部头,真有些爱不释手,连说:好,太好了!搬起这部放下,又搬起另一部,笑着说:我要看完。啊!我说五六十万字啊。

2012年7月9日,向阳以《看日月影 得天地心》为题的序发来,7月27日《文艺报》发表了这篇评论。

《看日月影 得天地心》,何向阳为《历史走动的声音》作序,是将其细腻的艺术感受与深沉的理性思考融于一体,呈现出丰沛的人文意蕴,具有诚恳、真挚的精神品格。

2012年8月之后,我将《历史走动的声音》这部报告文学分别寄往国内文化、文学、史学、教育等部门,"问卷"教育界的两位女教授,范红娟和张燕萍,一个说序写得大气磅礴、回肠荡气,非我所能完成;一个说,光知道何向阳是才女,看了她为你书写的序,才算真领教了,转告向阳,省教育学院的院刊(公开发行)转发可否(我后来转告向阳,她同意)。郑大教授、博士生导师任伟看了何向阳的序文,对我说:大家,大手笔,将你的书提高了品位,写得真好。史学界的李伯谦(夏商周断代工程首席科学家)看书后,与我通话说:书写得好,序言更精彩,她对历史的描述很出新意,难得的好文章。享誉世界的中国史前文化泰斗严文明老师,在电话里高兴地对我说:我看了,序写得很好,精美,有深度。文化、文学界的几位领导与评论家们的意见,我也用电话征询。河南省文联副主席、省作协主席李佩甫说:你老兄找到中国最著名的评论家给你写序,很难得,把你的书品位提高了。著名作家孙方友在电话里先祝贺我出了一部厚重的文化大书,又祝贺我请何向阳为我写序,他说:向阳序里写你看似不多,但分量重,特别是最后一句,你老兄是中华文化生生不息的传承人,老兄,咱干一辈子文化,有这句值了。

何向阳序文《看日月影　得天地心》在一个阶段产生了"轰动效应"，我有幸。我有幸，2008年我的《老郑州：民俗圣地老坟岗》是南丁老师为我写序《曾经的老坟岗》。这是我三十余年来，文化行走老郑州，探寻这座城市历史文化的终生难忘的收获。何尊，南丁、何向阳父女为我作序，是一"文化事件"，是我独有的双重幸福。

何向阳为我的书作序，有幸。我还有幸编发过何向阳的两篇散文，一篇是我参与主编的《郑州十大历史故事》名家散文随笔，向阳发来了《大禹的寂寞》。有评论家曾评何向阳的散文："她的文化散文以严谨、绵宏的文字，举重若轻地将现实关注，融于历史、地理和文化的考察中；围绕着'思'和'道'，从客观历史和个人体验两种脉络上，梳理出民族血脉生生不息的薪火传承，并对人类心灵的形而上层面进行了细致的探索。"

《大禹的寂寞》是向阳的散文代表作之一，2001年之后，国家几个大刊物转发。她是用传真发给我的，我时在郑州市旅游局编写《郑州十大历史故事》，文稿发来的时候，局里的几位处长正在办公室开会，传真机接收向阳的《大禹的寂寞》（《大禹的寂寞》收录在《中国新文学大系》（1976—2000）第十八集散文二卷中）。

2012年10月，莫言获诺奖，我想：向阳许有评莫言的文字。2012年10月19日，采访南丁老师时，《郑州日报》用四个版发了莫言获诺奖的消息，其中有一节介绍他疯狂读书，从村到乡，书类从小说到高中课本，到新华字典。他在高中课本中读了南丁的小说《检验工叶英》，据我所知，多少年后莫言成名，请向阳为他写评论，说：我是看了南丁老师的《检验工叶英》而爱上文学，走上文学之路的。问及，南丁老师说有这事，我说写上。南丁老师不同意，说：人家获世界奖，你说看我的作品，这是攀名人。2012年12月5日，在中国作协商定《历史走动的声音》研讨会时，我问向阳是否有评论莫言的文章，向阳说，有三篇，她找了半天，找出了一本杂志转发她评莫言《檀香刑》的《介入近代史的深层》。

向阳评说:《檀香刑》是一部很难以常规意义去谈论的作品。无论写法还是故事,都对现有文学理论日益定型的机械性暗暗构成挑战。向阳从两个方面评论:不能用已有既成甚至颇为流行的文学写作观念去解释它,它同时也拒斥着已经相当欧化的先锋汉语或者现代情感,如果说后者在文学的传统写作中曾注入新质的话,那些如今的先锋之刃已经钝锉锈蚀难见光亮了。指出问题所在:话语重复、语言贫困大约是先锋沉沦的重要原因,重复的故事、相似的历史、雷同的情景、类型的人物设置,还有那背后隐约暧昧似曾相识的哲思,都可以在20世纪的理论发展中找到可以归类的位置。向阳最为精彩的是关于文学的贫困:文学贫困到只几种观念就能统摄写作、论说作品、评定作家,已经没有意外之喜,只是再度求证,证实着那些理论或此或彼,总会在某一个点面或者段落重叠涵盖,总能够一网打尽。也许,人类的文字创造真到了巅峰,而再无创新——曾几何时,这词也成了另类的代名的可能,到了世纪末,也许连评论家也疲倦了,一切都是囊中之物,他打着哈欠,已经不去做梦世上还会有别样的文字让他震动吃惊。

向阳指出:《檀香刑》诞生在这样一种文学时空里,注定了争议的命运,它的存在冲击着已成定局的写作样式和文学氛围,何况它特有一种颇具标新立异的语言上的破坏感。破坏感,是何向阳第一次针对莫言的作品评说,莫言获诺奖之后,我曾注意有评论家也说到莫言创造性的破坏感。向阳说:莫言的破坏感,当然对于作者而言,确是一种对于民间语系的重建。对于书中坚持始终的民间属性,作者清醒于它的接受者,或者市场:"就像猫腔不可能进入辉煌的殿堂与意大利的歌剧、俄罗斯的芭蕾同台演出一样,我的这部小说也不大可能被钟爱西方文艺、阳春白雪的读者欣赏。就像猫腔只能在广场上为劳苦大众演出一样,我的这部小说也只能被对民间文化持比较亲和态度的读者阅读。"

这里,莫言对于一种语言的拒绝与对于自己选定的语言的自信是链接一起的,他不讳言自己对于韵文、戏文、道白的大量使用,他不回避自己对戏剧化效果的注重,毋宁说他更重视流畅、浅显、夸张、华丽的叙事,他坦白于个体写作对于曾是小说基础的民间说唱艺术的继承,这其实已经有了划经纬的意思,虽然不那么直白地说出,却也无从按捺他对于日益同化的文学观念的不满。然而这个人不做教师,他低调地观察人生,在他人生的经验里放入自己的体悟,在狂躁的热季或者冷寂的倒彩里都能保持自己诚实的态度,虽然也有些许做作与夸饰,但在底限上从不失诚实。这个作家不掩饰自己对全球化背景下东方语言所遭遇的西方强势语言的侵袭的警惕,对于语言的"进化",莫言选择撤退,到民间中去,在这时成了"回到民间"。因为这样选择,他才自觉于"在小说这种原本是民间的俗艺渐渐地成为庙堂里的雅言的今天,在对西方文学的借鉴压倒了对民间文学的继承的今天,《檀香刑》大概是一本不合时尚的书"。当今文坛,又有谁能做到对庙堂雅言和西方借鉴的同时拒绝呢,何况被拒绝的还有时尚的"今天"?

2012年10月11日,莫言获2012年诺贝尔文学奖。评委会的评判,本年度获奖者的特点:"在原有中文文学和口述传统中找到了出发点。"诺贝尔文学奖在颁奖词中认为:莫言"将魔幻现实主义与民间故事、历史与当代社会融合在一起"。莫言也认为这个评价基本表述了自己创作的特点。

诺奖认为的,莫言也认为的,何向阳在多年前已率先"认为"了。

何向阳还率先认为,《红高粱》开始挥之不去的历史情结,在《檀香刑》里得到了淋漓尽致的发挥:"莫言之介入历史由来已久,《红高粱》开始挥之不去的历史情结在此得到了淋漓尽致的发挥。但是对近代史的介入我以为《檀香刑》写出了更深层的东西,那个主题,是经由鲁迅先生发现的,主子与奴才,这两个角色的变换才是出戏的根本。"

她这样写:"那个必然性。而更深一层是,莫言写出了施虐的快感与受虐的快感,刽子手赵甲的施虐痴迷与义军首领孙丙的甘愿受刑以完成节义之间,在阅读中让人深思。也许这就是国民劣根性,意识中的无意识,以至人人自危,亲亲相残,腐败已到基因,再无药可治,而触及了它的莫言从中嗅到了血腥。这血腥,与江山、历史之间又构成甚样的时空关结?那杀戮的底色又为这时空注入甚样的人格链接?于具象事件中找出历史延续的线索,于社会剖解中发出人性良知的拷问,是一个作家提供给世人的——比他在大众与先锋之间冲出一条民间出路,寻求到一种中国现代汉语写作的话语方式都更重要的东西。"

2005年的9月,河南省作协与郑州市作协联合举办我的作品研讨会,我送书给南丁老师,请他参加作品研讨会。在南丁老师的书房,说到了前几年何向阳沿黄河采风,南丁老师说:向阳沿黄河走下来,一路寄回来60双穿坏的旅游鞋,60箱石头。说完,南丁老师还指指门外:向阳喜欢石头,我也喜欢石头,是清供赏石,向阳喜欢的石头是"本真"的、"原生态"的,不加任何修饰的,她的石头是经亿万年风雨的大山,这一座座山——"石头的耐心"有缘被中国年轻的女学人寻觅到手、陈列于书屋。我还惊叹那穿坏了的60双旅游鞋"行万里路",何止!这几年,关于向阳的"60双旅游鞋""60箱石头",我讲了好几个地方,惊叹:亘古未有女学人,尤其在这个时代。向阳的导师鲁枢元曾撰文评说向阳,文中写向阳穿坏的旅游鞋是59双,没提石头。

我的案头有鲁枢元评说向阳的文章《何向阳:茫茫朝圣路》,发在2004年2月28日《河南文艺界》第二期的头版。

借用鲁枢元评说何向阳踏上"朝圣"路的大背景:何向阳其实正是在诸神已经祛魅、诸圣已经逊位、神殿与圣山已经颓圮的时刻,踏上她的"朝圣"之路的。

"从20世纪后期开始,现代科学技术对地球人类的人性乃至人格的干预能力在急剧提升。现代科学技术,再加上现代商业运营,人类在几百万年间形成的某些生物属性、社会属性,以及在几千年间形成的某些心理人格、文化人格,都有可能被在商业利润推动下飞速发展的科学技术轻易抹平。

"对于改变人们的思想观念、信仰情操、风气风俗、趣味爱好来说,资本与技术,比起以往的意识形态以及文学艺术要强大有力得多。以往总说'潜移默化',现在动辄'更新换代',从'旧人类'到'新人类'、'新新人类'",也不过就是二三十年的光景。随着基因转换技术与克隆技术的进一步完善,"人性"与"人格"也许很快就可以成为'期货'由顾客选择预购、批量生产。

"科学与市场,正像大浪滔天的洪水,汹涌地漫过人文领域的家乡、田园。人文学者的处境从来没有像现在这样尴尬、艰辛。

"就是在这样的时代背景与社会情势下,何向阳踏上了她文学研究的漫漫征途。

"这征途中,历数有:从《文学:人格的投影》《复制时代的艺术与观念》《不对位的人与"人"》,到《人性世界的寻找》《原则、策略与知识分子个人》,再到对于孔子、鲁迅、泰戈尔、曾卓、莫言、张承志,以及塞林格、昆德拉、凯鲁亚克、曼殊斐尔的人格的个案分析,她渴望在人性突发变异、在人格日渐扭曲的天地间,追寻着辉煌的人格、理想的人格。

"何向阳其实正是在诸神已经祛魅、诸神已经逊位、神殿与圣山已经颓圮的时刻,踏上她的'朝圣'之路的。

"在这路上行走的是何向阳,何向阳萦绕着挥之不去的孤独和荒凉。

"正如她在与曼殊斐尔拟想中的对话里所期望的:一个社会更加人工化之后,便会产生能够充分表现自然美的作家。这有点像是海德格尔的推论'一个贫乏的时代将产生伟大的诗人'。然而,这也不过是一种假设的哲理,伟大的诗人和作家也可能刚刚萌生便被坚硬、冰冷的时代氛围所窒息,而时代依然通畅无阻地贫乏、坚硬下去。但是,文学似乎就是

'宿命'一类的东西,不以成败或效益为抉择,何向阳身不由己,她已经不能不在一种近乎无望的希冀中,朝着天际的苍茫毅然前行。细心人不难读到,在她的文学的间架空隙处总是萦绕着一种挥之不去的孤独和荒凉。

"肩上是风,是一种透明而且无助的沉重。

"一定有什么被遗忘了。在陌生的人流中穿行,总觉得有谁在凝视。慌乱间我想不起他的面容。桐花早开得繁星漫天了,道路已经焦急得不能再等。可是有谁还在深深凝视,为了赶路我总是这样一副匆匆的背影。

"一个独自在漫漫孤旅上跋涉的我。

"曾经想有意看错路牌,想逃避、走脱这无尽的旅程,但最终还是按捺疼痛,一次次捡起行装,面对荒野、大漠、荆棘、泥泞。

"风里的霞焰喷射出爆烈的光芒,是第几次看着自己燃烧了呢?从什么时候,我由歌颂顺从转而歌颂顽强、歌颂火鸟,甚至道路的凸凹不平。

"烈焰里必定有些什么遗失了,是所有应珍惜但终不免毁弃的昼夜,是一切应保有但来不及重温的梦。

"这是何向阳在她的一本书的序言中写下的一些句子,大抵表达了她内心深处的真实情况。"

鲁枢元进一步评说何向阳是:以年轻的生命为火烛,在文学的昏天黑地中一味痴情不移地燃烧,"以致除了尽力地写作之外,已找不到更令她向往的事情。我曾经顾虑她难以承担,曾规劝她略放悠闲一点,似乎未见接纳"。

"何向阳的文学研究与文学批评已经成为当前文学界一个富有独特个性的存在,向阳的不苟言笑却是事实。但这样一个少言寡语的人,一旦捉笔为文,却如纸上跑马,驰骋腾越,恣意汪洋。为她赢得声誉的《澡雪春秋》《风云变或曰三代人》《12个:1998年的孩子》《无名者的潜在写作》《朝圣的故事或在路上》等文章,全都在三万字以上。"

鲁老师说:读这些文章,我的脑海里总会闪现出一幅"小丫耍大刀"

的图像,而且"耍"得还那么得心应手。

"不是说文章越长质量就越高,但是,读向阳的'长文',与文章中饱满丰蕴的内涵相比,其洋洋万言仍然像是一件紧身的衣裳。于是,历来惧怕长文章的理论期刊编辑,仍然乐于发表她的长文章。应当说这是一件很有些出格的现象。但是,如果能够查核一下何向阳为一篇文章投注的精力,人们也就不奇怪了。比如那篇《朝圣的故事或在路上》,缘起于我在为研究生讲授创作心理学时布置的一道作业,同时选定的作家还有王安忆、莫言、史铁生等,向阳分工研究张承志。其他同学多是不了了之,唯独向阳一丝不苟,潜下心来搜集资料,阅读了张承志的全部作品,并反复与张承志书信来往、当面切磋,从1988年酝酿,到1996年发表,为时八年,四易其稿,这样写下的区区几万字,还能够说'长'吗?著名评论家雷达先生曾对她的这篇文章作出这样的评价:'迄今为止,也许还没有人比她更淋漓尽致地阐述过张承志。'"

读到这里,我想到向阳为我写序,看五稿直到二校,看背景材料达六七十万字,历时两年。我更感慨万千。

"年轻的批评家,干的是'指点江山、激扬文字'的活,因此往往显得放荡不羁、剑拔弩张,甚至略带夸耀之色,对此我已经看得习以为常。

"日常生活里的何向阳,却总是一板一眼、中规中矩,处处表现出周到的礼貌与良好的教养,我倒反而为她担心,担心她由于过多地服从社会法则而压抑了在学术研究中突破、超越的力量。后来我渐渐发现,这种'温良恭俭让'只不过是她对付日常生活的一种策略,这使她轻易排除了人事间经常会遇到的许多无谓的摩擦与纷扰,从而把自己浸沉在钻研学问所必需的那种沉静的读书与思考的境界中去。这你只要看一看她在《不对位的人与'人'》一文中如何对一部中国文学史勇猛地挑起事端,就可以发现她那'刑天舞干戚'的一面。

"但即使在这样的文字中,她也并不过分地张扬她的锋芒、显露她的勇猛,扮作"黑马"的模样,刺激人们的耳目;而是尽量靠翔实的材料、细密的说理培植起自己的论点。在20世纪90年代日趋浮躁的文坛上,性别,尤其是女性的性别几乎是被不怀好意地渲染了,那明显可以看出是出版商的炒作,竟也诱惑了一些实在算不上美丽的女作家浓妆艳抹把万般风情揉搓进作品中,以填补才情与智力的不足。

"不知是不是有意地规避,在何向阳的文学中,尤其在她的文学批评文字中,几乎看不出明显的'女性'的痕迹,反倒时常流露出些阳刚之气与'硬派小生'的力度。况且'何向阳'又是一个极富中性的名字,以至于不少人读她的文章便把她认作'男生'。"

在女权运动中是有这么一派,认为女性获得自立的途径是抹平性别的鸿沟,使女性与男性站在同一条地平线上。向阳恐怕是并不赞同这种观点的,她在日常生活中的举止也并不这样。

我见证,在向阳北京寓所和郑州的居处,我都见她母亲一般呵护她的儿子王子何,我问她儿子的名字,向阳说:应当是爷爷起,爷爷不在了,我和汉军起的,姥爷认可了。在郑州的居处,我又见向阳像孩子一般舞动、旁若无人地歌唱引儿子发笑。

鲁枢元写:综观中国当代文学批评界,为数不多的女性批评家们在她们的批评文本中好像都有程度不一的中性化,甚至男性化的倾向。我想,这也许与"批评"这个行当有关,批评本身要求批评家"居高临下"、高瞻远瞩、擘擘抉择、命名判断,置身于男女作家的性别之上,因此,就性别特征而言,女作家们就要比女批评家们显赫得多。

尽管如此,我还是心存疑惑,"批评"难道真的就像"战争"一样,不可能是"女性"的? 细品向阳的文章,尤其是她不久前写的《立虹为记》《从此人心坚硬》两篇与生态学相关的文章,其实又不难感受到其中女性的关爱、细密与柔韧,这显然也是批评的一些品格,甚或是"女批评家们"一种天然的优势,无须去有意地回避它。至于能否产生一种"女性的"文学批评,亦如能否产生一种"生态的"文学批评一样,也是不妨试一试的。

何向阳出身书香门第,是"名门闺秀",但若是读一读她的文章,或只消掠一眼那些文章的标题,《朝圣的路上》《匆匆赶路的血液》《肩上是风》《旷野无边》《如水的天命》《灵魂的翅膀》《梦游者永在旅途》……你就会发现她的心其实很"野",她的灵魂似乎一刻也不安闲地在旷野大漠上奔走呼号,她倾心地羡慕着那些以自己的身体丈量着黑色土地的勇士,盘算着在怎样的跋山涉水中磨破那59双鞋!

那也许仍然是由于文学的呼唤和"勾引"。

"山野"对于她似乎有不可抗拒的诱惑力,她曾经驱车西夏荒原、饮马黄河湿地、驰骋内蒙大漠、徜徉陕北沟壑,恰恰是这些尚未被现代人类文明覆盖的裸露着的自然,给她灌注了从事文学研究的灵气与活力。

"既能奔突于大野,又能潜心于书斋,这是向阳个性上的又一特点。在我们置身其中的这个地球生态系统中,自然、女性、艺术三者之间原本就拥有一种神秘的关系,向阳以自己的身心投入了这种关系,这也许就是她获得成功的奥秘。

"向阳是单纯的,如果仅查看她的履历表,不过是从一个个的学校大门走到一个研究所的大门,而且基本上没有走出这个地处中原的城市;向阳又是丰富的,如果阅读她写成的那些文章,她的丰富近乎玄奥,几乎让人难以把握,这种丰富主要来自她对人类精神文化的游览与反思,对世事人生的品味与体验,以及对她自己内心世界的审视与想象。这就使她在一定程度上超越了她自身所处的时间与空间。"

鲁枢元老师说:我只能在何向阳"超越了她自身所处的时间与空间"里认识、学习,活着,我继续。

在《风云变或曰三代人》这篇文章中,她以三部外国文学作品——奥斯特洛夫斯基的《钢铁是怎样炼成的》、塞林格的《麦田里的守望者》、凯鲁亚克的《在路上》为参照,分析了文学阅读与创作中的三代中国人,姑且将其命名为'锤炼者''反叛者''行走者'。代表这三代人的中国作家,诸如张承志、刘索拉、韩东属性迥异,何向阳却能够体谅到他们各自存在的历史的合理性,在她的笔端表现出一个批评家必要的严苛与应有的宽容。

"按年龄,向阳无疑属于'王朔''余华'一代,拥有一种对传统怀疑、审视的目光;但她又能够深深地敬重'保尔'们的赤诚与信仰,还愿意静心面对中国的'萨尔'与'狄安'们尚嫌稚嫩的嗥叫与疯狂。在向阳这里,人类的精神文化脉络并不存在'断裂',在文学批评的竞技场上,看似柔弱的她,却可以超越道道沟壑,勉力打一个通关。即使不把这说成是成熟,起码也是由于丰富——心灵的富足。"

对于精神活动来说,丰富,才是超越的台基。

我会永远记住鲁枢元老师的这句:"丰富,才是超越的台基。"

鲁枢元说:何向阳的丰富,还表现在她对文学批评理论与方法的选择与运用上。

"向阳在攻读研究生期间,曾经较为系统地接受过文艺心理学的训练,对荣格与马斯洛尤其偏爱,这使她始终把研究核心落实在作家、作品人物的人格构建与演进上。但是,她对于文学现象的分析,又总是牢固地站在社会文化历史的立场上,从社会发展的大趋势中把握一个时期中人性、人格、人的精神活动的走向。她的那篇探讨诗人曾卓在逆境之中潜在写作的长篇论文,突出地表现了她的这一特点。早在五六年前,她又开始把生态学的原则引进文学批评的领域中来,以梭罗、爱默生、史怀泽、谈家桢、芭芭拉、埃伦费尔德的理性与情怀去阐释张炜、张承志、史铁生、韩少功、徐刚、李杭育这些中国新时期作家的作品,并一针见血地提出了'批评的心肠'来对抗已经被炒糊了的'批评的观念',在中国,何向阳算得上'生态文艺批评'的一位开路先锋了!"

鲁枢元是研究作家心理学的,20世纪90年代初已在中国文坛叫响。

1987年,郑州市文联在巩义开笔会,请来鲁枢元老师讲课,那时,我们对这位高大伟岸、壮如公牛的教授充满敬意,闲聊时,他对我说:听矫老师说,你的小说很先锋。富海,再写几篇,我给你评评。我激动地向他敬礼。这是不是"批评的心肠"呢。鲁枢元老师认可了何向阳的"批评的心肠"是对"批评的观念"的梳理,也认可了何向阳是"生态文艺批评"的开路先锋。

鲁枢元认为:比起对于概念、规律的信守,何向阳明显地更热衷于对现象的观察、捕捉、表达、描摹;比起对普遍法则的归纳,更致力于对个案的过程研究;比起对研究对象的客观冷静的剖析,她更擅长于饱含情绪的主观投入,不时地把自己摆放到自己当下书写的批评情景之中。

"她的这种写作状态,使她的批评文体呈现出引人注目的灵活性、变化性、多样性。读向阳的文章,就像是随她一起上路,路上随处展现的是变幻不定的风景:无边的旷野,静默的水流,寒夜的繁星,长空的彩虹。有时她指给我们看那气塞天地的风起云涌;有时她又从万绿丛中寻觅出细微的芒刺与花瓣;有时她从历史的隧洞深处给我们挽扶出一位白发三千丈的老人;有时她又从时代的托儿所里为我们牵引出一群形色不一的孩子,而且不多不少,一共12个……"

"在路上",是何向阳文学思维中一个潜在的、柔韧的、挥之不去的意象。她的第一本论文集就取名为《朝圣的故事或在路上》;第二本文集《肩上是风》,其实还是"在路上";其他一些文章的篇目,如《远方谁在赶路》《穿过》《梦游者永在旅途》,也都是"在路上";在尚未结集的《三代人》一文中,她又用近万字的篇幅满怀热诚地分析了凯鲁亚克的长篇小说《在路上》。

也许,生命的固有属性就是"在路上"。

我们生活着,也就是行进在路上。

然而,各人选择的道路并不相同,各人对上路的意义的理解并不相同,各人对路上的体验更不相同。

向阳或许是矛盾的。比起保尔式的"我们走在大路上"的坚定昂扬,多了几分困惑;比起狄安们狂放地向着"快乐老家"的进发,多了许多沉重;比那些放荡不羁的精神漫游者多了一些责任,比那些痴迷沉溺的宗教徒多了一些清醒;比那些虚无主义者多出了坚实的目的,比那些功利主义者多出了强烈的憧憬。这些矛盾与冲突在纠缠着她,也在支撑着她;在折磨着她,也在成就着她。

"在两极端之间,在存在与空无之间,我们是徘徊于一种暧昧渺茫的中间地带。"

"我清晰地看见有一条雄壮的大河般的道路在山间谷底奔腾蜿蜒。没有人知道它,只有我和那些牧人想着它……英雄的道路结束了,英雄的道路如今荒芜了。"

"这是一场生命的跋涉。在苍白、孱弱的世界里存留自己仰首为人的执着与肃穆,在如潮如涌的喧嚣中从容淡泊,怀着朝圣的心灵,殉道的精神,在征服世界之前首先征服了自身。"

"我们追求,我们寻找,我们在路上,我们忍受焦灼与饥渴,我们把青春、爱情、生命都搭了进去,或许奋斗到底依然看不见可意的结局,可是生命毕竟燃烧过、粉碎过、奔涌过、升腾过……苍凉的路的主题即是苍凉的人生的主题,追寻的焦虑与壮阔始终围绕着人而无法割舍,由'不甘'导出的奋进与热情已逐渐成为我们的生命方式与精神原则。"

以上这些文字,摘引自何向阳对张承志的评述,其中显然也透递出她自己的心声。尽管她在那篇文章中对张承志内心世界的矛盾冲突进行了理智清明的剖析,我仍然确信,张承志的困顿也是何向阳的困顿,"荒芜的英雄路"与"苍茫的朝圣路"仍然是一条路,这个文静柔韧的"中原女子"与那个凌厉强悍的"突厥男人"其实是在同一条道路上行走的人。

"荒芜的英雄路"与"苍茫的朝圣路"仍然是一条路。我们追求,我们寻找，我们在路上，我们忍受焦灼与饥渴，我们把青春、爱情、生命都搭了进去，或许奋斗到底依然看不见可意的结局，可是生命毕竟燃烧过、粉碎过、奔涌过、升腾过……

2011年，何向阳人生的特殊经历：大龄育子，《人格论·第一卷》问世。父亲何南丁写下《女儿的2011》。南丁老师写向阳，南丁老师说"我心疼痛"，因为向阳大龄怀孕，且在为出版社赶稿；南丁老师说"我心喜悦"：向阳电话告知"孩子，在我的怀里"。

南丁老师于2011年11月19日晚，随河南代表团乘180次列车赴京参加第八次作家代表大会，20日晨抵京，住北京饭店。用完早餐，在房间稍事休息，即去协和医院看望女儿，就看到了刚刚出生5天的外孙，一个挺健康挺俊朗的小小伙子。

南丁文写：此前，与女儿有频繁的电话往来，这小小伙子呱呱坠地的当天，即15日上午，女儿就在第一时间电话报告了我这个姥爷。女儿在电话中说"儿子正在我的身旁，儿子正在我的怀中"。女儿正在享受着初为人母的那种幸福、那份感动。看到了我已知的母子平安健康，我还是感到喜悦和欣慰。女儿沉醉于事业迷恋于写作，晚婚晚育，45岁时得子，不容易。

"亲了小外孙后，就看到女儿的床头柜上放着本醒目的书《人格论·第一卷》。女儿看到了我眼中的又一次惊喜，拿起那本由中华书局出版的40万言的精装书说：刚刚收到，这是我的又一个孩子。此时，北京冬日的阳光从产房朝南的窗户照射进来，格外地温暖和明媚。

"是这样。这又一个孩子，女儿孕育了20年之久。女儿关于人格与文学之关系的研究，开始于20年前，那时她还在郑州大学读文艺学硕士研究生。初稿于1991年3月、定稿于8月的《文学：人格的投影》长篇论文发表在《文学评论》。那是她毕业的一年，毕业后即到河南省社会科学院文学研究所工作，旋即开始《文学人格论》的准备与写作。有大量的中外文献要阅读,大量的案头功课要做,作为一个评论工作者,动态发展的文艺现象要追踪关注,许多新作品要读,要写文章,还有许多学术活动要参与,日常的生活也要过。《文学人格论》的写作,艰辛而漫长,至1995年写出30余万言的初稿,2004年完成50余万字的二稿。有同道看过,说是已可出版。我也鼓励女儿,先出版,之后还可修订。女儿是个完美主义者,她自己觉得总还有未尽如人意处,就将那书稿先搁置在抽屉里和电脑中。

"1991年,是女儿走出校门踏入社会的一年,20年来,她经历了许多,去农村作田野调查,从源头至入海口走了一趟黄河,考察母亲河源远流长的文化,作为访问者或访问学者去了西方和东方一些国家,陪伴在母亲的病床边经历了近两年的焦虑,丧母的伤痛,结婚,写文章,出书,获奖;2001年参加中国作家协会第六次代表大会,以青年评论家的身份当选为委员,为那届最年轻的委员;2002年参加中国共产党第十六次全国代表大会;之后,又参加团代会,当选为全国青联委员;调动工作,带职读博,获某些荣誉称号,如河南省劳动模范、全国三八红旗手等,这些,对女儿人格的成长,都提供了帮助。

"20年来,除一些散篇散章不计外,在《文学人格论》之前,女儿共出了9本书,皆为文艺评论、学术随笔、文化散文之类。其中有获全国青年社会科学优秀成果奖、鲁迅文学奖、冯牧文学奖、庄重文文学奖、中国当代文学研究优秀成果奖等的文字。

"我最期待的,还是《文学人格论》的出版。在女儿大学读书时,作为文学界人,以我的感悟,我曾向女儿说过,作家间的打拼,拼到最后,还是要拼人格。这大约也是女儿决心要研究文学与人格关系的动因之一。

"2008年,女儿调到中国作家协会创作研究部,工作益加繁忙。我就担心,她搁置起的《文学人格论》无暇定稿。我常向女儿说,做一个评论家当然好,更为理想的状态,还是要有自己的理论建树为好。

"女儿自有主意。她在电话中告诉我,拟将眼界拓宽,思维掘深,开始写作《文学人格论》,此书分三卷。第一卷:人格与史。梳理人格理论及相关人格思想形成的历史。第二卷:人格与文。以文学家的大量作品内外的人格显现作为例证,探讨作家精神中的成长、发生及其作用,探讨文学与人格之间的复杂关系。第三卷:人格与人。在历史与文学的纵横关系考察基础上,寻求文化意义的人格再生起点。如此,拟将已完成二稿的《文学人格论》揉碎重来,其中的基本内容将作为第二卷。

"如此浩大的工程,需要投入怎样大量的劳作,我就担心女儿的身体。果然,2009年冬天女儿大量失血,被送入协和医院抢救,女婿从四川山区剧组拍摄地星夜赶回北京照料。女儿怕我担心,事后才告知我,我给她寄去红枣核桃,正好去京参加一个研讨会,就看到脸色苍白精神疲惫的女儿。我心疼痛。

"2010年,国庆节前后女儿回郑州家中度假,带着她《人格论·第一卷》将完成稿,说中华书局已经催稿。她日夜坐在电脑前,就在家中基本定稿。

"2011年,又利用双休日,由女婿陪同去北京图书馆一一查实订正《人格论·第一卷》的数百条注释,一连数周。中午,图书馆休息时,他们就在国图附近找间餐馆便餐,找间钟点房稍事休息。终于交稿。"

这就是2011年11月20日上午,南丁老师在北京协和医院那间明亮的产房里,一次喜悦之后接着又一次惊喜的缘由。

何向阳,孩子两个:王子何、《人格论·第一卷》。

2011年9月,何向阳的《人格论·第一卷》由中华书局出版。

这是全国宣传文化系统"四个一批"人才作品文库中之一部。在"文库"出版说明中有这样的话:

"实施宣传文化系统'四个一批'人才培养工程,是党中央作出的一项重大战略决策,是推动实施人才强国战略,提高建设社会主义先进文化能力的重要举措。实施这一工程,旨在培养和造就一大批政治坚定,与党同心同德,具有广泛社会影响的一流的思想理论家、一流的记者编辑主持人、一流的出版家、一流的作家艺术家。"

"《文库》主要收集出版'四个一批'人才的代表作,包括理论专著论文、新闻出版、文学艺术作品等。"

何向阳是"四个一批"人才,是具有广泛影响的一流的思想理论家,她的《人格论》是其文艺理论代表作。

《人格论·第一卷》共分五章,附有《前言》《导言》《缀语》计38.8万字。

第一章 人格理论纂要。分两节:第一节 人格定义。一、词源:面具的隐喻。二、盘根错节的生长期。三、开放的自我。四、回到隐喻。第二节 人格心理学。一、边界。二、梳理。三、线索。

第二章 西方人格理论的主要流脉。分两节:第一节 人文思潮。一、分期。二、角色。1."逻各斯"。2."金、银与铜铁"。三、巨人。1.复兴:巨人时代。2.启蒙:理论与经验。四、自我。1.现代时期。2.理想及其冲突。3.人的问题。4.两座山峰。5.人格主义。6.杂语时代。7.补充场景。第二节 人格设计师们。

第三章 中国人格思想的重要取向。分四节:第一节 从神到儒的历史。一、神。二、英雄神话。三、天子。四、儒。1.圣人。2.君子。3.孔子与儒士。4.祭司。5.成人。第二节 真人到隐士的过渡。一、道。1.天人。2.圣人。3.真人至人神人。4.蝴蝶梦。5.隐士。6.魏晋风度。二、易。1.君子大人先王圣人。2.帝王。3.附:天人关系的解与结。第三节 佛与侠的分途。一、释。1.佛陀。2.佛菩萨。3.高僧僧伽。4.众生佛陀。二、侠。1.侠的演变。2.关节与骨殖。3.复仇鲜。第四节 职业化的介入及对人格的影响。一、巫。二、医。三、商。

第四章 人格理论在人文科学中的位置。

第五章 人格理论在人类文化中的作用及意义。

关于《人格伦·第一卷》的意义,用我的话来说是四个字:博大精深。20年孕育的一部大书,堪称厚重,近40万字的论说叙写,是对人类的精神剖析,古今中外,论从叙出,文化阐述,人文意蕴。是一部人格的文化历史考察分析与文学——人格理论的建构。

《人格论·第一卷》,人格与史。在人格历史的思想长河中渐次展开,回顾中国思想史中与人格思想相关的对于人的"模式"的探索与论述,并同时梳理西方文化学、心理学发展史中对于人格心理学的奠基与建立起过重大推进作用的学术观点,两者文化在人格探索与研究中的互补与推进,极大地丰富与扩展了人类关于自我认识的空间。

当然,对于历史中人格理论和人格思想的叙述,是在研究与对比的视点上展开的,比如对于儒、道、释、侠的关于"圣人""君子"诸多传统概念的分析,对于儒、侠、释等关于"人的内修"方面的同与异,以及"人的模式"在各个历史时期的贯穿与分化,本卷力求在历史资料的爬梳中,加入新的见解与心得,以求完整地勾勒出人格于驳杂的历史中的那些边角或轮廓。

何向阳20年孕育人格与史、人格与文、人格与人,她的第一卷已出,追溯她的初衷,在书的《导言》中有一段话,可以作印证:

"而人格研究,在中国,一直是人文学科研究的一股潜流,亦是文艺心理学研究的一股暗流,古代伦理价值基础上的人格思想在近现代仍然保持着它初期的淳朴,可以说中国几千年的人格理论一直存着同语重复的状态,这种状态一直持续到20世纪80年代中期。20世纪80年代始,中国学术对于国外先进思想的大量译介,使人格理论获得了发展的空间。但是,人格理论的发展仍局限于借鉴,而且人格心理学的学科成果国外研究的系统介绍与翻译本身,在变动不居的思潮引进中,并未有一以贯之的研究跟进,这种只是学科的移用方法的引进造成了另一种停滞,尽管在临近 21 世纪的几年里,尚有一些谈人格的零散文章,却也一直未能形成一种研究风尚。

"人格,是有着一种命运感的东西,它不只是一种纸面上的概念,它也从来不是某种学问中的空洞的框架,它是需要人的真实的血肉去填充而使之始终保持生命的一种学问。"

经典!何向阳又说:我相信在我们向文字注入生命和使文字最终变化生命的这项活动中,一定包含了我们自身尚未自知的自由精神与宇宙神性。

何向阳在《导言》里,要我们与她一起谨记《奥义书》的一段:

"在我内心的是具有伟大灵魂的人,是超越了时代、死亡和不幸,超越了饥饿和干渴的人,他在思想和行为上是纯真的,我们必须寻求他,我们必须认识他。"

何向阳还有一句话:

"父亲曾说:一切文字,写到最后,只是两个字'人格'。"

何向阳的父亲:何南丁。

评论家何向阳还担任中国小说学会副会长,会长是冯骥才。自上任,向阳对每年的小说都会作一年度的观察、综述。

如 2012 年的中篇小说综述《从今潮上君须上 更看银山二十回》,发在《文艺报》2013 年 2 月 22 日"文学评论"版。

苏东坡诗的意境为大标题,引人入胜。文章评介了王蒙、水运宪、陈世旭、阿成、杨争光、邓一光、龙凤伟、王安忆、方方、陈应松、杨少衡、王松等。入眼帘的皆是大家名家。女作家单列:迟子建、北北、须一瓜、徐虹、计文君、阿袁、邵丽、乔叶、滕肖澜、付秀莹、孙频、陈谦、张翎等均有佳作推出。另一层面是青年作家戈舟、畀愚、余一鸣、东君表现可圈可点。

向阳评说:2012 年相对稳定的中篇小说作家群体几乎都将视点收回山,这种现象引人关注。在小说写法上,2012 年中篇小说文体更趋多样化,散文体、说书文体甚至有年谱人文,小说本身的探索性与试验性得到增强,文体上比往年更显鲜活和生机。

这是向阳对2012年中篇小说质和量上都保持着不逊于以往的强劲之势的整体评价。

我读向阳的这篇文学评论,感觉视角是非常"新鲜"。

其中,《闯入者与叩门人》,我看王蒙《悬疑的荒芜》、荆永鸣《北京邻居》、陈河《西雁河》、王安忆《众声喧哗》、格非《隐身衣》中的"闯入者"与"叩门人",打破生活的平静,在柴米油盐的交往中,不打不相识,结下的深厚友谊,闯入乡村,进入城市并参与改写历史的身影,叫"资本"。生活在一团混乱与困惑中,"事若求全何所乐?"叩门人式的闯入者隐身而退,由此找到了内心宁静的生活。

《白头吟与无衣令》,写计文君的《白头吟》的婚姻事件,岁月见长,设立"闻君有两意,故来相决绝"的烈性,而多了仁慈与宽恕。畀愚的《暗夜》中女主人对于丈夫的爱,对于民族的爱,他能够找到比之更好的生活吗? 时光没有答案,最无情的,也正是时光。蒋韵的《玻璃》写的是无情时光中的有情人。她伏在爱人的墓碑上流下了泪水,不只是为爱的相失,也为她心中理想的找回。阿袁的《守身如玉》,你会看到女性心灵深处的真正困境。才德兼备加之节烈忠贞,仍不能对付迎面而来的种种是非。刘庆邦的《东风嫁》中东风以卖身生计,村人知晓,嫁人,被羞辱,致使想安心过日子的米东风逃离而去。付秀莹的《无衣令》用青春抵押享受生活,还发短信给她精神尊严的石宽。用的是写战争的诗句,"岂曰无衣?与子同袍"。如此,女性人格的文学重建工作,任重而道远。

《温的血与凌波渡》,写阿成的《例行私事》,保持着娓娓道来的从容风度。如此温热的小说,可谓散文化。真情动人心弦。同样让人流泪,"只有在母亲身边才是安稳的,我觉得自己和一个婴儿并无二致"的让人心疼的句子,是徐虹《温的血》。张翎的《夏天》对于血缘的女性天生敏锐。我们眼见了成长,也眼见了一个时代中的千万家庭。陈谦的《繁枝》、余一鸣的《愤怒的小鸟》、戈舟的《等深》都是写亲情的。陈谦的叙述使我们沉醉于小说手法魅力——人物形象可以通过另一个人的话语而塑造成型。余一鸣借写了金圣木一代对父辈的反叛。戈舟《等深》意在引出一个两代人的道德底线的故事。还有孙频的《凌波渡》写的是孤芳自赏、孤影自怜的两个大学生,其实是凌波虚度,一脚踩下去,下面是空的。1983年出生的孙频,她对这代人的观察与自省所达到的深度,让我们惊喜。李亚的《武人列传》、东君的《苏薏园先生年谱》一借用民间说书的形式,让人耳目一新;一用了最为朴素、写实的方式——年谱。

向阳对我说:我看重文体。

"从今潮上君须上,更看银山二十回。"

人 与 文

文学史的承载,
人文精神的时代感

开反思文学之先河。从某种角度说,文学就是精神能源学。作家间的打拼,拼到最后,还是要拼人格。他是文化符号、当代文贤、文学豫军旗手、中原文化的开辟者、知识分子风骨的传承者践行者。

南丁老师说:每一个个体生命中都储存有煤、油、气等能源矿藏。文学就是要将这些能源进行开发,使生命有意义地有意思地有意味地燃烧。或者说,让生命灿烂地美丽地优雅地绽放。从某种角度说,文学就是精神能源学。人与文。

在写这一章的时候,我力图在大量的采访、评论、研讨会的材料中挖掘出南丁文化生命的光彩,人格魅力的善与温暖。

人与文,历史检验南丁,学者专家研讨南丁,后学文友学习南丁,是一次次南丁独特人文精神灿烂的绽放。

庞嘉季曾是《奔流》《莽原》的主编。我曾在他领导下"帮忙"工作一段。嘉季不仅是资深编辑家,也是著名评论家,他是我文学引路人。他每文我必读。

嘉季多次与我说过南丁,现在回忆,嘉季老师与我谈南丁印象极深的有三次。第一次是1980年的夏天,我在《奔流》帮忙编青年专号"蓓蕾",嘉季时任《奔流》编辑部主任,他通知我说:文联办文学讲习班,全省重点作者有40多人参加,你也参加。我给南丁说了,你的《幻想曲》是青年题材,我等了一年,等到了,咱们河南创作总是比全国慢半拍。富海,你参加讲习班,不要误了编稿子。谈话间,我递上列的读书书目,嘉季老师看后,说:可以,不必作计划多长时间看完,有的要粗读,经典的有特色的要常读;另外,河南的,你要读南丁的作品,他与其他河南作家不一样。我点头称是。没等我去讲习班报到,省作协副秘书长杨晓杰来编辑部了,他通知我,明天进学习班,我俩相视而笑,因为"学习班"是"文革"产物。

嘉季第一次谈南丁,我也第一次知道了南丁在一位资深编辑家、评论家心中的位置。

第二次嘉季谈南丁是1983年的春天,在嘉季老师的家,他住的是医学院家属院,与我工作单位近在咫尺,我常去与他聊天。嘉季老师很整洁,他的客房也是四壁书,书桌旁堆放着杂志,他偶尔也抽烟,抽一半就摁灭了。这天上午,我去取送他的小盆景。见我来,他很热情,说:你送我的小盆景,走的时候拿回去,我怕养不活,养死了不好,它也是一个生命啊。我笑了,说:死了我再给你培育。嘉季老师连连摆手,镜片后的眼睛都瞪圆了:不可以,不可以,一定拿走,在你手里它会活得很健康。好,坐吧。我答应,坐在他的对面,说:听刘思说,有一次吃饭,见桌上有鱼,你说,鱼呀,我们在吃你,可你都不知怎么死的。你不吃鱼,光吃菜。嘉季老师笑了:那是我不喜欢吃鱼。嘉季老师转了话题,说:小赵,别干编辑,搞创作,还是作家好,你看南丁,刚宣布文联主席,他是作家,著作等身了,看一看,哪一省、哪一任有编辑当文联主席的,你没作品,没东西留下来。一个老编辑家无奈的叹息。我"哦"了一声,说:南丁,非他莫属。嘉季老师说:还兼党组书记,众望所归。

嘉季老师一向淡然处世,内敛而心善,我说:你的作品是作家、作者,你是很受敬仰的人。他笑了,说:一片心血扶持一个作家,一篇作品成名,也就把你忘了。我说:我不会,我永远记住是你引我入文学大门的。可能吧,嘉季老师叹了一口气,说:你,还有圣一,你俩是郑州市的接班人,我把你们弄到省文联,郑州市有意见呢。嘉季情绪好了许多:可惜呀,没能把你俩留住。正在这时,黄大夫进来说:黑丁、南丁来了。嘉季老师突地站起身,说:忘了,今天上午黑丁、南丁来看我,去吃个饭,小赵,一块。我也突地站起身,一边摆手,一边说:绝对不行!不够份儿!转身出门,逃也似的走了,小盆景是隔天取走的。

第三次嘉季老师谈南丁是1984年的《莽原》鸡公山中篇小说笔会,嘉季老师时任《莽原》主编,主持了这次笔会。一次会,两次谈到南丁,开班会上,嘉季老师说:我本来想退休,南丁又让我干,说《莽原》刚起步不久,他上任公务缠身,你看,他文联主席当了,刊物编不成了,他说,他创作也没时间了,他请我出山,出吧,我这就来了,办这个中篇小说笔会,是与南丁议定的。另一次是会议结束,信阳市文联办酒会,嘉季喝醉了,我与齐岸青扶他上了火车,上车、落座,嘉季老师一伸手:小赵,给我一支香烟。递上,给他点着。他突然问说:十几部中篇,写得太实,怎么就不会空灵一些,打破编个故事,写个人物不行嘛,看南丁的《旗》《尾巴》空灵让人反思。嘉季老师常将"空灵"二字挂在嘴边,还说过,空灵是南丁作品与河南作家的最大区别。语言,嘉季老师又说,他的语言诙谐、幽默,还有《尾巴》的语言,嗯——十几部,太实、太土啊。岸青的好些。

嘉季谈南丁早已贮存在我的脑海里,因是与我私谈,从未向外披露过,在采访南丁老师的时候,我向他谈过,尤其是南丁上任文联主席,拜访嘉季的那段话,南丁老师静静地听,说:我俩是先后来文联的,他扶持出河南许多作家,把一生献给了编辑事业,最令我们尊敬。南丁说嘉季的文学评论非一般人的评论、评判,常有令人意想不到的提法和观点,有历史感,剖析人的精神世界。今年八月十五,南丁老师去看嘉季老师,礼物是作家出版社出版的"1999—2009 共和国作家文库"《南丁小说选》中嘉季老师评南丁的《作家的忠诚》(代跋)和月饼。嘉季老师高兴地说:我的文章在你的书中留下了,作品集是最好的礼物,还大声说了句"谢谢"!

我看到了这篇嘉季评南丁的长文,开篇即能将人抓住,嘉季说:南丁是挟带着一股清新刚健的朝气进入文坛的。

嘉季这篇长文,集中论说了南丁的作品和人格魅力。首篇评的是《检验工叶英》。发这篇小说时,嘉季已与南丁共事,最为知根知底。嘉季认为:小说中的主人公叶英代表着一代新人进入了文学的人物画廊。叶英是那个时代的青年人的一个典型。她对国家财物的责任感,对自己职务的荣誉感,对人对事不徇私情的原则性,反映着新中国正在形成中的新的道德观念与那个时期的社会风尚。这篇作品的确充满了新意。它取材新,写了当时还很少反映的工业战线的生活,它的人物新,塑造了一代新人的形象。这篇作品反映了人们的革命精神,它当时给读者以鼓舞,今天来读,它的那种进取精神仍能给人以感染与触动。

时代造就作家。作家审视生活的年代。嘉季断语:干预生活的口号被引进了来。南丁在这个时期很写了几篇所谓鞭挞落后意识的作品,如《苦恼》《良心》《被告》,以及那篇曾被作为毒草批判,后来被收入《重放的鲜花》集子中的短篇小说《科长》。

生活与革命的教育使得作家接受了现实主义。一个现实主义的党员作家,怎能不面向现实,去歌颂他所认为的光明,去鞭挞他所以为的黑暗,为革命事业排除障碍、鸣锣开道呢? 可是,在不久以后的反右派扩大化的浪潮中,这篇作品竟被视为提倡抗上精神、反领导、反党的毒草受到了批判。作家本人也遭到厄运,被错划为右派分子,下放到农村劳动。生活上的这一段曲折,使作家中止了有着很好开始的工业题材的创作,而把视野转向了广阔的农村。

作品与作家,作家与生活,作家与被打击、被迫害的生活,南丁是怎样对待的呢? 嘉季可谓深刻地剖析出一个年轻作家南丁的生活观。

他说:南丁始终不渝地热爱生活,他把这看成是通往人民心灵深处的桥。嘉季说"桥",比之"贴近生活"更为形象、直观。文学艺术是人类社会生活的反映,生活是文学艺术创作的唯一源泉。这确实是不移的真理。生活上遇到了曲折,政治上受到了委屈,但是南丁到生活中去了,深入到人民生活中间了。南丁表现了对生活的可贵的忠诚。他认认真真地生活,后来他又实实在在地反映这段生活。他是落脚于大地上,而不是扶摇于九空。1959 年他被下放到大别山区,在这里他生活与劳动了整整 4 年。他曾和森林里的伐木者一道扛运沉重的巨木,当过集体大食堂的专业挑水员,一天要为百人用饭的食堂担四五十挑水;他开采过矿石,放过可以危及生命的"开山炮";他曾在河边淘过铁砂,担着百多斤重的担子往钢铁基地上送;他也曾挑过大别山农民称之为"草头"的稻捆,把那足有 200 斤重的有着饱满谷粒的稻捆,从田里一口气担到场里的大垛上,竟至赢得了农村小伙子们的尊敬。在那脑力劳动不被认为是劳动的年代,这真是彻底的"知识分子劳动化"了,他通过艰苦的劳动,成了这些体力劳动者中可信赖的一员。他曾在一篇文章中诗意般地描写了这段生活的一个片断:每天的黄昏,我们就把铁砂送到6里地外的公社所在地去。当然是挑着担子送去,山路崎岖,往往是100多斤的担子。冬夜,我们夜战,一弯冷月,流水汩汩,萤萤篝火,我们那位淘沙者唱着永远唱不完的大别山区的古老民歌,动人极了,难以忘怀。

南丁,他是把自己融进劳动生活中去了。这最大的收获就是消除了他与劳动者间的"隔",真正达到与劳动者"同呼吸,共患难"的境地。

大别山4年,伏牛山3年,两段7年的山民生活,给南丁的不仅是"知识分子劳动化",更为重要的是一个作家的良知与社会担当。回城之后,南丁陆续发表了《旗》《尾巴》《新绿》《他们两个短促一生的编年史》等作品,这些作品,当时引起很大反响,历史地看,无论是从主题还是结构、语言,与过去的河南作家的作品都有很大的不同。这是南丁创作的最佳状态,是高峰,他写出了"开反思文化之先河"的作品,留下时代的记忆,供我们思考的名篇。

在这里,我认为,嘉季老师是文化先觉:一、他第一个指出作家在关注"十年动乱",而南丁将读者的视线引向"大跃进"的浮夸风;二、他肯定了《旗》开了反思文学的先河,在他之后,一些评论家、作家、记者才说出了《旗》是开先河的反思文学;三、人格的品位决定了作品的品位——作家对历史和人民的责任感,对人民的忠诚。

嘉季在分析评介南丁的作品之后,认为:一、南丁一直生活在人民之中、现实之中。在曲折的历史道路上,他没有辜负党的教导,没有背离人民,没有脱离现实。二、他坚持了革命现实主义的写作,在使人眼花缭乱的历史进程中,他没有遁入历史与空门,到历史故事与哲理探讨的玄思中去讨生活。三、他没有抒发一己的哀愁,或是以自我情感的内省去取代人民生活的反映。他以他的作品鞭挞黑暗,歌颂光明,点燃理想。

读完嘉季的评论,我在想:几次专访南丁老师,几次说到他的最佳创作状态,这就有了一个规律性的东西,是南丁独有的——凡是他处在最佳创作状态,势必出大作品、出名篇。20世纪50年代在他的创作最佳状态出了《检验工叶英》《科长》,80年代他的最佳状态出了《旗》《尾巴》《新绿》《他们两个短促一生的编年史》。

南丁营造了河南文坛的盛极一时,访谈者络绎不绝,在他离任省文联主席之后,新闻、文学等部门在寻找文坛的光辉顶点时,仍然瞄准他。

这成了一种文化现象。

作家胡竹峰访谈南丁,写出《中原文坛的一面大旗》,《郑州晚报》的资深记者、作家尚新娇,充满情感地写出《南丁访谈录》。胡竹峰的文字在网上的点击率破数万大关。胡竹峰从两个方面评说南丁:一是他的影响几代人的作品《检验工叶英》《科长》《旗》。二是南丁在任上的作为。他写道:1980年春,他被选为河南作协副主席;1981年5月,南丁创办《莽原》双月刊,跟着就开办起讲习班,组织了令文艺界久违的"采风"活动,这些活动的具体领导者就是时为省作协副主席的南丁。

胡竹峰说:许多年之后,当我在打量河南文学史时,不得不承认,这些活动为河南文学的发展起到很大作用。1980年代后期,"文学豫军"横空出世,而豫军的中坚力量就有不少出自当年那一期文学讲习班,《莽原》杂志上发表的多篇小说,相继荣获全国优秀作品奖,成为当代文学的经典之作。

胡竹峰评说:1950年代的南丁,在文学里耕耘;1960年代的南丁,在生活中颠沛;1970年代的南丁,在风雨中飘摇;1980年代的南丁,扛起了中原大地的文艺大旗。

尚新娇是《郑州晚报》的名记者、作家,她对南丁仰慕已久。我看了不少非评论家采访南丁的共同之处,一是敬仰。在尚新娇眼里和心中,南丁是她仰望的星辰,瞩目的山峰。在一些有关文学的会议上,我默默地观望着主席台上的南丁前辈,他坐在那里,气场足以凝聚会场上所有人的目光,犹如一道山水辽阔、深沉静远的风景。第二个共同点是对南丁作品的仰慕和赞美。南阳诗会之后,我在朋友那里借到一套《南丁文集》。一段时间以来,我一直沉浸其中,小说、评论、随笔、散文、诗歌,几乎囊括了文学题材的所有门类,煌煌五本巨著。我撂在床头,每日触手可及,视为满足。他的作品读来通晓畅白,睿智谐趣,看似文句并无奇崛,实有大意蕴藏其间。行文中,不时幽你一默,令人意外,叫绝。我常常边读边品,品得莞尔,乐得抚掌。让人增添阅读兴致的是,作品中穿插了许多珍贵的老照片,照片上人物的衣着、表情与背景展现的一切,形象地再现了过去的时代风貌。照片的穿插,丰富了文字的阐述,对作品是一种开掘纵深,极易唤起读者对那个时代的回忆或想象。《南丁文集》里写道,时代的文学应当与它所处的时代声息相通。他的三篇入选《中国新文学大系》的小说即有鲜明的时代特征。

《采钨》就是其中具有代表性的一篇散文,写的是南丁被打成右派,在新县一个钨矿劳动改造的情形。

我问他:想不到您这样一个文质彬彬的书生还会抡大锤,做乡下汉子做的事情。我又提到他写的两句顺口溜"日日采钨南天门,浑然不觉朝与暮",南丁呵呵笑了,那笑声就是答案,笑声里没有沧桑,只有坦然。《采钨》记载了他生命中特殊的经历,也是最能升华生命的体验,这里面有他对那个年代的反思与感悟。暮年回首,他已大而化之,完全没有了作为个体的恩怨,并且恍然领悟,顿生崇高之感:30多年前,我们在浒湾采钨,竟是参与了采集光明的事业,叫人自豪,叫人生发出许多联想。

南丁在回忆下乡的那个村子时,动情地写道:我家的炊烟与下营村农户们的炊烟相亲相爱地缠绕在一起,缠绕了一千个日子。一个人的一生,能有多少个一千个日子呢?下营村农民给我的感受,就如同喝了红薯娃大玉米糁糊汤,香甜。

看到大石头上生长着的几棵黄檀树,南丁写道:入夜,在家里对灯夜读,有风时会听到那檀树叶飒飒作响,我感觉那是生命的旗帜在我头顶上的星空飘扬。白天是劳动改造,晚上则亮起思索的灯盏,在那样的艰苦动乱岁月中,他没有忘记作为一介知识分子肩上的责任,没有忘记一个作家对国家命运的思考。他的一幅照片就是当时真实的写照:站在自家的小屋旁,身边是农田,一身不怎么整洁、略显臃肿的蓝布棉衣,脸上看起来胡子拉碴,带着倦容,像是刚刚劳动回来,外表与当地农民并无二致,而他凝眸远眺的神情则使他区别周遭,因为我从他的神情中看到了另一种光辉和神采。

另一种光辉和神采,浓缩一下,那是南丁独特的人生价值观、文学观,他把文学称作精神能源学。他说,文学应当开发人们精神中本来存在的能源,开发人们精神中本来存在的煤电油气。

是的,一个提供精神能源的人,本身就应该是一个精神能源丰富的矿藏,达观,仁厚,相信未来,有足够的力量抵御平庸生活,乃至恶劣的生存环境。

第三个共同点,对南丁"弃文从政"的惋惜和歌赞。共同的话语是:中国文坛失去了一位名作家,河南文艺界有了一位领袖。1980年春,南丁被选为河南省作协副主席。1981年5月,酝酿经年,以发表中篇小说为主的大型文学刊物《莽原》终于问世,它向外透露出这样的信息:办一个文学的阵地,拉起一支文学豫军的队伍。1983年,组织上又任命南丁为省文联主席兼党组书记,他失去了最佳创作时期。他只好暂时放下手中的笔,忍痛割爱,从此,河南文坛上少了一位小说大家,却多了一位组织者和园丁。他把全部心血投入到河南省的文化艺术事业上来。其间,在南丁的组织领导下,又创刊了《散文选刊》《故事家》等,丰富壮大了河南省的文学期刊,扩大了河南期刊在全国的影响力。

讲到这段工作经历时,南丁回忆道:行政工作很复杂,方方面面都要考虑,不只是创作问题,还有作家的吃喝拉撒,工资、住房、评职称等。我这人干什么都讲究投入,所以根本没时间再搞小说创作。

南丁还有一句话,应视为经典,这句话是:作家最终拼的是人格。这是第四个共同点,南丁的人格魅力。南丁的人格魅力——园丁,他带出了一个文学豫军方阵;"责任"二字,当作家如此,当官亦如此。南丁当省文联主席,称自己干的是服务行业,实践证明,他确是一个称职的为人所称道的园丁,关注发现娇艳绽放的鲜花,也关心寂然无名的野花小草,指教提携,尽心尽力。

单人散篇评说南丁,真实地写出一个作家的大作品的时代和永恒,作家的人格闪光,我甚为高兴的是,作家、记者引用了我评说南丁的话语,如"文化符号",如"黄埔一期",如"文学豫军横空出世"。

南丁的《南丁文集》五卷本出版,这是河南文坛的大事,河南省文联出面举办,党组书记主持会议首发,省文化厅副厅长、省人大工委主任、著名作家、评论家与会祝贺,评说南丁和他的《南丁文集》。

2007年,河南省文联隆重举办了《南丁文集》首发式暨南丁文学生涯56年研讨会。这次会议请来了省内文化、社科、文学、政府官员近百人,他们共同认为:在河南生活、工作了60余年的南丁,是中原文化历史长河中屈指可数的当代文贤,一个新时期文学豫军的旗帜、园丁和领头羊,一个中原优秀文学传统的开辟者、奠基者,一代知识分子风骨的传承者、践行者。

梳理与学习,思考与解读,我从五个方面作了整合:

1. 作家南丁的现实主义,《检验工叶英》与《旗》的标志性意义。

著名作家李佩甫,曾是1980年"黄埔一期"的学员,南丁是他的文学引路人,他的《羊的门》在中国文坛引起巨大反响,他的官也做到省文联副主席的位上。他认为:《检验工叶英》,那是20世纪50年代的名篇;"文化大革命"后的《旗》,那是一个时代开先河的作品,比红极一时的《黑旗》和《剪辑错了的故事》发表早得多,这就是一个作家的敏锐!他的中篇小说《尾巴》,又是中国作家当中最早走向探索的作品。作家段荃法,原省作协副主席、秘书长,是20世纪50年代出道的作家,他的名篇《状元搬妻》,是农村题材不可逾越的高峰。他说:20世纪50年代初,南丁发表了他的成名作《检验工叶英》,至今已有半个多世纪,读来仍令人难忘。南丁的《旗》《尾巴》等"反思文学",为河南文学豫军增添了光彩。

河南省原作协主席、著名作家张宇认为:南丁是对中国文学特别是河南文学有突出贡献的人物。关于作品,他说:南丁的短篇小说《检验工叶英》《旗》、中篇小说《尾巴》,都曾经是中国文学不同时期的代表作品、名篇,他也因此而闻名全国。作家郑彦英,曾任河南省文学院院长,他说南丁是我们的楷模,南丁的作品、他的小说曾作为课文,影响了一代人。新时期以来,他对小说形式和文学精神的探索更值得我们学习。

著名散文家、河南省散文学会原会长王剑冰认为:南丁对散文、随笔这种文体也得心应手,更像他的为人,自然、朴实、不爱张扬、睿智幽默、文采飞扬。我几乎读过他所有的散文作品。《魂系太行》《怀念戴厚英》《永远的老乔》《忆李蕤》,他的散文多写人物,多将感情浸润其中,让人感慨社会、人生、友情的多个层面及思想、精神的深度。他的语言流畅自然,毫无雕饰之刻意,就像他走路的步态,从容、沉稳。而技巧也便隐于这不露声色之中。看他的文章,像听一个会讲故事的人谈话。他的文章中,总有一种新鲜的东西,一种抓人的东西,一种让人会意又让人思考的东西。他无论写人写事写景,总有自己独特的视角,独特的话语方式。

三位著名评论家孙荪、何弘、何向阳以新的视角评说南丁的作品。孙荪认为:南丁是小说家、诗人、评论家,具有大家风范。他把宏大与细腻,敏锐与深刻,激情与理性结合得很好,构成了对文学豫军通常集体风格的超越。何弘认为:南丁在"十七年"和"新时期"这两次文学创作高潮中,都有优秀的作品问世,从《检验工叶英》《科长》《被告》,到《旗》《尾巴》,

都是当时河南乃至中国文学的代表性作品。何向阳认为:南丁小说、杂文同时入选《中国新文学大系》很有寓意。南丁是一位多面手,单用小说家无法定位他。她说南丁的小说中充满杂文因素黑色幽默。这在南丁早期《科长》和新时期《旗》中都有鲜明体现,其杂文名篇《"糊涂涂"、"常有理"、"惹不起"》更是柔中带刚,内含犀利,真正秉承了鲁迅一代知识分子的风骨,对于自封建社会以来的人之奴性和基于这奴性人格土壤生成的另一极端——人性中的霸权,作家做到了毫不留情。这种对于反人性的病态人格的深入探索贯穿于他从《被告》到《死魂灵》的几十年创作中,成就了他求真求善的写作理想。《南丁文集》涉及小说、诗歌、散文、随笔、评论创作多个侧面,单凭小说一项,也能撑得起这个多面。南丁在20世纪50年代以写城市生活起家,80年代却以农村题材复出,1978年《旗》开反思文学之先河,其创作的立意变化以及与《检验工叶英》审视生活角度的不同值得研究,城、乡之外,另一条线索也从未中止,对于国民灵魂的省思,更见其炽热冷峻。《科长》中磕头虫的比喻,在政治文明建设的今天仍具很强的现实意义,有人说,50年后还能读出味道的作品可谓不朽,《科长》距今已过50年,作品的艺术生命力从中可见一斑。

南丁坚持现实主义创作,提倡现实主义创作,50年来一以贯之,也是这次研讨会的重点话题。

作家李洱说到现实主义创作时,回顾南丁的作品,从1954年的《回村路上》和《检验工叶英》,它同时显示了南丁对不同的生活领域的把握能力,我称之为"南丁式的现实主义"。李洱进一步说道:乡村生活和城镇生活,农村的互助组长和工厂车间的女检验员,在南丁先生笔下妙趣横生,形象鲜明。南丁先生用词造句简洁文雅,有着绝妙的分寸感。南丁先生的作品总是充满着现实主义的情怀。一个作家关心现实,当然责无旁贷。我想说的是,南丁先生有自己关心现实、切入现实、表现现实的方式,那是一种可以称之为"南丁式的现实主义"。南丁先生的作品不回避生活的艰难、庸常和苦难,但凡事都从入情入理处下笔,准确呈现出生活和人性的复杂性。如果不是系统地阅读南丁先生的作品,我几乎很难发现他的作品有如此多的创新。短篇小说《他们两个短促一生的编年史》和中篇小说《尾巴》,给我印象尤为深刻。写于1979年的《编年史》和1980年的《尾巴》,在当年一定是最新潮的作品。我个人认为,《尾巴》是中国新时期文学最重要的篇章之一。熟悉新时期文学史的人都知道,迟至1986年,《尾巴》这种类型的小说才引起了文坛的注意,批评家称之为"元小说"。但正如我们所知道的,1986年以及此后几年出现的众多"元小说"作品,大多仅仅表现为形式上的叙事圈套。但《尾巴》却将虚构与现实熔于一炉,将现实主义小说与"元小说"熔于一炉,将形式创新与历史反思熔于一炉。我为以前没有读过这篇小说而深感遗憾。坦率地说,正是因为重新阅读了《尾巴》,我对南丁先生所代表的河南文学传统有了新的理解。这是一个植根于现实文学的传统,它在不断的文学反思中艰难前行,并在反思中寻求新的表达方式。每个青年作家都是河南文学传统的一部分,我们从中受到了激励。

作家、河南省作协副主席杨东明也说现实主义创作原则,他说:记得南丁老把两句话挂在嘴边,"老老实实的现实主义""靠现实主义吃饭"。这两句话他是身体力行的,20世纪50年代他有《检验工叶英》等一批出色的小说,新时期他又发表了《尾巴》《亮雨》等中短篇小说,都是文学的精品。

著名作家、河南省作协副主席王钢在谈到现实主义创作时,说:南丁早年曾是诗人,以诗起步的作家和以小说起步的作家,终究是不一样的。南丁写了几十年现实主义小说后,笔下文字仍像一群认得归途的白鸽,忍不住回头向浪漫的诗境飞翔。南丁像文学森林里一挂老藤,枝干虬曲苍劲,叶片清灵葱茏。

2. 园丁南丁,大德必寿,成就一群。

两个官员评说园丁南丁。河南省人大常委会委员、内司工委原副主任、省直作协主席赵世信,从小就读过南丁的《检验工叶英》,至今还有深刻的印象。南丁是河南文坛辛勤的园丁,他扶持青年作家,创办刊物。我们从他的《南丁文集》五卷本中可以看到一个真实完整的南丁,可以看到河南在新中国成立以来文学艺术发展的轨迹。文化官员、省文联副主席王洪应怀着激动的心情,评说了南丁的文品和人品。南丁用他的大半生给我们做了一个榜样:他是文学园丁。他教我们怎样做人,怎样写作,他用心歌颂真善美,用力鞭笞假恶丑。南丁笔法,形成了自己独特的风格:清新、洗练、机智、幽默。南丁属于那种"高格调""高智慧"的作家,他的作品,绝不是无病呻吟,都是有感而发,意气平和,给人思想和回味,他不会板着脸教训人,他人是善良的,作品也是善良的。

著名编辑家、《小小说选刊》主编杨晓敏说到园丁南丁,主要是说他对小小说的定位。南丁之于小小说文体的成长定位,有着精辟的见解。他说:小小说是一滴水的艺术。这一论断,可能是最早认可小小说是一种文体创新的理论发端。南丁先生又说:小小说创作是营造绿地的事业。今天的小小说事业的蔚然气象,再一次印证了南丁先生的远见卓识。南丁先生还说:小小说是英俊少年,英俊少年没有那么多曲里拐弯,没有那么多老谋深算,没有那么深不可测,认识了他的面貌就认识了他的心灵,与英俊少年交往真是一件惬意的轻松的事。小小说这朵文学小花、《小小说选刊》这枝文坛奇葩是顾问南丁用心血智慧浇灌出来的。

诗人、河南文艺出版社原社长王幅明,在评说《南丁文集》的最大价值时,对南丁也称为园丁。他说:对后学与后生的提携,收在评论集《微调》中有近30篇序言,南丁像一个辛勤的园丁,为一些鲜艳的和不够鲜艳的野花培土、浇灌;他的评论不是枯燥的说教,常常用诗意的散文笔调来写,因为他原本就是一位诗人。《莽原》主编陈枫深情地说:多年相处,南丁老师以他的人品和文品让我懂得了什么是真正的知识分子,什么是对文学身与心的奉献,什么是人的责任;南丁老师是《莽原》的创始人,阅字千万,成就一群,我代表这一群感谢您、祝福您。著名作家、省作协副主席邵丽很小的时候就知道了南丁这个著名的名字:当他从纸页上走到我面前,真实的感受就是一个慈爱的家长,永远保持着旺盛的精力和勃勃的热情;老先生长期主持文艺界工作,热心奖掖文学新人,可谓桃李满天下;老先生睿智、乐观、幽默风趣、童心未泯;古人说"大德必寿""君子无忧",我想把这两句话送给他。

《光明日报》记者刘先琴,20世纪70年代末曾求教于南丁,她说是南丁指引她走上文学殿堂的。刘先琴说:对于河南文学事业,他始终是一位直接的引导者,20世纪50年代至今的河南作家队伍中成就显著者,都与他有过交往,接受过他的教诲;同时,他又始终是一位耕耘者,他不停地创作不仅贡献于河南文学园地,更是一种昭示和榜样,正如我最初的记忆,让我领悟什么叫文学,什么叫作家。

在研讨会上,多位作家以感恩的心情说到南丁是园丁,扶持文学新人,河南省文学院原院长郑彦英,省作协副主席杨东明,省文联原副主席李佩甫,省作协原主席张宇,省文联原副主席田中禾,都感同身受地说到南丁上任文联主席,一是拓展阵地办好《莽原》;二是管好队伍,打响文学豫军;三是加强专业作家队伍建设。先后调入文联的有张宇、田中禾、杨东明、郑彦英等人,这几位不负南丁期望,其作品也先后震动河南乃至中国文坛。如田中禾的《五月》、张一弓的中篇小说《张铁匠的罗曼史》获全国中短篇小说大奖,李佩甫的《羊的门》震动中国文坛,郑彦英的散文获鲁迅文学奖,杨东明的城市系列小说在全国有了深远的影响,齐岸青的《执火者》空灵而有书卷气,张斌的系列小说在国内颇具影响。张宇动情地说:南丁对我们这一茬作家从思想上到生活上都非常关心。他自己的人格魅力,才华横溢又正派善良厚道,这很难得。我自己相信我们几个中年作家都是从学习南丁做人开始成长和进步的。省文学院原院长、作家郑彦英以南丁为楷模,最重要的有四条,即他的做人、做文、做事和做父亲。南丁做人,并非刻意制定一个如何做的道路或方向,而是他的品质——正直、善良、忠厚——所决定的。正因为具有如此品质,所以他离休数年,年逾古稀,依然备受人们敬仰。南丁做文也是成功的,他的小说曾作为课文,影响了一代人。新时期以来,他对小说形式和文学精神的探索更是值得我们学习。南丁做的最重要的事情是为河南文学的振兴做了人才准备,杨东明、张宇、李佩甫和我都是南丁调来的,当时我们才崭露头角,南丁调我们到文联担任专业作家,为我们提供了时间和物质的保障,现在,这些人已经成为河南文学的中坚力量。南丁是一个好父亲,南丁一生另一重要作品就是何向阳,从对河南文学乃至中国文学作出重要贡献的何向阳身上,折射出了南丁的人格。

民俗学家、作家孟宪明从小读南丁的作品,他对南丁扶持新人的"驿站"说,别开生面。他说:精神产品对于人生,就像一个个旅途上的驿站,我曾在南丁先生的文学驿站暂住和流连,那就是我在大学三年级时,读到先生的《检验工叶英》,多少年来,"南丁"和他的《检验工叶英》一直留在了我的脑中,成为我文学生命中的精神财富。一个人从出生到以后人生的漫长岁月,要居住很多驿站。20岁可以长成身体,但精神的成长要经历更长的岁月、更多的驿站。作为一个作家,如果能把自己的驿站建造得宽大、轩敞,那就是他一生的光荣和幸福。南丁先生的驿站居住过几代人,是轩敞的驿站。相信南丁先生的精神驿站能够一代一代地开下去。

3. 南丁,文学豫军的领军人、旗手、指引者、领头羊、掌门人……

"南丁是河南文学豫军的领军人",在为南丁的《南丁文集》五卷本首发庆典暨他56年文学生涯的研讨会上,与会的作家、诗人、散文家、评论家、学者、官员无不认同,称南丁为文学豫军的"领军人""旗帜""领头羊""指引者""豫军将帅""掌门人"等。

著名作家杨东明在谈到南丁与文学豫军时说:河南文坛每一个时期都有代表人物。南丁领导的这个时期称之为"南丁时期",那是新时期文学发展壮大的最好时光。

著名作家段荃法与南丁共事半个世纪,他深有体会地说:南丁当了省文联主席之后,用自己的工作为文学豫军成长、壮大贡献了力量。著名作家张宇认为:南丁领导文学豫军,现在河南作家这么团结,与他的影响有很大关系,他是河南文坛大树,是河南文坛的老榜样。

曾以小说《羊的门》震动中国文坛的著名作家李佩甫回忆河南文坛时深情地说:南丁作为省文联主席,他创办河南第一个大型文学刊物《莽原》,口号是:办一个文学的阵地,拉起一支文学豫军的队伍。他做到了。直到今天,河南文学的发展、文学队伍的建设,与这位"栽树"人是分不开的。这是我们需要记住的。

文学豫军从小到大,从弱到强,能够有今天的阵势和影响,与南丁这位领军人有直接关系。河南省文学院院长何弘评价南丁与文学豫军时说:南丁是河南当代文学50多年发展历程最完整也是最重要的亲历者和领导者之一。河南文学能在全国有今日的地位,文学豫军在全国能有今日的影响,南丁厥功至伟。对于河南当代文学来说,南丁绝对是一个无可替代的标志性人物。他的创作经历就是河南当代文学发展历程的一个缩影。编辑家杨晓敏很早就敬仰南丁,说他是当代文贤,令人高山仰止。杨晓敏说:南丁至今仍被共识为新时期文学豫军的旗帜和掌门人。著名评论家何向阳、孙荪,如此评说南丁与文学豫军:何向阳认为,南丁与文学豫军是历史的标示,是中国文学的重大现象。孙荪则从南丁在思想上和艺术上早熟继而成为全面成熟的作家角度,认为南丁是文学豫军的重要人物,从年轻时就是领军人物。学者、郑州大学文学院院长张鸿声,河南省社科院研究员、学者王广西,是从评价南丁的作品,《南丁文集》来评说南丁与文学豫军的。张鸿声说:南丁是新时期当之无愧的文学豫军的领军人物。王广西则评价:南丁是文学豫军的旗帜,又在阵容堂堂的河南作家群中独具一格。

文化官员——河南省文联原党组书记吴长忠,省文化厅副厅长李庚香——评说南丁与文学豫军,是从宏大的历史视角着眼的。吴长忠曾是河南省委宣传部文艺处处长,在20世纪90年代河南散文家出版《朋友丛书》时,召开了首发式。当时他代表省委宣传部发言时指出:这是河南文学豫军的一次散文出击。在《南丁文集》首发暨南丁文学生涯56年研讨会上,吴长忠发言祝贺:南丁是河南文坛文学豫军的优秀组织者、领导者。省文化厅副厅长李庚香说:河南真正构筑起中原脊梁的,文是韩愈,武是岳飞。南丁不是河南人,但他却是中原大地真正的儿子。在河南文化人格群像中,我们依稀看到了这位老人的影子。除了做人、为文,他还是"文学豫军"的一只"领头羊"。作为省文联原主席,他坚持方向性,把握规律性,调动积极性,是替青年作家遮挡风雨的一棵树。他说,当作家,不能太自私。对于诸多后学,是金石之音。

著名诗人王怀让在研究会上即兴赋诗,他说:南丁属羊,我的诗名就是《羊》。

王怀让充满激情地歌颂旗帜南丁:《你是一只头羊》。

你就是凭借着那么多热烈的感情和明媚的思想,/凭借着你在荒凉中吃到的那些草根的智慧和树皮的倔强,/凭借着你像山羊一样的角尖向后像绵羊一样的角的螺旋形状,/你坐到了文联的最主要的席位上这个席位叫主席叫头羊/你那永远微微倾着的身子让人想到田野上成熟的谷穗的形象,/你那三杯下肚就红通通的脸膛永远让人想到关云长……

4.文化符号《南丁文集》的史诗意义,文坛恒久的记忆、文学持久的话题。

在河南省文联隆重举办《南丁文集》首发式暨南丁文学生涯56年研讨会这一河南文艺界盛事上,省文联原党组书记吴长忠代表省文联对《南丁文集》的出版表示由衷的祝贺,对南丁同志文学生涯56年所取得的辉煌成就及对文学事业作出的突出贡献表示诚挚的祝贺和感谢!河南文艺出版社与河南省直作协策划推出《南丁文集》五卷本,是为河南文学艺术界办了一件大好事。南丁同志不但是一位成就卓著的优秀作家,也是一位文学艺术工作的优秀组织者、领导者和园丁。南丁同志曾任8年省文联主席,组建专业作家艺术家队伍,创办文学艺术刊物,召开青年创作会议,筹备文学院等,扶植、培养了一大批作家艺术家,为河南文学艺术事业的繁荣和发展作出了突出贡献,河南省作家协会把第一届"河南省文学奖——终身荣誉奖"授予了南丁同志。从南丁身上,可以看到许多可贵的品德和素养。他对待工作高度负责,兢兢业业;对待文学艺术,执着追求,孜孜不倦;对待同志和朋友,平易近人,宽厚待人,坦诚纯朴,光明磊落。他的这些高尚的情操和品德都是令我们敬佩、值得我们学习的。

三位作家如是说,李佩甫说:《南丁文集》收入150万字,不光精品,相当可观,这是南丁一生的结晶,是河南文坛的一个缩影。这在河南文学史上是无人比拟的。张宇说:《南丁文集》是南丁对中国文学特别是对河南文学的贡献。孙方友说:《南丁文集》所收《旗》《尾巴》是"反思文学"作品,它早于全国叫响的作品,对这几部作品,中国的评论家失语了。郑彦英说:南丁的作品影响了一代人,现在仍有影响力。

编辑家杨晓敏说:身为一代著名作家,50余年坚持笔耕不辍,著述甚丰,奉献出皇皇五卷巨制,成为传世的精神食粮。以一介书生,而能在立言、立德上坚持身体力行,终生不渝,不仅在当代文坛,即使放在源远流长的中原文化的历史长河中,也是屈指可数的文贤之一。著名作家、省文联原副主席田中禾认为:《南丁文集》的丰富、宽宏、湿润正如南丁本人的人生经历和精神世界,可以说就是南丁精神的汇集。南丁精神,是对文学的真诚、挚爱、责任心,对文学人才的热诚、关爱、与人为善,不遗余力地扶植与帮助。他是我们的良师益友,他的精神影响着河南文坛几代人,南丁精神奠定了河南文学的优秀传统,已经成为河南文学的宝贵财富。

评论家、河南省文学院院长何弘是这样评价《南丁文集》和南丁作品的。在"十七年"和"新时期"这两次文学创作高潮中,他都有优秀的作品问世,从《检验工叶英》《科长》《被告》到《旗》《尾巴》,都是当时河南以至中国文学的代表性作品。他的小说语言干净、沉稳、朴实而又闪现着智慧的光芒,他以老到的叙事和扎实的细节来表现作品的主题,他的小说代表了当时文学创作所能达到的艺术水平。小说之外,他的创作还涵盖几乎所有文体,特别是散文、随笔,往往在不经意间显示出深厚的文字功底、通达的人生智慧、开阔的个人胸怀和巨大的人格魅力。郑州大学文学院院长张鸿声在评论《南丁文集》时说:南丁成名早,是几十年河南文学成就的代表,也代表了 20 世纪 50 至 80 年代河南在国家文学中的地位,《检验工叶英》初发于《长江文艺》,《人民文学》给予转载,舒群相当赞赏,选入当年《短篇小说选》《青年文学创作选》、英文版《中国文学》,介绍到国外,影响很大,此后,《科长》《良心》都有揭露性,《科长》1956 年被错误批判,后又在《重放的鲜花》中收入,影响深远。1978 年又开始创作,《旗》是反思文学中的力作,最早揭示高指标、浮夸风。作品中有歌颂有批判,如叶英的进取锐气,《旗》中王明川的机敏,《尾巴》中梁满仓的愚昧,《科长》中王顺的见风使舵,发人深省。上高中时读到他的小说,他的才情全面,富有生命活力。晚年散文达到炉火纯青,诗作达到很高境界。他是一个诗人,同时也是一个评论家,很多言论精彩,具有大作家的风范。著名评论家孙荪说:《南丁文集》中的作品,我上高中时就读过。南丁把宏大与细腻、敏锐与深刻、激情与理性结合得很好,构成了对文学豫军通常集体风格的超越。他的经历形成了他独特的视角,对中国中原农村能走进去走出来,俯视乡土,沉静和批评的双重目光,超越了通常、简单的模式,形成了自己的语言风格。南丁的知识构成与20世纪50年代河南老作家不一样,除中国古典文化外,他更多受到西欧文化、俄罗斯文化的影响。他的丰富人生经历与独特的文学姿态,对我影响很大。省直作协不计功利的文化作为,丰富了河南文化的精神宝库。

两位诗人也评说《南丁文集》。诗人王幅明白话说文集,他认为:《南丁文集》的出版,是2006年文艺界的一件大事。其一,它的文献价值。鉴于南丁先生在省文联长期工作的独特经历,这些经历在他的著作中都有呈现,包括对新中国历次重大事件的回忆,对河南老、中、青三代作家的描述和评论,等等。研究河南当代文学发展史的人,不可不读。其二,流淌在字里行间的温馨与爱。南丁是一个有着强烈社会责任感的作家,他对人民的深情,对生活的热爱,处处在他的作品里流露、闪光。读他的作品,不时会受到真诚与爱心的感染,久久难忘。老诗人王绥青以藏头诗祝贺《南丁文集》出版:南鸟北飞为播春/丁丁啄木护园林/文心屡番经检验/美兮善兮香溢人。王怀让看了《南丁文集》后作诗《你是山羊》:你善于跳跃在各种形式各种形势的山冈,/无论是在小说的山上抑或在散文的山坡在诗歌的山头在评论的山梁,/你总能咀嚼到草的养分和绿色的光芒,/你总能让自己的骨骼里长出许多钙让自己的肉里长出许多热量,/因此我每一次读你的作品都会像饥饿时去喝羊肉汤,/我特别喜欢从你作品的骨头缝里熬出的那一层油那一层香那一层营养……

学者王广西这样评说:五卷本的《南丁文集》,既是南丁先生创作硕果的结集,又是半个世纪以来河南文学发展的记录与见证。南丁先生以其特有的人格精神撑起了他的文学天空。率真、正直、平易、坚忍,南丁先生以南国秀润灵慧之质,融入雄浑沉郁的中原之气,构建起属于他自己的文学殿堂,为河南文学平添了一种刚柔相济的异样元素。南丁先生在山区生活过多年,他的作品往往弥漫着一股山野之气,如岚如烟,如磐如涧,而且于浑厚质朴之中又透出几分清润秀丽,使得南丁先生在阵容堂堂的河南作家群中独具一格。南丁先生经历坎坷,沉浮无时,却乐观达命,处变不惊,其忧国忧民之心,与人为善之情,则无时无地,至老弥坚。其为文、为诗、为小说,或轻灵飘逸,或郁勃顿挫,无不源于此心此情。其人一以贯之,其文亦一以贯之。苏东坡词曰"一蓑烟雨任平生""也无风雨也无晴"。以此写照南丁先生,或相仿"世事洞明皆学问,人情练达即文章"。

5.南丁作品不朽,南丁人格魅力永存。

南丁的作品,可以代表中国文学不同时期的顶点,它是不朽的。南丁对人真诚、挚爱、有责任心,是他人生智慧和个人胸怀的精神境界,这是他的人格魅力,是永存的。

王怀让用诗说出了他的情怀和感慨。关于南丁那一段人所共知的生活中的人格力量。

王怀让,《你是一只羔羊》:

你的幽默生不逢时遭遇了一段很不幽默的时光,/你的头上被一顶帽子压着像孙悟空戴上了紧箍咒一样,/你像一只羔羊被赶到山上被赶向苦难被赶向荒凉,/于是你在孟老夫子的"天将降大任于斯人也"那段名言中百炼成钢,/现在想想你真的应该感谢那一大批不知名的太阳和默默无闻的月亮,/是它们给了你那么多热烈的感情和明媚的思想……

南丁的人格魅力,在研讨会上总是一个话题,大家对这位当代文贤、文学豫军的统领,总是深情的诉说。

王钢说起南丁,想到乔典运,这两位河南文学巨擘,经受了相同的风雨沧桑,历练了相同的深邃透彻,正应了《红楼梦》中的那副对联:"世事洞明皆学问,人情练达即文章。"然而到了晚年,乔典运是老而弥辣,南丁却是老而不辣。老而不辣,这是达到了一种高超的化境。褪尽一切艰涩,泯灭一切郁躁,笑眯眯的,嘴角眉梢都弯出了好看的弧度。王洪应说南丁,他人是善良的,作品也是善良的。吴长忠说:南丁对待同志和朋友,平易近人,宽厚待人,坦诚纯朴,光明磊落。作家张宇认为南丁的人格魅力,才华横溢又正派善良厚道,这很难得。李庚香用南丁的话说:当作家,不能太自私。对于诸多后学,是金石之声。散文家王剑冰说南丁的为人,自然、朴实、不爱张扬。作家田中禾评价南丁:南丁精神,是对文学的真诚、挚爱、责任心,对文学人才的热诚、关爱、与人为善,不遗余力地扶持与帮助。作家侯钰鑫说:南丁先生的宽厚、善良、豁达大度的行为美德,他自己视为平常。南丁,为人吾师,厚德载道,文坛师表。王幅明认为南丁是一个有强烈社会责任感的作家,他对人民的深情,对生活的热爱,处处在他的作品里流露、闪光。刘学林说:南丁是著名作家,我上学时就读他的作品,受益匪浅;南丁也是我们文艺界的领导,曾任8年省文联党组书记、主席。我们对南丁都很尊重,但是,不管是他在任期间还是离休,我们从不叫他"何主席""何书记",也不叫他"何老师"或"何先生",我们只叫他的名字——南丁。让那么多人不称呼职务只叫名字,能做到这一点很不容易,这里边包含的不只是尊重,更多的是亲近、亲切甚至亲昵。

作家墨白以敬仰的心情说出了南丁的人格魅力。他说:南丁先生是个本性的人,坦荡坦诚坦率,生活中,他该唱就唱,文坛朋友聚会的时候,你会听到他那优美的男高音,很专业。有关原则问题,无论面对的是谁,他都会直抒胸臆,不卑不亢,一身傲骨,体现出知识分子的本性、大家风范。看足球比赛,70多岁的老人,就会变成一个孩子,和你一起激动,和你一起呐喊,很可爱。文如其人,读他的文章,仍然很真实,艺术的真实。这些,就构成了人生的一种精神境界:真诚是人世间最大的智慧。

半凋零

社会、人生、友情，永远的精神眷顾

南丁谈故友华山、徐慎、乔典运、李蕤、晓杰、乙丙、赵青勃、苏金伞、常香玉,总是充满温情与敬意,仍然那么情感充盈。

《魂系太行》：华山是属于这个时代的，他既是时代歌者，又是时代的战士，他为那个时代写了许多壮歌。《忆李蕤》：李蕤和苏金伞是歌者。中华人民共和国成立之初河南这片文艺荒园的拓荒者，是准确无误的。徐慎"文起八代之衰"。《永远的老乔》：在中国小说中享有独特的声誉，乔典运现象。《遥寄晓杰》：学识渊博底蕴深厚，有才情有创造的他，未获得一个发挥的平台。《艺术家乙丙》：作为美术编辑，乙丙堪称大师。《美丽的落叶》青勃的信条：普希金的"我的永远的回声是俄罗斯人民的回声"。《忆大海》：痛苦，是为欢乐支付的成本；欢乐，是从痛苦结出的果实。《送金伞远行》：你是属于你的人民、你的故土、你的国家的。《送荃法远行》：天寒地冻，荃法，你要穿暖和点啊。《香玉风度》：那是从卑琐中从喊喊喳喳中从小家子气中逐步解放出来，像常香玉那样为国家为人民办些好事的悟和快乐。

我重读南丁怀念这些同事、领导、朋友的文字，从中看到的是他们辽阔人生、文学、艺术的建树，还有他们各自鲜活的身影，他们的人格。

他们还活着，没有穿最后的新衣，没有远行，就在你身旁。

我想：这是南丁这类纪念回忆文字的魅力。

刀刻！斧凿！南丁形容华山的文字，又说华山是时代的歌者，又是时代的战士，他为那个时代写了许多壮歌。

华山1985年病故，1986年9月，华山逝世一周年的时候，南丁决定在《散文选刊》作一期纪念华山散文辑，之前的6月18日凌晨4时，写下《魂系太行》，纪念华山。

我读《魂系太行》（此篇后收入《中国新文学文集》（1976—2000）第十八集散文卷二），想起了我也是华山的崇拜者，也曾与这位杰出的散文家见过一面。

崇拜华山从看《鸡毛信》开始。

我上小学二年级的时候看过电影《鸡毛信》，将蔡元元演的小海娃当成了偶像,看完电影,男同学之间也学着在信封上插鸡毛,长大以后,爱好文学了,才知道这是华山的小说《鸡毛信》改编的电影。真正熟悉了华山的作品,见到了真人,是在"文革"中,我常去《河南日报》副刊王振洲家借书看,他经常说起华山,有一次借看华山的散文《我们还要回来的》,振洲说:你看这篇文艺通讯,写张家口撤退,我们的战士多么昂扬,不是撤退,是前进。我最佩服华山,他的笔力雄健,写英雄,无人能比,群体的、个别的、青年、少年都写得好。他还告诉我,华山是真正的作家,他常年住在林县,写红旗渠,柳青也长年住乡下,写出了《创业史》。梁生宝买稻种,几毛钱的店都舍不得住。后来,王振洲还笑着告诉我,华山跟红线女结婚了。我吃一惊,作家怎么跟唱粤剧的结婚了呢?振洲说:"文革"前,红线女月工资4000多,她在东南亚一带有影响,是她追的华山。我"啊"了一声,说:演员爱作家,可以给她写剧本。啥时候能见见华山?王振洲说:他在林县,那是他生活的点儿,正写红旗渠呢。也许是知道了崇拜的作家跟唱戏的结婚,还有想见见写《鸡毛信》小英雄的作家两个原因吧。机会来了,1974年年底,省市召开知识青年上山下乡积极分子大会,其中有一项活动是参观林县红旗渠。我是郑州知青代表团的副团长,到林县天已黑,我们郑州团住在县招待所礼堂的一间大房子里,打的是地铺,与我隔铺的知青是河南农大的,他是林县人。我问他:知道华山住哪吗?他非常激动,说:我家就是林县的,我每次回来都去看华山。他神秘地一笑,说:你是想看红线女吧,她不来,这里生活过不惯,都是华山去广州她那里。走,找华山,他住县招二楼。然后,他又约了几个人,大概有郑州郊区知青办王主任,花园口农场的庄重一起去的,路上,农大的小李还说:中央特派华山来写红旗渠,别人不行,非他莫属。路上,我还告诉王主任,请华山给知青作个报告,讲讲他怎样写红旗渠。

华山住在林县招待所二楼一个套间,我们进去时,他正在看书,他认识小李,说:来这么多客人,也不说一声。小李说:都想见大作家。指我说:团长。我与华山握手,华山个头不是很高,很健壮,脸刮得很光,眼镜片后是一双有神的眼睛,看着我笑,说:欢迎。我说:从小看你的英雄《鸡毛信》。华山说:过去的事儿。我正在写红旗渠,林县人民打通太行山,架起一条人工天河,这是毛泽东思想的胜利,是伟大的自力更生艰苦奋斗精神的体现。写成给你看看,提提意见。知青办王主任说:华山同志明天能不能给我们做个报告?华山扭头对着王主任问:县委有安排吗?我们不答,华山说:要由县委安排。华山很听组织的。因去的人多,有两三人没地方坐,他又不答应做报告。我使个眼色,让小李说告辞,小李说:该回了,华山,你也该休息了。华山也没有挽留之意,坚持要送下楼,小李双手拦住说:华山,红线女来了打个招呼。华山笑了,我们也笑了。华山回屋,我们下楼回县招待所礼堂。

南丁是以尊崇的心情写《魂系太行》的,又是以朋友的深情怀念华山的。在我阅读过的南丁上百篇忆旧、怀念朋友的文字中,华山是特例,南丁认为华山影响了他的人生。

南丁举家由南阳郊区转移到伏牛山里,是他人生的一大拐点,这是华山的生活态度对他的影响。

1970年的初夏,南丁绕道林县看华山,华山眼神特亮,精气神十足,话特稠,一言一行,都与在郑州时大不一样,透露着高兴劲儿、潇洒劲儿、就像蔫不拉唧的鱼儿又回到水里,又活了,又游弋自如了。华山给南丁炒豆腐、炒鸡蛋。吃完饭,就沿着红旗渠猛跑。他一路指点山河,仿佛介绍他小屋里的陈设,烂熟于心,又洋洋得意,这对他来说,分明是一种享受。南丁说:我是第一次实地看到他在《劈山太行侧》里描绘的引漳入林气势磅礴的宏伟景象,只有瞠目结舌的份儿。在一个工地指挥部休息时,华山突然休克,吐出三个字儿:"盐糖水"……真把我吓坏了。

南丁的灵魂震颤。他说:认真地对待生活的念头虽早萌发,看了华山之后,才促使我下定决心。这年秋季,我便举家由南阳郊区转移到伏牛山里。也想略有作为,认真地向山民学点儿东西。

华山影响南丁的,还有他的两大类作品。南丁说:少年时,读华山写战争的名篇;青年时,读他写建设的名篇。少年时虔诚,青年时狂热。反正对他的作品,我算得上一个崇拜者。我喜欢他表现英雄主义的作品。他就是写英雄的。刀刻、斧凿,力透纸背的语言艺术中,涌动着大时代的不同侧面的宏观形象,有一种震慑的力量、征服的力量。

《鸡毛信》《我们还要回来的》《踏破辽河千里雪》《英雄的十月》等战争名篇。

《劈山太行侧》《旱井世界》《童话的时代》等建设名篇。

华山作品涌动的宏观形象,绝不是大而空,绝不空泛,而是实实在在的,血肉丰满的。而且,作者的激情全都融进他所描绘的事件和人物中,成为完整的一体。

南丁是提倡写英雄的,所以,他在读华山的作品时,情感热烈而真诚,写感受时,笔力雄健而饱满。而当南丁得知这位英雄的战士华山终究还是被肝病击倒在病榻上时,他以崇敬之心、朋友之情,去感悟、理解华山的最后两篇作品《我当记者》《青青海罗杉》,他将这两篇文字看作是华山生命的记录。记者,不仅仅是他的职业,这是他生命的形式。看《我当记者》,便看到了刀刻斧凿的华山。而口述的《青青海罗杉》是华山最后的散文,南丁真正懂得了这位杰出的散文大家对太行山何以那样情深,何以那样魂牵梦绕——太行山,那是一个时代,浴血奋战夺取胜利的时代。

南丁最后写道:他的骨灰撒在太行山下的漳河水里了。那水会流到红旗渠吗?

华山的灵魂不会安息,他正在太行山下漳河水里做着他未尽的太行梦。

刀刻斧凿的杰出散文家,为自己 65 岁的生命所写下的最后一笔也是:

"刀刻！斧凿！"

李蕤曾是20世纪50年代初河南省文联筹委会副主任，另一位副主任是苏金伞。

李蕤1997年病逝，终年87岁。

南丁满怀深情与敬意于1998年9月3日写下《忆李蕤》。在南丁的心灵深处，永远留有李蕤和蔼可亲的高大身影和他的传世作品。

南丁动情地写道：李蕤1911年9月20日生，与我的出生竟是同月同日，整整长我20岁。比如说如果在1951年9月20日那一天，我们可以一起过生日，他过四十，我过二十，他不惑，我成年。

中华人民共和国成立初期，党与群众的关系是鱼水和血肉关系，干群关系是同志、兄弟关系，南丁在《忆李蕤》中怀念那个时代，他说：李蕤长我20岁，金伞长我25岁，是前辈，又是领导，我出口就是金伞如何、悔深如何（李蕤原名赵悔深），直呼其名而异常亲切，他们也都欣然，并不觉得别扭，挺自然的。河南省文联内部关系的民主平等的气氛就是从悔深、金伞开始的，一般都不称职务，就是直呼其名，几十年来，大体如此。

是如此，几十年，现在人也直呼何南丁、南丁，从未听人称他主席、书记。之前，于黑丁在任，也没人称职务，也直呼黑丁，其他如王大海是《奔流》副主任，呼大海；郑克西也是作协副主席，称克西；朱可是文联秘书长，称朱可。

南丁在回忆李蕤时，见证者给他以在河南文坛的定位，又历史地、真实地追忆李蕤这位在河南这片文艺荒园上的拓荒者，这位如何使《翻身文艺》急农民所急，贯彻"普及第一，生根第一"这一方针最坚决最积极的领导人。他还亲自写河南坠子《李玉仙翻身记》。《翻身文艺》受到中南局宣传部的表彰，局机关报《长江日报》几乎用一个整版的篇幅介绍《翻身文艺》的经验。

《翻身文艺》十分重视通联工作，几乎做到每稿必有回音，来信必复，还办有一份不定期的内刊《翻身文艺通讯员》，在这份内刊上对作品说三道四评头论足。

中华人民共和国成立之初，河南最早涌现的著名作家吉学沛、李凖诸位，他们穿着开裆裤的文学童年是在《翻身文艺》上趔趄学步的。

南丁在这篇回忆文字中肯定地说：从这个意义上讲，说李蕤和苏金伞是在中华人民共和国成立之初河南这片文艺荒园上的拓荒者，是准确无误的。

南丁的这类回忆文字，总是充满激情，总是充满人文关怀。南丁记忆犹新的是：李蕤高大的身影，他几十年来一贯的那种短发式，根根头发都支棱着，始终对着不义怒发冲冠；眼睛眯细着看你，充溢着智慧。

李蕤的音容笑貌永远留在南丁的心里，还有《李蕤文集》，南丁收存在书房。他说：我阅读李蕤写于20世纪40年代初描述河南大灾荒的那些纪实文字，就是阅读苦难的中国，就是阅读中国的苦难中煎熬的那颗知识分子的滚烫的心的跳动，就是阅读于87岁高龄远离我们而去的李蕤他于而立之年从哪里出发、向哪里进击。

南丁读出了李蕤的文品与人品。

徐慎是1993年11月末的那个黑色星期五的晚上，猝然去世的，享年60岁，正好一个甲子。

读到这里，我心沉重。多么年轻，对作家来说，这是个出作品的年龄，是自己成熟、作品成熟的季节。

"兹介绍省直右派分子苏金伞、何南丁、徐慎等人由周河公社转移至你矿劳动改造，希加强监督，其工资关系仍由其所在单位河南省文联负责。"

这是南丁写于1991年的散文《山恋——往事漫忆》中的一段文字，说的是他与苏金伞、徐慎三人被打成右派的一段生活往事。南丁右派和徐慎右派情同手足。

1959年南丁、苏金伞、徐慎三人到新县劳动改造。南丁长徐慎两岁，都是1958年被打成右派的。是在连续几个晚上批判南丁、徐慎的右派观点之后，当场给二位戴上右派帽子的。南丁记得清楚，自己受批时做检讨认真，而徐慎一般，所以在批过南丁之后，对徐慎要加上"徐慎也是这样"六个字。南丁自以为是大哥保护了小弟。这就有了一段情缘。

这段情缘还发生在以后的岁月里，一个是大哥南丁劝徐慎不能自杀，另一个是自办酒宴，庆祝中华人民共和国成立10周年。

徐慎16岁参加革命工作，一直很顺利，因业余创作有成绩于1956年年初调入省文联，三年不到，就被戴上了右派的帽子。他一度消沉悲观，觉得没有前途了。某天，他认真地向南丁请教，采取何种自杀的方式为好，是触电呢、跳楼呢，还是跳河？南丁就像大哥哥和老同志那样训斥他：怎么死都是个死，你尽可自由选择，没出息的东西！训得他低头不语。对徐慎的夫人，南丁则说：让徐慎跟着我，改造一两年就回来了，没事。仍是一派大哥哥和老同志的风度。

中华人民共和国成立10年大庆（南丁和徐慎都是中华人民共和国成立前入伍的），给两个右派的任务是刷庆祝标语。那天南丁和徐慎刷标语时有个预谋，他们要在这山沟沟里举行个晚宴，庆祝中华人民共和国成立10周年。这是两个年轻的右派吗？是两个作家的两颗赤子之心！

"我和徐慎在几块大石头上刷了几条标语，日近黄昏时，就开始了我们的国庆晚宴：一盘炒鸡蛋，两瓶酒，一锅焖米饭。"我对他俩的晚宴十分感兴趣，2012年9月访谈南丁老师，我俩也在喝酒，就问：两瓶小酒是不是二锅头？南丁老师说不是，是在集上买的当地产的白酒，这都是事先在周河采购好的。还带了两个小钢精锅。捡几块石头就搭起了灶，拾些干树枝就点着了火。小河里有水，将米淘洗干净，先焖上。鸡蛋炒得喷香。来呀，干杯。没有杯，就一人拿着个酒瓶，将那半斤装的玻璃瓶碰得脆响，为什么干呢？为我们的共和国成立10年！为我们的人民！为我们的党！

我为徐的李,徐为我的S。徐慎亢奋,激昂慷慨,发表言论:当了右派是坏事还是好事,你说,不当右派能有这样的生活吗?他们没当右派的就没有这样的生活,他们没有生活咋能写作品,就得看着咱们写。来,为他们没有当右派咱们当了右派,干杯!徐就先喝了一大口。然后,就又滔滔不绝:"文起八代之衰",咱们要"文起八代之衰"呀!他们不当右派没有咱们这样深这样近地了解生活了解人民!来,来,为"文起八代之衰"干杯!

南丁1995年的散文《采铦——往事漫忆》,则是沉重的回忆:徐慎在此后的30多年里,特别在新时期里,发表了数量可观的作品,得过不少奖,其中不乏颇具影响之作。但终究是"文起八代之衰"的壮志未酬。我如今对徐慎那个难忘的夜晚口出狂言有新的看法,那是他内心的追求。此后的岁月中,他也真诚地追求过,这就是可尊敬的。在遗体告别仪式上,我看到徐慎安详地躺在玻璃罩里,我鞠躬向我的患难与共的兄弟告别,从此再也不会看到他的音容笑貌了,再也听不到他于酒后手舞足蹈地放声唱《小放牛》了。

徐慎在20世纪80年代中期加入了中国共产党,他终于追寻到了他追寻一生的精神家园。

徐慎被命名为对国家有贡献的享受政府津贴的专家,宣布的那天,他未能出席那个盛大的集会,他已驾鹤西去。"终生"遗憾!

1980年夏天,我去《奔流》帮忙编"蓓蕾"专号,就知道了有个震动中原大地的编故事大王徐慎,与杨东明、肖正义去过徐慎的家,他打开小木箱,将他的作品一一送给我们,给我的是少儿读物《红军洞》。那个时候,徐慎还有发在《人民文学》上的短篇小说《张王李赵》,是他第一个用他的小说中的人物说出了"有权不用,过期作废"的。现在当官的,都深谙此道。在文联讲习班,徐慎也是给我们授课的老师之一,那时候写小说提倡写人物、写性格,对编故事不屑,有几个自认有名气的作家,说到徐慎,说他只会编故事,不足为师。在一次会议上,郑克西讲课,讲到文学流派和师承,突然问徐慎:徐慎,你的老师是谁?徐慎一愣,说:俺村的白胡子老头。郑克西说:又在编故事。好像编故事有点大逆不道。惹得大家哄堂大笑。徐慎依然故我,很快,他的《红军洞》拍成了电视,首播那天,我们一齐去了省电视台大演播室看。非常好,有人物,有故事。

乔典运离开人世,享年66岁。

南丁为乔典运小说结集作序《回望乔典运》,写于1997年4月20日,南丁与老乔"畅谈"一次。

乔典运在病床上写自传体小说《别无选择》,陆续发表了10多万字,但没能写完,就去了。

南丁说给老乔听,说给大家听:20世纪80年代中期,你曾一度想来省城专业从事写作,待让你最后拿定主意时,你又犹豫了。你终究还是离不开你的土地,你和你的土地不能分离。那片土地滋养你折腾你,将你的小说滋养折腾得冒着那片土地热乎乎的气息。

在《永远的老乔》中,南丁评说了乔典运的小说:你的小说是独特的。唯其独特,就在中国当代小说中享有独特的声誉,占有独特的地位。你的小说愈写愈深邃,愈写愈精彩,愈写愈受到读者的喜爱。你将那片土地对你的滋养对你的折腾都化作了你小说不尽的源泉。难怪评论界和小说界的人们在你的小说研讨会上取得了共识:乔典运现象。

南丁哀伤地说66岁的老乔,正是一个小说家干活出活的年岁:老乔你满腹皆小说,文思如泉涌。以你对人生独特的体验,以你对人世认识的洞悉与穿透,你正痛苦地痛快地更上一层楼,正要有更加绝妙的大作巨著奉献于世,癌症却夺去了你的呼吸,夺走了你颤抖着的手握着的冷峻如冰又热情似火的笔。

我们听南丁最后说:你留下的小说,留在你的读者的心中。你没有白在这世上走一回,你活在你的读者心中。

你是永远的老乔!

我也想老乔。想他在鸡公山一号楼前,背依大树,唱到"高高山上一棵槐,姊妹二人采花来",你说,这是1959年发在《人民文学》上的一首诗,我是农民,还给了我90块稿费。那是1984年《莽原》笔会,你开口闭口我是农民,可大家都将你当成老师、兄长、著名作家。

我也想老乔。你说:河南是中国的娘!这话说得对,说得真,说得亲,有人间烟火气儿。河南是中华民族的发祥地啊。

杨晓杰辞世时,62岁,英年早逝。

南丁的《遥寄晓杰》写于2005年6月18日,杨晓杰逝世9年之后。9年的时间,杨晓杰仍然活在南丁的心里。南丁与晓杰拉家长,评说晓杰的文品和人品。南丁说,在晓杰逝世9年之后,他的三女杨桦送来她大姐鸿雁整理的父亲的遗作《赤子情怀》,要我作序。我当即读了鸿雁所写的后记《难以忘却的记忆》,这篇对父亲充满深情的长文使我颇受感动。

南丁回忆与杨晓杰相识在1956年春天,北京开全国青年文学创作者会议,当年秋天,河南也学着开。在这个会上,一群年轻的人围着他们的偶像苏金伞、赵青勃,年轻的诗人中就有杨晓杰,那年他22岁,还未脱去军装,风华正茂、英姿飒爽的样子。

18年之后相聚,是杨晓杰与于忠民一起来访南丁,那时,杨晓杰与于忠民、周玉迅组成河南省广播电台的党支部,杨晓杰是党支部副书记。20世纪70年代末,晓杰调省文联作协工作,是作协副秘书长。作协人手少,晓杰协助秘书长按照文联党组和作协主席团的决定处理一些日常事务,如文件的起草、座谈会研讨会的筹备和会务、会后新闻稿评述稿的撰写,《河南作家通讯录》的编务、迎来送往的一些繁杂具体事宜,其间,他还兼作协《大河》诗刊的主编。

南丁对这位老朋友从外表到内心的了解是非常真切的。晓杰注意仪表,衣服总是穿得干干净净整整齐齐,头发也打理得整整齐齐干干净净。在他干净整齐仪表里装的内心,我觉察到他的痛苦,其一是他唯一的幼小聪颖的爱子的病痛和夭折常折磨他;其二是,他是个善于独立思考有才情有创造性的人,但他未获得一个发挥的平台。我觉察到了,但也爱莫能助。

南丁在《遥寄晓杰》一文中,以深情的笔触和情怀,回忆杨晓杰作为诗人的创造和他的交友。

南丁说:晓杰的诗文,皆为工作之余所作,近40年,若不是对文学有着解不开的爱恋,是不会坚持如此长久的。有眼睛为之一亮之作,如《访查家》《哭郭小川三题》。晓杰自己看中的当是他倾心所作的长诗《国魂》。相对新诗来说,我倒更喜欢他的旧体诗,以为他的旧体诗词中他的情感与才情更能得到充分的表达与发挥。如《寄华山同志》《水调歌头·和华圃兄见寄(并序)》《次韵华圃蓉城见寄》《难忘曲寄华圃》《读忠民自嘲诗有感》《嘲大佛》《示长女》等。我都喜欢,以为是精彩之作,他于20世纪70年代所写林县的系列诗文,值得珍视。晓杰有谈诗的30篇文字,证实着他对诗歌这一形式的确有着艰苦的学习和独立思考,证实着他关于诗的学识渊源底蕴深厚。

下面这段文字,南丁不仅以深厚的朋友之情来看晓杰,更是从人际交往品位来看老朋友杨晓杰的:

"观察一个人可以有一种方法或者说一种角度,就是看这个人交什么样的朋友,可以从他结交的朋友反观这个人,就会大体知道这是个什么样的人了。晓杰所结交的朋友中,华山,也是我的朋友。郭小川,且不说他们是著名的诗人,他们都是正直优秀的人。且在"文化大革命"中的彼时彼地,他们都处境艰难是受难的人。晓杰与他们建立了深厚友谊,就更弥足珍贵,如此,方能写出《哭郭小川三题》《一颗心似火 三寸笔如铁》这样感情真挚的诗文。后者,对研究郭小川,更提供了珍贵的史料。

"晓杰与穆青也相熟,穆青到郑州来,晓杰约我相见,那是我唯一的一次与穆青见面。那时《散文选刊》定期推出散文家小辑,穆青是《散文选刊》顾问,晓杰又建议出穆青散文小辑,去北京,晓杰见穆青,又捎来口信儿,关于他的散文的评论由我来写,我就写了《穆青散文印象》一文。

9年时间,忆远行之人杨晓杰,南丁朋友式地告知晓杰:你的长女鸿雁、次女鸿飞、三女杨桦都生活得很好,小女杨枫去年赴英国深造,她们都尽力孝敬母亲,都是好闺女,当可慰你在天之灵了。

"心情不好,杂乱写下以上文字,算是我遥寄你的怀念之情吧,晓杰。"

杨晓杰也永远活在我的心中。我常忆晓杰二三事。

在我的心中,杨晓杰不仅是个杰出的诗人,他还有别人无法比的行政专才。他摆布工作,非常讲程序,非常规范,是我的好老师,我从他的身上看到的不仅是工作能力和文采,更重要的是他的人格魅力。对我的影响是终生的。我在提笔写杨晓杰的时候,他抽着烟已来到我的身边,他问:正下蛋?他说话是那么简洁、风趣。

1980年省文联第一期文学讲习班,南丁是总负责,日常工作由杨晓杰操持。

是杨晓杰第一个传达了南丁的"下蛋"说,他当着我们40多个学员的面说:南丁说搭个窝,让你们下蛋。是年底,文联组织文学讲习班采风,晓杰和张斌是采风团的团长,晓杰到《奔流》找我说:我点名让你去,你做我的助手。口气毋庸置疑。

晓杰有一种气势,他阅历丰富,总是居高临下,讲习班的老少作家都敬重他。

我们这次采风自云、贵、川到上海,行程两万里,转10个省市,应是一个壮举。晓杰当团长,我们都服他,他有很强的亲和力,又好开玩笑。去采风时,我才知道,他从部队转业,先到新华社当记者,所以,到昆明,我们这一干人找的是新华社云南分社的周社长。见面,晓杰作了介绍,周社长讲话我们听不懂,我们说话,他听得很费力。一时场面很冷清,晓杰见状,忽然站起身来说:周社长,大家只有一个要求。周社长扶扶眼镜说:什么要求?请说。晓杰说:来的都是男同志,想看看云南的姑娘。周社长一愣,说:这个要求不能满足。一句玩笑,社长当真,大家哄堂大笑。气氛开始活跃了。

晓杰又说:四季无寒暑,一雨便是冬。周社长真是个书呆子,又扶扶眼镜问:晓杰,你北方人,怎么知道昆明的气候?大家哄然大笑。

还有两件事,我记忆犹新,从中可以看出杨晓杰的天生幽默感。在成都,写《达吉和他的父亲》的作家高缨来看我们,高老师一进门,晓杰迎上去,说:父亲来了,女儿呢?我们都一愣,高缨听明白了,说:明天她自己来看你。这时大家才明白,晓杰指高老师的小说《达吉和她的父亲》。

晓杰一身正气。一路我俩住一屋,那年他45岁,我32岁。他说:小赵,与我同居,伴君王一侧,有事好商量。他大声说"同居",引发大家哈哈大笑。

南丁纪念乙丙的文章,是一人物特写,清晰而又凝练。

南丁笔下的艺术家乙丙:乙丙戴着眼镜,乙丙的眼睛藏在镜片的后面。那眼睛里的热情藏不住,一不小心,就叫人逮住。乙丙留长发,那长发灰白着,随意地往后披着。那灰白的长发,就灰白着模糊着他的年岁,40多岁的时候就显出德高望重的样子。

我从与乙丙合作写起。2002年,我在郑州市旅游局编写了以连环画形式加名人随笔的《郑州十大历史故事》,当时的局长范强与我商议,再出一本《画在郑州》,请乙丙收集整理画家们画的老郑州。我与范强、于德水到乙丙家作了意图说明,他立即应承。一周之后,我去找他,他住在市中心医院,先交付他组稿定金3000。乙丙说:尚未行动,怎好接款,我说江湖规矩。他大笑:富海你真有人气,朋友,我接了。一年之后的秋天,我又去他家,见画已集许多,油画多于国画,但分量不足出一本书。乙丙说:富海,朋友,放心,乙丙再努力。画未集齐,乙丙住进了郑州市五院,去看他时,乙丙在抢救室,头上戴着冰帽,灰白长发下垂,我心一阵阵发凉:危险!回时,约刘思在他家楼下小酒馆,细说了乙丙病情,刘思听后,说:稍有不适,立即入院,乙丙入院晚,错过了最佳治疗时间。在与刘思见面的半个月之后,乙丙辞世。刘思打电话给我说,他写了一篇悼文《乙丙本是甲等人》,我叫好。刘思又说:明天《大河报》见报,你看看。我说一定看《乙丙本是甲等人》。

南丁是《百花园》顾问,南丁有名言:小小说是一滴水的艺术,小小说是英俊少年。乙丙是《百花园》杂志社社长,美术编辑。作为艺术家,乙丙有两种身份:油画家、美术编辑。乙丙的时间和精力几乎全部交付给了美术编辑工作。《百花园》《小小说选刊》都被乙丙打扮得美丽动人,诱惑你想与之亲近。古典而不凝滞,时尚而不媚俗,端庄中张扬着生命的活力,这大约就是乙丙装帧设计的风格,不仅将《小小说选刊》《百花园》风格做成了名牌,还将那《小小说选刊》封二的《乙丙眼镜》带你进入艺术的殿堂,使你流连忘返。

作为美术编辑,乙丙堪称大师。

南丁写于2004年9月的纪念文章中留恋与乙丙的交往和他在退休之后为朋友的奔忙。他说:与乙丙交往久矣,《百花园》发著名作家的照片和作家对小小说的文字,总编杨晓敏请我为之约稿,那段时间,乙丙每个月都到我处来,取走照片和题词。当然要小坐,当然要清茶一杯,乙丙每次都夸我茶好。说得投机,两个多小时就过去了。

退休之后,乙丙更忙。他搞的那个画家沙龙以及他的夫人开女士的画展,都是乙丙张罗的,我应邀去看了。《走出巴彦喀拉》的作者李伯安猝然去世后,乙丙建议全国百名画家捐资,为李伯安办展览、出画册,奔走呼号,忙得不可开交。

《美丽的落叶》,诗人赵青勃。生死为诗赵青勃,是我读《美丽的落叶》的最大感慨。

南丁写纪念赵青勃的文字是在 2005 年 2 月 24 日。

我从这篇长约万字的纪念文字中,看到了青勃的为人、为诗,看到了青勃的伟大人格。

南丁先从老诗人苏金伞哭青勃写起,苏金伞年长青勃 15 岁,青勃去世时,金伞已 85 岁高龄。

青勃一死/我的身体失去了平衡/近两天跌了一跤/额角都碰破了/青勃像一条老蚕/通身透明/抽出的尽是诗丝/洁白,柔韧,抽出来沾手的诗。

知青勃人者知青勃诗者,金伞也。

南丁回忆,20 世纪 50 年代初,在编辑部工作,青勃是他的领导,那时青勃已出版过《号角在哭泣》《巨人在脚下》。无论是年岁上还是文学上,青勃都是我的兄长。兄长也好,领导也好,不妨碍我们成为朋友,彼此直呼其名,异常亲切,有时叫他"小青",他也愉快答应。他工资比我们高,烟吸得比我们好些,茶比我们喝得好些,也喝有品牌的酒,每逢小聚,他总是抢着付账。

青勃对工作一丝不苟,生活中随遇而安,他是真正的诗人,一生都保持着童心,没听说他在级别、职务、职称、工资待遇、住房条件这些事情上麻烦过别人,他的心思全部用在诗的创作上。在生命的最后的病榻上,青勃有《草叶的话》:

草叶说:
我什么也不乞求。
我不要可以驰马的场地,
我只要一撮泥土。

我不要天边的宇宙，

我只要一缕太阳的光束。

我不要珠宝，

我只要早晨的露。

这是青勃对生活的态度的一个侧面写照。

南丁在这篇万字回忆文字里，记叙了自青少年时代起，这位邮电工人的儿子，以满腔热血组织宣传抗日，在校刊发表处女作《走出空空的屋子》，这位少年爱国者在"七七事变"后、战火烧到自己家乡的时候，开始了他的流浪生涯，住难民营，当报童，做校对，写出悼念抗日阵亡青年的诗作《永生的喇叭》。在洛阳《阵中日报》做副刊编辑时，22岁的他，写出了《冬天的树》，诗中写道：春天不来/冬天的树/死也不悬挂/红花绿叶/欢迎的旗子。

"青勃目睹和经历了上世纪40年代河南的大灾荒，饿死300万人的这场大灾难，塑造着诗人悲悯的诗魂，激发着诗人愤怒的诗情，他写下许多诗篇描述这场灾难的深重，揭露了国民党反动当局假救灾的丑恶。60多年过去，他的这些诗篇，如今读来仍令人或潸然泪下或拍案而起，是极富感染力的。

"1946年，25岁的青勃在郑州《春秋时报》任副总编时，加入了中国共产党地下组织，成为一位自觉的革命诗人。

"好凶的风！/但是，风/你用劲地吹吧/灯，不止三盏/不止三万盏/你看那里的灯/又亮了/像满天繁星/一亮就是一大片/等不到所有的灯/被你完全吹灭/（怕你也没有这本领）黎明便会到来（《预言——悼李公朴闻一多陶行知三先生》）。这是青勃1946年发出的预言。

"千万双手/叩响着门环/叫声汇成大海的波涛/向紧闭的门冲激/历史要在这里通过/人民的力量/一秒钟比一秒钟壮大/等他们在门外爆炸/

一片宫殿便会变成旷场(《叩》)。这是1946年诗人青勃的呐喊。

"不要安眠药片/不要酒/要死/死在敌人的枪弹下/把胸膛给兄弟们作桥板。(《死的道路》)

"拥抱那脚踏人民的/摔不倒他/就连自己一起滚到山谷里。(《拥抱》)

"勇敢的诗人青勃。

"1947年冬天,诗人听到《耳语》:没有鸟雀的秃树/没有花果的园林/没有歌唱的小河/没有绿色的土地/没有阳光的城市/没有声音的乡村/耳语着——春天就要来。

"当时即产生重要影响,至今读来还为之震撼的是《苦难的中国,有明天》:冻结的日子/有火/月黑夜/有灯/沙漠上/有骆驼/土地下面/有种子/堤岸里头/有激流/鞭子底下/有咆哮/被欺污的/有仇恨/穷苦的人/有骨头/哭泣的天空/有响雷/打抖的冬天/有春梦/血汗灌溉的地方/有不凋的花/苦难的中国/有明天。"

南丁写道:诗人期盼向往的预言的为之奋斗为之呐喊的明天春天终于到来了,中华人民共和国成立了。青勃满怀激情,歌唱新中国新生活,名曰《乐园集》,1957年出版。这样一位诗人、战士,在那场扩大化反右派斗争中,也被戴上右派分子的帽子。

晚年的青勃,又是一个创作高峰。

"我的永远的声音是俄罗斯人民的回声。"青勃将普希金此话作为自己的信条。普希金在《先知》中还有句话"用语言去把人们的心灵点亮"。青勃正是如此做的。别林斯基在《智慧的痛苦》中说:"诗是直观形式中的真理,它的创造物是肉身化了的观念,看得见的,可以通过直观来体会的观念。"读青勃的诗,这种体会扑面而来。

南丁最后充满深情地写道:青勃一生出版十数种诗集,生前总想出版一部反映自己创作历程的诗选,未能如愿。我面对的就是青勃生前自己编的《青勃诗选》,如今终能面世,当能慰藉青勃在天之诗魂了。

青勃在病床上,用左手写下他诗的生命的最后一个乐章,画了令世人叹惋的他生命的诗的惊叹号。《落叶》:

果子都摘尽了/葱绿变成金黄/我是秋天的信息/静悄悄地/轻轻飘坠/明天吗/未来/我有三种命运/或者/被少男少女捡起珍藏于书页/变成脉络裸露的标本/或者/被勤劳的小姑娘扫进筐篮/填进灶火成田头的火堆/化为灰烬/没有悲伤/不用惋惜/在寒风中旋舞歌唱/在雪花中嬉戏/最后被暴风雪覆盖/变成春泥

"美丽的落叶。

"青勃的绝唱。"

赵青勃 1991 年末去世,享年 70 岁整。

《忆大海》南丁写于 2004 年 9 月。大海病故于 2000 年的秋天。

痛苦,是为欢乐支付的成本。

欢乐,是从痛苦结出的果实。

南丁与大海 1949 年相识,那一年南丁是从上海华东新闻学院分来在开封的河南日报社工作。社长于大申欢迎并向大家介绍报社人员,介绍大海,原名汪流,又说:报社的笔杆子。汪流一身灰土制服,映衬出他风流倜傥江南才子的风韵。这是大海给南丁的印象,当年 26 岁,风华正茂。南丁 18 岁。1950 年,南丁去省文联工作,1953 年,大海也来文联工作。

南丁回忆:1953 年是我国第一个五年计划开始的年份,我们这些搞创作的都纷纷深入第一线去体验生活,我去了郑纺机,大海去了郑州纺织厂建设工地。不久,在《河南日报》上读到他的一篇报告文学《工区主任》,占了副刊一整版,如今还能记起那文字的鲜活与灵动。

20 世纪 50 年代至 70 年代,运动频繁,反"右派"、"文化大革命"大海都未幸免,几乎成了种子选手。经过这种折腾,大海的精神没有颓废,那神经却愈加坚韧。后来,他改做编辑工作。研究鲁迅,曾有研讨鲁迅的著作出版,送我一本,还带写一些文化随笔,文字精炼,常有新见,主攻杂文,杂文的产量虽不算多,颇得鲁迅遗风。有一年严秀、牧惠来郑,一起吃饭,这些杂文大家对大海的杂文赞赏有加。大海晚年出有《思想的落叶》送我一本,不久,我又在信箱里发现,他又送我一本。我哑然失笑,与我一样,这显然是近期记忆衰退的标志。我没有告诉他,两本我都珍藏。

南丁在这篇纪念文字里还回忆大海热诚为朋友的两件事:

"1979年,大海在《奔流》编辑部工作时,编发过我的小说《他们两个短促一生的编年史》,是写'文革'的,他虽欣赏,又不无担心,好心地问我:没事吧? 我说,没事。过后不久,《奔流》发表了刘思谦教授专为此小说写的评论文章,标题大概是《相煎何太急》,对小说予以肯定。我也未问,此评论是否大海约来不得而知。

"1983年,我开始在文联管事,大海也在这年离休,有一天接到大海电话,说是已故版画家沙清泉的夫人给他写信,要给老沙办展览,资金短缺,他想是否由我出面向张海说说此事,请书画院酌情予以支持。他说要来我这里商量此事,我不敢劳驾老兄跑腿,就去了他那里。随即我就与张海商量。张海当时是文联副主席兼书画院院长,张海干脆,当即作了安排。过了不久,张海又告诉我,老沙的家属表示不再需要这笔资金。我将此新情况转告了大海,大海说,我们算是尽力了,就好。"

南丁写道:想起三年前那次告别仪式,78岁的大海安静地躺在那里,四周围满鲜花,接受着许多朋友最后的敬礼,《欢乐颂》的乐声在反复地回旋着,曾经痛苦过的大海仿佛就是听着这首《欢乐颂》入睡长眠的。

南丁还有一篇纪念苏金伞的文字,深情、真诚地写出一位世纪老人的生活观、价值观,诗情与诗魂。

南丁《送金伞远行》:金伞,你走了,在,1997年1月24日的正午。

"从20世纪初的1906年,到世纪之末的1997年,你在这个世界上几乎生活过整整一个世纪。"

苏金伞是南丁的老领导,1950年在开封筹备河南省文联时,苏金伞是副主任,后是省文联副主席,南丁是筹委会成员、《奔流》编辑,南丁小苏金伞25岁。几十年来,苏金伞在文联副主席的位置上未动,直到1983年南丁出任河南省文联主席兼党组书记。

南丁在写回忆省文联、河南文坛等文字及《长不大的苏金伞》《山恋》等文章中,多次提到他与苏金伞的友情。一块筹备河南省文联,大家都亲切地称呼苏金伞为金伞,从不称其职务,虽然南丁是一般工作人员,虽然南丁小金伞25岁,呼其名,而其高兴应答。那个时代的上下级关系,温情而美好。成为右派时,苏金伞、何南丁、徐慎,一块去大别山劳改,南丁仍直呼金伞,南丁、金伞的情缘已注入生命之中,戴个右派的帽子又怎么样呢?金伞是大诗人,金伞在省文联副主席的位置上一坐几十年,南丁仍是"金伞、金伞"地亲切称呼,直到《送金伞远行》仍称金伞。

南丁说:金伞,你批评过我,我也批评过你,我们的互相批评都可谓严厉和激烈,以至面红耳赤。面红耳赤之后,我们仍是朋友仍是好朋友,仍相互推心置腹,相互倾诉内心的隐秘。我们毕竟是患难之交,谁也不用对谁设防。

金伞在病中,南丁不时去看望:每次去,你都特别高兴,你特别乐意听我说些什么,你也乐意向我说些什么。

南丁一生的交往朋友,却悔恨在金伞远行时没在他的身边为他送行。"1月24日的上午,有同志来家看我,说起昨天医院看望你时你的身体情况不好,我一闪念要去看你,下午去单位就听说你已远行。而在这前10天,1月的上旬,我俩还畅谈呢。

"金伞,你的生命之火燃烧了九十余年,你的生命年岁当然是一个老年人,好多年轻人们都恭称你为苏老了。我虽比你晚生四分之一世纪,在年岁上要比你晚着一辈,在文学上当然更是比你晚着一代。但我不称你为苏老,我仍直呼你名,就像47年前我们相识时的那样。这是一种传统一种习惯。其实内心深处更有一番原因,在47年的相知中,我感觉到你的年岁愈长你的心灵就愈加年轻率真单纯。

"你80岁生日时,我们去医院里向你祝寿,你的脸上绽开着婴儿般的笑容,你的眼睛放射着孩童似的光芒,你向我们讲述着你少年时纯洁的爱情故事,你已将这爱情故事写成长诗发表。

"你不老,你的心灵比我更加年轻的人们的心灵更加年轻。你始终保持着一颗童真之心,如此你才成为一个诗人。对一个心灵比自己更年轻的人,怎能违心地称其为"老"呢?我只能直呼你名。

"金伞走在他即将91周岁的诞辰的日子。"

南丁说:"你是这个世纪的见证人。这个世纪的风云变幻,你都经历过,你都身临其境,你在身临其境中经受着那大痛苦与大欢乐。

"你的痛苦与欢乐是与人民的痛苦与欢乐与共和国的痛苦与欢乐声息相通的。

"在这大痛苦与大欢乐中萌发着锤炼着你的诗情你的诗人气质均为诗歌品质你的诗歌艺术的魅力。作为诗人,你是在这大痛苦与大欢乐中生长的。

"正是这大痛苦与大欢乐造就你成为一个诗人,一个诗人本真意义上的诗人。

"在光明与黑暗的搏斗中,你始终站在光明一边。你一生憧憬光明,在正义与邪恶的较量中,你始终站在正义一边,你一生追寻正义。

"你的诗在读者心中,在人民心中!

"作为诗人,你是属于你的人民你的故土你的国家的。"

南丁与段荃法是上下级关系,是朋友,相处近40年,荃法走了,南丁心头一震,他叮咛朋友:天寒地冻,荃法,你要穿暖和点啊。

段荃法于20世纪50年代后期20岁刚出头时,即有《雪英学炊》《凌红蝶》等短篇小说集出版。20世纪60年代初则以短篇《状元搬妻》名世。《状元搬妻》的艺术品位,可列入当代短篇小说的经典。

"20世纪70年代初,荃法由许昌调入省城搞专业创作,我也从插队落户的南阳西峡蛇尾公社小水大队回到省城。此前虽相知,但谋面不多,此后就相处,相处近40年,就日渐成为好朋友。

"1980年河南省第二次文代会,省作家协会成立,创办大型文学杂志《莽原》,我请荃法与我一起办此事,荃法也愿意放下势头正好的手头创作,投入这繁杂琐屑的刊物的创办之中,《莽原》顺利地在1981年5月创刊。后来,我在文联做主席兼党组书记,还请荃法主持了相当长一段时间《莽原》的工作,之后又请他出任作家协会秘书长,主持作协的日常工作。对于一个作家来说,这都是需要牺牲自己的创作为代价的,荃法毫无怨言。荃法关心青年作家的成长,不论在《莽原》,还是作协,他都全力以赴,用心工作,赢得青年作家们的尊重。

"荃法是个纯粹的作家,除了文学,别无他念。在《莽原》、在作协工作时,想的是河南全省的文学状况。能专业从事创作时,想的是写出更好的作品。他的《天棚趣话录》是个极精彩的短篇结集,中篇小说创作也有很好的建树。20世纪80年代初我曾为他的小说集《乡音》作序。我是荃法作品的读者,他的作品我大都读过,对他作品中透露出的乡土气息,农民式的机智幽默乐观豁达的精神品质,我是个欣赏者。荃法的乡土作品也是独成一家不可替代的。

"在生活中有什么烦心事,在创作上有什么苦恼事,荃法愿意找我倾诉,一杯茶,几支烟,他倾诉我倾听,说说话聊聊天,好像也就化解了。两个人都有空闲时,想找个清静的地方写点东西,也愿意一路同行,比如去西峡、比如去商城。荃法话不多,我也话不多,两个人在一起时,好像总有说不完的共同话题。都说心里话,可以互不设防。

"十多年来，荃法被癌症反复折磨。十多年前查出肾癌，治好后，竟有十来年的平静期，前年在郑大一附院查出疑似转移，去看他，说是排除了，皆大欢喜。此时，荃法乐呵呵地送来他新出版的散文随笔集《少年远行》，我也为他高兴。去年又查出转移至肺部，这回是真的了，去看他，已转移至脑部。我心想，恐怕已经无望了。十多天前，我由北京回郑州，在北京西站碰见荃法的长子建伟，说是回郑州换在广州工作的妹妹建宇的班照料父亲。我问情况如何，建伟说还是老样子。并说他妈妈（莲菊）因照料父亲身心交瘁也住了一段医院。我心凄苦。

"佩甫告诉我，说他去看荃法，说南丁还等你一起喝酒呢。荃法说一定一起喝。我听后，无言。

"今天早晨，我在一家医院就诊，听到荃法去世的消息，虽不感到突兀，依然心头一震。

"天寒地冻，荃法，你要穿暖和点啊。"

豫剧大师常香玉，在南丁为省文联主席时，她是副主席，是上下级关系，也是朋友关系，这样的关系，很有"共性"，但这"共性"的上下级、朋友关系，怎么会使南丁在10年间有三篇文字记叙表演艺术家常香玉，其中还收在《南丁文集》一至五卷中？有写于1991年5月的《香玉风度》、1998年6月26日的《这就是常香玉》、1999年5月的《家常的香玉》，还有1997年写的《香玉杯十年》没收入文集。

应该说10年间，为一个人写了四篇文章，足可见南丁对这位豫剧大师的尊敬与爱戴，而这四篇文字，围绕常香玉一生为国家和人民干了四件事：捐献香玉号飞机、设立"香玉杯"艺术奖、为大兴安岭森林火灾赈灾义演、为救助下岗工人捐款，折射出常香玉作为艺术家的情感、心胸、风度和人格魅力。

南丁说过，作家的打拼，最后拼的是人格，艺术家也是这样。

我曾经与常香玉零距离接触过两次，感受到的是常香玉老师为工农演出的热诚和办事的认真。

1975年,我在柴油机厂任职,厂里开"工业学大庆"会,表彰劳模,放两场电影不过瘾,因我是从"市里"来的干部,想让我请常香玉来唱一场戏,我答应了,找到市豫剧团的负责人,因当时常香玉归市豫剧团管,我与两位负责人一块到省商业厅家属院找到常香玉,她听我说了情况,说:为工农兵演出是应该的,我去,演《红灯记》痛说革命家史一折。又问我厂在什么地方,常香玉老师说:知道了,通1路车,我明天下午搭公共汽车去。没架子,很爽快,哪能让她搭公共汽车去呢,第二天下午,我用北京吉普将常老师拉到厂,下车后,水也没喝一口,上到二楼会议室化妆。

厂里专门在厂区中央搭了戏台,生产、安全做了统一安排,常香玉要来郑州柴油机厂演《红灯记》的消息传出,相邻的锅炉厂的水工、棉织厂的工人下班后也挤进厂区。人山人海,总有万余人,但秩序井然。

常香玉饰演《红灯记》中的李奶奶,虎美玲演李铁梅,总共二、五、八三折戏,不到一个小时。为了安全,厂党委决定,夜班也休息,车间门上锁,保卫科派人巡逻。

三场折子戏演完,常香玉老师和虎美玲几次谢幕,到第五次谢幕时,忽然有人喊,唱"断桥",唱"红娘",接着是一片起哄声:"断桥——""红娘——"。我一听,头一嗡,这段唱词,是"四旧",这时厂党委书记出来对着高音喇叭大声念:加强纪律性,革命无不胜。我与保卫科的两个同志上台,将常老师和虎美玲扶下来,拉到二楼卸妆,问常老师:吃点夜宵吧?不吃,走。她笑了,说:小赵,这回你可得送我回去。但谁也没说群众要求唱"断桥"、"红娘"一事。

第二次与常香玉老师接触是2000年的冬天,我参与编写一本名人《导读郑州》,常香玉当然位列其中了。第一次访谈参与人还有市旅游局局长范强、省摄影家协会主席于德水。常老师家住在紫荆山公园东侧,平房,有个后院,后院有一棵石榴树。这本书除介绍名人生平、艺术成就之外,还设计有个人感言。说到感言,常老师说:您谁给我写写,写好念念我听听就中。要她的剧照,她翻了半天,说:到省戏曲学校找吧,我给你个电话,找高老师。我记下了高老师的电话。然后到后院石榴树下,拍照。我们几个站在她面前,只见常香玉往那一坐,精气神一下子出来了,大家叫好。快到中午了,常老师说:中午在这吃捞面条。我们谢绝。常老师说:管得起,你看。我们看见外间屋的桌子上放着两笸箩面条在那晾着。

一个月以后,我又去找常老师,一是念稿给她听,二是要几张剧照。进大院门,常老师披着毛衣在传达室门外坐着,一见我,说:拿来,我看。我说:您看啥常老师？书啊。我说还没出呢。常老师说:工作效率太低。我说:今儿来是我写了您的感言念给您听听。常老师说:拿来,我看吧,你坐这儿等。干脆又爽快。

南丁所写《家常的香玉》就说到吃捞面条。1998年春节前后,有两次在香玉家商讨艺术奖事宜,两次被留下来吃午饭,两次都是吃捞面条。去巩义看常香玉演出,赶上中午,就在那里用餐,也是捞面条。

南丁感慨:农家女出身的表演艺术家常香玉,在吃饭上还保持着她农家女时的习惯和本色。南丁又感慨:在北京,常香玉为给邻居带表带,她挑表带,总嫌价格贵,人家认出她来,也不想还价了,匆匆离开表店,她是怕在不是演出场合被人认出是名人的心烦和尴尬。南丁还感慨:1996年,第六次文代会结束,香玉接郑州电话,老伴宪章跌了一跤,病情加重,她当即请假回郑,去做一个妻子所想做所能做的事情。

在《这就是常香玉》一文中,南丁说:香玉慷慨解囊为下岗职工捐资1万元,香玉率众弟子为下岗职工捐献举行义演,共得6.7万余元,悉数献出。

这就是常香玉半个世纪以来所做的事情,依靠演出所得捐献"香玉号"战斗机,为大兴安岭森林火灾捐献义演,为兴建炎黄二帝巨塑义演,为繁荣发展河南地方戏曲艺术以演出筹资设立"香玉杯"艺术奖,等等,等等。

《香玉风度》，是南丁 1991 年写下的记叙常香玉最早的文字，在这篇文字中，他回答了什么是"香玉风度"。1987 年年底，设立"香玉杯"艺术奖，以推进河南戏曲艺术的发展，南丁时任文联主席，是"艺委会"主任。常香玉以演出筹资设立的"香玉杯"，第一站是巩义，大热天，常香玉在台上演出，南丁感动地说，真难为这位老大姐了。那年她已 66 岁了。

南丁写道："香玉杯"已进行过三届，参与者踊跃，的确推动了河南戏曲事业，也活跃了舞台。我就琢磨起这位老大姐的风度，她是大艺术家，这是不待说的，仅仅一个大艺术家，似乎又难以概括。从"香玉号"飞机到"香玉杯"艺术奖，想起《香玉风度》这个题目。

南丁说："香玉风度"的确是一个耐人寻思、耐人品味、耐人求索的题目，在寻思、品味、求索中，会逐步得到一点悟，得到一些快乐，那就是从卑琐中、从喊喊喳喳中、从小家子气中逐步解放出来，像常香玉那样为国家为人民办些好事的悟和快乐。

好一个"谁说女子不如男"！

"八〇后"

**最纯净的留了下来，
最澎湃不已的文化生命
与激情仍在燃烧**

独有的灵性,沉着与炽热,生命与才思的表达。与历史的对话,定力和勇气,幽默和洒脱。激情贯通的精神世界,拥有超常人的能力得以达到的境界。

2013年1月7日,南丁老师赴京参加中国作协主办的河南南阳作家李天岑的三部长篇小说研讨会,时间转到2013年9月20日,南丁老师83岁整。八十老翁何所求,"人生哪有真闲日,百岁应多未了情"。

"80后"最澎湃不已的文化生命与激情仍在燃烧!

澎湃不已的文化生命与激情仍在燃烧。

日朗风清,仍有文学伴随!

文坛大事,仍有南丁的身影。

最纯净的留了下来。

在省文联大楼下,西边的太阳还留有一抹余晖,南丁老师在前,我随其后,他的步态,从容、沉稳,我说:南丁老师,多少年前你就是这样的走法,有时手中拿有书报,有时手夹一支烟,就是这样"端的"向前,从容大度。他笑了。

华灯初上。难得的一次小酌,我与南丁老师,82岁的一代文贤,68岁的业余作家。提高到文人雅聚的层面上说:小酌。对南丁老师进行一次"独家"访谈。南丁指喝河南酒。

18岁来河南,喝黄河水,60余年来致力于河南文坛的复兴、文学豫军的光大,他的沉雄与炽热、生命与才思交付给了中原这片热土,他的作品,他为人做嫁衣,他的评说豫军、作序豫军,提示出文品、人品的精神向度,那是他激情贯通的精神世界里,拥有超常人的能力得以达到的境界,南丁独有的对生活、生存的体验,是他的定力和勇气。

理性、情感、智慧、幽默与洒脱,是与历史的对话。南丁的人与史、人与文、人与人,我看出了南丁的情感撞击与灵感的迸发,显示的是他人生观、价值观,那是一种道德和哲学。他总以阳光般的心情去展示别人的光彩,他语言的强力与弹性,独特的视角、独特的语言方式,演绎他精神的深度。他的练达、谦虚、厚道,可亲可敬,将他的生命演绎得透亮,那是他的性格的质感。

碰杯,远不如当年26岁的南丁与24岁的徐慎碰酒瓶"脆响"。今年82岁的南丁老师又去登山,7月,到信阳光山,当地文联举办一次文学研讨会。我说:想看您未入选文集的作品。南丁老师说:在我电脑上,发给你。他登山,我不吃惊,几十年来没听说他害过什么病,身体素质好。吃惊的是他有个人网站,他说:平时上上网,不打字,听听音乐。我登门时,他正在听音乐。我说:光山请您,省会文化界的研讨会、笔会,地域文化讨论会,都请您。我说:去年一次地域文化论证会,因您未到,主办人老马对我甩脸子,说"富海兄,请不来南丁我在中央美院设计师面前很丢人"。我说:"南丁老师要去北京参加中国作协为驻马店一文学青年办的研讨会,咋办?"老马说"下次一定,弄个车在他家门口等,一下楼,拉他上车"。他又笑了。

南丁老师喜酒,量少,一杯下肚,脸红如脂。他说:光山会,参加的有诗人马新朝,小说家田中禾、墨白,评论家何弘,我呢,我发言说,借用信阳作家陈峻峰的一部历史小说名字《我在2000年前混来混去》,我是在文坛上混来混去的人!南丁老师的幽默、洒脱,迎来一片掌声。

南丁的幽默与洒脱,似乎是与生俱来的。读他的文集,有一段回忆往事的文字,"兹介绍省直机关右派分子苏金伞、何南丁、徐慎三人来此改造……"。我三笑:一笑右派是阶级敌人,还开介绍信。20世纪50年代,共和国在大陆的敌人是"五类分子"即地主、富农、反革命、坏分子、右派分子。二笑,接待的是大别山中一小山沟,对省里来的右派,另眼相看。三笑,南丁是持信者,递信后,人家竟让烟。我说:你们把自己当成省直干部,下去视察工作了。那一年他28岁。南丁老师笑了,是那一贯的笑容,恬静而有意味。南丁老师笑着说:还递烟,三支。他自己又吸了一口烟,看信后,那脸色都变了,信上写有"右派"二字。

来,碰杯!

我一饮而尽,说"和大锅",南丁老师笑了,慈祥的、庄严的、洒脱的。

我说:大别山的方言,"何""和"不分,"哥""锅"不分。开始,当地人叫南丁,何右派,南丁听之,久了,改称"和大锅",南丁笑之。"和大锅"的工作是专门给食堂挑水,一天四五十担,他都练出来了,这四五十担水,不仅是食堂做饭用,还烧开供人擦热水澡,南丁还称赞:大别山里的人有用热水抹澡的习惯。一个很有知名度的年轻作家,给农民挑水,还供抹澡,还称这是好习惯,是因了那句"和大锅"吗?是,那是与平民百姓的理解沟通、心灵碰撞的结果,那是南丁率真的性格,生命本真的可贵的一种与人民打成一片的精神。

"和大锅"没鞋穿了,自己上山砍柴,到镇上卖了3元钱,买了一双鞋穿上。多么自然,担水、砍柴、买鞋,老百姓也是这样的。南丁说:世代居住在这里的山民不就是这样嘛。

纯净的情感撞击出,南丁的一种道德和哲学。

50多年过去了,南丁独有的沉雄与炽热,与历史对话。

我与南丁老师碰杯,我说:你们这一代人世界观形成得早,坚信马列主义、毛泽东思想,是真正的共产党人;您的幽默、洒脱是与生俱来的。我说道:您以为夏咀接纳了您,结果开"五类分子"会,就你一个人。南丁老师听后又笑,这回笑出了声音,说:没有我,夏咀五类分子就缺席了。

"席位",谁的,右派分子的,多么幽默。

送木炭,炼钢铁,南丁专门披挂一番,换了可脚的鞋,戴上了纳得讲究的垫肩。"但挑起百余斤的木炭,不行了,腿也感到灌了铅似的沉重,女子媳妇大嫂们腰肢扭着胳膊甩着,风摆柳样的潇洒,风样地刮过我身边时,还投来爱怜的一瞥:一乍不惯,多歇几肩啊。我羞愧满面,真正感到自己的弱小。"

我说:南丁老师,您那时候挑着重担,还有心看女子们扭腰甩胳膊,还看人家投来爱怜的一瞥?南丁大笑,自己还抿了一点儿酒。

80岁的南丁依然洒脱。

南丁,从 18 岁到 80 岁。

最纯净的留了下来,情感的撞击与灵感的迸发,凸显了他的人生观、价值观。

我对南丁老师说:我读《山恋》《家在山水间》《采钨》。看到您喜山水、喜民间,将农民当朋友。南丁老师说:有一次山洪暴发,我听到屋后有很大的响动,起来走到屋外,是生产队专门在我的屋后改水道,怕洪水冲了我的家。

南丁老师的家曾在小水。

小水在《山水间》。

身后是山,脚下是水。这是一个家,女儿和她的妈妈爸爸。这个家不是到此一游,是在这里插队落户,劳动锻炼,接受贫下中农再教育的。这个家在此生活了一千个日子。是请求远离城市到山里来的,这一家三口都爱山。这山在南阳的西峡,一家三口落脚西峡县蛇尾公社小水大队下营生产队。这家人算是这里的一户社员。

女儿三岁半的时候,已会背诵那段"知识青年到农村去"的著名语录。若干年后,女儿创造了一个词汇:知童。又若干年后,女儿成为中国著名的评论家,享受政府津贴,河南大学博士生导师,中国作协创研部副主任,她叫何向阳。

最纯净的,女儿想吃鱼,爸爸到河边转了一圈,又到镇上转了一圈,就买回了一盒罐头鱼,将那罐头盒打开,就说:哈,逮住盒里的鱼了,来呀,吃吧。

南丁老师听后,哈哈大笑,笑得那么灿烂。

南丁老师还是烟多酒少,吃菜也少,碰一下,他抿一点儿。我说:南丁老师,派您右派去劳动改造 4 年,在大山深处,应当是耻辱之地,后来再度下去接受贫下中农再教育,那应是失落之地,而您却把这两地当成了家,"省亲"般回去看望,山民称您"和大锅",您还和吃大锅饭联系起,黑色幽默啊。山洪暴发给您屋后改水道,怕淹了你们,下营生产队队长步行70多里去看您。我说到这儿,您吸着烟,眯着眼笑了,笑容是欢愉、满足。我接着说:这种事情发生在地下工作者、后来进城当了大官的共产党人身上多些,是令人敬佩的,可您是作家、文化官员,且是改造之地呀。我是认真地说,您认真地听,您回答了我:生活,朋友。我在农村交了朋友,一生的。这是南丁那一个时期农村生活的人生观、价值观。

"朋友",我恍然大悟。"朋友"二字在南丁的回忆录、讲话、通信、交谈中频频出现。

苏金伞长南丁25岁,是他来文联时的副主席领导,南丁直呼其名:金伞。苏金伞乐不可支。诗人赵青勃长南丁10岁,是领导也是老兄,南丁称青勃"小青",青勃也乐意。吉学沛、李蕤是领导、同志,更是朋友。大作家李準,诗人王怀让,是名人,也是朋友。南丁年轻时,当作家时,视领导、同志、老兄为朋友;南丁做官时,当作协主席、省文联主席,视年轻作家、诗人也为朋友;有男,也有女,也有身残的业余作者黄培民。南丁身为文联主席,黑夜驱车看望黄培民,寄钱给他修房子,寄刊物给他学习,接待他的小女儿,教她好好生活。朋友不低眉顺眼,不卑不亢,不居高临下,有隐私可谈,"一句话,一辈子"。

朋友,在南丁的人生之路、文学之路、文化官员之路,既有意思,也有意义;意义是庄重的、庙堂般的;意思是温情的、平民化的。南丁老师,南丁,朋友!

我笑着对南丁老师说:都"南丁南丁"地叫,成了文化符号,如果有谁当面叫您何南丁同志,您会不会一怔。南丁老师大笑。

朋友,老的、年轻的、先生、女士,是南丁一生最纯净的物化。

南丁在2011年5月与2012年年初,写了两篇文字,均以《有瓦的日子》命题,一篇是对他两次七年的农村改造和下放劳动的回忆,他倾情至真,那是他有瓦的日子,是有温度有湿度的难忘岁月,那是他内心最柔软部位的感动；一篇是忆父母和姐妹的，情深意长，那是他有瓦的日子，是有温度有湿度的难忘岁月，他感恩。

"那是1959年年初到1960年的春暖时节。我在此劳动改造，向山民学习打秧草、插秧、薅秧、驮窑柴、挑炭、淘铁砂，还有唱情歌，为食堂挑水，为菜园担粪。我从被称为"何右派"，逐步被改称为"何大哥"。让我挑担子时挑轻一点，多歇歇肩；我喜欢吃的青椒、黄瓜，不时青翠欲滴地悄悄出现在我的窗台；被雨淋着时，会被拉去在火塘边烤，还有一杯温过的酒。我的苦闷的困惑的孤寂的失落的心，被山民们的纯朴乡情温暖着。

"想起新县泗店公社泗店大队边店生产队，边店村那里外三间青砖灰瓦的仓房，仓房腾空，让我们几个右派住，仓房后面还有个灶屋，可以做饭，这是1961年夏到1962年春。1960年春暖时，因饥饿导致的浮肿病在农村蔓延，也不时有饿死人的事情发生，当时的新县县委决定将分散在农村改造的右派都集中到浒湾钨矿集中改造，按当时的政策，重体力劳动每月可吃45斤原粮，这就将这批右派从饥饿线上保护了下来。钨矿1961年夏下马，集中改造的右派就又分散到农村，我与三位一起到边店。经过夏咀，经过钨矿，我觉得我的身体连同我的内心都逐渐强大。秋收季节，将收获的稻谷捆成捆，用尖担插起两捆，挑起由田里沿着狭窄的田埂小路往稻场里送，是谓挑草头。每担草头都在百斤以上，挑到稻场要码垛，有专门码垛的把式，垛愈码愈高，就要靠垛竖个长梯，长梯约有三人高，挑草头上垛，是个重体力活，肩、腰、腹、腿都要有足够的力量，还是个玩潇洒的技术活，上梯时将肩担平衡地放在后脖颈上，双手辅助双腿上梯，上到垛顶用手将肩担向一头滑行，先卸下一捆，然后一个侧身再卸下另一捆。对于我，这已是小菜一碟。也有将草头挑去稻场上不去垛的，我来！

"1962年春天，我的女友左春信中告诉我我的右派问题进入甄别复议有望平反的消息。随后，她来了，从郑州坐火车到信阳，从信阳坐长途汽车到新县，从新县步行到边店（大约25至30里）。我们就在泗店公社登记结婚,边店那里外三间的瓦屋就成了我们的婚房。她还带来一瓶白兰地、几听肉罐头和鱼罐头,举办了简单的婚宴,请了村里几位有头脸的人物一起举杯。我们就在边店那瓦屋里度蜜月,开始了44年之久的婚姻。左春于2006年去世。

"2000年秋天时,我曾去新县参加一个散文家的聚会,会后,我去了夏咀,去了边店,离开已经40年或近40年了,乡亲们一见我就亲热地直呼出我的名字,我真的好感动。

"想起西峡县蛇尾公社小水大队下营生产队,下营村那三间原也是仓房的瓦房现在是我们的家了。1970年,所谓的斗、批、改结束,不少单位斗、批、散,比如我们河南省文联。那时,我们的女儿3岁多,先是在南阳市郊区白河边的黄龙庙村插队,走几步就进城,生活挺方便,就跟在城市住差不多。就因为方便,太像城里,反倒不安心。我和左春商议,想到伏牛山里去,想认真地对待一下这个插队落户。地区支持我去西峡县,与县里商量选点,就选出了蛇尾小水下营。这里距县城30余公里,有长途汽车通往。西距公社所在地蛇尾5里,东离大队所在地小水只1里。门前有一条清澈的小河,屋后是逐步高出的山坡。让我想起诗人苏金伞在新县五马公社余冲大队黄湾村(与我所在的夏咀是邻村)改造时自撰自书贴在自家门上的春联:门前流水皆珠玑,屋后青山尽宝藏。时间虽只两年半,却跨了4个年头。在下营,与村民一样,春种秋收,日出而作日落而息,一起修大寨田。村民们谁家采摘到新鲜的山韭菜或是别的什么野菜,会给我家送来,谁家菜园里有新鲜的莴苣、青椒也会送来。暴风雨时,队长副队长半夜起来在我家屋后改水,怕山洪暴发冲了我家的住房。我们也和村民一样一早起来干活,太阳升得老高才吃早饭,蹲在门口端着大碗喝糊汤,那又香又甜的红薯玉米糁糊汤。与村民一起在村头的大檀树下歇凉说话。我家的炊烟与下营村近20户人家的炊烟相互缠绕着缠绕了近一千个日子。

"在下营,我作为介绍人,发展了两位共产党员,一位是生产队长王衍召,一位是女积极分子陈学芬,陈学芬后来在县里做了县妇联主任。

"1973年春返省城时,女儿已是二年级小学生,但只有六岁半,就又从一年级读起。1985年暑假时,向阳已是大学一年级的学生,离开下营12年,她想念当年的小伙伴,我和左春也想念那里的乡亲,就由郑州驱车专程去下营,并在下营王衍召家小住,左春带了许多布料还有许多吃的穿的用的东西分送给乡亲。

"1993年在西峡开乔典运的作品研讨会,车经过下营时曾作停留,看到王衍召的妻子瑞和一行乡亲,未见到王衍召。随后,王衍召徒步走了70多里由下营走到西峡县城,在会上找到我,只是为了看看我说说话。又过了15年,2008年重阳节时在西峡开会,参观一个景点时路过下营停车,我要看看我的下营,要看看乡亲,要看看王衍召。村街上遇到一位我未见过的年轻人,他从他父亲和村里人那里听说过我,他说王衍召在后坡掰玉米,他去找来。我和同去的几位在村街上等了会儿,衍召几步走来,我和他相握相拥,看他明显老了,问:衍召多大了?答:73,比你小4岁。对我的年岁他倒记得清楚。衍召说:我正想卖头牛,去郑州看你哩。说了会儿话,我怕同去的人等得太久,就登车告别,他送到车窗前,透过车窗,看到泪水在他眼里打转,我心感动,同行的人也为之动容,说:你们感情很深啊。……"

2010年,南丁老师的散文《有瓦的日子》发表在《延河》上。南丁老师看到瓦的回忆与联想:

"看到瓦,竟勾起这么多的记忆,竟涌出这么多的情思。想来,朋友,你也会吧?肯定会的。那你须有'有瓦的日子'。

"瓦库的赵绍君,让我在一片瓦上留句话,我就写下:'有瓦的日子是有温度有湿度的难忘岁月。'"

灰瓦,让南丁动情,让南丁感恩,也让南丁儿女情长。

"灰瓦让我想起我的老家,我的老屋,我的父亲,我的母亲,我的哥哥,我的姐姐,我的妹妹,伴我童年少年时光的亲人们。

"我的老家在淮河中游南岸的一座小城,曾经叫作'仁寿里',后又改称为'西民乐'里的那条小巷,三间坐北朝南青砖灰瓦的房子,一座铺满阳光的向阳小院。80年前,我就出生在这里。

"三间瓦屋一座小院,是我父亲靠诚实劳动换来的。我母亲与我父亲是同乡,她8岁时即做童养媳,16岁时与大她8岁的我的父亲结婚,17岁时就生了我大哥。大哥比我年长十岁。母亲裹足小脚,未上过学读过书,是个文盲。但她待人接物绝对有文化,源自于她有一颗善良的心。看我母亲那双慈祥的眼睛,就可看到她那也是慈祥善良的心。母亲就是靠她的善良赢得邻里的称赞和尊敬。

"我母亲一生生育了6个儿女,大哥长我10岁,大姐长我8岁,二姐长我5岁,二哥年幼时即因病夭折,我记不起他的面容,妹妹小我两岁。这个家的支撑,靠父亲的工资,靠母亲的勤俭,她哺育儿女做饭洗衣做衣做鞋。虽拮据,可温饱。兄弟姐妹中,只我读完高中,在我们家里我是学历最高的。父母无力让孩子们接受高等教育。大哥读完职业学校就早早地到父亲所在的电厂做练习生,赚得菲薄薪水协助父亲养活这个家。大姐读完初中就在家帮助母亲料理家务,18岁就出门嫁人。我18岁前没有买过鞋,穿的全是母亲做的布鞋,母亲千针万线做的布鞋,我就是穿着母亲做的布鞋,穿过我的小巷,走向那个小城的大街,走在上学放学的路上,走完了我的18岁。

"我大哥英俊、聪颖,写得一手好俊秀的钢笔字,他将手锯拉出琴音,那叫作锯琴吧,那琴音如泣如诉如梦如幻,叫我为之震颤生出许多遐想。我大哥是我幼时的崇拜者。

"我上高中时,16岁那年吧,一次打篮球,摔断了左胳膊的小臂,母亲带我去求医诊治,上了夹板,月余才得以痊愈。60多年过去,母亲当时那揪心的表情依然留在我的脑际。

"平时,当然是粗茶淡饭。亲戚来时、父亲或大哥的朋友来时,母亲会做几样荤菜热忱招待,红烧肉、烧牛肉,母亲做的菜是天下最好吃的菜,那是我们的节日。当然没有余钱去买什么点心之类,母亲会做炒米茶,将洗净的大米浇上少许香油,在烧柴火的灶锅里耐心焙炒,存放在瓷罐里,吃时舀出少许,或放盐,或放糖,开水一冲,香气四溢,那是我们孩子最爱吃的可以不时享用的零食。

"我18岁出门远行,走出了我的瓦屋小院,走出了我的'姐妹兄弟皆和气,父亲母亲都健康'的童年少年时光。

"1962年春节,我从大别山区我的改造地请假去滁州我妹妹处探望父母,那时,父母住在妹妹处。父母都苍老了许多。50多岁的母亲一脸的忧郁和疲惫,那双慈祥的眼睛也已没了光彩。我睡在母亲的脚头,将母亲的小脚拥入我的怀中,我给母亲暖着脚。

"可是,1963年的春天,母亲病危,我们兄弟姐妹都赶回家赶回到我们的老屋,在母亲的病床边无望地守候。母亲为儿女们操了一辈子的心,她那颗柔软的心已经操碎,她告别了她不舍的儿女,告别了这个世界,年仅59岁。

"2004年清明时节,大哥建议齐聚滁州为父母扫墓。经大哥与二姐、妹妹们的操办,早些年,父母已合葬在滁州的琅琊山公墓。大姐已过世。那年清明,大哥从保定,二姐从蚌埠,我从郑州,都到了滁州妹妹处,点香烧纸,祭奠父母的在天之灵。父母在晚年,居无定所,终可以在琅琊山这块土地安稳地安静地共眠了。

"还应该说句话,我要感谢瓦库的瓦,让我这个耄耋老人重温了:感恩。"

这是南丁的幸福感觉。南丁幸福的感觉,是慢慢地生长弥漫着的,是从心底流淌出来的,用他的话说,是生命转换了另一种形式:告别作家,做领导者,指导河南文坛,整合文学豫军,扶持文学青年。

幸福的回忆在"80前"。

"80后"呢,南丁最澎湃不已的文化生命与激情仍在燃烧。

"80后"是南丁老师自诩的。

南丁自诩"80后",很"潮","潮"在一次重大文学活动中。是在中国作协与郑州市人民政府主持召开的报告文学《风情大郑州》研讨会上的笑谈,从此成为"经典",经典的南丁,幽默、洒脱的南丁,青春永驻。

《风情大郑州》是解放军艺术学院教授邢军纪的新著,他是国内专门致力报告文学的著名作家,鲁迅文学奖得主。邢军纪是从郑州走出去的,是文学豫军。他原是郑州炮院老师,爱好写作。1984年秋,我们同去参加时隔28年的河南省青年创作积极分子大会,会后,我俩与在市文联作协的负责人冠云峰办起"文学沙龙"。参与人是文学青年,其中有后来在文坛上颇有名气的范炬、李洱、陈铁军、马其德,儿童文学作家致辉,还有郑大老师、作家范俊智等十余人。

研讨会上,邢军纪有个发言,专门谈到了我多年进行老郑州的文化写作,出书多部,令人敬佩;我看到了一个知识分子、作家的责任,他的老郑州系列,不下大功夫不能完成,它应是几个人、一个团队完成的,这是特别令人尊敬的。

2010年5月10日,郑州市委、市政府主持召开了《风情大郑州》研讨会。评论家何向阳还有北大教授等十数人,河南省文联的领导李佩甫、田中禾等人出席,南丁作为著名作家、评论家出席。

南丁的发言,总是有他独特的引人之处,他先说:今天很快乐,著书的人快乐,与会的人快乐。他说:我今年79岁,明年就是"80后"了。大家一片笑声。在笑声中,南丁说:所以,我也很快乐。针对《风情大郑州》说了三个问题,一是老郑州的身世,三千六百年的古商都,在这部书中我们看到了商都、商城、现代商贸城的一脉相承,这是一种文化的力量。二是郑州,拉工业短腿,市委提出的建设文化强市,给了郑东新区很大启示,也显示了一种文化力量。三是实录性的报告文学,给人一种文化关怀,这也是《风情大郑州》的可贵之处。

南丁预支了"80后",报人常说的预告新闻,"80后"。

文学界、文化界没有南丁的年龄概念,有的是文化概念,文学界称他为一代文贤,文化界称他为泰斗。

2009年是南丁预支"80后"的头一年,这一年的春天,《郑州晚报》创刊60周年,60庆典,晚报将推出一系列活动,晚报副主编陶玉亮约我与副刊主任李韬、主编李玫等人开会,筹划一张报纸与一座城市60年情缘。陶玉亮认为这个主意好,请文化界知名人士写稿是活动的一项重要内容。其中有一个小型座谈会约来了著名作家、评论家南丁,中国民协副主席、省文联副主席夏挽群,散文名家、《散文选刊》主编王剑冰,河南省文学院副院长、著名作家墨白,郑州市作家协会副主席、《古都郑州》杂志执行主编、郑州城市文化研究所顾问赵富海。

都答应写稿,也都作了精彩发言。

夏挽群从《郑州晚报》的平民化谈到郑州市的文化建设;王剑冰谈他在开封上大学时就看晚报,能给晚报写稿是件非常荣耀的事;墨白说他给晚报写稿子,比给大刊物还认真;赵富海说,他能写出一些东西,是《郑州晚报》培养的,1965年12月《郑州晚报》发了他的处女作散文《锻炼》。

南丁的发言,以他一贯的风趣、幽默抓人,他说:"晚报都60岁了,一甲子了。对晚报我是有感情的,老作者了,经常投个稿。1955年《人民文学》发了我的小说《检验工叶英》,是头条,这本杂志,我已没有了,前年,晚报邓万鹏在旧书市上见到了1955年的8月号《人民文学》,见有我的《检验工叶英》,买来,又给我送来,我很感动。

"60年一甲子,晚报是平民的、亲民的,与郑州这座城市有着割不断的血脉关系。"

娓娓道来的是一位名人大家对一份地方报纸的情感,真实的,割舍不断的。大家都很感动。

散文年会也有南丁的身影。2009年12月30日,河南省散文学会年会在郑州荥阳召开,主办方是《散文选刊》与学会。省内50多位散文作家参会,省文联领导李佩甫,省文联原副主席田中禾等人参会,南丁是以著名作家、评论家的身份参加会议的。

年会的开幕式上,领导人都作了讲话。散文会谈散文,李佩甫从孔子、老子、先秦散文谈起,说到散文大国,河南是散文大省。这位著名小说家,虽很少写散文,但对这种文体欣赏有加,令人耳目一新。田中禾讲散文的美学价值,王剑冰讲散文的"意义"和"意思"。

南丁讲散文,是从《散文选刊》创办四分之一世纪切入的,很有历史感。他说"选刊"与年会开会两回事儿成一回事儿,要提倡。

南丁说"两回事儿成一回事儿",要提倡,让我们想到这是一种领导者的、管事儿者的口气,但很亲切。2009年,南丁已从领导岗位上离休18年了,2009年他已79岁高龄。

南丁讲话、发言、谈话,总是一种似乎漫不经心的、散淡的、谈心式的,从他的口中慢慢地流淌出来,流进你的心里,滋润你。

南丁说:散文可分生活散文、哲理散文、抒情散文、叙事散文、文化散文,还可以分。我写散文不多,散文这种文体是最贴近人内心的文字。这是我的体会。

2012年,南丁已"80后"一年多了,河南文坛仍有他缓慢的脚步和身影。

2012年3月2日,南丁在徐玉诺研究会成立大会上讲话。南丁情深意长地回顾了60多年前在开封三圣庙街河南省文联筹委会办公院里的日月:

"我捋着他的白胡子,他用他那闪耀着童稚光芒的眼睛看着我,我从那眼睛里看到慈善和温暖,我们就这样对视,这是我们表示亲热的方式。那时,我们同在河南省文联筹委会创作组,徐老 56 岁,我 18 岁,为创作组里的一老一小。如今,我也已 81 岁了。

"我虽早已不在文联和作协任职,但还是河南省文联顾问、河南省作家协会顾问,同来的我夫人张颖是河南省文学院院长助理,我们可以代表河南省文联、河南省作家协会、河南省文学院,向徐玉诺研究会的成立和徐玉诺纪念馆的开馆表示祝贺,衷心地祝贺。我认为,这是河南省文学界的一件大事。"

南丁为"徐玉诺纪念馆"写了前言。

2012 年 12 月,《人民日报》以《自然之子》为题发表了南丁为"徐玉诺纪念馆"写的前言:

1950 年 2 月,我们四个年轻人从河南日报社被调到河南省文学艺术工作者联合会筹备委员会创作组工作。随后不久,徐玉诺来,鹤发童颜的徐玉诺,白须飘飘的徐玉诺,腰板直溜的徐玉诺,脚步矫健的徐玉诺,于那年的春天从他的家乡鲁山县来省城开封参加各界人民代表大会,在会上作了如何种红薯的大会发言,会后,就被留在省文联筹委会,这正是这位五四时期诗人的归宿所在。记得好像他也被安排为一个部门的负责人,组联部吧,好像只是挂名,总觉得他就是我们创作组的人。

徐玉诺是 1894 年生人,1950 年时也就是五十六岁,却为我们单位里最年长者,都称他为徐老。我与徐老相见时,十八岁半,为最年轻者,名为创作组创作员,实为一个懵懂少年,乳臭未干的青皮小子,小屁孩,因此,也没有因为与这位五四时期的著名诗人同在一个创作组而感到骄傲与光荣,竟也没有什么敬畏之情。我与他亲热的方式,是捋着他的花白的长须,用我少年的清澈眼睛望着他的也是清澈的眼睛,他也望着我的,我们就这样对视,用目光相互抚摸,就抚摸出长辈与晚辈之间的暖意与柔情。

世称徐玉诺为怪诗人,关于他的怪有各种传说。比如,送俄罗斯盲诗人爱罗先柯上站,他也上了火车,一送送到满洲里,若不是没有护照,保不准就送到莫斯科了;比如,在鲁山乡下教书时,一次梦游,挑着一担水就上了房顶,等等。我目睹他的怪,也有数件。比如,1950年春天时,文联一行人去许昌五女店搞土改,某天,他突然失踪一整天,至晚始归,说是去追寻逃亡恶霸的踪迹去了;比如,在开封茅胡同文联宿舍住时,某天,他向公安局报案,说是他的住屋里有特务安装了发报机,公安局派人来查,却原来是他老人家暖水瓶的塞子没有塞紧,发出了"噗噗噗"的声响;比如,1952年时文联搬到开封自由路中段,我们四个年轻人和徐玉诺都住在一间礼堂的二楼靠西边的廊房里,那廊房是用竹篾隔离开的,我们在尽头,隔了间大房子,作为集体宿舍,徐玉诺就在我们的隔壁,隔了间略瘦长的小房,他单独住。出来进去,都要经过他那间房,就看到简陋的床铺,那放枕头的地方摆放着一块砖,一年四季,春夏秋冬,长年累月,他就枕着那块砖头睡觉,那砖头就是他的枕头。徐玉诺是文化名人,当时是薪金制,当然比我们这些供给制的年轻人有钱,他将钱大都捐助生活有困难的民间艺人,但也不至于置办不起一个枕头。是习惯使然?好像曾问起过他,他也只是一笑置之,我始终不明所以。

1954年后吧,徐玉诺被调至省文史馆工作。1955年,省文联随省会也迁至郑州,省文史馆仍暂留在开封,与他就少见面。记得1957年时他来省文联开会,憔悴了许多,于次年,即1958年去世,享年六十四岁。不记得参加过他的葬礼。现在想想,他去世时的1958年4月,我已经过反右派运动后的初步处理,正下放在他的家乡鲁山县某个村庄。

今年春天,徐玉诺的家乡筹备徐玉诺纪念馆,邀我为该馆写前言,我这才坐下来,梳理逐年积累起的对徐玉诺的认识和理解。

1922年6月,文学研究会同人朱自清、周作人、俞平伯、徐玉诺、郭绍虞、叶绍钧、刘延陵、郑振铎等出版诗合集《雪朝》,为中国出版史上公开出版的第一本新诗合集。同年8月,徐玉诺出版个人诗集《将来之花园》,为中国出版史上继胡适《尝试集》、郭沫若《女神》之后,公开出版的第八本新诗个人诗集。1925年4月,朱自清、徐玉诺、俞平伯等二十九位文学研究会同人,又出版诗合集《眷顾》。此外,徐玉诺尚有已发表未辑印成册的新诗百余首,散文诗数十篇。据诗人痖弦统计,朱自清主编的《中国新文学大系·诗集》中,选了徐玉诺的诗十首。同集中,胡适获选九首,刘半农八首,沈尹默一首,鲁迅三首,田汉五首。徐玉诺为入选量最多者。徐玉诺的同代人王任叔(巴人)、叶绍钧(圣陶)、郑振铎、闻一多等对其诗均有甚高的评价。闻一多认为《将来之花园》或可与《繁星》比肩。由以上叙述可以得出怎样的结论呢?仅仅说徐玉诺是五四时期的著名诗人是不够的。徐玉诺是中国新诗创作的开拓者和奠基者之一。

徐玉诺的小说创作,也颇有成绩,早在1921年初,他就是以小说《良心》卷入五四文学革命浪潮的,此后他陆续发表二十余篇小说,鲁迅曾有意将其结集出版,将此意托北京《晨报》孙伏园向徐玉诺转达,徐未作出回应。此事也就作罢。作罢也就作罢。叶绍钧曾在万言评论《玉诺的诗》中说:"他不以作诗当一回事,像猎人搜寻野兽一样,当感觉强烈、情绪兴奋的时候,他不期然地写了。"他也没把出小说集当一回事,他不把名当一回事,他对世俗甚少考量,他是自然之子。他是自然之子,这从我耳闻目睹的他的各种生活细节,可以充分看出。

20世纪20年代,徐玉诺在吉林教书时,当时还是文学青年的萧军曾专程拜访向他求教,后来不知他的踪迹,曾写信向鲁迅询问,鲁迅复信说也不知徐在哪里。茅盾于30年代主编《中国新文学大系·小说一集》收入徐玉诺的《一只破鞋》和《祖父的故事》,在序言中,茅盾除称赞徐玉诺的才能外,也感叹道,不知他是否尚在人间?徐玉诺这颗闪亮的星辰从五四文学灿烂星空中消失了。消失了也就消失了,他自己也并没有当一回事。

徐玉诺在大地上流浪。如他自己所说,教了25年书,换了50所学校。足迹遍及东北、东南、华东和中原许多地方。他始终如他涌入文学革命浪潮的《良心》所示,以良心为人处世,在黑暗的中国追寻光明,参加学运,宣传抗日,教书育人,他依然在人间为《将来之花园》奔走呼号。

且读《将来之花园》:

> 我坐在轻松松的草原里,
> 慢慢的把破布一般折叠着的梦开展;
> 这就是我的工作呵!
> 我细细心心的把我心中更美丽,更新鲜,
> 更适合于我们的花纹组在上边,
> 预备着……后来……
> 这就是小孩子们的花园!

也请读另一首,他的《问鞋匠》,瞿秋白在《荒漠里——一九二三年之中国文学》一文中曾经引用:

> 鞋匠,鞋匠,你忙甚?
> ——现在地上满是刺,
> 我将造下铁底鞋。
> 鞋匠,鞋匠,你愁甚?
> ——现在地上满是泥,
> 我将造出水上鞋。
> 鞋匠,鞋匠,你哭甚?
> ——世界满满尽是蛆,
> 怎能造出云中鞋。
> 鞋匠,鞋匠,你喜甚?

——我已造下梦中鞋。

　　张哥,来!李哥,来!

　　一齐穿上梦中鞋!

　　瞿秋白在引用过后,接着评论道,梦中鞋是穿上了,可惜走不出东方。秋白继续说,东方始终是要日出的,人始终是要醒的。

　　将近一个世纪的时光过去,如今再读这诗这议论,感觉如何?

　　有资料说,新中国成立的1949年10月1日,徐玉诺曾作《痛快独唱》诗。始终未见到这首诗稿,但可以想象诗人面对晴空放声朗诵的痛快情景。

　　1950年徐玉诺恢复创作后,写了不少快板诗,也有小说《朱家坟夜话》出版。天未假徐玉诺以时日,他的创作未超越他的从前,未受到关注。未超越就未超越,未受到关注就未受到关注,徐玉诺没把这当回事。

　　春天时,去平顶山参加徐玉诺研究会成立大会,会后驱车到鲁山县徐营村看徐玉诺的故居,拜谒他的墓地。这是我第一次到徐玉诺家乡。那故居在村街的西半厢,故居的门旁的墙上镶嵌着一块石碑,那碑上镌刻着:徐玉诺故居　南丁敬题　二〇〇五年八月。那是那年徐玉诺的孙子专程来郑州要我为之题写的。院落收拾得挺干净,房子收拾得也挺干净,院里一棵树正葳蕤着青枝绿叶,好像是棵榆树。墓地在村北数里之遥,一条大路走出去,再往东踏过麦田百多米,就看到这位自然之子又回归自然的归宿之地,他已在此安眠了五十四年。五十多年不见他的音容笑貌,我心中默默地对他说,徐老,南丁想你了,来看你了。南丁已不是当年那个捋着你的胡子的十八岁的少年郎,南丁已是八十一岁的被人"南老""南老"喊来叫去的老者了。

　　我向诗人徐玉诺鞠躬。我向自然之子徐玉诺鞠躬。深深地鞠躬。

南丁昂扬的生命力不仅表现在参加文化、文学界的各项活动中,例如对郑州地铁文化策划,例如参加中国作协召开的中原作家群研讨,例如对李佩甫新著《生命册》的研讨,例如赴京参加中国作协主办的河南省驻马店一文学青年的作品研讨,等等,这都是在他宣称自己已是"80后"的作为。

"80后"笔未停,我追踪南丁,2012年7月26日,《大河报》的《茶坊》栏目以头条位置发了南丁随笔《读不懂济水》。

济水,中国古四渎——济、淮、江、河,济为四渎之首。我以为,南丁老师的这篇随笔是学术性很强的文字。

2012年12月6日,郑州中华之源与嵩山文明研究会学术委员会对学术论文立项时,有一篇论文论说到济水源地在荥阳,荥阳王村有济渎池。说到这里,有专家开玩笑说,张卫华的济水荥阳说,惹恼了济源,人家要打官司,济源就是济水之源。

学术争论是正常的,真理越辩越明;疑古是科学,只有怀疑,才去探求遗迹,去找证据。

南丁的这篇随笔,非学术论文,但它可当学术论文读。自从1921年一位瑞典地理学家安特生考古发现了仰韶文化,即可认为这是中国的史前文明,5300—4800年前中国人类文明的孩提时代。仰韶文化的发现,还打破了中国人自西方来源说,从此,中国有了考古学。现在的考古学,依据的是两方面的材料,一是考古发现,二是传世文献。南丁的这篇学术性的随笔采用的是传世文献。除此,作为著名作家和评论家,南丁引用了《史记·封禅书》,说四渎,引用了宋诗人《题济渎》、唐诗人李甘的《济为渎问》。"上善若水"。还有学术论文也不可能论说到济水之畔的人物——古之高洁之士聂政。

约在20世纪90年代初,作家张承志曾有文列古之高洁之士就有聂政。南丁写道:有一位济水的儿子,他不畏强暴,只身刺杀韩奸相侠累后,为不牵累亲人,毁容自杀,暴尸街头时,其姐聂嫈为不埋没其弟美名,主动前来认领,抚尸恸极身亡。乃第一侠士。

南丁给我们的阅读愉悦更为宽泛和长久。

南丁老师多次去济源,济渎庙是必要去参拜的。

"史料载:隋开皇二年(582),文帝颁诏所建的这座济渎庙,历经战乱屡被重修的千余年沧桑,至今仍然辉煌着,庙院里一棵汉柏,一棵将军柏,相传俱为东汉时所栽种,这两棵两千余年的古树,依然虬劲地诉说着济水的历史。济水之源的龙潭、珍珠泉清澈依旧。这座建在济水之源的济渎庙,为历代王朝的当政者及民间祭祀济水水神的所在。比之黄河、长江、淮河的同类庙宇,济渎庙占地135亩,为规模最大者,保存也最为完好。

"祭祀水神,古已有之。《史记·封禅书》云:'秦并天下,令祠官所掌奉天地名山大川,鬼神可得而序也……水曰济、曰淮、曰江、曰河。'济水列为四渎之首,甚是了得。问济渎庙的导游,济水何以被尊为四渎之首?答曰,水有水品,水有水德,是因为济水的品德。"

济水何品、何德?南丁说,且看宋代诗人文彦博《题济渎》,诗云:

"一派平流滋稼穑,四时精享荐蘋蘩。未尝轻作波涛险,惟有沾濡及物恩。"同样的意思,早在唐代诗人达奚珣的《游济渎记》、李甘的《济为渎问》等文中,已经有了更充分的表达,并对江、淮、河三川,特别是对黄河的暴虐为患有所批评。《淮南子》更认为,济水本性通和,宜血脉流通,可入药。对济水的钟情和偏爱,溢于言表。你别说,在史书典籍中,还真未看到过济水为患的记载。济水真乃君子之水。

"济水之源,济源因此得名。古济水由此出发,流经河南山东入渤海。山东的济阳、济宁、济南皆因济水流过而得名。即使按照济水源于荒古至秦汉的说法,她也有千年的灿烂,在千年灿烂中,她滋润着广袤土地,养育着千万人民,更重要的是她培育着辉煌的华夏文明。先秦时的黄河,由河南温县北折经新乡、河北,由天津入海。那时河南的广大地区及山东是没有黄河的，只有济水。因此可以说，那个千年哺育中原地区华夏文明的不是黄河，而是济水。而那正是华夏文明高度发达的时期，社会经济且不说，只举其要者，单说三个人物，孔子（前551—前479），孟子（约前372—前289），孙子（约前6世纪），几位影响至今的大思想家大军事家，不正是华夏文明最重要的代表吗？曲阜的孔庙，山东邹县的孟庙（好像距济宁不远），我都去拜谒过，还在雨中的孔林发过呆。出生于齐国（今山东博兴北）的孙子，我也曾在淇县的云梦山中追寻过他的背影。

"拉回到济水的源头济源，这里是神话的世界。济源流传着多少创世纪的神话啊，羿射九日、女娲补天、愚公移山等。从五龙口进山，可以看到一座山，叫作箭过顶，与之比邻的还有一座山，叫作阳落山。说是羿就在此拉弓射箭，羿射九日之箭飞过箭过顶那座山峰，飞向遥远的天际，羿射下的九个太阳，纷纷落在这阳落山下。17年前的那个早春，我曾在此箭过顶前，在此阳落山前，凝视良久，发呆良久。你能说，这些创世纪神话的创造，与济水无关吗？这也是华夏文明不可或缺的重要组成部分。"

南丁设问：那么，济水呢？

"济水消失了吗？

"济水在何时何处为何消失？

"说是衰于秦汉，并未消失，要不然就不会有历代皇朝对济水的祭祀、历代诗人对济水的赞颂了。明代以前，济水源头龙潭尚有百亩之大。清代时，济水在济源仍被称作千仓渠。

"关于济水的消失，有各种说法。源头水量不足。流经的荥泽、巨野泽被逐年淤塞。郦道元在《水经注》里则认为，济水入黄河不复出，是济水消失的原因。《现代汉语词典》认为，现代黄河下游的河道即为古济水的河道。被黄河占了道，那么是否可以说，济水就在黄河里？

"济水，在济源境内尚有数十公里河道，只剩下几米宽，也改称珠龙河了。济南以东的济水虽仍存在，也早已改称为小清河了。"

南丁"考证"：北宋政治家、科学家沈括在《梦溪笔谈》中说："古说济水伏流地中，今历下（即济南）凡发地皆流水，世传济水流过其下。"清代小说家蒲松龄在《趵突泉赋》中说："泺水之源，发自王屋，为济为荥，时见时伏；下至稷门，兀为巨浸；穿城绕廓，汹汹相续。"由此可见，是济水成全了济南泉城的美名。那年在济南看趵突泉，我又看到了你，济水。

南丁怆然问道：济水消失了吗？消失，那是就地面的层面上说的。谁能断定，她已不"伏流地中"了呢？不事张扬，默默流淌，这正是济水的性格。

"济水消失了吗？"

不，南丁说："济水培育的华夏文明，在华夏子孙的血脉里，在华夏子孙的魂魄里。"

"济水永不会消失。"

"我读懂你了吗？济水。"南丁老师就是济水。

"80后"南丁澎湃不已的文化生命仍在燃烧。南丁不仅是小说家、评论家、散文大家，他也是诗人。他的《南丁文集》五卷本中有"诗歌卷·山崖"，收入他的诗作。最早的一首是1950年6月7日写于河南舞阳的《反对侵略战争——记姜店乡拥护和平签名运动大会》。最后一首是写于1982年的《在电视屏幕前》。有关大别山的就有《大别山歌》（十一首）、《大别山中一山崖》《大别山中一条河》。我偏爱大别山。"大别山中一条河，清澈明净山中过，流水叮咚弹鹭声，入夜又听她唱歌。"我喜欢民歌风似的诗，我也喜欢史诗般的长诗《打鼓寨传说》。战争、苦难、生活；妇女、新生、阳光——诗人南丁诗的展现。诗会聚会有南丁，诗人作序有南丁，诗刊评介也找南丁。

2012年10月25日，访南丁老师，他说到《河南诗人》选他的诗，还说：也选用了你的几句话。但他没说内容，我也高兴。"80后"的南丁，文化生命依然燃烧，他还为这家诗刊写评论《姑妄言之》。

"《河南诗人》,一眼看去,素雅大方,品相甚好。打开来看,品格也堪称上佳。栏目设置,诸如卷首、诗歌表情、时代诗颂、在场、对话、方家时态、三人行、大方阵、红粉茶楼、透光的百叶窗、窗外、长诗原创、驿站、诗域空间、韵律半阕、新诗讲堂、论诗、诗讯等。乱花迷人眼、有美不胜收之感。可以想见,会是诗歌爱好者喜爱的读本。

"包容和谐的大诗歌观、参与时代进程,在场写作。理念对头。从已出版的七本刊物中,已可看出编者的努力,相信会在实践中不断求得完善。'人间要好诗'。管他什么门户,什么派别,什么手法,什么形式,如此等等,只要好诗,'好诗主义'即可。什么是好诗?照我这个诗界外的读者粗浅的理解,就是从你心里流出的自然地流进我的心里的,从你的心灵里迸发出的震颤着我的心灵的,即是好诗。老祖宗白居易说:'文章合为诗而著,歌诗合为事而作。'《尚书》说:'诗言志。'都是应当坚持发扬的诗歌传统。在场。既在场,又飞扬。站在大地,仰望星空。诗人就是这样的人。

"河南是半部《诗经》的源头,历史上出现过灿若繁星的伟大诗人,杜甫、白居易、李商隐、李贺、刘禹锡……现当代也涌现出徐玉诺、于赓虞、苏金伞、青勃、陈雨门、红杨树(魏巍)、塞风、王怀让、李冷文、杨晓杰、马长风、钟庭润(新民歌体代表诗人,长期作《奔流》诗歌编辑,广为传唱至今的《编花篮》,一直误认为是河南民歌,实为钟庭润作词、郭复善作曲的创作歌曲,首发在1959年国庆十周年的《歌曲》上,当年中央人民广播电台首播。此案已于近年由河南省版权局予以澄清,曲作者郭复善曾有长文记述此事,在《大河报》公开发表)等,人虽已逝去其诗歌定会流传的诗人。还有活跃于当代诗坛或宝刀不老或正值当打之年的王绥青、陈有才、李清联、申爱萍、杨晓民、马新朝、陆健、高金光、邓万鹏、森子、高旭旺、蓝蓝、汗漫、萍子、杜涯、吴小妮、高治军、谷禾、王学忠、王远洋、孔祥敬、陈峻峰、胡亚才、乔仁卯、艺辛、张鲜明、吴元成、刘高贵、田君、温青、扶桑、孔令更、郎毛、丛小桦、王全水、刘跟社、郭自强、鲁子璋、王斯平、琳子、罗羽、海因、关劲潮、康丽、王韵华、李山、李双、衣水、西屿、周静、黑女、邵超、一滴血、卫素琴、田桑、高春林、唐朝、梁庭华、申艳、尹聿、赵玉丽，等等等等，数不胜数。也有自己的诗评家耿占春、单占生、杨志学、杨吉哲、李霞等诸位，再加上年轻的纪梅。还有谁？河南的诗歌活动也算热烈红火，别的且不说，但说黄河诗会，发端于20世纪80年代中期，其时，我正在省文联做事，记得首届是于1985年在郑州黄河游览区开，那时苏金伞、青勃还健在，萍子是刚从大学校门走出的小丫头。至今，黄河诗会已开过16届，几乎我都作为助兴者参与。河南青年诗歌学会，也随着时间的推移诗人的成熟，早已与时俱进地更名为"河南诗歌学会"了。据我观察，河南的诗人们，纯真、激情、和谐、团结，诗会期间，感受着诗人们的诗意，是我这个非诗人的快乐时光。

"河南是诗的热土，又逢诗的时代，此等情势，当然要呼唤诗的载体诗的平台，仅有一份以书籍形式出版的《大河诗刊》是远远不够的。《河南诗人》应运而生，其对河南诗歌繁荣发展的作用，是不言而喻的。

"《河南诗人》的创办，即已表明了《河南诗人》的担当、操守和责任。为此，我对杨炳麟和你的团队心怀敬意。

"若说建议，也可以想出两条：一是对于逝去的河南现当代有重要影响的诗人，有计划地进行一些评介；二是推出新人的力度可略加大一点。至于马新朝辈，可以不为他们操心，只找他们要好诗就行了。

"最希望的是，《河南诗人》能够公开发行，以赢得更多的读者。但愿此希望早日实现。

"顺便说说6月19日的《河南诗人》创办一周年座谈会暨首届河南诗人联谊会。谢冕、杨匡汉、吴思敬、商震、唐晓渡、赵勇、杨晓民、占春、占生、有才诸位都发表了很好的意见。李庚香、郑彦英、邵丽、何弘也都分别代表宣传部、文联、作协、文学院表示了真诚的支持美好祝福。会开得其言凿凿,其情切切,其意浓浓,其乐融融。杨炳麟可以大声说:我们开了一个得劲的大会,一个助力的大会,一个喜庆的大会!

"那次会,马新朝会长主持得也好,潇洒自如,调度有致,细致周到,大将风度。6月19日后两日,在另一次文学活动的席间,我夸新朝主持得好,他与我碰杯,说是吴思敬教授也说他主持得好,说首都师大每年都要举办多次诗歌研讨会,吴教授要请他去当主持人呢。我心想,刚说你脚小,你可扭起来了。当时,还真没这样想,是行文至此才蓦然想起的。一笑。

"非诗人的我随便想想随便说说,姑妄言之,诗人、主编的炳麟,姑妄听之,即可。"

"80后"南丁,在作序、评论,在写散文,写随笔,还在写诗。

《去宁陵看梨花》是南丁的最新诗作:

　　清明过后

　　谷雨将至

　　此时春光

　　最是美丽

　　去宁陵看梨花

　　才懂得

　　美丽的含意

　　金色阳光中

　　和煦春风里

　　那梨花

　　如雪

　　似玉

　　无边

无际

真水无香

梨花也无

招蜂引蝶的香气

却引来

一群群红男

一群群绿女

天,青翠欲滴

地,黄得滋腻

天青地黄间

一层层无涯的白云

那白云

不漂

不移

宁陵有花

宁陵有酒

花在天

酒在地

花天

酒地

你对酒

当歌

我对花

无语

只因为搜索不到

适当的词

形容

梨花的美

梨花的丽

我老眼昏花

老眼昏花

看梨花

看那一朵朵洁白

看那一片片清纯

梨花　和

老眼

都只剩下

迷离

说宁陵是长寿之乡

美的信徒

岂有

不长寿之理

你举起

宁陵的酒

祝福

宁陵

我在

宁陵的花前

不思

归去

情思、诗情亦如人,南丁,那独有的灵性,沉着与炽热,生命与才思的表达,那与历史对话,定力和勇气,幽默和洒脱,他那贯通天地的精神世界,拥有超常人的能力得以达到的境界!

"人生哪有真闲日,百岁应多未了情。"

再回首

**最纯净的留了下来,
比瞭望未来更明晰亲切**

一个中原文化历史长河中屈指可数的当代文贤,一个新时期文学豫军的旗帜、园丁和领头羊,一个中原优秀文学传统的开辟者、奠基者,一代知识分子风骨的传承者、践行者。

作家学者看南丁

一蓑烟雨任平生 也无风雨也无晴

吴长忠(河南省文联原党组书记)：

新的一年即将到来的时候，我们欢聚一堂，隆重举办《南丁文集》首发式暨南丁文学生涯56年研讨会，这是河南文艺界的一件盛事。我代表省文联对《南丁文集》的出版表示由衷的祝贺，对南丁同志文学生涯56年所取得的辉煌成就及对文学事业作出的突出贡献表示诚挚的祝贺和感谢！河南文艺出版社与河南省直作协策划推出《南丁文集》五卷本，是为河南文学艺术界办了一件大好事。南丁同志不但是一位成就卓著的优秀作家，也是一位文学艺术工作的优秀组织者、领导者和园丁。南丁同志曾任8年省文联主席，组建专业作家艺术家队伍，创办文学艺术刊物，召开青年创作会议，筹备文学院，等等，扶植、培养了一大批作家、艺术家，为河南文学艺术事业的繁荣和发展作出了突出贡献，河南省作家协会把第一届"河南省文学奖——终身荣誉奖"授予了南丁同志。从南丁身上，可以看到许多可贵的品德、素养。他对待工作高度负责，兢兢业业；对待文学艺术,执着追求,孜孜不倦;对待同志和朋友,平易近人,宽厚待人,坦诚纯朴,光明磊落。他的这些高尚的情操和品德都是令我们敬佩,值得我们学习的。

赵世信(河南省人大常委会委员、内司工委原副主任,省直作协原主席):

南丁先生是我的老师,又是我的老朋友,在小学和中学时代,我曾多次读过他的作品。特别是他的小说《检验工叶英》,至今还留下很深的印象。和南丁先生最早认识是在1982年,那时我在仪封园艺场当场长,舒群率中国作家参观团去园艺场参观,陪同者有南丁先生。在硕果累累的苹果树前,我们一起合了影。南丁先生是河南文学园地的老园丁,他发现了一茬又一茬的文学新人,经过辛勤培育浇灌,许多都成了河南文坛的主力,成了在全国产生重大影响的重量级作家。省直作家协会成立后,我们首先想到的是,要为河南文坛上的老园丁做点实事。南丁先生在河南文艺界德高望重。他从新中国成立时筹备河南文联起,就投身于河南文艺事业的建设,为河南文艺事业的发展繁荣呕心沥血,作出了不可磨灭的贡献。可以说《南丁文集》是河南当代文学史的缩影。翻开厚厚的五卷文集,不仅可以看到一个真实的完整的南丁,还可以看到河南在新中国成立以来文学艺术发展的轨迹。

王洪应(河南省文联原副主席):

南丁用他的大半生给我们做了一个榜样:怎样做人,怎样写作。他用心歌颂真善美,用力鞭笞假恶丑。我读这五卷书感到亲切,既有文法上的收益,又有精神上的满足。南丁笔法,形成了自己独特的风格,清新、洗练、机智、幽默,属于那种"高格调""高智慧"的作家,他的作品,绝不是无病呻吟,都是有感而发,意气平和,给人思想和回味,他不会板着脸教训人,他人是善良的,作品也是善良的。

李佩甫(河南省文联原副主席、作家):

童年时读南丁《检验工叶英》,那是20世纪50年代的名篇;"文化大革命"后读《旗》,那是一个时代开先河的作品,比红极一时的《黑旗》和《剪辑错了的故事》发表早得多,这就是一个作家的敏锐!他的中篇小说《尾巴》,又是中国作家当中最早走向探索的作品,他的意识、观念都是新的,是有开创意义的,令人惊叹!作为省文联主席,他创办河南第一个大型文学刊物《莽原》,口号是:办一个文学的阵地,拉起一支文学豫军的队伍……他做到了。直到今天,河南文学的发展,队伍的建设,与这位"栽树"人是分不开的。这是我们需要记住的"旗"。

段荃法(作家):

南丁在文集后记里说:这是我的少年到白头,五味杂陈,无从言说。这引发我想到孙犁的一句话,孙犁在看到自己的文集时说:"我的一生都装在里边了。说法不同,心情是一样的。评价南丁的贡献,一是他的创作,二是他的工作。20世纪50年代初,南丁发表了他的成名作《检验工叶英》,至今已有半个多世纪,文集收入160万字,不乏精品,相当可观、可贵。"文学豫军"从小到大,从弱到强,能够有今天的阵势和影响,是党和政府重视的结果,是几代文学界领导和同仁共同努力的结果。南丁作为作家,用自己的作品为"文学豫军"增添了光彩,作为省文联的领导,也用自己的工作为"文学豫军"的形成壮大贡献了力量。南丁留给我最深的印象,是他对文学青年的关心扶植。他多次说过,做事务性的工作,免不了会影响自己的创作,但能看到一批文学新人出来了,文学队伍壮大了,也是值得的。

张宇(河南省作协原主席、作家):

南丁对中国文学特别对河南文学的贡献:一是他自己的创作。他的短篇小说《检验工叶英》《旗》,中篇小说《尾巴》,都曾经是中国文学不同时期的代表作品、名篇,他也因此而闻名全国。二是他作为河南文坛的领导者和组织者,培养了大批青年作家。他当文联主席时,相继调进了张一弓、张斌、田中禾等老作家;调进了李佩甫、郑彦英、齐岸青、杨东明等中年作家(那时的青年作家),并对我们这一茬作家从思想上到生活上都非常关心。三是他自己的人格魅力,才华横溢又正派善良厚道,这很难得。我自己相信我们几个中年作家都是从学习南丁做人开始成长和进步的。现在河南作家这么团结,与他的影响有很大关系。他是河南文坛的大树,是河南文坛的榜样。

王怀让(河南省作协原副主席、诗人):

我用我的诗表达对南丁先生的敬意。南丁属羊,我的诗名就是《羊》。

你是一只山羊。

你善于跳跃在各种形式各种形势的山冈,/无论是在小说的山上抑或在散文的山坡在诗歌的山头在评论的山梁,/你总能咀嚼到草的养分和绿色的光芒,/你总能让自己的骨骼里长出许多钙让自己的肉里长出许多热量,/因此我每一次读你的作品都会像饥饿时去喝羊肉汤,/我特别喜欢从你作品的骨头缝里熬出的那一层油那一层香那一层营养……

你是一只绵羊。

你的毛很长卷曲着把词典里的"温暖"那个词雕塑成立体的模样,/你用你的皮你的毛为河南文学做了许多衣裳,/每当我在寒冷中穿上"鄂尔多斯"或者"蒙古王",/我就会想到你想到你的如同羊毛羊绒一样的文章,/河南几乎所有作家的名字都走进了你的文章成为你文章的长度,/有张一弓有乔典运有李佩甫有张宇还有一个王怀让……

你是一只羔羊。

你的幽默生不逢时遭遇了一段很不幽默的时光,/你的头上被一顶帽子压着像孙悟空戴上了紧箍咒一样,/你像一只羔羊被赶到山上被赶向苦难被赶向荒凉,/于是你在孟老夫子的"天将降大任于斯人也"那段名言中百炼成钢,/现在想想你真的应该感谢那一大批不知名的太阳和默默无闻的月亮,/是它们给了你那么多热烈的感情和明媚的思想……

你是一只头羊。

你就是凭借着那么多热烈的感情和明媚的思想,/凭借着你在荒凉中吃到的那些草根的智慧和树皮的倔强,/凭借着你像山羊一样的角尖向后像绵羊一样的角的螺旋形状,/你坐到了文联的最主要的席位上这个席位叫主席叫头羊/你那永远微微倾着的身子让人想到田野上成熟的谷穗的形象,/你那三杯下肚就红通通的脸膛永远让人想到关云长……

你是一只羊。

你在《羊年流水》中说你是1931年的羊,/辰龙巳蛇午马未羊——羊都是未之羊,/你说1931年的未年是×未年那个×你不想去核查不想去动用时间的银行,/我给你查了那一年是辛未年你这辛未的羊啊——你已经拥有了六个羊年辛未之羊癸未之羊乙未之羊丁未之羊己未之羊辛未之羊,/祝你再拥有十个八个羊年——愿意再一万遍聆听你演绎的《莫斯科郊外的晚上》……

李庚香(河南省文化厅原副厅长):

南丁老师是我敬仰的长者。河南真正构筑起中原脊梁的,文是韩愈,武是岳飞。南丁不是河南人,但他却是中原大地真正的儿子。他的一生,历经磨难而精神不倒。因此,在河南文化人格群像中,我们依稀看到了这位老人的影子。五卷本的文集对于后学来说,是要攀登的山,是要游的海。他的作品,有黄河的宽阔,有嵩山的伟岸和豫东平原的博大。除了做人、为文,他还是"文学豫军"的一只"领头羊"。作为省文联原主席,他坚持方向性,把握规律性,调动积极性,是替青年作家遮挡风雨的一棵树。他说,当作家,不能太自私。对于诸多后学,是金石之音。文学豫军由小到大,由弱到强,他是一块奠基石。

郑彦英(河南省文学院原院长、作家):

南丁是我们的楷模,最重要的有四条,他的做人、做文、做事和做父亲。南丁做人,并非刻意制定一个如何做的道路或方向,而是他的品质所决定的。正直、善良、忠厚,正因为具有如此品质,所以他离休数年,年逾古稀,依然备受人们敬仰。南丁做文也是成功的,他的小说曾作为课文,影响了一代人。新时期以来,他对小说形式和文学精神的探索更是值得我们学习。南丁做的最重要的事情是为河南文学的振兴做了人才准备,杨东明、张宇、李佩甫和我都是南丁调来的,当时我们才崭露头角,南丁调我们到文联担任专业作家,为我们提供了时间和物质的保障,现在,这些人已经成为河南文学的中坚力量。南丁是一个好父亲,南丁一生另一重要作品就是何向阳,从对河南文学乃至中国文学作出重要贡献的何向阳身上,折射出了南丁的人格。

刘先琴(《光明日报》河南记者站原站长):

一对夫妻,为了在节日里给对方以惊喜,同时失去了自己最心爱的东西,也同时得到了千金难买的挚爱;一片用真情画出的藤叶,竟然挽救了一个年轻的生命。20世纪70年代中期,一个中学生能够听到一位长者娓娓讲述两篇经典之作,无疑是一场旱地雨露,这就是南丁老师给我的第一印象。今天,当他厚厚的文集与56年文学生涯纪念同时到来时,我才发现,这个场景已经作为南丁印象永远定格在我的记忆中。对于河南文学事业,他始终是一位直接的引导者,20世纪50年代至今的河南作家队伍中成就显著者,都与他有过交往,接受过他的教诲;同时,他又始终是一位耕耘者,他不停的创作姿态不仅贡献于河南文学园地,更是一种昭示和榜样,正如我最初的记忆,让我领悟什么叫文学,什么叫作家。

王广西(河南省社会科学院研究员):

五卷本的《南丁文集》,既是南丁先生创作硕果的结集,又是半个世纪以来河南文学发展的记录与见证。南丁先生以其特有的人格精神撑起了他的文学天空。率真、正直、平易、坚忍,南丁先生以南国秀润灵慧之质,融入雄浑沉郁的中原之气,构建起属于他自己的文学殿堂,为河南文学平添了一种刚柔相济的异样元素。南丁先生在山区生活过多年,他的作品往往弥漫着一股山野之气,如岚如烟,如磐如涧,而且于浑厚质朴之中又透出几分清润秀丽,使得南丁先生在阵容堂堂的河南作家群中独具一格。南丁先生经历坎坷,沉浮无时,而乐观达命,处变不惊,其忧国忧民之心,与人为善之情,则无时无之,至老弥坚。其为文,为诗,为小说,或轻灵飘逸,或郁勃顿挫,无不源于此心此情。其人一以贯之,其文亦一以贯之。苏东坡词曰:"一蓑烟雨任平生""也无风雨也无晴"。以此写照南丁先生,或相仿佛。

世事洞明皆学问　人情练达即文章

王剑冰(散文家、《散文选刊》原主编):

南丁是一个小说大家。但是他写起散文、随笔这种文体来也得心应手,更像他的为人,自然、朴实、不爱张扬、睿智、幽默、文采飞扬。我几乎读过他所有的散文作品。《魂系太行》《怀念戴厚英》《永远的老乔》《忆李蕤》,他的散文多写人物,多将感情浸润其中,让人感慨社会、人生、友情的多个层面及思想、精神的深度。他的语言流畅自然,毫无雕饰之刻意,就像他走路的步态,从容、沉稳。而技巧也便隐于这不露声色之中。看他的文章,像听一个会讲故事的人谈话。他的文章中,总有一种新鲜的东西,一种抓人的东西,一种让人会意又让人思考的东西。他无论写人写事写景,总有自己独特的视角,独特的话语方式。

杨晓敏(编辑、《小小说选刊》原主编):

南丁先生作为一名文学界领导,在发现、培养、扶持、造就创作队伍方面,不遗余力,慧眼识才,褒扬后学,令人高山仰止,肃然起敬,至今仍被共识为新时期文学豫军的旗帜和掌门人。身为一代著名作家,五十余年坚持笔耕不辍,著述甚丰,奉献出皇皇五卷巨制,成为传世的精神食粮。以一介书生,而能在立言、立德上坚持身体力行,终生不渝,不仅在当代文坛,即使放在源远流长的中原文化的历史长河中,也是屈指可数的文贤之一。南丁之于小小说文体的成长定位,有着精辟的见解。他说:"小小说是一滴水的艺术。"这一论断,可能是最早认可小小说是一种文体创新的理论发端。南丁先生又说:"小小说创作是营造绿地的事业。"今天的小小说事业的蔚然气象,再一次印证了南丁先生的远见卓识。南丁先生还说:"小小说是英俊少年,英俊少年没有那么多曲里拐弯,没有那么多老谋深算,没有那么深不可测,认识了他的面貌就认识了他的心灵,与英俊少年交往真是一件惬意的轻松的事。"小小说这朵文学小花,《小小说选刊》这本文坛奇葩是顾问南丁用心血智慧浇灌出来的。

田中禾(河南省作协名誉主席、作家):

《南丁文集》的出版和这个首发式为我们提供了一次重温河南文学

优秀传统的机会,传统是由作家(人)与作品构成的,《南丁文集》在人与文上都代表了这个传统。读《检验工叶英》时,我还是个文学少年,而今读五卷本《南丁文集》,可以说是在读河南文坛半个世纪的历史。这套文集既是一个中国优秀知识分子的人生足迹,也是河南文学的宝贵史料。《南丁文集》的丰富、宽宏、湿润正如南丁本人的人生经历和精神世界,可以说就是南丁精神的汇集。南丁精神,是对文学的真诚、挚爱、责任心,对文学人才的热诚、关爱,与人为善,不遗余力的扶植与帮助。他是我们的良师益友,他的精神影响着河南文坛几代人,南丁精神奠定了河南文学的优秀传统,已经成为河南文学的宝贵财富。

孙荪(河南省文联原副主席、作家、评论家):

南丁是"文学豫军"的重要人物,从年轻新锐到领军人物。他是一个在思想上和艺术上早熟、全面成熟的作家。上高中时读到他的小说,他的才情全面,富有生命活力。晚年散文达到炉火纯青,诗作达到很高境界。他是一个诗人,同时也是一个评论家,很多言论精彩,具有大作家的风范。他把宏大细腻、敏锐深刻、激情与理性结合得很好,构成了对"文学豫军"通常集体风格的超越。他的经历形成了他独特的视角,对中国中原农村能走进去走出来,俯视乡土,沉静和批评的双重目光,超越了通常、简单的模式,形成了自己的语言风格。南丁的知识构成与20世纪50年代河南老作家不一样,除中国古典文化外,他更多受到西欧文化、俄罗斯文化的影响。他的丰富人生经历与独特的文学姿态,对我影响很大。省直作协不计功利的文化作为,丰富了河南文化的精神宝库。

韩宇宏(河南省社会科学院研究员):

翻检《文集》,一个清晰的仁厚长者形象跃然纸上。这一点在"散文卷"《采鸧》里,表现得尤为突出。从对前辈长者苏金伞、李蕤、青勃、常香玉、杨兰春,同辈文友张有德、徐慎、乔典运、段荃法,到小弟辈的张一弓、杨晓杰、田中禾,更年轻一代如李佩甫、张宇等,南丁所记住的全是长处,全是优点,全是智慧和才华,全是启迪和帮助。他遭受过冤屈和不公,记住的却是大别山的青山绿水、亲切的乡音和朴实乡民的关爱,至于声色俱厉对之训话的大队治安主任、钨矿书记,他连面孔也没能记清楚。他当文联一把手长达8年,贡献人所共知;然而任中、任后萦绕心头的,是业余作者黄培民的困难,愧疚于心的,是庞嘉季几位老同志的职称!

张鸿声(郑州大学文学院原院长):

南丁成名早,是几十年河南文学成就的代表,也代表了20世纪50年代至80年代河南在国家文学中的地位,《检验工叶英》初发于《长江文艺》,《人民文学》给予转载,舒群相当激赏,选入当年《短篇小说选》《青年文学创作选》,英文版《中国文学》,介绍到国外,影响很大。此后,《科长》《良心》都有揭露性。《科长》1956年被错误批判,后又在《重放的鲜花》中收入,影响深远。1978年又开始创作,《旗》是反思文学中的力作,最早揭示高指标、浮夸风。作品中有歌颂有批判,如《检验工叶英》中叶英的进取锐气、《旗》中王明川的机敏、《尾巴》中梁满仓的愚昧、《科长》中王顺的见风使舵,发人深省。

李洱(作家):

我读南丁先生最早的作品,是写于1954年的《回村的路上》和《检验工叶英》。它同时显示了南丁先生对不同生活领域的把握能力。乡村生活和城镇生活,农村的互助组长和工厂车间的女检验员,在南丁先生笔下妙趣横生,形象鲜明。南丁先生用词造句简洁文雅,有着绝妙的分寸感。南丁先生的作品总是充满着现实主义的情怀。一个作家关心现实,当然责无旁贷。我想说的是,南丁先生有自己的关心现实、切入现实、表现现实的方式,那是一种可以被称为"南丁式的现实主义"。南丁先生的作品不回避生活的艰难、庸常和苦难,但凡事都从入情入理处下笔,准确呈现出生活和人性的复杂性。如果不是系统地阅读南丁先生的作品,我几乎很难发现他的作品有如此多的创新。短篇小说《他们两个短促一生的编年史》和中篇小说《尾巴》,给我印象尤为深刻。写于1979年的《他们两个短促一生的编年史》和1980年的《尾巴》,在当年一定是最新潮的作品。我个人认为,《尾巴》是中国新时期文学最重要的篇章之一。熟悉新时期文学史的人都知道,迟至1986年,《尾巴》这种类型的小说才引起了文坛的注意。批评家称之为"元小说"。但正如我们所知道的,1986年以及此后几年出现的众多"元小说"作品,大多仅仅表现为形式上的叙事圈套。但《尾巴》却将虚构与现实熔于一炉,将现实主义小说与"元小说"熔于一炉,将形式创新与历史反思熔于一炉。我为以前没有读过这篇小说而深感遗憾。坦率地说,正是因为重新阅读了《尾巴》,我对南丁先生所代表的河南文学传统有了新的理解。这是一个植根于现实文学的传统,它在不断的文学反思中艰难前行,并在反思中寻求新的表达方式。每个青年作家都是河南文学传统的一部分,我们从中受到了激励。

杨东明(河南省作协原副主席、作家):

河南省的文学事业是由一茬一茬的作家支撑起来的,每个时期都有一些代表人物。人们习惯于把黑丁领导的那段时期称之为"黑丁时期",南丁领导的这段时期称之为"南丁时期"。那是"文化大革命"后欣欣向荣的新时期文学发展和壮大的最好时光,河南省的文学创作队伍里不但活跃着苏金伞、赵青勃等20世纪30年代的老前辈,而且还有南丁、张有德、段荃法、徐慎等一批生命和创作都正值盛年的作家。在全国屡屡拿奖的张一弓、叶文玲、乔典运、田中禾等,让整个中国文坛不能不对河南刮目相看。记得南丁老把两句话挂在嘴边,"老老实实的现实主义""靠现主义吃饭"。这两句话他是身体力行的,20世纪50年代他有《检验工叶英》等一批出色的小说,新时期他又发表了《尾巴》《亮雨》等中短篇小说,都是文学的精品。

何向阳(河南省社科院文学研究所所长):

南丁小说、杂文同时入选《中国新文学大系》很有寓意。南丁小说中的杂文因素黑色幽默在他早期《科长》和新时期《旗》中都有鲜明体现,其杂文名篇《"糊涂涂"、"常有理"、"惹不起"》更是柔中带刚,内含犀利,真正秉承了鲁迅一代知识分子的风骨,对于自封建社会而来的人之奴性和基于这奴性人格土壤生成的另一极端——人性中的霸权,作家做到了毫不留情。这种对于反人性的病态人格的深入探索贯穿于他从《被告》到《死魂灵》的几十年创作中,成就了他求真求善的写作理想。南丁是一个多面手,单用小说家无法定位他,文集涉及小说、诗歌、散文、随笔、评论创作多个侧面,但单小说一项,也能撑得起这个多面,南丁在20世纪50年代以写城市生活起家,80年代却以农村题材复出,1978年《旗》开反思文学之先河,其创作的立意变化以及与《检验工叶英》审视生活角度的不同值得研究。城、乡之外,另一条线索也从未中止,对于国民灵魂的省思,更加炽热冷峻。《科长》中磕头虫的比喻,在政治文明建设的今天仍具很强的现实意义,有人说,50年后还能读出味道的作品可谓不朽,《科长》距今恰好50年,作品的艺术生命力从中可见一斑。

侯钰鑫(作家):

南丁先生话虽不多,但心中有杆准星公平的秤杆,我察觉,一旦有人偷偷挪动秤星时,他能以四两拨千斤的坚决,把握着公正无私的取舍标准,把公平坚持到最后。南丁先生的宽厚、善良、豁达大度的行为美德,他自己视为寻常,可能他的同辈们也常常予以忽视。正因为他默默地培育和滋养,才为河南文坛积蓄了诸多精锐和有生力量,为文学豫军的日后发轫,做好了"老谋深算"的充分准备。当"小侯"被他亲切地喊成"老侯"的时候,我才真正看到了南丁先生的作家面貌;当手捧沉甸甸的五卷雄文时,体会到他的人品惠泽着我辈,他的作品将会惠泽后人。我无颜评价先生文章,那是山,只能高山仰止。思忖久久,或许要说的无非有两句话:为人吾师,为文吾师;厚德载道,文坛师表。如何感念先生呢?先生从不计较回报,唯有努力创作,多出作品,为先生脸上多添一道笑纹,说一句:"此生可教矣,尚慰我心。"足矣。

焦述(作家):

南丁的短篇小说《科长》于20世纪50年代发表在文学月刊《新港》,至今半个世纪了,小说依然活着,且活得很好。它先后被《重放的鲜花》《二十世纪争议作品》等多种图书收选就是最好的证明。南丁的小说,是一个时代的缩影,人物形象的真实再现。《科长》中的科长即那个年代被扭曲的人格的艺术化身。在某种程度上,这篇小说已达到相当高的境地。常说,最高的艺术是没有技巧的,是看不见任何雕琢与装饰的蛛丝马迹的。小说《科长》就是这样。作家的文品往往与人品是一脉相承的,二者可谓潜移默化融会贯通的。南丁无论是任河南省文联主席、党组书记,还是当专业作家或编辑,接触他的人都会感到他那颗善意、博爱和有容乃大的心量。对待朋友同人,他采用的是水涨船高的方法,决不用水落石出的手段。这一点十分难能可贵,正是如今河南文坛应该效仿、学习和倡导的。

何弘(河南省文学院原副院长):

对于河南当代文学来说,南丁绝对是一个无可替代的标志性人物。他的创作经历就是河南当代文学发展历程的一个缩影。在"十七年"和"新时期"这两次文学创作高潮中,他都有优秀的作品问世,从《检验工叶英》《科长》《被告》,到《旗》《尾巴》,都是当时河南以至中国文学的代表性作品。他的小说语言干净、沉稳、朴实而又闪现着智慧的光芒,他以老到的叙事和扎实的细节来表现作品的主题,他的小说代表了当时文学创作所能达到的艺术水平。小说之外,他的创作还涵盖几乎所有文体,特别是散文、随笔,往往在不经意间显示出深厚的文字功底、通达的人生智慧、开阔的个人胸怀和巨大的人格魅力。南丁是河南当代文学50多年发展历程最完整也是最重要的亲历者和领导者之一。河南文学能在全国有今日的地位,文学豫军能在全国有今日的影响,南丁厥功至伟。

文到白描臻化境　辞无蓝本得真宗

王幅明(河南文艺出版社原社长):

《南丁文集》的出版,是2006年文艺界的一件大事。其一,它的文献价值。鉴于南丁先生在省文联长期工作的独特经历,这些经历在他的著作中都有呈现,包括对新中国历次重大事件的回忆,对河南老、中、青三代作家的描述和评论,等等。研究河南当代文学发展史的人,不可不读。其二,流淌在字里行间的温馨与爱。南丁是一个有着强烈社会责任感的作家,他对人民的深情,对生活的热爱,处处在他的作品里流露、闪光。读他的作品,不时会受到真诚与爱心的感染,久久难忘。其三,对后学与后生的提携。收在评论集《微调》中有近30篇序言,南丁像一个辛勤的园丁,为一些鲜艳的和不够鲜艳的野花培土、浇灌。他的评论不是枯燥的说教,常常用诗意的散文笔调来写,因为他原本就是一位诗人。

王绶青(诗人):

我以一首刚刚写就的《南丁文美》的藏头诗,祝贺南丁文集的出版:

南鸟北飞为播春／丁丁啄木护园林／文心屡番经检验／美兮善兮香溢人

刘学林（河南省作家协会原秘书长）：

南丁是著名作家，我上学时就读他的作品，受益匪浅；南丁也是我们文艺界的领导，曾任8年河南省文联党组书记、主席。我们对南丁都很尊重，但是，不管是他在任期间还是离休，我们从不叫他"何主席""何书记"，也不叫他"何老师"或"何先生"，我们只叫他的名字——南丁。让那么多人不称呼职务只叫名字，能做到这一点很不容易，这里边包含的不只是尊重，更多的是亲近、亲切甚至亲昵。

王钢（河南省作协原副主席、《河南日报》文化周刊部主任）：

说起南丁，想到乔典运，这两位河南文学巨擘，经受了相同的风雨沧桑，历练了相同的深邃透彻，正应了《红楼梦》中的那副对联："世事洞明皆学问，人情练达即文章。"然而到了晚年，乔典运是老而弥辣，南丁却是老而不辣。老而不辣，这是达到了一种高超的化境。褪尽一切艰涩，泯灭一切郁躁，笑眯眯的，嘴角眉梢都弯出了好看的弧度。南丁早年曾是一位诗人，以诗起步的作家和以小说起步的作家，终究是不一样的。南丁写了几十年现实主义小说后，笔下文字仍像一群认得归途的白鸽，忍不住回头向浪漫的诗境飞翔。南丁像文学森林里的一挂老藤，枝干虬曲苍劲，叶片清灵葱茏。当风吹过，枝叶飒飒如一首歌，唱出淡泊、宽容、柔和、慈祥……

陈枫（莽原杂志社原主编）：

我们这一代作家、编辑最初都是文学爱好者，基本都起步于20世纪80年代文学的复兴期，在文字中寻求人生的意义，浪漫而单纯，正是南丁老师这样的一批老作家，以他们真挚的关注和呵护成就了我们的文学道路。多年的相处，南丁老师以他的人品和文品让我懂得什么是真正的知识分子,什么是对文学身与心的奉献,什么是人的责任。"千江一舟,五湖四海水自来",一个用一生与心灵和文字对话的人,即使孤独,也孤独得幸福。南丁老师是《莽原》的创始人,阅字千万,成就一群,我代表这一群感谢您,祝福您。

孙方友(作家):

南丁老师创作的第一个高峰是 20 世纪 50 年代。20 年后,短篇力作《旗》在《奔流》复刊上隆重亮相,高峰又起,气势夺人,笔笔如刀,直指那个荒诞的年代。时间早于茹志鹃的《剪辑错了的故事》和刘真的《黑旗》,本该震响文坛,成为当时的创作之"旗",只可惜,由于他太超前,导致了评论界的失语,成为未能获得当年全国小说奖的遗珠之憾。可以说,南丁老师在我心目中,与柳青、王汶石、李皆是 20 世纪 50 年代那茬儿作家的语言翘楚。他语言的犀利和老到,内涵的深厚和博大,至今是我难以企及的高度。

邵丽(河南省文学艺术界联合会主席、作家):

很小的时候就知道了南丁这个著名的名字,当他从纸页上走到我面前,真实的感受就是一个慈爱的家长,永远保持着旺盛的精力和勃勃的热情。老先生长期主持文艺界工作,热心奖掖文学新人,可谓桃李满天下。老先生睿智、乐观、幽默风趣、童心未泯。古人说"大德必寿"和"君子无忧",我想把这两句话送给他。

墨白(作家):

南丁先生是个本性的人,坦荡、坦诚、坦率,生活中,他该唱就唱,文坛朋友聚会的时候,你会听到他那优美的男高音,很专业。有关原则问题,无论面对的是谁,他都会直抒胸臆,不卑不亢,一身傲骨,体现出知识分子的本性,大家风范。看足球比赛,70 多岁的老人,就会变成一个孩子,和你一起激动,和你一起呐喊,很可爱,文如其人。读他的文章,仍然很真实,艺术的真实。这些,就构成了人生的一种精神境界:真诚是人世间最大的智慧。南丁先生深得真谛。

孟宪明(作家、民俗学者):

精神产品对于人生,就像一个个旅途上的驿站,我曾在南丁先生的文学驿站暂住和流连,那就是我在大学三年级时,读到先生的《检验工叶英》,多少年来,"南丁"和他的《检验工叶英》一直留在了我的脑中,成为我文学生命中的精神财富。一个人从出生到以后人生的漫长岁月,要居住很多驿站。20岁可以长成身体,但精神的成长要经历更长的岁月更多的驿站。作为一个作家,如果能把自己的驿站建造得宽大、轩敞,那就是他一生的光荣和幸福。南丁先生的驿站居住过几代人,是轩敞的驿站。相信南丁先生的精神驿站能够一代一代地开下去。

南丁(作家、省文联原主席):

曾在一篇随笔中,我将"文联"这个单位比喻成一座小庙。这不是我的版权。"文化大革命"中曾有人诬称河南省文联是"庙小妖风大,池浅王八多"。我是借用来的。新中国成立之初,刚过18岁不久,我进了这座小庙的门,于是,就成为一个文学工作者了。50多年过去,弹指一挥间,小和尚就变成老和尚了。于是就有了所谓的文学生涯。且不论文学如何,生涯却是实实在在的。不爱听"生涯"这个词。真想从头再来。从头,已无可能。再来,还可一试。好在我的东山日头还有一小堆呢。但愿将来的岁月,仍有文学伴随。日朗风清。在和谐社会的建设中,我们河南作家群体所创造的文学,必将灿若夏花。这也是我作为一个文学老兵的衷心祝愿。

(黎延玮记录整理　见《大河报》2007年1月25日)

春日浪漫

——侧写南丁

段荃法

20世纪50年代初识南丁时,印象是"浪漫",原因之一,见他穿着当时还不多见的皮衣和长筒马靴,使我即刻想到在电影里看到的北疆无边无际的大草原,想到大草原上骑马牧羊、玩"姑娘追"的英俊小伙子;之二,他爱唱歌,男中音,美声唱法,声音浑厚、准确,似受过专业训练,一曲《莫斯科郊外的晚上》即刻会把你引入异国情景;之三,他的成名作小说《检验工叶英》《在海上》及长诗《小鹰》,语言奔放,激情滚荡,充满浪漫主义色彩。后来,我调至河南省文联工作,同南丁接触多了,具体了,熟了,证实我当初的印象是不错的。

不能不提关系南丁命运的那个短篇《科长》,它写了一个看上级眼色行事的卑微人物,不久,反右开始,《科长》被判为抗上反党的大毒草,南丁自然也被划为"右派"分子,下放农村劳动改造。南丁从未向我倾诉过这段苦难经历,我从他后来发表的《往事漫忆·采钨》中才略有了解:扛木材、抡锤打钎、抬矿石,加上饥饿,加上钨矿党委书记用手枪点着他的头声言要崩了他的淫威,使他这个当年穿着长筒皮靴唱歌跳舞的英俊小伙子,使他这个因写《检验工叶英》而享誉文坛的作家,改造成了只有想多吃一口饭多睡一会儿觉这种低级欲望的"动物"。后来,他平反了,再后来,他又提起久搁的笔做起小说来。他写于1978年、堪称开反思文学先河之作的短篇《旗》,以及接续发表的中篇《尾巴》《新绿》,都是相当出色的作品。老、少朋友都为他高兴,不只是为他创作欲旺盛,连连推出新作佳品,更为他高兴的是,钨矿党委书记的手枪,常人难忍受的繁重劳动和饥饿,竟没有把南丁的精神摧垮,"浪漫"的南丁钻出不见天日的矿口,又原原本本地回来了,回到了人的世界,回到了文坛。

1983年,南丁出任河南省文联主席、党组书记,事务本够繁忙,1988年又被选上省人大常委,就更忙。他是那种责任感很强、干什么都很认真的人,这种认真挤掉了他几乎所有的创作时间,虽仍日夜提笔,但都是在文件上批写的"已阅"或"请×××处理"的简单文字。偶尔可见发表巴掌片大的散文、随笔,或为人写的书序和评论,或用文学语言写的讲话和工作总结,给我的印象却是:他感到了一个作家将失去"文学生命"的恐怖,他在作"垂死挣扎"。繁琐事务的烦恼和劳累,使他眼泡浮肿了,腰有些弯了,往昔出口如珠的幽默妙语也很少听到了。我见过一种球磨机,用千百个钢球粉碎岩石的机器,坚硬的岩石丢进钢球容器,不是即刻就能粉碎,是慢慢地研磨,那种慢劲儿使得越变越小的石块也没有多少感觉。朋友们担心南丁会在繁琐事务的球磨机里变成碎末,至少会在不知不觉中被磨掉棱角,磨掉文学的灵气。不是说当官不好,总得有人当官,去管理大大小小的单位,包括文联这样的单位,是说当官和当作家虽都是一个"当"字,却不是一样的当法,不是一样的思维活动;也不是说作家可立言可不朽,好官不立言也可不朽,史书记载,舞台演唱,百姓口头传颂。南丁当官当了10年有余,当到60多岁,当到皱纹满脸,当到头发花白,卸任一切职务后,他是有足够的时间重操为文的旧业了,但他被磨了这些年,还提得起笔吗?出乎人的意料,他的一篇篇文章出现在报刊,文章还有原来的那种韵致吗?又出乎人的意料,意境还是那么大气,那么富有诗意,语言还是那么纯净,那么热情奔放,激情还是那么充沛,那么灼人。《散文二题》被选入《中国散文精品选》，短篇小说《亮雨》获刊物佳作奖，"往事慢忆"系列中的《山恋》《采钨》，还有新时期小说集《尾巴》，被文学界的朋友很有兴致地谈论了一阵子。在许多场合，又见他跳舞了，腰虽挺得不直，但舞姿不失优美；又听他唱歌了，是他劳改时向大别山农民学的情歌："心肝肉来我的人，丈夫打你我心疼，白天打你我来扯，夜里打你拴着门，妹呀，火烧乌龟心肚里疼。心肝肉来我的人，丈夫打我莫心疼，打烂皮来还有肉，打烂肉来还有筋，哥呀，要我忘你万不能。"嗓音虽不如当年洪亮，但一对青年男女那种追求纯真爱情的心声神韵，被他淋淋漓漓地喊出来了，情真意切，深沉、苦辣，夹带几分大别山的山风野味，唱得人揪心牵肺地感动。

南丁为《河南日报》"作家专栏"写的《浪漫二题》随笔，是袒露心迹之作，老作家的老到文字，青年人的浪漫情怀，"且将花甲当花季"，"我和新世纪有个约会"，"该健壮些，该丰富些，该充实些，该漂亮些，该可爱些，让新世纪不能不喜欢我"。文字不多，却潇洒自如，燃烧着红红的火焰，朋友们纷纷向他表示祝贺，祝贺他艺术青春的焕发，"球磨机"竟没有把一个人珍贵的棱角磨掉，没有把一个作家珍贵的豪放精神和艺术感觉化为粉沫，当年那个穿皮靴唱歌跳舞的英俊小伙子又回来了，写过《检验工叶英》的青年作家又回来了，浪漫的南丁又回来了，回到了平平常常的生活，回到了文坛。

南丁拒绝冷漠和平庸。南丁毕竟是南丁。

1998 年 4 月 16 日

（见段荃法散文集《少年远行》）

顾问南丁

杨晓敏

众所周知,南丁先生曾长期担任过河南省文联主席,从事文学创作实践达56年。作为一名文学界领导,在发现、培养、扶持、组织和造就河南文学创作队伍方面,不遗余力,慧眼识才,褒扬后学,令人高山仰止,肃然起敬,至今仍被共识为新时期文学豫军的旗帜和掌门人。身为一代著名作家,50余年坚持笔耕不辍,著述甚丰,奉献出皇皇五卷巨制,成为传世的精神食粮。以一介书生,而能在立言、立德上坚持身体力行,终生不渝,不仅在当代文坛,即使放在源远流长的中原文化的历史长河中,也是屈指可数的文贤之一。

20世纪80年代初,百花园杂志社开始倡导小小说文体,南丁先生便成为《小小说选刊》创刊伊始的顾问。22年来,这本深受广大读者喜爱的小刊物现已编辑出版410期,覆盖文化市场的总发行量近亿册,产生着良好的社会效益和经济效益。虽然编选这本刊物的主编、编辑数度易人,读者也不断更新,然而,顾问南丁的名字,从此却须臾未曾与刊物分离。在繁忙的公务、写作之余,南丁先生参与了百花园杂志社历次的重大改革和文学活动,累计近百次的笔会、征文、评奖以及评刊等,南丁先生都给予热情关注,对知名的小小说作家和优秀作品耳熟能详,能如数家珍,一直是小小说事业发展的主心骨、庇护人和园丁。当今活跃于全国各地的数以千计的小小说写作者,在各类文学活动中,大都聆听过南丁先生的文学辅导,并目睹过先生的儒雅风采。这位爽朗达观、能歌善舞、知识渊博的慈爱长者,赢得了青年朋友发自内心的尊重和信赖,大家都亲切地叫他"老爷子"。

顾问南丁之于小小说文体的成长定位,有着诸多精辟的见解。他曾四次撰文为之鼓与呼,如今又悉数收入文集。他说:"小小说不是小儿科,小小说对作家在艺术上的聚焦、穿透、凝练,有着更严格的要求。小小说是一滴水的艺术,自有其自身的艺术规律在。"毫无疑问,南丁先生这些早期的论断,可能是最早认可小小说是一种文体创新的理论发端。

南丁先生又说:"人们对文学的需求,不仅需要长篇巨制,不仅需要那好大一棵树,也需要小花小草,需要小花小草织成的一片绿地。人们的心灵中,需要一片绿地滋润心灵。心灵如果沙漠化,那将是一种什么景象?小小说创作原来是营造绿地的事业。"今天的小小说事业的蔚然气象,也再一次印证了南丁先生当年的远见卓识。

南丁先生还说:"小小说是英俊少年。"他呼吁说:"和英俊少年交谈吧,做他真诚的朋友吧,这是青年人中年人老年人保持心态年轻的秘诀之一。英俊少年没有那么多曲里拐弯,没有那么多老谋深算,没有那么深不可测,认识了他的面貌就认识了他的心灵,与英俊少年交往真是一件惬意的轻松的事。"

可以说,小小说这朵文学小花,《小小说选刊》这本文坛奇葩也是作为顾问的南丁先生用心血智慧浇灌出来的。我和百花园杂志社的全体同仁,以及全国热爱小小说的社会各界读者朋友,都会从内心深处感激这位诲人不倦的文学师长。南丁先生在50多年的文学生涯中,能和一种新兴的朝阳文体及一本令人喜闻乐见的小刊物结下不解之缘,继而和数以千计的文学青年成为莫逆之交,该是机缘巧合吧。我以为,这应该是充满着爱心和钟情公益事业的南丁先生,在晚年倾心谱写的最得意的辉煌篇章吧。

　　值此南丁先生56年创作生涯纪念活动和五卷文集隆重问世之际，我却因公务外出，不能与会亲手向先生敬献一束鲜花而深感遗憾，只能仰望窗外的明亮阳光，草成一篇短文聊表心迹。

　　再次祝福南丁先生永远都是文坛的常青树，我们身边的"英俊少年"。

（刊载于2007年1月4日《文学报》）

散说南丁

周同宾

一

只能散说。我对南丁了解得很不囫囵,文章也就做不囫囵。如果把南丁比作一道风景,我只是看过几眼,只能说点观后感。如果把南丁比作一本书,我只是翻过几页,只能说点读后感。

可惜没在他直接领导下工作过。《散文选刊》初创时,曾有意征召我去他麾下,因我怀土恋乡,不愿高就,终于作罢。也没和他长谈过,每见都是在会上,他屋里总是人满为患,我只能挤中间,听别人说他,调侃他,他总是笑笑的,像尊佛,言语很少。唯独在那年西峡笔会上,我竟敢在他面前火冒三丈,大骂他管辖下的某刊主编以权谋私。他听了依然笑笑的,一副大肚能容模样。我所以敢放肆地"犯颜直谏",是不担心他会向那位主编传话,从而封杀我的稿子。南丁比我年长许多,只要他在会上,我就觉得自己还算年轻。他是我的参照系。心里对自己说:看人家南丁,年纪一大把,走的路比你过的桥还长,吃的苦比你吃的盐还多,依旧乐呵呵地过日子,不急不慢地写作,你还有奔头呢。

望南丁长命百岁,一直在我前面走。我会看着他虽不伟岸却很诱人的背影,继续自己的文墨人生。

还望南丁写回忆录,无顾忌地(大概这很难)把他的经历,包括辉煌和屈辱,任上和下野,整人和被整(这里必须说明,他挨整的事我所知不少,整人的事却一无所闻),统统抖搂出来,那必将是一本好读的书,起码是半部河南文学史。

二

20世纪80年代后,常去省文联走动。我发现一个有趣的现象,就是那里的作家都没大没小地相互直呼其名,连经历过鲁迅时代的老资格的于黑丁也被"黑丁""黑丁"地当面呼叫(似乎只有苏金伞因其实在太老,被尊为苏老),听起来十分亲切,像是一个坑里的鱼,不管大鱼小鱼,都是鱼,鱼与鱼平等。(只是对田中禾叫"中禾",我感到别扭,他那是浑然一体的笔名,掐去头叫,岂不等于叫白鳍豚为"鳍豚",叫金丝猴为"丝猴"?)叫南丁就是"南丁",从没听人叫他"主席"(只是在焦作的一次笔会上,听外地作家叫他一次"南主席",听后我想笑)。在作家眼里,你职位再高,只要还是作家,就只能叫你作品上的署名。文联是盛产主席的地方(正如人大有许多主任一样),可在省文联却不闻"主席"声,大小主席都不称官衔。这是个好传统。君不见天下滔滔,大小机关都是这"长"那"长"的,连副股级干部也"股长、股长"地被恭敬地叫着,自得地答应着,连乡党委委员也"张委员""王委员"地尊称着。起码在这一点上,文学界还没有官场化。

我是白头宫女说天宝旧事,不知道如今的省文联情况如何。

我叫南丁"何老师"。不是他教过我的课,而是我学过的课本里有他的作品。念高中时,文学、汉语分科。文学课本第四册现当代文学里,有鲁、郭、茅、巴、老、曹,也有他的小说《检验工叶英》。鲁迅等人,远在天边,南丁却在河南,有亲近感、自豪感。现在还记得小说里一句关于叶英的肖像描写:"只她的鼻子略微地塌了那么一点,略微的一点点",写作文时就一再套用这个句式,比如:"第二天,苹果略微地红了那么一点,略微的一点点","猪拱菜园的篱笆,略微地拱坏那么一点,略微的一点点",云云。反正,在一个中学生眼里,南丁近乎伟大。

我每出书,都寄南丁一本,心情像中学生向老师交作业。记得寄上《古典的原野》后,收到他一幅书法,文曰:"原野而古典者,惟南阳周君也。"说我好话呢。裱褙后却不敢上墙,怕别人笑我借他的权威评语自炫。

三

我认识检验工叶英后不太久,南丁成了右派,报纸上批判他,说他反动。我脑筋转不过弯来,正像说检验工叶英反动我不能转弯一样。再后来,听说他被下放到南阳。我倒暗喜,他离我略微地近那么一点,虽略微的一点点,说不定有可能见到他。别的右派可恶,这个右派不可恶,因为检验工叶英不可恶。

好多年后,一群文友游伏牛山。路像一条绵软的绳,在山间绕九十九道弯。车像甲壳虫在绳上爬,渐渐爬进深山。到一个叫小水的地方,停下休息。西峡的乔典运说,这就是南丁下放的地方,并指着一座依山坡而建的瓦屋说,那就是南丁一家住的房子。我看此地,天蓝得出奇,比海还深湛;云白得出奇,比绵还素洁;山色青得厚重,若中国画的颜料石绿石蓝层层堆积。一道溪流淌得快活,浪花在大大小小的鹅卵石上蹦蹦跳跳,调皮地唱着清清脆脆的歌儿。最出奇的是路边那棵粗得须三四人合围才能抱住的老树——或许是几棵老树扭在一起长成了一体——竟长在鳌盖似的大石头上。根如蟒蛇竟拱破石头在石缝里牢牢深扎。干是多棱体,旋着向上长,有雕塑美。枝枝杈杈弯弯曲曲,穿穿插插,有线条美。那是棵艺术化了的树。树根上拴头牛,牛也能上画。有成群的黑褐色鸟在树梢起落,叫声响亮,如山民喊山。我想去那座瓦屋看看,亲临现场想象一番作家当年的生活;时间紧,没去成。把南丁弄这里改造,岂不等于把陶渊明送进了桃花源?暗思忖,这地方应该立一标志,说明一位倒霉的作家曾在此处度过一段不算倒霉的日子,可供后人游赏或凭吊。

此时的南丁,早已离开旧居,当上省文联主席。

对了,当了省文联主席的南丁,救过我一驾——发了百来篇散文后,有人在地方报纸评论我,称我为作家。当即就有人不买账:"周同宾算作家?"把评论者弄得下不来台,我也好没面子——鲁迅有言"面子是中国精神的纲领"啊。正当此际,省报登出南丁一篇文章(可能是在某次会议上的讲话),内列数十个作家的名字,其中有周同宾。有了这依据,我才名正言顺地成为作家,不再遭人讪笑。这情况,又令人想起鲁迅的话:"我们的乡下评定是非,常是这样'赵太爷说的还会错吗?他田地就有二百亩'!"南丁说的还会错吗?他是省文联的总头目啊。

2007 年 5 月 20 日

(见《大河报》2007 年)

南丁印象(一)

张 宇

河南省文联本来是个群众团体,把它编制成厅局级,文联主席亦成了官。这个官不大,并不好做,必须是艺术家,不然压不住阵;又必须有当官的本事,不然办不了事。南丁是作家,当这个文联主席,几年下来,当得还挺像,甚至还有点味道和风格,挺不容易的。

南丁当文联主席后,有个变化,抽烟没有过去的质量高了,没时间挣稿费了。西峡的山里老乡来看他,说没有往日来在他家吃得好。由此看来,文联主席这个官儿,在有些人看来,不那么肥,多少有点瘦。

但是烟卷儿,南丁依然一根接一根抽,有人劝他戒烟,他说这不能戒,抽成了习惯,一戒就会失调,失调就会生病。由此看来,这个人很固执,不易被人说服,又挺能说服别人。

当年,他曾经以短篇小说《检验工叶英》一举成名,在全国文坛和读者中有很高的声誉。听老作家介绍,他当年去北京时穿着马靴,挺潇洒的。读他后来的作品,却愈来愈深沉和苦涩,这大概是岁月的艰辛和坎坷经历的体验进入了他的字里行间。特别是打倒"四人帮"后,他的反思文学的号角之作《旗》和后来的中篇小说《尾巴》,给人这种印象更深。我可算是读过他的全部著作,无论小说和理论,都没有阅读的快感。他的文字道路坎坷不平,坑坑洼洼,常常绊住你的目光,迫使你停留在其间不断回味,于是沉重感便渐渐升起来。于是我常产生一种意象,南丁像一只过载的船和一辆超重的车,是一个沉重的思想的载体。

为文章为作家,这大概不坏,为人生为命运,便有点苦涩了。又使人想到,作为作家,他当年被划成"右派",不见得是坏事情了。

大概由于他们这一代作家生活的磨难,他们体验到作家生活的不容易,他当文联主席后,把更多的感情给了年轻一代的作家。或办事或宣传或干脆亲自写文章,只要有机会,就给年轻的作家们以鼓励。不过,从来不批评,还没听说过他批评过哪位作家的。

南丁给我另一个印象深的特点,大概就是他的腰了,我记得南丁的腰就没有直起来过,不过也弯得很轻,弯得很有风度,我曾开玩笑说弯得很深沉。他这种弯腰别有特点,竟有文学界女士这样评价他,一弯腰显得更有味有派。这才使我想到,作为男人,尽管已经50多岁,还有这么多魅力,挺值得骄傲的,于是他的弯着的腰又给我一种意象,像一张犁又像一支引而不发的弓,这又是一种什么样的象征呢?如果你不认识他,走进文联大院儿,看到一个人微微弯着腰微微笑着又慢慢走着,一副挺深沉凝重的样子,这个人便是南丁了。

不过,我倒希望他把腰挺起来,大声说话,朗朗地笑,那该多么幸福呀。

这可能又显出我青年作家的浅薄,不论南丁给我什么印象,只是我的印象,只是我的印象里的南丁,并不一定是南丁自己,甚至与南丁自己没有关系,这么一说,我的印象印得像不像,也就没有太多意义,南丁对这些文字也就不必认真了。

(见《河南画报》1989年)

南丁印象(二)

孙方友

编辑要我"印象印象"南丁先生。南丁先生是我的尊师,又是著名作家,又曾经充当过好几年河南文艺界的头目,能捞到"印象"他的机会不易,所以欣然从命。

南丁是笔名,全称应该是何南丁。据说年轻时很潇洒,上了岁数那潇洒里就透出历尽沧桑的善良。原籍蚌埠,和我基本上算一个水系。只是颍河为淮河的一个支流,所以他就显得深沉,连平常言谈都凝重有力,唯有一作报告才溢出年轻时的辉煌。铜嗓儿,且又满口"普通"。我聆听过他在各种创作大会的开幕词或闭幕词,也洗耳过他的离职报告。前者使我听得浑身发热,后者使我听得双目发潮。

新中国成立初期,他和郑克西、庞嘉季一行从上海来河南,弹指一挥,将近半个世纪过去了。霜发悄染双鬓,青春留驻中原。想想算算,颇为感慨。人生匆匆?人生如梦?大概绝不是这八个字能包容的!

第一次见他,大约是在 1980 年。

"文化大革命"后,省文联召开了第一次农村题材座谈会,从下面邀请 8 个人,我是其中之一。论年轻,非我莫属,其次是叶文玲,再次大概就是乔典运。那时候我还在家务农,去省城开会还要按天交纳工分款。当时河南文坛已新人辈出,为何让我捞了便宜?现在想来很可能是郑克西与南丁两位老师没少从中作"梗"。由于家穷,我穿着一件褪色的黄军装,裤子上还补了补丁。第一次走进省文联会议室时心情颇紧张,刚刚进屋,就听一个沙沙嗓子的人问"哪个是孙方友?"郑老师拉我走了过去。那是一位精瘦而不弱的中年人,迎着走了过来,握手,打量,目光慈祥,平和而善良,许久,只说了一句话:"坐吧!"

话,像是已从眼睛里说完了!

那时候我还不知道他就是写《检验工叶英》的著名作家南丁,更不知道他当时就已经进了省文联党组,只觉得这人官不老小,薪水一定很高,一个月至少要顶我一年的劳作。

悄声问老乔那人是谁,老乔一下瞪大了眼睛,惊讶万状地说:"你还不认识他?他就是南丁呀!"我惊诧得半天没敢还气,万没想到这个精瘦的中年人就是文坛上第一个揭露1958年"大跃进"的人!那面《旗》,率先撕开了中国的第一个荒唐岁月,振聋发聩,令人瞠目!那时候我心中的"目光"已开始仰视,就觉得他很是博大了不起!果然,这位"了不起"的人物不久又写出了《酒过三巡》《亮雨》《死魂灵》《境界》和中篇力作《尾巴》。"尾巴"刚刚翘上天,不想他又鬼使神差般地当上了河南省文联主席!

于是,作家南丁也就成了主席先生。

当官与当民毕竟不一样。这以后,每每开会,他便坐上了主席台。开初还有些不自在,不久就坐出了"气派",而且颇见功夫。目光再不飘忽游离,扫描器般搜索着他所熟悉或陌生的眼光。每次"扫描",总要在我的身上"顿"一会儿,我就与他用目光"交谈",仍是投机,仍是和谐。

南丁先生当了近8年的文联主席,中国文坛虽少了几部力作,但他成全了一批人的理想,功不可没——因为眼下支撑河南文坛能拿出力作的人,大多是他执政时期调去的专业作家。

由于我去年身体欠佳,南丁先生离职之后我只见过他一面。在省文联小招待所,他去看望作代会代表。306 房间,他握住了我的手,目光慈祥,平和而善良,打量了许久才说:"要力作!"

话仍然低沉凝重且残留着主席风度。

只是令人不解的是,别人离休后老态龙钟,他却一下变得年轻起来!

想想,便释然。

因为他压根儿就是位作家!

(见《老人春秋》杂志 1993 年)

七十三岁的英俊少年

刘建超

南丁先生从《小小说选刊》诞生的那一天,就是《小小说选刊》的顾问。德高望众的老作家,20年来精心地呵护关心小小说的健康茁壮成长。"小小说是英俊少年""小小说是营造绿地的事业",南丁先生的这两句话,已经成为见证我们小小说事业发展的至理名言。全国小小说作家金秋笔会开幕的那天,正好是南丁先生的73岁生日。鹤发童颜英俊潇洒的南丁先生在开幕式上的讲话机警睿智,博得了与会的小小说作家暴风雨般的掌声。南丁先生说:我讲三点意见,第一,刚才各位领导的发言我都同意;第二,还没有发言的领导的讲话,我也准备同意;第三,今天是我73岁的生日,这是个很不寻常的生日,过了今天我就可以奔84了。我就还有十多年的时间可以继续参加我们的小小说会议。我的三点意见完了。南丁先生的讲话是一篇多么棒的"小小说"啊。中午,来自全国各地的小小说作家为南丁先生祝寿,百花园杂志社还订做了一个大生日蛋糕,上面写着:何老不老,青春永驻(南丁先生本姓何)。大家共同举杯,祝我们73岁的英俊少年健康长寿。郭昕老师说:南丁老师是郑州文学界公认的最具魅力的男人。联欢晚会上,南丁先生放喉高歌《敖包相会》《夫妻双双把家还》,又翩翩起舞,收放自如,绝对的一位"英俊少年"。

(《小小说出版》2004年第10期)

中原文坛之祭酒

张　永　李鲁愿

南丁,原名何南丁,1931年生,祖籍安徽蚌埠,1949年来河南,长期在河南省文联工作,历任编辑、专业作家、主席、党组书记。1950年开始发表作品,曾出版短篇小说集《检验工叶英》《在海上》《被告》,中、短篇小说集《尾巴》,散文随笔集《水印》,另有《南丁文选》(上、下卷)、《南丁文集》(五卷)。其作品入选《中国新文学大系》和大学、中学课本及课外教材。

南丁,一个文化符号。

梳理河南当代文学半个多世纪的发展之路,绕不开这个符号。作为作家,他的小说《检验工叶英》《旗》等曾经是中国文学不同时期的代表作品、名篇,被编入《中国新文学大系》和大学、中学课本;作为河南文艺界的组织者、领导者,他亲手创办了河南第一个大型文学刊物《莽原》,拉起了一支被称作"文学豫军"的作家队伍。

南丁,不仅是一个时期河南文学成就的代表,也是河南文学在全国地位的一个标识。

日前,记者一行登门拜望了这位已经81岁高龄的"中原文坛之祭酒"。

静水深流八十翁

一阵秋风吹过,郑州街头黄叶遍地。在这浓浓的秋意里,记者按响了位于经七路上南丁先生家的门铃。

略显清瘦的老先生虽已满头银发,但精神头十足,身着蓝色明纹衬衣、浅色裤子,行动利落。举止间透着年轻人的热情、文人的儒雅、长者的谦和。

一本尼尔·波兹曼的《娱乐至死》半开半合地放在客厅茶几上,先生招呼大家围着茶几坐下。每人捧上一杯渐渐舒展的毛尖,很快便进入了无拘无束的漫谈。

老先生说自己刚刚过完 81 岁生日,当天来了许多朋友祝寿,非常开心,还小酌了几杯白酒。这让记者忽然想起先生手机号后四位"1931"原来是他的出生年份。

完全静下来的生活没有俗事缠绕,老先生一天到晚悠然自得,散步、看书、唱歌,还自称"能吃能喝能抽"。

"我每天早上 7 点以前起床,先上网浏览新浪、凤凰的新闻,尤其钓鱼岛问题,不能不关注。然后是看本埠各家报纸的新闻和寄到的一些文学期刊。"他说,白天在家还常常一边看书一边听着音乐,特别喜爱流行歌曲中刀郎的沧桑和汪峰的人文气质,有时自己还跟着哼哼。

每周四下午他还准时参加省文联老干部合唱团的练歌活动,并且晚上热播的浙江卫视《中国好声音》和东方卫视《声动亚洲》一期都不错过。

爬山,是老先生平生最喜爱的户外运动。他说或许是曾经两次下放到大别山和伏牛山的缘故,自己对山对层峦叠嶂对负重登攀有一种说不清道不明的爱恋。他认为,只有山才可状写人生的崎岖立体多样。

60岁时,刚从岗位上退下的他为了试试脚力还行不行,专门西行去登华山。他和三位年轻人用了5个小时在夜半雨中登上了华山北峰,结果对自己的身体表示满意。

这些年,从"文山"中解放出来的他,有时间尽情地去爬大自然中的山,不知不觉爬遍了各地数不清的山峰。"光今年就已经爬过四座山了,我老跑在前边!"先生兴奋地说。

平日除了这些松散的安排,老先生有时还去参加一些年轻人的作品研讨会,他笑道:"我喜欢年轻人,年轻人也喜欢拉着我这老头儿去胡说八道一番!"

聊着聊着,老人忽然起身给记者找烟,然后也为自己点上了一根——看来是烟瘾犯了。

这时记者才注意到,客厅除了几组书柜,还有一个专放烟茶的透明保鲜柜,里面码着一大摞卷烟。

闲聊中,眼前的这位长者丝毫没有当过8年省文联主席的"官架",也没有大作家惯见的孤傲,只有一种看不见、觉得到的静水深流。

自嘲曾为"眼中钉"

随着一缕缕白烟从指尖腾起,老人仿佛陷入了短暂的沉思,随后,话题转到了他的青年时代。记者静静地坐在那里,聆听、分享他那穿越世纪的回忆。

南丁先生本是安徽蚌埠人,18岁那年与30名同学一起从上海华东新闻学院分配到当时在开封的《河南日报》工作。两个月后,还没来得及从事新闻写作,他便由报社老同志带领去许昌农村参加"反霸斗争"。

1950年2月,从农村回来后,他被选拔到河南省文联创作组工作。

任务是参与办刊物,一个叫《河南文艺》,一个叫《翻身文艺》,主要发表通俗故事、快板书,给农村剧团提供剧本,指导他们业余写作。

"那时啥叫创作?咋写东西?不懂。完全是拉郎配,上级叫你干啥你干啥。"老先生说。

幸运的是,当时创作组来了"五四"著名诗人徐玉诺先生,接着又从上海来了姚雪垠先生。

"徐玉诺留着大胡子,50多岁头发就变白了。他那个时候白发飘飘,我们喊他徐老,关系比较好,我和他亲近的方式是捋他的胡子。"南丁先生说,正是在这样的环境下,慢慢地跟着他们学写东西,从此走上写作之路。

1953年,南丁到郑州纺织机械厂体验生活,并于1955年2月在《长江文艺》上发表了著名短篇小说《检验工叶英》。

小说运用精巧的构思,干净、细腻、朴实的语言,生动描绘了年轻的车间女检验工叶英为了崇高理想,敢于较真、积极工作的崇高形象,展现了城市工人新的精神风貌。

《检验工叶英》一时在读者中引起强烈反响,当年8月就被转载到《人民文学》,人民教育出版社也把它编入高中语文课本。当时,诗人邵燕祥曾在全国青年文学创作者会议的发言中说:"从今天起,我要把轻率发表不成熟的作品当作自己的耻辱。我们需要'检验工叶英'来检验我们的成品!"

"叶英",一时成为时代偶像。

"1956年全国青年作家代表大会上讨论作家的短篇小说,那时候我很牛,我的《检验工叶英》排第一。"那年南丁只有25岁,今天回忆起当时的场景他仍感到无比自豪。

然而,南丁先生"很牛"的状态很快被打破。紧接着的"反右",他被下放到大别山改造,之后的"文革"又被下放到南阳西峡插队落户。

那是一段蹉跎岁月。日复一日的上山挖矿、下田干活,12年间没有提笔写过一篇东西。

"新中国成立以来所有的政治运动我全经历了,其间扮演了不同角色,当罢'左派'当右派。社会是个大导演,让你当啥你当啥啊!"老先生的长叹中只有诙谐没有忧伤。

时间之水很快流到了1977年,返回城市的南丁心里有太多的话想说出来。

一段时间里,他把自己关在书房,沉醉在小说《旗》的写作之中。就如他形容的那样:"《旗》的写作,我自己以为的确痛快,将我对1958年的荒诞和对1966年开始的'十年动乱'的情绪,借助一个山村的生活故事以幽默的方式宣泄得淋漓尽致!"

《旗》这部小说从"大干快上"的"大跃进"时代氛围中展开,以伏牛山深处一小山村核桃沟高级社由"白旗"到"黑旗"再到"红旗"的荣誉变迁,反映了1958年至1978年20年间中国农村的时代变迁。作品被评为"开中国反思文学之先河"。

人生沉浮无时,面对坎坷,这位中国传统文人表现出更多的是乐观从容。南丁先生(原名何南丁)曾用自己的名字编了一个顺口溜以自嘲:"何南丁,有时是河南的'眼中钉',有时又当'壮丁'。"

正如这个顺口溜。从此,南丁的人生开始由政治运动中的"眼中钉"走向文坛的"壮丁"。紧接着,《死魂灵》《他们两个短促一生的编年史》《尾巴》等一部部佳作迭出,贡献文坛。

当罢"壮丁"做园丁

1980年春,正当南丁先生一心埋头做文坛"壮丁"、保持良好的创作势头之时,河南省第二次文代会时隔26年后再次召开,会上他当选为河南省作协副主席。

"或许是本性使然,我将这个副主席当成岗位,我要发挥点作用。"老先生说,当时看到许多地方纷纷创办以发表中篇小说为主的大型文学期刊,而河南的中篇小说创作是个弱项,他就积极建议河南也应当办一个大型期刊,于是文联就把这个任务交给了他。

很快,他将此刊定名为《莽原》,一取继承鲁迅传统之意(鲁迅先生曾经用过"莽原"做刊名),二取中原这片贫瘠的文学莽原极其需要耕耘播种之意。他还为1981年5月的创刊号撰写了发刊词。

正是这个《莽原》创刊,为日后河南文学发芽、成长提供了一块广阔天地,也为中原文坛的崛起奠下了十分重要的基石。

南丁以为新创刊的《莽原》组稿的名义举办第一期文学讲习班,召集全省农村、工厂、学校、机关近40名业余作者参加集中学习、充电,并开展文艺界久违了的采风活动。

多年之后,当人们打量河南当代文学发展历程时,不得不承认,这些活动为河南作家的迅速成长起到了重要作用。1980年代后期,"文学豫军"横空出世,而豫军的中坚力量不少正是出自于当年号称"黄埔一期"的文学讲习班。

1983年8月,南丁奉命出任河南省文联主席兼党组书记。

"在任8年,我的确是将我的日子都给了我的岗位,日子被工作排满,没有时间也没有精力顾及我的作家身份,我只能无奈地叹息着我小说创作的好势殆尽。"南丁先生说,"据说,我在任期间,河南的文学艺术呈初步繁荣局面。有此评价,我心感到宽慰。"

的确,这期间他为河南文坛培养了大批人才,创办了《散文选刊》《传奇文学选刊》《故事家》《专业户报》《文艺百家报》《当代人报》等报刊,河南的文学创作全面开花,在全国影响日隆,众多作品拿了大奖。

前不久,第 19 届北京图博会开幕,中国作家馆首次推出一个主宾省——河南,主题为"文学中原崛起"。这不仅是给予备受关注的中原作家群的肯定,而且是进一步展示崛起的中原作家群取得的创作成就。

当天,一大批河南籍作家参加了这次盛会,发表在由中国作家协会主办的《文艺报》的头版照片中,记者看到位列其中的李佩甫、郑彦英、田中禾、张宇等重量级作家,竟无一不是在南丁老先生担任河南省文联主席期间调进来的。

所以,近些年来,南丁先生一直有着另一个称呼,那就是"中原文坛的园丁、领头羊"。

已故著名诗人王怀让曾在一首诗中这样写道:"你是一只头羊,你就是凭借着那么多热烈的感情和明媚的思想,/凭借着你在荒凉中吃到的那些草根的智慧和树皮的倔强,/凭借着你像山羊一样的角尖向后像绵羊一样的角的螺旋形状,/你坐到了文联的最主要的席位上这个席位叫主席叫头羊/你那永远微微倾着的身子让人想到田野上成熟的谷穗的形象,/你那三杯下肚就红通通的脸膛永远让人想到关云长……"

2000 年,南丁先生被授予河南省文学奖——终身荣誉奖。

躬耕文坛无量功

"真正搞文学,要离文坛远一点。"这是南丁先生常说的一句话。

1991 年,卸任文联主席后,"离文坛远一点"的南丁先生才有机会重新提笔写作。他把创作形式从小说延伸向散文、随笔,抒写内容更加丰富,有追忆往事,有感叹岁月人生,有记人记游记趣。行文随意挥洒,不加粉饰,字里行间浸润着情感,闪烁着智慧。每篇读起来都如饮陈年佳酿,入口绵而醇厚。

2006年,《南丁文集》出版,文集共分小说、散文、随笔、诗歌、评论五卷,全卷150万字既是南丁半个世纪以来创作成就的结集,也是河南文学半个世纪以来发展的记录与见证。

在文集首发式暨南丁文学生涯56年研讨会上,与会众作家对南丁先生的作文做人给予充分评价:

作家田中禾说:读《检验工叶英》时,我还是个文学少年,而今读五卷本《南丁文集》,可以说是在读河南文坛半个世纪的历史。《南丁文集》的丰富、宽宏、湿润正如南丁本人的人生经历和精神世界,可以说就是南丁精神的汇集。

作家李佩甫说:他创办河南第一个大型文学刊物《莽原》,口号是"办一个文学的阵地,拉起一支文学豫军的队伍"……他做到了。直到今天,河南文学的发展,队伍的建设,与这位"栽树"人是分不开的。这是我们需要记住的"旗"。

作家张宇说:他才华横溢又正派善良厚道,我自己相信我们几个中年作家都是从学习南丁做人开始成长和进步的。他是河南文坛的大树,是河南文坛的老榜样。

提起这些赞誉,南丁先生仍然谦逊地向记者笑道:"我经常开玩笑说,我在河南文艺界这么多年,混来混去,年事已高就混成'德高望重'了。"

南丁先生曾经有个著名观点:"每一个个体生命中,都储存有煤、油、气等能源矿藏。文学就是要将这能源开发,使生命有意义地有意思地有意味地燃烧。或者说,让生命灿烂地美丽地优雅地绽放。从某种角度说,文学就是精神能源学。"

那么,对于这位81岁高龄的老作家本人而言,他的"文学能源"是否已开发殆尽?

当记者问及今后是否还有创作计划时,老先生坦言:"假如精力可以的话,我将写一部回忆录,用长篇小说的形式表现出来。这一生难忘的东西太多啦,我想把一些故事中人性的东西发掘出来。"

起身告辞时,书房门口一幅书法吸引记者一行驻足。这是河南省文学院院长何弘先生为南丁撰写的一首祝寿诗,只见其中一句写道:"流声岂止因佳作,兴振豫军无量功。"

记者想,以此句写照先生平生,可谓妥帖。

采访间隙,顺手翻开老先生书桌上放的一本《新中国60年文学大系》短篇小说精选卷,发现一个有趣的细节:目录栏里出现《旗》作者"南丁",编委栏里出现"何向阳"。

记者赞叹:"教女有方啊!"老先生脸上充满自豪:"我老了,向阳的知名度现在比我高呀!"

的确,女儿何向阳是南丁先生一生的另一个重要作品,这不仅是南丁作为父亲的骄傲,也是中原文坛的骄傲。从河南调入中国作协担任创研部副主任的何向阳,多年以来,以擅长文学批评闻名中国文坛,是河南文学评论界第一位获得"鲁迅文学奖"这一全国最高奖项的作家,她对河南文学乃至中国文学作出的贡献是有目共睹的。

从某种意义上讲,这难道不是南丁先生对中原文坛的另一种贡献吗?

(见《郑州日报》2012年10月12日)

"且把花甲当花季"的何南丁

刘学林

作家何南丁曾经任省文联党组书记、主席。我们对何南丁都很尊重,但是我们从来不称他"书记"或"主席",也不喊他"先生"或"老师",我们都是只叫他的名字:南丁。

让那么多人不称呼职务只叫名字,能够做到这一点其实很不容易,个中意味我想无需再浪费文字了。

我们尊重南丁,不只是因为南丁对河南新时期文学艺术的繁荣和发展作出过突出贡献,也不只是因为田中禾、李佩甫、张宇以及我等一批作家、编辑都是南丁在任时调进文联的。我想主要还是个为人处世的问题。只有理解和尊重别人,才能得到别人的理解和尊重,这条简单的道理其实并不简单。

随便说一件小事。我是 1984 年暮春调进《奔流》当编辑的。是年夏,齐岸青到编辑部找我,说一个朋友(某刊的文学编辑)来河南组稿。大概是因为虚荣心吧,我们想让文联派辆车接接站。在作家协会找到当时任文联主席的南丁。南丁没有说一句话,掏出钢笔,头一晃一晃地在一张纸上写了几个字递给我们:请办公室派车。这件小事本来不值一提,可又值得一提,因为此前我并不认识南丁,我对南丁的第一印象,从此便清晰地留在脑子里。原来南丁是这样一个小老头,有晃脑袋的习惯,字不错但很草。

再说一件小事。1993年2月27日,上午。张宇接到南丁一个电话:"张宇,今天是什么日子你忘了没有?"张宇说:"什么日子?"南丁说:"你忘记了我可没有忘记,今天是苏老87岁寿辰,蛋糕我已经在泰隆订好了,一块到医院给苏老祝寿吧。"其时南丁已经从党组书记的位置上退了下来,他没有要车,骑着自行车和张宇一起途经泰隆面包房拎上生日蛋糕,到人民医院高干病房,陪苏金伞老人共同度过了一个愉快的上午。

后来听说南丁年轻时帅得很呢。舞场上马靴一登,风流倜傥,歌声也颇有魅力,还是美声唱法。他才情横溢,新中国成立前夕,18岁的南丁从上海华东新闻学院毕业就来到河南工作。24岁发表的短篇小说《检验工叶英》,多家报刊转载,被人民文学出版社、中国青年出版社、外文出版社出版作品集时选用,并被编入人民教育出版社出版的高中文学课本,令文坛注目。次年发表的《科长》也引起了强烈反响,这是真正的"反"响,因为《科长》一面世便遭到了批判。"文革"前南丁出过两本小说集,1955年出版《检验工叶英》,1957年出版《在海上》。我想,《在海上》应该是1957年上半年出版的,因为接下来南丁就被打成"右派分子"了。"右派分子"南丁先在伏牛山区后在大别山区进行劳动改造,在大别山区改造时专司给食堂担水。近年在娱乐场合我们爱让南丁唱大别山民歌,那当然是南丁劳动改造期间的收获了。

十一届三中全会以后,南丁重新焕发了创作激情。中篇小说《尾巴》《新绿》,短篇小说《拉车歌》《亮雨》《勘探者的梦》《山上的小屋》《打柴记》等一篇接一篇发表。我是而立之年才迈进大学门槛半道出家搞文学创作的,当时读南丁的第一篇小说叫《旗》,感觉南丁的文笔非常漂亮,让我获益匪浅。然而,正当南丁的创作势头如浪潮刚刚涌起时,南丁又接受组织安排,当上了省文联主席。组建专业作家队伍,创办刊物,召开青创会,筹备文学院,设立文学艺术创作基金等,许多事情等着要办。正如南丁自己所说:"由于文学界的社会活动较多,我不得不放下自己的文学创作,我实在没有这么大的精力。"

作为省文联主席,南丁已经完成了自己的历史使命;作为作家,按照南丁的文学素养和才情,我觉得南丁的创作成就还应该更辉煌些。当然,是客观原因两次中断了南丁创作的大好势头。第一次是挨整,第二次是当官,一贬一褒,两次原因截然不同。第一次中断了20年,第二次中断了8年。28年,人生能有几个28年的大好时光?因此,我对省文联主席南丁充满敬意,也常常为作家南丁感到惋惜。

且慢。

南丁是一个不服老的人。的确也不见老。我1984年进文联时南丁就是这个样子,16年过去,南丁几乎没有变化。南丁的体力很棒,我们每次在一起爬山,南丁都要登到顶峰。南丁的心态也很年轻,他说,我总觉得人生好像刚开头,有滋有味的生活刚开头,还有许多事情要我去做。"且把花甲当花季",瞧这话说的,又一句南丁语录。南丁退下来后发表了不少精美的散文、随笔,结集《水印》,即将和读者见面。南丁还构思了一部长篇小说,大概也该动笔了吧。

前两年,作家蒋晔采访南丁时,南丁有一段话非常动人:"我和新世纪的约会早就定好了,转眼间那约期就要到了,我要做些准备才好。和新世纪约会,我该做些什么准备呢?看来,该健壮些,该丰富些,该充实些,该漂亮些,该可爱些,让新世纪喜欢我。我要像少年那样向东方奔跑而去,我要去拥抱新世纪的第一缕曙光,我要去拥抱新世纪的年轻的太阳,我要去亲吻新世纪那红润娇艳的脸庞。"现在,新世纪已经曙光初露,南丁,看你的了!

(见《教育时报》2000年3月25日)

吹口哨的老头

尚新娇

那天上午,按约好的时间去省文联家属院拜访南丁先生。

进门寒暄后,南丁需要到书房去题字,我在客厅喝他泡的绿茶。一会儿,耳边莫名飘来一阵口哨,侧耳细听,那口哨轻巧、悠扬,忽高忽低、若有若无。

印象里对口哨的审美还停留在以前。许是社会生态发生了变化,人们几乎失去了吹口哨的心情,这心情应该在20世纪八九十年代"文艺复兴"时有过,电影电视一演到谈恋爱的年轻人,配乐就会出现浪漫的口哨,画面也很文艺:绿荫匝地的寻常街巷,年轻的小伙子飞骑着单车,嘴里吹着口哨,去约会自己的心上人。现在到哪儿去找这样的情景,满大街的汽车,满大街的焦虑面孔。

南丁从书房出来了。"刚才是您在吹口哨?"我好奇地问。

他笑了,反问:"我吹了吗?"当一个人专注地吹口哨时,他本身就是一个制造音乐的乐器。

"我是无意识吹的。"然后南丁又补充,"我常常是这样无意识地吹。"

"哦?无意识更美妙。"

无意识也更让人羡慕。

这位80岁老头,心一点也不老。省诗歌学会每次采风,他几乎都要出席,在每次举办的诗人联欢会上,第一个节目都为他准备,他的经典节目几乎都是同一首信阳山歌,或者叫"酸曲"。大意是"鸡蛋没有鸭蛋光,男孩子没有女孩子香;去年清明亲一口,今年重阳还在香。妹儿吆,好比蜂蜜蘸洋糖"。纯朴的山歌,盖过了所有华丽的诗句,哼到最后,他总露出沉浸其中的笑意。

去年的元旦前夕,诗人们在东区欢聚迎新,坐在首席的南丁应邀为大家助兴,仔细一听,竟是王菲唱红的《传奇》:

> 只是因为在人群中多看了你一眼
> 再也没能忘掉你容颜
> 梦想着偶然能有一天再相见
> 从此我开始孤单思念
> 想你时你在天边……

缠绵、深挚,以及苍老执着的磁性,就像捧着一束玫瑰,晃得你满目繁华,情意泛滥,逼得你无处可躲。他的歌声如此,内心却是怎样的绮丽漫漶。从酸曲到流行乐,这位文学老人的年轮并没有因为岁月而增添沧桑的刻度。

最早近距离走近南丁先生,是几年前7月的一次南阳诗会。晚上,几位诗人都在挥毫,为淅川县荆紫关镇现场作诗献艺,一些青年诗人则趁此机遇索取诸家墨宝。已经晚11时多了,南丁门前仍是车马喧喧,毫无安静的迹象,他不时拿出纸巾拭汗,想必胳膊也写得酸沉了,腰背也挺累了,但他只是坐在椅上稍微靠一靠,权作休息,脸上始终笑意盈盈。只要有后生过来求字,他暖阳一样,将他的厚爱送上去。

我也有幸得到一幅"静水流深"。当我离开大厅时,已近午夜,回首望见头发花白、毫无倦意的南丁还坐在那里,如同守望着什么。

这个季节的雨水很丰沛,夜里由白天的中雨转成了小雨,隔窗聆听,那雨的滴落却是多情的,是对大地无声的浸润。

翌日,在去丹江水库的途中我和南丁先生有过短暂交谈,那是由一篇南丁写的评论说起,在那篇评论中,南丁提到"要我写"与"我要写"这个论题,既有对青年作家的肯定,又有善意的忠告,给人以创作的教诲和启悟。

在丹江水库的游览船上,一时风急雨骤,雨珠横飞,坐在船舷边的南丁却是不动声色,悠然观望。

南阳诗会后,我在朋友那里借到一套《南丁文集》。一段时间以来,我一直沉浸其中,小说、评论、随笔、散文、诗歌,皇皇五本巨著,几乎囊括了文学题材的所有门类。南丁这名文坛宿将,他的文学活动就是河南文坛几十年的珍贵缩影。在评论卷,他对河南文学界享有盛名的老作家及其作品几乎都有评论和"画像"。他怀着真挚的情感谈与他们之间的交往,谈他们的作品,如数家珍,娓娓道来,他写苏金伞、青勃、李蕤、华山,写乔典运、张一弓等,给人留下形象感性的认识。

南丁有一个独特的文学观点,他把文学称作精神能源学。他说,文学应当开发人们精神中本来存在的能源,开发人们精神中本来存在的煤电油气。一个提供精神能源的人,本身就应该是一个精神能源丰富的矿藏,达观、仁厚,相信未来,有足够的力量抵御平庸生活,乃至恶劣的生存环境。

南丁曾说:我和文学有点拉郎配的意思。那个年代,讲究的是服从组织分配,干一行爱一行。这样,南丁和文学的关系,就是先结婚后恋爱的关系。他不但无怨无悔与文学结婚,而且高产,优生优育。

南丁负责省文联多年,称自己干的是服务行业,实践证明,他关注发现夺目绽放的鲜花,也关心寂然无名的野花小草。

一位青年作家说:南丁先生虽然年事已高,但站在他身边,你会感觉到他依然是有力量的。他有篇文章叫《且把花甲当花季》，其内在的艺术生命力与年轻的心态，使人们难以把他当作通常意义上的老人。他身上既有中国传统文人的渊源，又有让人耳目一新的浪漫诗意，洋溢着让人赞叹的生命活力。这大概是老派文人独具的魅力吧。

（见尚新娇散文集《雨中的列车》2012年版）

写作《南丁与文学豫军》一书·廖奔先生信函

2009年11月,《大河报》连载我的散文《南丁与文学豫军》之后,萌发了将只有万把字的小文扩充成一部书,认为只有这样才能呈现南丁的风骨、风貌:他何以成为一个文化符号,何以成为文学豫军的旗帜,何以成为中原文化当代文贤。2000年8月,我赴京办理孙女的转学,顺便去看望何向阳,在中国作协创研部她的办公室,向阳说到散文《南丁与文学豫军》史料性很强,比如那些大家讲课,她也不知道。写得好。在谈到报鲁迅文学奖书目时,我说我报的是《老郑州:民俗圣地老坟岗》,散文《南丁与文学豫军》太单薄,我准备为南丁老师写一部书,书名还是《南丁与文学豫军》,她笑了。大约一个月之后,向阳回郑看父亲,我打电话时,她在火车站,说:"回北京,爸爸来送我。"我问:"写南丁老师的事儿,你说了没有?""说啦,他很高兴。"《南丁与文学豫军》书稿成,交南丁老师审看,在他手中多一个月,我想:一定改动不少。打电话取时,我急于翻看,南丁老师吸着烟,说:辛苦了,富海,写这么长。我听着,一页页翻看,改动的地方多是人名有误,错别字一律订正在稿的偏旁。我说:您怎么没改?南丁老师说:佩甫、向阳占的篇幅太多了。我翻到两位的页码,是太长了。南丁老师又说:你说那个女编辑,别在出书时打官司。我当场就说女编辑一段画掉。南丁老师说:庆贺一下。他弯腰取酒走。我俩到文联对面灵宝羊肉汤馆,这个地方我熟悉,去年,中国作协主席铁凝参加省文联的一次会议,官方

《大河报》称中原作家群,我很反感,在与南丁老师、向阳一块喝羊肉汤时,我说道:前几天与省委宣传部原副部长葛纪谦见面喝酒,他说,"'文学豫军'是经省委批准了的,怎么能随便改呢!你说,富海"。我说:他改他的中原作家群,咱叫咱的"文学豫军",葛部长,您看铁凝改词了没?她仍称"文学豫军"。南丁老师微笑着听,向阳说:叫中原更宽泛一些。南丁老师审定书稿后,我说:想请廖奔写个序,他在郑州当知青时,我曾张罗给他找对象。南丁老师笑着说:认不认呢? 我说:投石问路,先寄几本书唤起他的记忆。

2010 年 11 月,我曾寄"老郑州三卷"等书联系,请他为《南丁与文学豫军》作序,无回音。11 月 20 日,我在郑大一附院做切除白内障手术,出院办手续时突然接到向阳的电话,她说:廖主席要你的地址,现在发给我。我停下办手续,立即将单位地址和邮箱发给向阳。我说:廖主席在月初给我来过信,是用毛笔写的,留名处还加盖一闲章。向阳说,他忘了。

这是廖奔副主席 2012 年 11 月 5 日给我的第一封信的复印件。

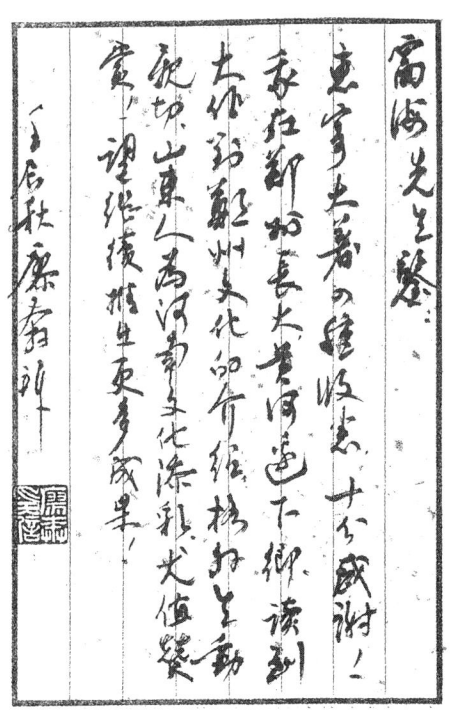

这是我 2012 年 11 月 18 日致廖奔副主席的信,主要是请他为《南丁与文学豫军》写序。

廖主席:

您好!

大札捧读。出自文坛领袖的鼓励,我受宠若惊。

因眼疾住院,迟复为歉!

少年丧母的我与弟妹随父修铁路北站定居这座城市。郑州养育了我。我感恩这座城市,写她、歌颂她。按南丁老师的指教:把郑州"写透"。30 年来,写郑州那些人那些事,写出出版包括主编的书目已有 20 余部。

现在正写作的是"南丁与文学豫军"。

郑州是一座不断有新鲜血液输入的移民城,我曾有文"百年郑州大移民"。南丁老师非郑州土著,挂在他嘴边的话:咱河南。南丁老师在郑州已生活了近 60 年,他在这里写出了永远的文学经典《检验工叶英》《旗》《尾巴》,拉起了文学豫军,他的"与人民结合,为人民服务""靠现实主义吃饭"的文艺观,在河南文坛乃至中国文坛闪射着光芒。南丁,一个文化符号,对河南文坛的贡献厥功至伟。

恳请您应充,为《南丁与文学豫军》作序。

寄上两本书:一本是我主编的以连环画形式著作的《郑州十大历史故事》,郑州市委、市政府的礼品书。另一本是我的"学术"著作《中州盆景》。

1978 年,我们几个盆景爱好者在郑州碧沙岗公园商定河南盆景冠名为中州盆景,1980 年,河南省建设厅在"文革"后的第一次盆景大展中,河南的树桩山石盆景统一冠名为中州盆景。90 年代初,我写出《中州盆景艺术民俗成因》,列入河南农业大学的辅助教材。《中州盆景》从历史成因、地理成因、文化成因、民俗成因等几个方面,考察中国园林、中国盆景源于郑州。尤其是河南地域的"杂本类"树桩的盆景,打破了传统的松柏类树木的一统天下。中州盆景(树木)的三春柳、小叶冬青、石榴、迎春、黄荆、榆树等六大主材的雄浑苍劲、自然飘逸,令中国盆景界刮目相看。他们说:"一看三春柳,便知是中州。"三春柳仿松柏的苍劲、仿柳树的婀娜多姿,几十年间,成为南方盆景界的抢手货。

《中州盆景》是创流派之作。自上世纪90年代初,中州盆景以其独特的选材优势和造型手法,成为中国盆景的七大流派。岭南派(广州)、海派(上海)、中州派(河南郑州)、苏派(苏州)、扬派(扬州)、川派(四川)、徽派(安徽)。

废话太多,打住。

致

礼!

赵富海上
2012.11.18

这是我与廖奔的"通信",实则是"邮箱"传递。

廖主席:

《南丁与文学豫军》定稿发您,请为作序。

赵富海
2013年1月14日

富海兄:

利用春节假期,读完了大作书稿并写出序言草稿,现发给你请你斧正,特别是帮我把把关,因为我对文学界的情况不熟,别出硬伤。

大著充满激情,给人启发良多,十分感谢!

请兄帮我做一件事:序中提到众多河南作家,主要是参考你文章排列的。但我在其他地方还看到不少河南作家姓名,不知道是否应该加入进去,加的话应该排列在什么位置,自己拿不准。我用红笔标出了,请你指点。当然,我主要点小说家名,如果不是小说家就算了,否则散文诗歌面面俱到列不完。

廖奔拜晚年!

2013 年 2 月 16 日

富海先生:

文章又改了一遍。

人物排名我想了一些办法。例如一律按年龄先后排。例如把"南阳作家"改成了"南阳小说家",以对应南丁的"小说出南阳"。例如把"南阳小说家"和"写小说成绩卓显而上面未提到的"人名中非小说家删掉。

但还是有些问题。例如"写小说成绩卓显而上面未提到的"名单里,前面的南豫见、王钢、墨白、邵丽、李洱、乔叶我都找到了他们的生年,排出了顺序,可是后面的郭萍、原非、申剑、郑竟业、朱根发、刘向阳、兀好民、张兴元、侯钰鑫却找不到,因此现在排得可能没有道理,而且他们到底写不写小说我也不知道。

还是请您再给把把关。然后也请南丁老师给看看吧。今天聊起知青农场,动了故情,真好!

廖 奔
2013 年 2 月 18 日

廖主席：

　　写了个后记，请阅示，斧正。

　　　　　　　　　　　　　　　　　　赵富海

富海先生：

　　后记读过，写得很好，没有意见。惟"电话那头，南丁老师也说，书稿是在春节假期看的"一句让别人有些不明所以。

　　您说我没认出您，真的当年见过？我怎么没有印象？我这个人不好处就是不记人。我只记得顾大林老师，因为他经常来并跟我谈这谈那。我还记得一个人，名字却忘了，是帮二连写先进材料好参加知代会的一位记者，在二连住了一个月。

　　　　　　　　　　　　　　　　　　廖　奔
　　　　　　　　　　　　　　　　　2013年2月21日

廖主席：

　　一、作家添加：李準后加张有德，田中禾后加张宇。

　　另添加文学院的几位作家王剑冰、孟宪明、墨白、王安琪、傅爱毛。

　　二、阮章竞，兀好民。

　　三、创办改筹建文学院。

　　四、后记又改，请阅示。

　　春祺。

　　　　　　　　　　　　　　　　　　赵富海
　　　　　　　　　　　　　　　　　2013年2月25日

富海先生：

　　多谢指点。

　　改后如下："文学豫军多为新时期一代人，如写小说成绩卓显而上面未提到的还有南豫见、王钢、墨白、孟宪明、王安琪、邵丽、李洱、乔叶、郭萍、原非、申剑、郑竞业、朱根发、刘向阳、兀好民、张兴元、侯钰鑫、傅爱毛等。又有散文名家王剑冰。"

一、不知顺序如何？李洱之前是按年龄排的，后面无所凭据了。这样排行吗？

二、原来没有王剑冰，是因为如果包罗散文、诗歌、戏剧等，名字就太多了。但像现在这样散文只加王剑冰一个人，不写其他人，可以吗？

还望函示。

廖　奔
2013年2月25日

富海先生：

《风雨护秧》

刚才和风旭日

顷刻老天翻脸

噼里啪啦狂雷炸

一池天水泼下

风大，雨大

阻不住弓满箭发

几个身影扎进雨中

溅起片片水花

风雨声里有人喊：

"大雨不住下

你们去干啥？"

隆隆雷响隐去回声：

"……秧苗，篷没搭……"

霹雳，闪电

裂开一道天闸

几条躯干在雨剑中跳跃

踏雷踩电冲杀

疾风扯来一团火：

"快盖，快搭，

一定要战胜暴雨！"

唰唰雨响打断回答：

"……冷啥？没啥……"

东走滚雷西边去

南来瀑布北面挂

秧苗睡在帐篷下

咱的心里——

翻开千顷稻浪花

1974 年 4 月 24 日

又，后记很好。"处女作《风雨护秧》"前请加"诗歌"二字。

2013 年 2 月 25 日

2013 年春节过后，我专程赴北京为谢廖主席写序，也为书在哪家出版社出有个意向，先见向阳，她意见是在作家出版社出。她问我：上次见廖主席没说出版社的事儿？我说没有，去年 12 月 25 日，我来中国作协是为我的《历史走动的声音》开研讨会的事，专门上八楼见廖主席，请他为《南丁与文学豫军》写序，他说可以，寄个提纲来。我说有成稿，他又说可以，如没其他事儿，我去参加党组会了。我告辞。即电话告知南丁老师，他很高兴，说：谢谢！

在廖主席办公室，他取出《一个文学时代的取象》序手稿，让我帮他核对河南作家名单,我先提及郑州知青农场的事:当时,市委抓知青工作的张书记给我个任务,找10对知青男女青年的"扎根派"结为夫妇,其中就有庄重、廖奔等人。这一下,触动了他内心深处的情怀,他打开话闸子,一发不可收。我说道:看中一个知青,汇报给张书记,他问家庭背景,我说女孩母亲给外国人当过保姆。张书记说:不行,小赵你的立场有问题。还有几个女知青,要我给廖奔说合一下,其中的一位还是场部领导。一次开会,顾大林主持,到我跟前说:您出去一下,有人找。我出来一看,灯光下站着一个女知青,我认识,我问:啥事儿?女知青说:"啥事儿,你说啥事,就那事。"她不好意思地低下头,说:"我觉得不行,人家父亲是大学教授,俺家……"为女知青的事我坐北京吉普车专程去了一趟花园口农场,一进场部,廖奔正在办黑板报,见我和知青办王主任来,扭头进办公室了。王主任说:廖奔现在是副场长,追他的女知青多。廖奔不记得有这回事,他说:妈和姨都来过,想让他当工人,他不干,他想上大学。他又说:你说的那个女知青,我们的老场长也找我谈话,关于工作和爱情,李场长就是没说名字。廖奔真诚地对我说:李场长只要一说女知青的名字,我会同意的,可惜,他没说名字。当然,在他办公室,我俩还是说到了这位女知青的名字。我俩谈得甚浓,我说还有一个女知青,廖奔说:知道,庄重都给我提过几回了。我说:我在百货大楼见到她,她两眼泪水,说"廖奔考上了,我没考上,看着,我明年一定考上"。我心里很不是滋味儿,说:亲爱的知青战友,你以后考上大学是你与廖奔建立恋爱关系的资本吗?多少年之后的1995年,我在《郑州法制报》当总编,一天,总编室小宋到我办公室,神秘地说:赵总,一位女士来找,她说她是大学教授。说着,那位女知青进门,叫一声:赵书记,还认识我吗?认识,坐下。不由自主地说到知青生活,她说:廖奔是博士啦,在中国文联当副主席,我俩都笑了,都明白笑的意思。

正说得起劲,南丁老师打来电话,我说:我正在廖主席办公室,廖主席是春节七天假看完了书稿,写好了序。南丁老师说:我也是春节七天看完的。这就是我后记里写到"电话那头,南丁老师也说,书稿在春节假期看的"。南丁老师说的春节是2012年春节。

在文联对面宝丰羊肉汤馆,我向南丁老师汇报了定出版社和"冒认皇亲"的事。一进门,南丁老师说:"没认出来?""你咋知道?""看你的情绪。"我唉了一声:"冒认皇亲啊!"我说:"廖奔真美男,序真美文!"他肯定了我这种跨文体写法,我和南丁老师又碰一杯酒,开始了介绍赵廖姻缘,南丁老师自己抿了一小口酒:我愿意听。

1970年年底、1971年年初,郑州十大知青农场成立,它们是:圃田农场、祭城农场、花园口农场、邙山林场、须水农场、沟赵农场(全部铁路子弟)、侯寨农场、南曹农场、十八里河农场、古荥农场。10个农场最大的是花园口农场,有知青2500多人,公社党委李书记兼场长,最小的是邙山林场,160人。

我在团市委分工有一项抓知青工作,那几年没少跑农场。1973年8月,花园口农场办学习班地点选在黄河边的二连,我到会讲话,会后捕鱼。多年后,我看到廖奔的一首诗,是写捕鱼的欢快场景,还有,他坐在田头想起了陈胜的"王侯将相宁有种乎"!1974年冬天,我蹲点在二连,廖奔已由二连连长调任场部当副场长,蹲点的任务是宣讲毛主席致林彪的48封电报,关于东北、平津如何打的内容,我当然照本宣科了。我对南丁老师说了几个女知青追求廖奔的故事,特别是专程到场部找廖奔"说媒",南丁老师问成了没有,我说,廖奔来个小鬼不见面跑了。

这就是我"冒认皇亲"的背景。

样书、传主、新闻通稿

我取样书回郑,先约南丁老师在河南省文联对面羊肉汤馆见面,未下车,杨晓敏电话,说开封、洛阳市作协、宣传部都来祝贺《南丁与文学豫军》出版。我告知:先见南丁老师,请您耐心等候。那天下着小雨,我打车刚到经七路口,只见南丁老师打着伞,提一瓶酒,已走到了路当中。我大叫:停,我过去!我跑过去,打伞、接酒,一块儿进灵宝羊肉汤馆。我先把书递给南丁老师。接过,认真翻看,他那标志性的微笑更加迷人。我说:《南丁与文学豫军》出样书,向阳请我吃饭,地点在东土城路一家小馆子。汉军一翻书说:爸爸真像小虎队。向阳说:小虎队算什么,咋能跟我爸比。然后两人站起向我敬酒。向阳说:赵老师写爸爸,写得好。我一饮而尽,说:朋友各有事忙,顾不上。我把这个情景告诉了南丁老师,他只看书,微笑,不语。我又补一句——向阳说:"我爸爸当年《检验工叶英》打响后,到北京参加文代会,穿棕色皮衣、大皮靴,头发微卷"。我插话:肯定有女追星。向阳说:有。说到这儿,南丁老师合上书,笑说:有。会上,女青年都到会务组问哪个是南丁,哪个是南丁啊!这时,我俩碰了第一杯酒,我要了羊汤和饼,说边吃边喝,杨晓敏他们还在市委中心酒店等我接风看新书呢。我俩连喝带吃,结束。我执意将南丁老师送过马路,他站在文联大门口,目送我打车去西郊。

有一次相约不在羊汤馆,在一家西餐厅。时间是2014年2月24日,向阳电话:爸爸请您吃西餐,感谢你,地点在省体育馆一家西餐厅。张颖发短信:健康路绿茵阁西餐厅,在优胜北路和优胜南路之间。中午11点,我带上研讨会上的发言稿和会的新闻通稿。南丁老师和夫人张颖先来,张颖拿过稿子来看,这时向阳到,她是从广州飞来专程为我饯行。张颖说:没有白酒,拿了一瓶最好的红酒,南丁说西餐配红酒。这时,向阳接稿子看,用笔改,说:你只能当作家,你的发言不错,新闻通稿不行,明天你到京去作协找梁鸿鹰主任,他原来是中宣部发言人,请他改。我应是。这时,南丁老师看着向阳带来的与会名单,惊叹:好大的阵容啊,廖奔、雷达,《人民日报》《光明日报》都去! 又说,我也去吧。向阳立即回道:传主不参加研讨会。

《南丁与文学豫军》新闻发布会:

地点:北京三里河

时间:2014年2月26日

中国作协副主席、博士廖奔:著名作家,曾任中国作家协会书记处书记、常务书记、党组副书记

原作家出版社社长玛拉沁夫

现任作家出版社社长葛笑政

现任作家出版社总编辑张陵

中国作协创研部主任何向阳

本书责编罗静文

本书作者赵富海

2013年11月《南丁与文学豫军》由作家出版社出版,2014年2月25日,作家出版社在三里河一家酒店的书廊召开小型新闻发布会,与会者:中国作协副主席廖奔,创研部主任何向阳,作家出版社社长葛笑政,第一任社长玛拉沁夫,本书责编罗静文。我儿子赞助了一件茅台酒,茅台一摆上桌,有两个人惊叹。廖奔主席说:一看见茅台酒就害怕。玛拉沁夫说:

嘿,有茅台。他动手打开,用瓶盖倒了下,一口喝尽:真好!又倒一瓶盖说:老赵您真好,为南丁写了一本书,看了,真好,又请喝茅台,真好!这时罗静文上前,扶着玛老说:已经安排人写您了。玛老又倒一瓶盖,真好!这时,向阳对我说:赵老师你发言表示感谢。我立即站起:感谢感谢!话题一转,说到了廖主席在郑州知青农场的故事,主要是与女知青的恋情,廖奔很高兴,玛老大为兴奋,站起来说:真好,说下去。葛社长起哄,咱们喝着说着,罗静文倒酒,都是一饮而尽,廖主席也一样。向阳阻止我说:赵老师,廖主席夫人李教授是大美人。这段廖奔情话,伴着茅台酒香,十分热烈。敬酒到廖主席处,他与我一起给玛老敬酒,我说:我小时看过你写的电影《草原上的人们》。我唱起了电影主题歌,"百灵鸟双双地飞,是为了爱情来唱歌"。廖奔也会,他嗓子特别好,我俩合唱引来一阵掌声。廖奔的"情话",在2月27日由中国现代文学馆、作家出版社联合举办的赵富海《南丁与文学豫军》研讨会上,廖主席最先发言,他发言三层意思:"第三层,一个特殊的因缘关系。这本书的作者赵富海先生是我的老朋友。过去我在郑州花园口黄泛区农场下乡时,他是郑州知青办的工作人员,管我们知青,我虽然那时对他不太熟,他却对我了如指掌。他在书的后记里还透露了当年的一些'隐私':老想给我介绍对象,我自己却不知道。当时我们这些知青看他们是'大人',我们还是小青年,总不知道他们大人动的什么鬼心思。有这些东西搅在里面,我跟这本书就有了很深的关系。"

象像不分

2013年3月4日,在全国政协担任常委的廖奔主席打来电话,他说:我在会上,看见今天的《文艺报》发我的序《南丁与文学豫军》《一个文学时代的取像》,赵兄你看了吗?我说看啦。他说:一个字错了,"象",世象,报纸印成"像"了,我把他们好骂一顿,怎么会出这样的错误,我真生气。我说:国家唯一的文艺报,大题"像""象"不分。廖主席在电话那头仍大声说:不知情者以为我写错了呢。我说:让报纸订正,必须改正。(我现在用的是2013年3月4日《文艺报》第二版头条《一个文学时代的取象》廖奔)

《南丁与文学豫军》
作品研讨会

时间:2014 年 2 月 27 日(上午)

地点:中国现代文学馆 C 座大会议室

新闻通稿:

赵富海的报告文学《南丁与文学豫军》是一部书写著名作家、文艺组织工作者南丁人生轨迹与事业成就的厚重之作。作品以虔敬扎实的笔触反映了共和国成立后成长起来的第一代作家——南丁 60 余年为繁荣河南文学呕心沥血,带领文学豫军屡创辉煌的不凡业绩。本书分 13 章,外加附录作家学者看南丁,近 30 万字。南丁 25 岁成名,52 岁担任河南省文联主席、党组书记,致力于新时期文学豫军的创建,张宇、李佩甫、田中禾、郑彦英、齐岸青等都是南丁调入河南专业创作队伍的代表作家,以他们为代表的文学豫军与陕军、晋军、湘军共同撑起了中国文学的一片蓝天,为中国新时期文学作出了突出贡献。

南丁的作品《检验工叶英》以一个时代的新人形象叶英,影响了几代人,入选 1957 年的高中语文课本,并译成英文,他的小说《旗》开反思文学的先河。在任省文联主席兼党组书记 8 年间,南丁视文联为家,为作家服务,繁荣文艺创作。他坚持现实主义创作,为河南文坛所有作家写评论、写序,积极向中国文坛推荐河南作家,他的文艺观,概括为一句话:与人民结合,为人民服务。

南丁,是一代知识分子风骨的传承者、践行者,一个中原优秀文化传统的开辟者、奠基者,一个新时期文学豫军的旗帜、领头羊,他是中原文化历史长河中屈指可数的当代文贤,一个中国文坛的文化符号。

《南丁与文学豫军》的作者赵富海,是中国作协会员、郑州市作协副主席、中原文化非物质文化遗产专家委员会成员。作为一个作家和文化学者,30多年来,他致力于中原文化的探寻、研究、写作,已有20部作品问世,其中"老郑州系列"影响深远。多部作品获河南省"五个一工程"奖、河南"金鼎奖"、河南省"社会科学优秀成果奖"。他曾致力杜甫、子产、白居易、李诫等历史文化人物的研究,近年,他转而研究现当代文化,他对南丁与文学豫军的研究,从个案到群体,从个人人格到地域文化,将历史文化研究的视野扩展到当代文化地理的深层,将中原文化的发展脉络与新时期文学豫军的崛起、繁荣联系起来。这部《南丁与文学豫军》,调动了赵富海先生自己生活的全部积累,从一种大文化观切入,梳理、整合史料近300万字,访谈数十次,5年前,其《南丁与文学豫军》发表在《大河报》《文学自由谈》报刊。南丁对党的文学事业高度负责,对人民无限忠诚,作者以崇拜的敬畏之心,八易其稿完成这部大书。中国作协副主席廖奔先生为《南丁与文学豫军》写序,在全书序中为其做了深情解读。

中国作协副主席廖奔等同志认为:这是一部极为特殊的文学传记,极为艺术地将回忆录、流派论、断代史、地域文化史有机地融合起来,从一个未被人使用过的视角论述了文学与环境、文学与文化、文学与群体、文学与个人的关系,情理充沛、真气饱满、引人深琢、开蒙发悟。

与会作家评论家谈到,南丁为文学豫军的发展营造了良好的生态环境。这其中隐含着牺牲和奉献、责任和担当,也意味着文品、人格和善政的交相辉映。文学豫军再出发,需要继承这种奋发有为的精神和舍我其谁的使命感。

作家赵富海以崇敬之心写南丁。他认为：人性中有纯粹的、无限崇拜的底色，它是人的精神滋养，是引领生活的光芒，昏天黑地时，它把人性带到有光亮的出口。崇拜是他写作《南丁与文学豫军》的精神指引和动力。作者从大文化视角切入，以跨文体的写法，采用小说结构、散文笔法、诗歌意境来结构全书，语言口头而家常，亲历、直感、生动、贴切，很有现场感。其手法回环牵绕、连带出击，以人为经，以时为纬，以思路牵文脉，以作品带时代。细节多于概括，鲜活多于理性，遣词汪洋恣肆，文思汹涌澎湃，联想式的、跳跃的、意识流的，组成琳琅满目、色彩斑斓的理论推衍与真实生活图景复原。

评传中有人格评判，更有悲悯情怀，写一个人，描摹出一个时代，勾勒出文学豫军的整体群像，从一个少有人知的视角论述了文学与环境、与氛围、与群体、与个人的联系，情理充沛，引人深琢。

葛笑政（作家出版社社长）：

《南丁与文学豫军》作品研讨会现在开始。我是作家出版社的葛笑政，有幸主持今天这个会，其实今天的会主办单位还有中国现代文学馆，是我们作家出版社两家一起主办的。今天真的是个好日子，是一个特别难得的好日子，我们在雾霾当中坚持生存了6天，在第7天的时候下了点儿雨，雨过天晴，今天真的是一个好日子。

何况我们还有远道而来的河南的李佩甫等文学界的朋友，今天真的是特别好。今天的研讨会我们两家一起主办，也邀请了与会的很多文学界、批评界的朋友，还有媒体的朋友。《南丁与文学豫军》是作家赵富海先生倾心倾力之作，赵富海先生是中国作家协会会员、郑州市作协副主席、中原文化非物质文化遗产专家，他是一位有实力的作家，也是一位文化学者，30余年来他致力于中原文化的探索、研究与写作，已有20余部著作问世，其中多部获河南省"五个一工程"奖、金鼎奖、河南省社科优秀成果奖。他所写的报告文学《南丁与文学豫军》从个体人格到地域文化，从个体到群体，研究了新中国第一代知识分子对党的文学事业的责任心，书写了新时期文学豫军的崛起。

前年我们中国作家协会在北京国际图书博览会上专门组织了一个河南作家群、中原文学的崛起，搞了一个大型的文学活动，非常成功，那次活动的时候，也把我们河南作家的创作，河南作家群，以及河南作家群创作的作品在北京国际图书博览会上做了一个非常好的展示，我们那个活动搞得也非常成功，书写了新时期文学豫军的崛起、发展与繁荣。赵富海先生用了30多年的时间梳理整合书写了这一中国文学的重要文化现象，可谓是中国文学的宏大叙事。

我想，《南丁与文学豫军》的出版，是我们认可河南文坛乃至中国文学的精神指引，是我们阅读的一个新的兴奋点，对我们的创作是有认知和启发意义的，所以，感谢各位领导、专家的光临。

下面由我介绍今天与会的作家和领导：

中国作协副主席廖奔先生；

中国作协副主席李敬泽，他今天上午正在参加作协的党组会，会后会赶过来；

著名文学评论家王必胜；

著名文学评论家雷达；

作家出版社总编辑张陵；

中国作协创研部主任梁鸿鹰；

人民大学教授程光炜；

著名作家周明；

总后政治部创作研究室主任周大新；

著名文学评论家吴泰昌；

中国报告文学学会常务副会长李炳银；

《文艺报》副总编辑王山；

《人民日报》文艺部主任刘玉琴；

《光明日报》文艺部副刊部高级编审韩小蕙；

中国文联文艺资源中心副主任冉茂金；

中国现代文学馆研究部主任李洱；

中国作协创研部理论处处长李朝全；

中国作协创研部副主任何向阳；

河南省作协主席李佩甫；

河南省文联副主席邵丽；

河南省文学院院长何弘；

河南省作协副主席乔叶；

河南省作协主席李佩甫，他去年《生命册》获得中国政府奖，我们搞文学的看重茅盾文学奖，但我说这个奖也是国家级奖，我们中国作家出版社去年的作品只有这一部获得中国政府奖，是国家级的奖；

作家、编剧，过去是张艺谋的文学策划和编辑王斌，他也在文学界当过编辑，写过很多东西，最近正在写话剧，我们将来有机会看看你的话剧；

本书的作者赵富海先生；

本书的责任编辑、作家出版社研发中心主任罗静文；

今天与会的还有一些媒体，《北京青年报》、《中华读书报》、《中国艺术报》、新华网、新浪网、中国作家网、作家在线网。如果我介绍的有疏漏的地方请大家见谅，下面进入研讨程序。

首先，请廖奔主席发言。

廖奔（中国作家协会副主席）：

我先说几句，因为我为这本书写了序，算是抛砖引玉开个场，而之所以写序，是因为我和它有着特殊的因缘关系。首先，大家知道我是河南人,在新时期文学豫军共同生长的氛围里,我也一起生长起来,从一个当年的文学青年走到今天。当然我后来跑到学术圈里去了,但30多年来一直关注文学豫军,对它还是耳熟能详的,这两年到中国作协工作,又扎回这个圈,回到这些老朋友中来了。所以,我跟这一代文学人一起成长,一起从老一代文学家那里汲取营养,我因而跟文学豫军有着血肉的关系,这是第一层。南丁老师过去在河南省文联当主席,我在中国文联也工作多年,是长期的老朋友。我看着南丁先生拉起这杆旗帜,团起这个军,然后把文学豫军的号角在全国吹响,我看着文学豫军成型。我又跟河南的文学家,包括在北京发展而很有成就的中原作家,一起目睹着文学豫军崛起,这是第二层。还有第三层,一个特殊的因缘关系。这本书的作者赵富海先生是我的老朋友。过去我在郑州花园口黄泛区农场下乡时,他是郑州知青办的工作人员,管我们知青,我虽然那时对他不太熟,他却对我了如指掌。他在书的后记里还透露了当年的一些"隐私":老想给我介绍对象,我自己却不知道。当时我们这些知青看他们是"大人",我们还是小青年,总不知道他们大人动的什么鬼心思。有这些东西搅在里面,我跟这本书就有了很深的关系。我把我的一些感受写在了书的序里,这里就不再多说,说这几句话只为打一个场子,更多的还是希望听到专家们对这本书的评价。谢谢。

梁鸿鹰(中国作协创研部主任):

这是一部集思想性、文献价值性、史料性、可读性和学术性于一体的好作品,其选题的价值在于,通过开掘一位老作家、一位老一辈文艺工作者的人生经历,深入开掘他的创作、学术宝藏,探究时代与文化、时代与文学、时代与人才成长路径这样一个奥秘。作品从若干方面生动展现了老一辈作家和文艺事业管理者南丁的人生和文艺成就多彩的侧面。

比如它探究了老作家的现实主义文学创作成就,作家南丁以《检验工叶英》等为代表的作品,体现出浓厚的现实主义艺术追求,通过塑造典型环境中的典型人物,反映普通人、普通劳动群众的人生追求,于细节中见人物性格、见人物精神世界,平实而感人至深。

比如,作品深入挖掘了南丁同志在文艺理论方面的建树。作品讲道,南丁从20岁开始就在文艺理论方面崭露头角,他发表的理论处女作《试谈新民歌》,提出了有关民歌创作发展的七个问题,从这篇处女作开始便表现出很强的理论思维与问题意识;直到1980年发表《漫话提炼及其他》,再到1983年发表《提炼不是蒸馏》,以及《自由与责任》等,每部理论评论作品,都有一些真知灼见,他的一些论断,反映了他理论思考和思想轨迹,至今没有过时,产生了很大影响。

比如,这部书还深入挖掘了南丁作为引领和引导河南文艺界的风范。南丁先生是一个带队伍能力很强的人,文艺界是一个大家庭,文艺界里的人个性都很强,都很有才能,业务强,关系多,影响大,所以,带起来格外不容易,但是这么多年以来,我们从这本书里看到,南丁先生凭自己的人格魅力,凭自己的工作作风,聚豪杰,抓实事,提升和引领了河南文艺界人才的成长和队伍的成长。

再比如说,这部作品深入探讨了南丁先生在培养人才,特别是培养文艺界人才等方面的贡献,他甘做人梯、诲人不倦,在培养文艺人才方面付出了大量的心血。新中国成立以来河南著名的作家、艺术家大部分都经过他的培养发现,他付出了非常多的劳动,他对文艺界人才的成长极尽扶持和培养之功。所以,到目前为止,这些年以来,河南的文学、河南的文艺在全国都有非常好的表现,跟他这一代人的培养之功,是分不开的。与此相联系,这部作品深入挖掘了南丁先生的人格魅力,他一直倡导和实践着人格理论。他说人格就是文格,人品就是文品,作家的打拼,最后拼的是人格,艺术家也是这样,他这种无私奉献,燃烧自己,照亮别人的精神值得学习。他善于发掘、扶持,并且也包容他人,大度而大气,对我们有很好的昭示意义。

这是一部可读性非常强的作品。其特殊之处在于，是文学传记、回忆录、流派论、断代史的合成，是从若干个未被人使用过的视角，论述了文学与环境、与氛围、与个人的关系，情理充沛、才情饱满、引人深琢、开蒙发悟，这部作品把学术性的话语和口语、把回忆和见证都糅合了起来，在严谨庄重的叙事中不失诙谐幽默，在对主人公学术成就、文艺成就的叙述当中，不乏精彩议论，既有对河南文学、河南文艺的发展，以及全国文艺发展走向的把握，对整体的描述与感悟，也有对个人议论风生的描写，是杂糅、是集成。

从这部书中，我们看到了对老作家的虔诚、亲密，是一种发乎真情、确实经过了认真准备的写作，是经过扎实资料梳理，并且作为河南文艺和文学发展见证者、亲历者的写作。赵富海有资格写，他有这个底气，他确实了解河南文艺的发展，了解新中国成立以来中国文学艺术、河南文学艺术发展的整个轨迹、样态和特征，他抓得准，因而能够通过一个人反映这个时代，反映这个时代和一个地方文艺的发展、文学的发展。作品融学术性和人物传记于一体，是学术评述，是人物传记，是地域文学流派的生动见证，他把这些东西有机地融合在一起，形成了一种很有认识价值、很有史料价值，对今天的纪实文学、评传写作有非常高的启发价值。

李炳银（中国报告文学学会副会长，《时代报告·中国报告文学》主编）：

我和南丁先生认识比较晚，但是这几年有几次跟南丁先生有所接触，实有相见恨晚之慨！我感觉南丁先生是我们的长辈，他为人谦和，一点儿没有一些老作家老领导的那种做派，给人感觉非常的亲近。你走到他跟前就像有一种情感气氛将你围绕，一种无形的力量一样，就与他拉近，很放松地跟他交流。南丁的歌声浑厚美妙，我此时就有音容在耳的感觉。赵富海的这本书，已经提供了大量的内容，让我们看到了南丁在河南文学创作历史上所产生的作用,我想南丁先生,在河南就像一棵大树。大树是一个好现象,大树有些时候因为覆盖大了,它也会产生一种作用,歇地。可能会把周围的这块地全让它占了。太阳被遮挡、雨水被遮挡,遮挡得别的树不能很好生长了。但是也有一种树,像南方的大榕树,由于它的根系扎下去又繁衍出很多树,所以,在南方可以看到很多独木成林的情况。所以,在有些地方大树是歇地的,别的生长在自己周围的树都会受到影响,这可能就会出现武大郎开店的局面了。但是在南丁周围,是大榕树的风格,榕树的品格,他以他的身板,以他的性格,以他的营养造成了一种很好的文学气氛和文学环境。因为有南丁这棵大树遮挡风雨,许多曾经的小树得以自由茁壮成长,以至后来也成了大树。所以,使河南的作家一代一代、一批一批地成长。而今,已经是一片枝繁叶茂、大树参天的森林了。

我第一次认识南丁先生,现在记不清楚了,我不知道佩甫还记不记得,好像在20世纪80年代晚期,由中国作家协会创作研究室和河南省文联,在尉氏县开过一次会,专门审视探讨河南作家群的现象。我带着研究部的季红真(音)、牛玉秋、林为进参加了会议。那时候南丁先生就对河南的文学创作现象感到欣喜,并给予积极的推动。做一个比较整体的检阅和研讨,那个时候齐岸青、张宇、郑彦英、田中禾、杨东明等很多位青年作家参加。那时候河南有一批作家,我就感觉到河南有南丁、段荃法等这些领导营造的这种文学气场,这种文化环境,领导对文学的热心,对年轻作家的培育让我很感动。有些地方的作家领导只埋下头去写自己的作品,出自己的成绩,关心自己的进步和收获。这个也不能反对,一个作家写自己的作品当然应该,总比那些对文学创作不太明白,只知道管理领导的方式强。但是,像南丁这样,自己曾经创造过很优秀的作品,并富有才情的人,能够把很多精力用到其他年轻作家身上,就是一个很难得和令人感动的现象了。南丁现在在这一点上表现得非常突出。

再一个,也是个令人喜悦的事情。南丁先生不但培养出了河南那么多的作家,作品写了那么多,实际上我们今天也可以说,南丁先生对中国文学的贡献还有一个,他培养了一个年轻的女性文学批评家,这就是南丁的女儿——何向阳。这也是南丁先生对文学、对河南文学、对中国文学的贡献。这个贡献而且是独特的,确实也是很有积极作用的。

我觉得,富海先生写这样一本书,不是从一般的那种所谓的人们经常习惯的正传的角度来写,以人物的生平经历一路写来,顺畅却容易僵化,写得很呆板。似乎有一种学术的面孔,但是写得不深入,不很生动。但是富海这个作品我前两天翻看以后,信息量很大,给人提供了一个伴随着南丁先生的经历和悲喜坎坷、善良随和、执着达观的人生性格及其命运的丰富内容。同时又从谈参与领导河南文学的过程中,从他与很多作家的交往关系中,见出他在河南的地位和个性作为,让我们感到他对河南文学的贡献。真实事实的纷呈和人们动情的文学故事,让南丁似乎也成为了一个文学大戏中的主角,给人印象深刻。

这个书写得有可言说性,不像有些学术评传作品,作者追求一种理论性,追求一种学术性,把这种可言说性减少了。这种比喻也许不尽恰当,赵富海在写人写史的时候,他吸收了《史记》的写法,《史记》中那些"世家、本传",虽然也是历史地写事写人,但是司马迁很重视写故事,写事儿,写人的性格和作为。这个书里就写了很多故事,写了很多人物,这样让读者从故事当中,从细节当中,从具体的事儿当中对传主本身有一种印象,有一种记忆。他也没说是传记文学,是一种对地方的文学现象,一个人和一个地区文学现象关系的考察,我觉得这种考察很有意义。实际上在中国各地的文学环境当中,可能类似于南丁先生这样的现象还会有,但也一定不会很多。我好像还没有看见哪一个人做过这样的事情,或者正儿八经地做过,引起大家关注。所以,我觉得赵富海选择这个写作对象很有意义,而且写得也很生动,给人留下很深的记忆和感动。我认为对南丁先生、对河南文学的历史记忆来说,这本书都是非常重要的。请转达我对南丁先生的问候！向他致敬佩之意，祝福他健康！祝贺富海先生的用心努力，谢谢。

程光炜（中国人民大学教授）：

我应该算半个河南人，在河南生，在河南长，我是南丁老师的小老乡，我在安徽，应该算河南人，在那儿生，在那儿长，在那儿接受教育，感谢赵富海老师写了这本书让我们完整地了解南丁老师。过去我们都久仰大名，也没有机会结识，但是很早就知道了。有一次，北京的一个朋友，我们学校的一个校领导，他问河南作家怎么样，我说在北京的一半小说家都是河南人，他听了非常惊讶，说河南小说这么厉害？我说就是。所以，这本书是一个窗口，它实际上展现了一个既是一个个人的文学史，也是一个地方的文学史，意义就不用讲了。

首先讲两点，第一，河南大学，因为中文系学生都是搞文学创作，20世纪80年代和现在不一样，那个时候孟老师是责任编辑，好像南丁老师是主编，河南文坛给人什么印象？老一代的作家都非常宽厚，对年轻人很提携。我知道那个时候诗歌界的，像苏金伞老师，传统非常好，老带新，那时候省里的青创会，感觉那批老作家他们的价值，后来的文联作协系统，那时候这批老作家都是文人，是前辈，跟他们在一块儿都很随便。我记得我调到郑州的时候，专门给我写了一封信给曾作。在河南搞创作，孟老师他们几个人特别提携年轻人。这是第一个印象。

第二，这本书你表面看是文学组织发生变化了，它用一个组织化的东西来对作家组织文学的生产，过去我们研究文学谈负面的东西，不好的东西，这个体制如何压制作家，肯定是有这个东西。但是实际上它的复杂性就是两面，不完全在压制作家，同时我觉得它还有一个好的东西，现代文学所建立的传统一直没有断绝，还是老带新，表面上有了作家、文联、作协这些组织，实际上老作家和青年作家的关系。这本书说了很多，李佩甫、张宇,南丁老师三番五次地调来搞专业创作,这还是中国新文学的传统。我过去写过一篇文章《〈文艺报〉编者按》,那个时候《文艺报》编委会这批人运动来的时候他们对青年作家都是声色俱厉的,完全是意识形态的面孔,但是当运动过去以后,他们对青年作家就是一个文人的关系,还是长辈和晚辈。其实有一种潜流,当代文学里还是有新文学的传统的。这本书我没有详细看,讲得这么具体,赵老师下了功夫,这几个作家我都认识,张宇我很早就认识了。确实非常有感触,从我个人的记忆来讲,河南之所以出现那么多小说作家,还是有个非常好的老带新的传统,在南丁身上有着非常好的体现。

这本书给我们很多启示,新中国成立后的文学,不能简单看,其实它有一个很好的现代文学的小传统在里面,否则文学不会发展到这种局面,否则河南的小说不会有这么高的水平。莫言获奖的时候被新华社记者采访:你觉得诺贝尔奖应该给哪个省市? 他说:不是陕西,就是河南就是山东,小说颁奖肯定离不开这三个省,如果离开这三个省肯定是失水平的。失准的。为什么? 我说中华文明的黄河中上游就是河南和陕西,小说的根基还是一个文化传统,表面看是一帮人的才华,几个老作家的提携,实际上它的根基还是在文明。谢谢大家。

周明(《中国报告文学》杂志社社长、作家):

《南丁与文学豫军》是部奇书,别具一格。我开始读的时候没注意,后来越读越感兴趣,可读性很强,它是给你讲故事,写得很生动。它是一部纪实文学作品,也是一部传记,但是它这个传记写法不是正传的写法,就是写印象、写感觉、写心灵、写人物的精神世界和思想境界,是写这样的东西。所以,他有他的深刻性。他把这个人物,把一个至真至纯至善的南丁活灵活现地写出来,写南丁的特点,离不开烟、茶、酒,他跟南丁对谈的时候总是这几样东西在面前,少不了的,而南丁总是笑眯眯地笑对人生。

我觉得这部作品写的是南丁一生的经历,但是也是河南文学发展的轨迹,它是融合起来的,而且我觉得写法也很特别,它看起来像意识流一样,其实不是,它是有完整构思的,它把作者的叙述,人物事件的叙述,和他们对谈引发的火花交叉交融起来,很生动,这样读起来非常好读,写法很轻松,很自然,也很流畅。所以,我觉得这部作品是非常好的。

我跟南丁同志认识几十年了,老朋友了。因为在他参加 1956 年青创会的时候我刚毕业分配到《文艺学习》编辑部,那是中国作协主办的一本青年文学刊物。我当时在会务组。1956 年的青创会,北京、天津、上海的青年作者是引人注意的,北京的王蒙、邓友梅、从维熙、刘绍棠几个是比较耀眼的。中原当时在会上比较走红,大家比较注意的就是南丁,因为《检验工叶英》发表以后在社会上引起很大的反响。那时候我工作的单位是青年文学刊物,所以,我们就比较注意青年作家,《检验工叶英》社会上反响很大,所以,会上很多人找南丁采访和交流。后来他酝酿办《散文选刊》的时候,我和阎纲、肖德生三人正好去河南,这时候他就跟我们谈,已经办了几个刊物了,他想再办《散文选刊》。他们当时想在河南一个省办一个面向全国的《散文选刊》,够有胆量的,这是他的大视野。他眼界很宽,不是仅仅看郑州、看河南、看中原这块地方,而是面向全国。当时"散文之乡"、散文大省还不是河南,是福建,有郭风、何为几位大家带领一批队伍,形成福建散文大省。但是由于《散文选刊》的创办,一下子把河南散文带起来了,也推动了各地的散文创作。

所以,富海书里写到有人讲南丁是中原历史文化少有的一个当代文贤,这一点没错。如果给他送匾的话就写"当代文贤",确实这样。他从 19 岁进省文联的大门,一直到现在 60 多年,尽管他自己受到很多不公正的待遇,被打成右派,但是他始终坚持自己的信念,坚定不移。他在中原地区是文学界一位领军人物。他自己有一句话,对文联,对文艺工作"想说爱你也不容易,想说再见也不容易"。这一句话真是道出了南丁心灵深处在文坛60多年的酸甜苦辣。他坎坷的经历,他辉煌的成就,真是这样。所以,我觉得他也是一个人梯,在他这个人梯上他扶持了很多人,扶持了很多年轻作家。他又是一颗铺路石子,在他铺的这条路上走出了李佩甫、张一弓、田中禾、张宇等一批批这样的在国内外非常有影响的作家。20世纪80年代的时候,湘军、陕军、晋军很厉害,但是中原不示弱,豫军奋起赶超。我印象很深,从大量来稿里发现一个河南的张斌,发现叶文玲,接着就有很多这样的河南作者,在南丁的带领扶持下,发现和培养,走出一批一批的优秀作家,每一个名字都是闪光的。许多作品产生了轰动效应。

他的早期关于民歌的评论,现在看真是不错,另外,他对文联的定位,对他自己工作的定位,就是为人民服务,就是深入生活。这本书里写了南丁什么呢?给我感觉就五个字:责任与使命。他进入文联之后几十年从事的工作,从事的劳动,他的付出也好,他的收获也好,都是责任与使命促使的。所以,南丁确实是非常非常了不起的。

"南丁现象",这本书里做了充分的叙述和充分的描写,非常有意义,非常有价值,也是我们学习的榜样,因为我也做了几十年编辑工作,有同感。另外,除了他自己的创作成就,他在工作中,他在理论方面的建树都还是非常值得总结和传扬的。

文学豫军在省内和全国真是不得了,在国内文学界来讲文学豫军现在是一支生力军,一支强劲壮大的队伍,这支队伍几十年来在南丁的带领下一直走到今天还在往前进。所以,我觉得这本书的出版我们要向南丁祝贺,向作者赵富海祝贺!

南丁还有经典的话,"中州语言甲天下",还有"搭个窝下蛋"、小小说是"英俊少年",很多话现在听起来是很有滋味的,很经典。在他的行动和他的思想影响下,我觉得这支队伍为什么这么健康,这么强有力地越来越壮大,就是跟南丁的引导和扶持、帮助分不开,和南丁的这种文学精神的影响分不开。

雷达（著名文学评论家）：

拿到这本书以后感到非常亲切，不由自主地就很快把它看了，几个小时就看完了，很快。有很多感慨，勾起我很多的回忆。我不是河南人，但可以说是河南文学的老朋友，与我长期在《文艺报》工作有关系。我首先讲一下这本书不是那种严谨的或者逻辑性很强的，或者说学术语言很多的书，不是。它是一个散记式的东西，写得非常有亲和力，读起来很亲切。廖奔的评价我很同意，他把文学的历史、流派的历史、地域文化的历史糅合在一起形成这么一种散文化的写作，我觉得这很需要。这本书里它突出两个主题，一个是南丁，一个是文学豫军，这两个东西联系在一起。如果说不深入地谈文学豫军就不可能把南丁写得很活跃，很真实，如果不写南丁在其中的贯穿，文学豫军这些年来的发展我们也看不清它的脉络，两个东西是交织在一起的，这个题目抓得也比较好，这本书以比较平易的面貌写出这么一个成色，我觉得不错。

我和南丁先生认识很多年，但是真正熟悉倒是这几年，这个是和何向阳有关系。大概是20世纪80年代末期，山东的《作家报》登过几篇何向阳的文章，我当时不知道何向阳是谁，但是我看了文章非常欣赏。我是"21世纪文学之星丛书"的编委，这个书稿分到我这儿，一看，这就是《作家报》发表文章的那个人，但是我不知道他是男的还是女的，我以为何向阳是个男的，后来才有人告诉我她是南丁的女儿。我积极地推荐这本书，我认为它确实不错，叫《朝圣的故事或在路上》。当时我们这些人对这本书做编辑工作的，还不能写序，只能写编后记，编后记是我写的。后来《大河报》也登过一篇文章《写评论的女孩》，当时何向阳给我的感觉很小，但是何向阳在那本书里把张承志写得那么酣畅淋漓，那么透彻。她的这本书的1/3大概是写张承志的，甚至比1/3还多，人格论的雏形也在这本书里阐述出来,后来发展成很长的文章。因为何向阳的关系,后来我和南丁同志有几次交谈,后来就熟悉他了。

我们都是编委,这本书写南丁没有架子很高或者很严重的词,写得也很亲切,写出了南丁为人非常的宽厚,他待人很诚恳,心胸很坦荡,还有一个特点,这个人不世故,不圆融,因为他本身也是很有才华的,但是他把他更多的才华和热情都奉献给了文学的组织工作,这个人物整个书里贯穿起来。

所以,我觉得河南文学界没有南丁这样一些人的奉献也不会发展到现在这样。这本书我读起来很多章节引起我的回忆,我首先回忆起乔典运。1979年在《奔流》杂志,《对生活的独立发现》这篇文章1万多字,我为什么写乔典运?我有时候写点儿评论,南丁碰到我就说你能不能看看我们省里的农民作家乔典运?那时候我们年轻,也不惜力,有人约我们写文章我们很积极,星期六、星期天都投入到里面写文章。当时我看完以后觉得乔典运非常了不起,就是西峡的一个农民。一年还是两年后有一天,我当时家在农村住着,乔典运来看我,乔典运和韩石山两个人来了。对韩石山的第一篇评论也是我写的,叫《韩石山短篇小说》,韩石山写的《又见雷达》这个文章就谈了这件事情。老乔从河南给我带的点心,很黑,根本咬不动。因为我家住在农村,他们找了很久,老乔可能都没吃晚饭,从四五点钟找到七八点钟才找到我家,这是我认识的乔典运。

以后老乔搞西峡笔会约我,我听说西峡出化石,干脆请老乔给我找个恐龙蛋化石,后来我想干脆别麻烦别人了。后来得到一个消息就是老乔去世了。

老乔1981年到我家看我的情况,当时我在《文艺报》评论部,吴泰昌跟我们一起很多年,那个时候出差比较多,有些栏目,其中有很多人。老段和我通信是很多的。

另外,田中禾是我的同学,后来中间他走了,他比我大两三岁,他的第一篇小说叫《五月》,这个小说廖奔在序里也谈到了。这个小说出来以后我不认识田中禾,因为他原来的名字叫"张奇华",我写了这个评论发表在《风水》杂志,后来他给我来信说"我就是张奇华"。他还给我指出一个细节,你的文章写得很好,就一个细节,压在玻璃板下的条子,不是压在玻璃板下,是压在灶台下。

这几年还有一起交往的杨晓敏的"小小说",我当主任的时候搞过"小小说"典礼,很盛大。今天看到邵丽和乔叶也来了,她们是非常有才华的两个女作家,我也非常佩服她们,创作一直坚持下来,而且写的东西越写越好,真是不容易。所以,河南有人才。

要说的话题很多,说不完,但是对这本书我又有一点小小的不满足。一个就是南丁被打成右派,这个事情是为什么,怎么回事儿?在他的生命里是一个很惨痛的经历,这个是一笔带过,我一直反复找他们怎么被打成右派,什么罪,这个我觉得不是很充足。另一个,《检验工叶英》,我看了以后非常喜欢。对南丁创作的分析和创作来源,这一方面也还可以再加强一点儿论述。整本书很亲切,勾起了我很多往事,不占大家更多时间了,谢谢。

吴泰昌(著名文学评论家):

非常感谢这个会议的主办单位作家出版社请我来参加这个会,参加这个会我非常高兴。我来以为南丁来,结果他不来,他女儿来了。南丁是我比较熟悉的朋友,另外,文学豫军,河南的作家我都很熟(可能是因为跟河南南丁有关系),我跟文联作协郑克西、王大海、庞嘉季都很熟,而且跟他们孩子也很熟。我是安徽人,何南丁就是安徽人,安徽人骂我:你到河南去的次数比回家乡还要多。南丁是蚌埠人,蚌埠在安徽叫皖北,那个地方在大家印象中就是淮海战役,其实曹操都在那一带,出的名人也比较多。所以,我想到他的背景,再看他的文章,了解的脉络比较多一点儿。他有篇随笔,谈穆青的散文,穆青是社长,穆青就是蚌埠出来的。

我看了书以后,感到南丁在河南文学豫军的兴起发展中确实是一个领军人物,改革开放以后特别明显,做了大量工作。我讲一点儿小例子,他发表过两篇文章(也不只两篇),我印象深刻,一个是张宇和他的小说,还有一个是李佩甫和他的小说,他给我打电话,约我到郑州谈,谈了一夜。那个时候没飞机的,车子也慢,又赶回来。他把材料都交给我,一个张宇的,一个李佩甫的。对于他们个人来说,对整个河南的文学来说,对作家的培养来说,怎么当文学界的领导,他有当领导一般的规矩,但是文学领导扶持作家,又有它的特殊规律问题。我跟他聊天就感觉跟他和河南的作家关系非常好,亲近,谈话很随便。

2007年他出过一套《南丁文集》五卷本,是河南文艺出版社出版的。我在郑州参加小小说获奖会,他给我送了一套书,后来说:太沉了,你上飞机带肯定很累,干脆我们帮你快递。我非常感动。结果回到北京过了有一个月快递都没来,我打电话一问,最后他们说:经办人不好意思跟你说,这个书放在你宾馆的房间里没了,丢了。我们住的那个宾馆书不可能被服务员拿去,后来大家心照不宣的,因为在南京都称呼南丁是南丁老爷子,想要他这套书不一定每个人都能要到,可能是要给我寄书的那个人留下了。后来我跟南丁讲丢了没了,南丁又给我送一套。那个朋友最后就笑:既然你有了,我心里就有数了。说明南丁对推动河南的文艺事业的发展,特别是文学,他做了很多工作。所以,他的口碑很好,人缘关系很好,大家都叫他老爷子。

另外,南丁这个人平常跟他聊天很随便,他话也不多,但是话里有些道理你可以思考。我看到他文集里有一张照片,他大哥三个小孩起的名字叫至美、至诚、至善,这个名字跟叶圣陶的两个儿子完全一样,女儿叫至美,我跟南丁笑。他抽烟很厉害,抽烟、喝酒都可以,还爱聊天,人家老说我们文学有大同小异的现象,大同的方面是很容易的,但是你仔细琢磨名字两个字,有异的地方很大,经历就不一样了,这三个人在蚌埠,成分也不好,叶圣陶家的这三个情况就不一样。所以,他日常很注意思考。南丁最早起步是做编辑的,后来当作家,再后来当过河南省文联团支部书记,慢慢慢慢当主席,我有时跟他聊天说:你如果这个事情少一点儿,是不是创作小说就写得多一点儿呢?南丁短篇跟中篇,他没什么长篇的。他说也可能写得多一点儿,也未必。这个事情也就这样,因为他做了很多工作,所以,接触的人多,感触就比较多,写文章短篇的东西就比较多。今天开这个会很有意义,我们现在文学大发展,我们要很好研究一下我们的改革开放,30年起步怎么发展过来的,像南丁大家说他写的一些小说都有标志性的,反思人性、人格,是一个转折时期所需要的。回顾一下,组织一下,我们的时代、事业总是要向前发展的,看看过去走过来的路,好的保留,哪些做得不够的再创作性地往前走。今天这个会很有意义,谢谢大家!

王山(《文艺报》副总编辑):

我看这本书有个感觉,在文体上它确实不太好界定是一个散文还是报告文学,还是人物传记,这三个都有一些相关的特色和元素存在于这本书中,但是又不好把它完全地归入到某一个框架当中去。所以,我是觉得,现在的文学创作,包括文学写作这种跨文体跨界,应该说也还是一个趋势,而且也是一个有趣的文学现象。我觉得作者对材料的掌握,这种对这个事业投入的程度,包括崇敬之情,当然也包括南丁老师的感情,是非常丰沛的。这个书不是一板一眼的很学术化的,它不是那种东西,它是一种拉家常的,在拉家常的时候把一个人和一个地方上的这些作家群,用军事术语来说也可以说是文学豫军,他们这种良性的互动关系比较清楚地梳理和展现了出来。

南丁先生本人是文学重要的领军人物,其本人在文学创作上的价值,文学评论上的价值,包括对于河南这么多作家无微不至长期的扶持、评论、评点、关注、关怀都有,都写到了。但是确实也给我一个很大的触动,因为我也了解在有些地方,比如说文学界,它确实又存在一种不大团结的、一种内耗的、一种谁也瞧不起谁的格局。都是很好的作家,都各有特色,但是互相之间谁也不买账,甚至视若仇敌,内耗非常严重,我觉得这个确实是人生的损失,也是文学的损失。我们的文学界有一种文人相轻的坏习惯,但与此同时,也可以是文人相亲,文人相敬。这本书写的就是南丁先生不仅仅是一个文人、一个作家,他同时又是一个文学的组织者、领导者,应该说他也体现了我们党,我们这个行政的力量对于文学的一种组织和引导的作用。我想这方面南丁先生为我们提供了一个非常正面的范例,我们党如何实施对作家群体的引导作用,我们怎么和作家交朋友,怎么理解我们现在这种语境、文学的现状,怎么和时代合拍来写出更有文学价值的作品来,怎么创造这种宽松的环境,搭这个窝,让这个鸡来下这个蛋。包括谈到小小说,如果没有这种扶持,它和10年之前,20年之前会大不一样。如果没有这种扶持,没有这种关怀,没有这种正面的介入,一个个体作家的创作也罢,一种文体的现象也罢,它一方面生命力很顽强,另一方面又是机缘巧合偶然的东西,也可能因某一个不利的外部因素的出现就扭转了这个作家的走向,这种可能性也在书里体现出来了。所以,对这本书我们可以有多种角度的解读,方方面面的,有很多规律性的东西在里面,我觉得我们应该更多地关注这一类的作品。

韩小蕙(《光明日报》文艺副刊部高级编审):

南丁,安徽人氏,自弱冠之年入豫,即把自己、妻女、全家悉数交中原大地,最终变成地地道道河南人;南丁,著名作家,风华正茂时期以佳作《检验工叶英》等红透文坛,忽遭变故,不改弦更张,更没退缩颓唐,最终迎来春天,鲜花重放;南丁,豫军教头,弃文牺牲个人写作,构筑河南文学之师,乃中原文学中流砥柱;南丁,本名何南丁,因其如雷贯耳,人家只称"南丁",以识其人、熟其人、近其人而傲然,灿然。

赵富海所著《南丁与文学豫军》一书，写出了南丁老师丰富多彩的生命故事，是一部人物实录，更是一部给人教益、让人升华的书。

第一，是人格上的教益。南丁老师是一个大写的人，像大海一样宽广，团结和助力了几乎所有的河南作家，真乃奇迹，了不起！

他对河南作家的这种爱护、善待，全力以赴的扶持，是敞开胸怀的大爱，是人性善良的大爱，是"全世界无产者联合起来"的那种大境界的爱。我们都知道，作家们的缺点是很多的，文坛的是非也很多，但南丁老师看在眼里，却一一屏蔽起来，在心里只留下作家们的才华和优点。他想的全然是怎么为他们创造条件，让他们拿出好作品，为河南的文学事业和新中国的文学事业作出贡献。这对当今文坛有着巨大的现实意义和教育意义。我们应该学习南丁老师的这种胸怀，能团结一切作家，能爱护一切作家，不管这个作家多么桀骜不驯，也不管他是亲近自己的还是不亲近自己的。

从这个意义上说，南丁老师具有现实临摹的理想意义，他让我们在喧嚣中停下来，重新仰望文学的灿烂霞光，重温文学的本初意义，重新回想起文坛曾经高举的优秀传统种种——是的，就像中华民族高举过"仁、义、礼、智、信、孝、亲"的文明大纛一样，我们的文学也曾经是民族文化的珠穆朗玛峰。

20世纪80年代初识南丁老师时，我刚做小记者和小编辑，是去河南参加一个什么文学活动。我当时稀里糊涂的，不知他是什么官，也不知他是什么大人物，只觉得这老头儿这么和蔼，见人就笑眯眯的，一点儿也没架子，所以从心里觉得他特别亲近，特别愿意跟他待在一起，也敢跟他没大没小的。回到北京以后，心里一直留下这么一个美好的身影，留了很多年。过去，文坛上的那些老者、老文化人、老作家、老领导，整体上几乎都是这样的，都是很和善，很有学问，又有见识，对人——不管是老的、年轻的、著名的、普通的一律都君子相待，特别有人格魅力，这就是我对老作家队伍的最初印象。南丁老师是这个队伍中的一分子,是我敬仰的老作家。

南丁老师整天笑眯眯的,但给我印象深刻的,他又是一个特别有原则的人。我记得当时好像是"清污"吧,又搞起了大批判,文艺界绝大多数人士都很忧虑。我就跟南丁老师说了一些事儿,还有我的想法。他极为认真地听着,表情变得很严肃,虽然插话不多,但我感到很知音,很安慰。有这样肝胆相照的领导和忘年交在身边,心里暖暖的,是一种幸福。都说"作文先做人",南丁老师再次是活生生的旗帜。

第二,南丁老师是河南文坛的大功臣,大家都说"没有南丁就没有当代文学豫军"。其实,他也是中国文坛的一个大功臣,他给大家树起了一个高度。此话怎讲?过去我自己老有一个认识,就是老觉得作家第一、作品第一,而对大量作家当官,去做组织领导工作,觉得特别可惜。比如说陈建功、高洪波,他们做了官以后,非常耽误他们的写作,虽然他俩都很勤奋,一直没有放下笔,但如果没做官肯定能写出更高大上的大作品。今天的就更多了,比如在座的廖奔书记,还有何建明、李敬泽、闫晶明、张陵、吴义勤、施占军……今天的一大批作家、评论家都做官了,肯定也都会极大地影响他们的写作。记不清是韩少功还是何立伟写过"忍看朋辈成主席",最终他俩也没逃过做主席的命运。我曾经替所有这些文官惋惜过,他们都是中青年才俊,正是出东西的时候呀。但是现在从南丁老师身上,我看到了文坛官员的价值,他们其实是牺牲了自己一个人的写作,却培养出了几十个甚至上百个作家。这么一算,就非常值了;或者准确说,对他个人来说非常不值,但他用自己的牺牲换来了文坛的百花齐放,也是一种献身精神。从这么多年的实践来看,在文坛,还是得内行领导内行,所以还是得有南丁老师这样的内行做组织者,才能真正领导得了作家,也领导得好作家,对中国文学的繁荣发展发挥更大的作用。霞光万道终有起射点,这光源库的好坏、能源储备足不足、质量高不高,起着关键的作用。

第三,这本书的写法有值得注意的地方。它其实是"个人散文",谋篇上有严密的架构,比如它"岁月稠""一生缘""时间点"等三个字的小标题,都是精心琢磨、打造安排的。从写法上来说,下笔形散神不散,随心所欲,似乎想到哪儿就写到哪儿,有时说着这件事就有另一段事插进来了,过一会儿又拉出去了。想怎么写就怎么写,怎么高兴就怎么写,天马行空,羚羊挂角,模模糊糊,却又浑然天成。

这种写法的优点是特别支持表达——其实说来,文学写作就是一个表达的问题,不在于你写的是小说、散文、诗歌还是评论,不在于你用的是现实主义、理想主义、现代后现代等什么主义;而是用什么手法表达得充分、舒服、兴奋以至于亢奋,就用什么手法表达之。哪怕在同一篇文章里,将评论语言、诗歌语言、小说语言、散文语言共熔于一炉,得到了表达,表达得痛快、充分、酣畅淋漓,那就是进入了状态。今天的世界,互联网、大数据、博时代、微时代,各路当代英雄都在高调强调跨界,甚至说谁没跟上跨界谁就一定会死,我想文学写作也可能会向这个方向延伸。其实,我很多年就说过,读者不是看你写的什么体裁,也不管你是什么身份,他就是想看你写得生动、有趣、飘逸、漂亮和深刻。本书的文字就飘逸和漂亮。

作为一个散文家,我自己更愿意读到灵动、飘逸和饱含书卷气的绝美文字。就像深沉严肃、一群黑西服的男性政治家中间,一定要站着几位靓丽鲜艳的女性领导人,那风景,才算得上绝佳。

刘玉琴(《人民日报》文艺部主任):

看完《南丁与文学豫军》,一直有一个疑问:如果没有南丁,会有文学豫军吗?没有南丁,会有文学豫军的影响和盛事吗?答案是肯定的,没有南丁,会有文学豫军,会有河南文学的收成与收获。不过也可以退一步想,如果没有南丁,文学豫军很可能与今天不太一样,影响和成就也可能与今天不太一样。仔细思考之后,这种想法更加坚定。这一样和不一样之间的差异,就是南丁的意义。

南丁是一个值得大书特书的人，是一定历史时期河南乃至中国文学史的珍贵缩影。他的做人为文从政，不仅放射出自身的独特光彩，也使河南乃至中国文学意韵生动，气象万千。作者赵富海20多年的跟踪、采访、记录，一方面反映了高度的文化自觉，同时也集中凸显了南丁的文学历程有着文学和文化史上的独特意义。

南丁是个独特的文化现象。他对河南文学影响深远，贡献突出。他的文学作品在河南文坛几十年独树一帜。20世纪50年代他就以小说《检验工叶英》《科长》成名，80年代以小说《旗》开反思文学先河。他的小说在中国文学的几个阶段都有标志性作品。《南丁文集》150万字，小说、散文、随笔、诗歌、评论，几乎将文学门类囊括殆尽。他的作品丰富、饱满、清新、洗练，宏大细腻、敏锐深刻、激情理性结合得好。他独特的文学观点，是创作忠诚于生活，忠诚于自己的良心。他把文学称作精神能源学，认为文学应当开发人们精神中本来存在的能源。一个提供精神能源的人，本身就应该是一个精神能源丰富的矿藏。在河南，许多人都知道，看文学作品要看南丁的。南丁一个人的文学史，折射出当代河南文学史乃至中国文学史。

掌管文联作协时，南丁营造了河南文坛和谐奋发的氛围。团军育人，搭窝下蛋，自由创作，春水争流。他为这个"家"选调了众多专业成员。"文革"刚刚结束，整个文学界还在反思、揭批之际，他已对河南作家进行了文学的历练与整合。办文学讲习班，组织采风，创刊《莽原》《故事家》《散文选刊》《当代人报》《传奇文学选刊》《文艺百家报》，筹建文学院等，并响亮地打出文学豫军的大旗。南丁执掌文联8年，中国文坛少了几部力作，但他成全了一批人的理想，当下支撑河南文坛能拿出力作的人，大多是他执政期间调去的专业作家。南丁独特的组织和领导能力为众人称道。他把生命、才华、心血都给了这个"家"，把一大家人中的许多人都培育成了文坛的骨干中坚、名流名家。他也在这个家里从19岁到82岁长大变老。

南丁对文学的判断力和指导力也为河南文学立下汗马功劳。他给30多位作家作品写过评论、序言。他对文艺创作存在的普遍问题,有思考、有见地、有引导能力。南丁的评述,准确、理性、鲜活、有趣。作家的责任和使命、与人民结合、为人民服务,以及悲悯情怀等这些文艺思想,是南丁60年如一日的坚守。在河南,最有资格评论作家的是南丁,最有责任感的是南丁,最令人信服的领军人物是南丁,这是一个文学旗手必备的品格和力量、魅力和境界。

极为可贵的,是南丁自身的人格魅力,才华横溢又正派善良厚道、温暖睿智朴实,立了言更立了德。南丁对文学真诚、挚爱、有责任心,对文学人才热诚、关爱、与人为善、不遗余力。南丁认为,作家最终拼的是人格。作家们仰慕他的人格而齐集麾下。他用自身的文品人格善政,培育和影响了不止一代作家。河南作家对南丁的敬仰,是对爱惜自己的家长的敬仰,是对良好的文学生态环境的依恋,是对河南文坛温暖气候的珍惜。

从南丁的文学历程我们可以得到这样的结论:文品可以影响人,人品可以凝聚人,善政可以激励人。南丁的个人贡献,就在于为文学豫军营造了一方土壤,呵护出良好的文学生态环境,使河南文坛葱郁成林,成就了几十年的文学盛世。记录南丁是为河南的文学、也为中国的文学镌刻一方特定历史阶段的碑铭,是为一个人与一群人的同声相应、血肉相连、忠于生活、奋力拓展留下一幅清晰的前行影像。它丰盈了中国文学的意象,为文学豫军的长久兴盛提供着宝贵的精神支撑。

另一方面,这本书的写法也别开生面,融思想性、学术性、史料性、可读性等为一体。既是文学的也是文化的,既是历史的也是现实的,既是集中的又是散点式的。作者对河南文坛的旗手、园丁、当家人,对文品人品政声俱佳的南丁有全面细致的描述,这描述不是孤单个人的坐而论道,而是广征博引,借许多人的敬畏评说与真情告白有序展示。作者还对河南的重要作家、评论家有以点带面式的描述评点,随心随意而又气韵生动,不拘一格而又文思张扬,写一个人带出了一个时代,写一个人带出了文学豫军的整体形象。将一面旗和一支队伍的血肉相连、互相促进的关系,奋力开拓且时时不忘"老汤"滋养的感恩情怀,将河南作家背负着土地行走、被新时代吸引而又孜孜不倦充满活力的耕耘,作了全方位的扫描与梳理。读来亲切自然,生动直观,有浓厚的生活气息。

作者的独特表述还在于,行文沟渠相连,亦人亦事,看似虚构式的笔法,实则为最真切的感知,他的描写、评议、采访、引用,可能是闪回倒叙,可能是条分缕析,还可能是神思逸远,超然物外。他对文字和方法的运用绝对不是传统、常规式的,而是跟着感觉走,跟着思绪走,观察独到,描写出色,热情与激情、梳理与述评、跳跃与联想、随性与理性相融相存的。有个性特征,又有慧心文意,显得相当完整。这种创作方法为拓展文学视角、评述往事故情提供了很多的可能。

作者与南丁有着几十年的交往。他对南丁和文学豫军的梳理和回顾,是感悟感慨与随想,是感恩感激与回报。它实际昭示了中国文化与文学需要一面鲜艳的旗帜,需要一个辛勤的园丁,需要一个良好的生态环境,这里面隐含着牺牲奉献,责任担当,意味着文品人格善政的相互辉映。从这个层面而言,这本书有着超越文本的意义。它的分量不仅只是几百页纸的分量,应该是吹响文学豫军再次出发与集结的号角,是对河南文坛弘扬"老汤"氛围,彰显奋发有为精神的期待,是对河南文学重新盛开与灿烂,为中国文坛注入青春活力的展望。作品对中国文坛发展与演进有着别致的启示与思考。

当然,作者对评述对象的无限崇敬之心,限制了他跳出河南文学和南丁,将之放在更宏大背景下客观冷静的定位与剖析,但是瑕不掩瑜,这仍然是一本情真意切,引人深思的作品。

以前不知道作者赵富海,这本书让人记住了这个名字,并且记住了河南作家和南丁。他写出的河南文坛的历史与尊严,使你不能不以仰视的心情去阅读,去思考,去感悟,从而在心里跟着由衷地感慨与感动。感谢作家出版社出了这么一本好书,让人看到了这么一群鲜活可敬的作家,看到了他们艰辛而富有成就的跋涉的身影,看到了文章具有多种写法的努力与可能。

王必胜(著名文学评论家):

这本书出得很好,印制精美,照片文字相得益彰。之前作家社就出过类似人物的纪实文学,其实可以搞一套丛书性的东西,或者专门就文学地区与文学流派,通过一个人或者一类作家群体进行专门性的研究评述,相信会有读者也可以留存下来的。从当下文学现象看,地域性的作家群体的出现,很突出,是值得研究的。

因此,本书是一个很好的命题,一个人和一个文学现象,从个体到群体,从典型到综合,由点及面。这类研究评述,以前有人做过,可是在当下中国文学区域化倾向突出,文学分类研究缺少,如何进行流派宗本的划分研究,由一个文学的带头人牵出一个地区的文学成就,是个新的课题。尤其是,像文学豫军这类整体成就突出,新人辈出,形成了气势和阵势,更是值得书写,本书做了件有意义的事。

作者赵富海先生是个有心人,也是地方文史专家。他以自己的学术视野,纵览河南当代文学主要的新时期文学的面貌,写了当今文坛的一方重要成就,评述了大树和文学森林的关系。有了南丁这样一棵文学大树的支撑,才有河南当下文学的叶茂枝繁。他从文学的发展和文学的生态历史,写出了当下中原文学的景象。地区文学发展与一个地区文化精髓核心的东西有很大的关系,中原文学是一个包容性很强的或者说有内核的文学,这个内核就是坚执的情怀和踏实的地气。这是文学生命力之所在。不像有的地方,文学流派也曾经辉煌过,也成就过一些大家,可是,容易受到外来文化现象的影响,可能会屈从于某种文化而流失了自己原本的东西,文学后劲不足,面临着"溃不成军"的问题,而中原文化有坚硬的核,于是,文学豫军就能像滚雪球一样,不断壮大发展,临风独立,保持高昂的阵势。所以,本书才有了写作的可能,才会有这样实实在在的书写和表现。

  这本书写来很有想法,轻松随意,不拘成法,散点透视,说它是散文,是纪实文学,是跨文体,都不重要,也不必这样规定。写人不是以编年史的写法,不是正传,不是专门写一个人或者一类群体。它尽管有不少的细节,有现场,但我以为,纵观整体,本书是用理性的思维来结撰,既写一个人的文学生涯,成就价值,也写一个文学现象,通过一个代表性的人物,展示一个文学方面军的成就,梳理文学豫军的文学贡献。这样主题是挖掘文学现象中的文学之道,即文学人物的成就带给我们的文学思考。所以,注重理性和逻辑的思考是书中的一个潜在的内核,虽然写了与南丁喝茶,关爱文学青年,写了南丁先生的雅士情怀,他的家庭生活、风雨人生等,我觉得作品还是从传主的几个重要侧面,以理性的思维来勾画印证出文学豫军的面貌成就,表现南丁的文学情怀如何成就了河南作家和河南文学,从这里再现与思考了文学豫军产生与发展的历程。

  所以,书中是把南丁的文学成就与文学豫军的发展成长杂糅在一起表述的,概括出几个重要的论题。从书的标题中可以看出关于作品的价值取向、文学与人格、知性的力量与精神境界、想象力、思与道、时代感、生命与激情,等等,这类理性思索的字眼,几乎是包括了文学研究的角度,也开掘了一个人与一个文学现象的发展面貌和基本精神。书中给我们留下了诸多印象中,如南丁先生的"老汤说"和"下蛋说",以及文学创作中的实践和对文学青年的关爱帮助等,令人印象尤深。

  略微不太满足的是篇幅还可更精练些,部分章节体量上不是太均衡,有些细节有重复之嫌。可能因为结构的原因,容易重复地引用事例。

文学豫军的出现,我们在梳理它的时候,既要有理论的阐释,也要有一些具体细节的丰富,但是具体细节的丰富怎么更到位,也是一个写作中的难题。包括后记和前言,都是一本书的完整面貌。作者是一位熟悉中原文化更熟悉河南文学的评论家,做了很有成效的尝试,作为第一本这样的著作,是值得庆贺的,也为类似的写作开了先河。

李佩甫(河南省作协主席、作家):

我非常惊讶,一月前我还不知道富海先生出版了这样一本书。这么短的时间,他竟然写了这样一本书,让人佩服。据我知道,近10年来赵富海的写作几乎是喷发式的,他一直在研究中原地域文化现象,一本接一本地写,光写老郑州就出了好几卷,然后是对嵩山文化进行研究。他的作品大多是60岁以后写的,写了十几本书。这种勤奋让我惊讶,也是很佩服的。感谢作家出版社能给河南文学界出版这么一本书。这本书的出版,我觉得对河南文学现象的研究确实是件大好事儿。

我跟赵富海是1980年认识的。那是34年前了。34年前我们在一个文学创作班待过。当时我们曾经在河南教育学院的一栋楼上待了三个月,然后以河南作家采风团的名义走了东南、西南几千里路。一路上都是富海打前站,他当时作为采风团的"外交部长",所有外交活动、外事活动都由他来做,是个很乐意为大家服务的人。富海能写这本书,实际上对河南文学传统是一种唤醒。我们从20世纪80年代进入河南文学的这支队伍,到文学豫军的形成,应该说的确是"南丁现象"奠定的一种基础,南丁老师确实在这方面是河南文学的"人梯",同时也是园丁,还是一种精神境界和气度。这三点至少富海都写出来了。说一个细节吧,20世纪80年代初,我刚参加了河南的一个文学讲习班(现在任何一个想当专业作家的人,至少都是见过领导的,而我最开始是没有见过领导的),当时办这个文学班的目的是要拉起一支河南的中篇创作队伍。需要说明的是,在改革开放前,河南文学界新中国成立30年只有一部半长篇(包括李凖在内,李凖也只写过一个中篇),几乎没有中篇小说。所以,办这个班的目的是办一个文学阵地《莽原》,同时要拉起一支河南的中篇创作的队伍。1980年我进文学班之后,当时有个老作家叫徐慎。徐慎先生有一天见我说:你跟南丁熟不熟?你能不能去见见南丁?当时南丁已是著名作家了,我一个业余作者,不敢也不好意思去见他,就没去。第二次,徐慎先生又对我说:你见南丁了吗?我说:没有,不好意思打扰。他说:你去,去,去见见南丁。他喜欢你的文字。当时,我不知道南丁家在哪儿住,再一个还怯生,年轻,二十来岁,不敢见人。结果还是没去。第三次与徐慎先生见面,他又一次问我:你见南丁了没有?我说:没有。当时我们那个班有个老同志叫张斌,他是班长。徐慎先生就说:张斌,你领着李佩甫去见见南丁。于是,就在那天晚上,我跟着张斌去了南丁先生家……七八十年代,我刚读了一些西方现代派的文学作品,记得当时在南丁家胡说八道,讲了一些乱七八糟的东西。大约自己当时很紧张,也不知道都说了些啥。我记得南丁先生并不认同,好像一声没吭。出了门我很沮丧。可是,第二天上午,南丁老师拿了一个调干表找我了,他给我一张商调表,说:你填填吧。就这么贸然。你想,现在想调进专业作家队伍是很难的,可当时,我就是这样被调进来的……我对南丁先生的记忆也就是从这儿开始的。

后来河南作协又调进了一批作家,比如田中禾、张宇、郑彦英、齐岸青等都是在那个阶段调来。包括一弓先生,包括乔典运等都是经常开会交流的……当时文学氛围很好。南丁先生一个是甘愿做人梯,再一个是筹建了《莽原》这样一个大型文学刊物。河南从那时起才有了发表中篇小说的阵地。南丁先生的创作就更不用说了,他一直是个探索者。早年因为小说《科长》被打成右派,后来粉碎"四人帮"以后写了《旗》《尾巴》等,那是反思文学开先河的作品。另外,在团结方面,是南丁先生奠定了河南文学好传统。应该说,作家都有各种各样的个性和毛病,但是河南作家之间没有内讧和互相间的争斗,这应该是南丁先生留下的好传统。能够扶持就扶持,没有像外省那样互相争斗的现象。所以,富海这本书唤醒了一个地域作家的成长环境,我觉得富海始终对河南的文学土壤进行研究,虽然粗糙了一些,但还是功不可没的。时间关系,我不多说了。

周大新(总后政治部创作研究室主任、作家):

首先,我觉得富海先生为南丁老师写这么一本传记这件事儿做得非常有价值。现在想写传的富人很多,一些人为了钱给富人写传,那些一本一本印刷得很精美的传记有没有留存下去的价值,恐怕要打问号。但是为南丁这么一个作家,一个河南文学事业的组织者和领导者,一个有风骨的好人写一部传记,我觉得很有意义和价值,这样的传记应该会留存下去。

其次,我觉得富海先生为传记定的题目好,从南丁与文学豫军的关系这个角度切入进去,能把南丁这个人写好。因为如果不写文学豫军的发展壮大状况,就很难写出南丁的人生价值,写好了文学豫军的发展历史,也就把南丁这大半生的人生价值写出来了。我们知道,改革开放以后,南丁把自己的主要精力用在了经营文学豫军上,目前在河南各地活跃着的老、中、青作家,几乎都或多或少地受到过他的关照。我们河南各个地市的作家、从事各种体裁创作的作家、各种风格流派的作家,对南丁老师都是非常尊重的,我们没有听到有人对他说三道四。如果没有南丁,文学豫军可能不是今天这个阵容,也可能不会取得今天这样一番成就。

我自己长期生活在省外,但我也受到过南丁老师的恩泽。20世纪80年代末我家里遭了一场难,当时我也在四处求人,到省城就找到了他。那时候我和他交往不多,他把我让到家里,听我诉说,给我出主意,帮我找人,替我呼吁,这让我非常感动。

再者,这本书的写法也很别致。一般传统的传记都是从这个人出生开始写起,然后写他上学、就业、结婚、做事业,一路写下来。富海先生没走这个老套路,而是以他和南丁老师的交往为主线索,像说评书那样起伏跌宕地讲下去,其间不断地让笔旁逸,说人、讲事、评论作品,不断地介绍南丁与文学豫军各路将士的交往,写得非常轻松有趣,可读性很强。让人一旦开卷,就想读下去。我觉得这本书很有史料价值和文献价值,多少年以后,人们要了解河南文坛的全貌,要了解河南这几代作家,还会去找这本书看。

祝贺富海先生!

邵丽(河南省文联副主席、作家):

河南作家写河南的文学前辈,可能有角度和距离的问题,我觉得应该先听听各位专家怎么说。昨天走在路上也一直在说这本书和相关的人和事,因为我前天才刚刚拿到书,说一句可能让富海先生有点失望的话,拿到这本书先是忽略了作者,一下子就被其中的南丁与文学豫军给抓住了,其实再往里看,富海先生这本书不仅是写了南丁老师,更是书写了河南文学二三十年的发展历史。这本书写得非常好,非常流畅、好看、有内涵,没有一般报告文学的程式化、表面化,收集了很多小细节,书中书写的都是比较熟悉的人物,所以,一下子就看进去了,被深深地吸引了。至于对南丁老师的评价,我听到各位老师刚才也都说了很多,我都很同意,就不再多说了。我觉得,对南丁老师的评价用一个字就足够了——"好"!这个老人,他对河南文学的贡献,不仅仅对 80 年代像李佩甫、张宇老师他们这一茬作家,包括对我和乔叶这些后来者,都是非常支持爱护的,还有很多鼓励。我们每个人的书他都要看,每一部作品他看了之后都要和我们聊,每个人的研讨会他都要参加,并且他还是很认真地在谈,他的一辈子基本上就是这样走过来的,没有多少人能做到他这样。所以,对这样一位老师、一位老前辈,是牺牲了自己的才华,他本人确实有很好的创作才华,但是他牺牲了自己,为河南文学作出了功不可没的、非常大的贡献,称他为河南文学的当家人,我感觉非常恰当。我在这儿引用何弘先生的一句诗"留声岂止因佳作,兴振豫军无量功"来表达这种崇敬之情。至于富海先生这本书,我也想用廖奔主席的一句话来形容:这是一部极为特殊的文学传记。它的特殊就在于,既当其时,又当其人,这就是这本书书写的意义。我就说这几句,谢谢大家。

何弘(河南省文学院院长,文艺评论家):

关于南丁,关于文学豫军,关于这本书的特点,大家已经谈得非常充分了。关于文学豫军的研究,从 20 世纪 90 年代中期在北京组织的文学豫军研讨会,到 2010 年在郑州、2012 年在北京组织的中原作家群论坛,差不多 20 年的时间里,这个话题一直在说。对文学豫军,从整体到个案的研究都比较充分了。赵富海写《南丁与文学豫军》,找到了一个非常好的角度切入,对豫军的发展历史通过南丁做了一个很好的书写,是非常好的形式。

在中国新文学发展史上,文学豫军(中原作家群)的兴起与壮大是一个非常值得研究的重要文学现象。今天,活跃在中国文坛的许多著名作家,如坚守在河南的张一弓、田中禾、二月河、李佩甫、张宇、郑彦英、马新朝、周同宾以至更年轻的邵丽、乔叶等,以及在北京等地发展的周大新、阎连科、刘震云、刘庆邦、朱秀海、邢军纪、柳建伟、何向阳、李洱、梁鸿等,都与中原大地血脉相连,割扯不断。在目前活跃的中国一线作家中,中原作家群是一个庞大的群体,论人数之众,鲜有地域作家群能与之比肩。在这个庞大的作家群中,仅以创作的数量和影响论,南丁未必是最突出的一个;但是,若说哪个人与这个群体的关系最为广泛而密切、对这个群体的发展影响最为巨大,那么这个人非南丁莫属。因此,研究文学豫军,南丁是绝对无法绕开的一个重要人物。

河南新文学的发展,大体经历了三个阶段。自"五四"前后新文学发端到中华人民共和国成立,河南虽然走出了徐玉诺、冯沅君、曹靖华、师陀、姚雪垠、苏金伞等作家,但他们基本都是在外地发展,文学豫军远未成型。新中国成立后,河南本土的、外地归来的和外地来豫的作家,得到了统一的组织并逐步发展壮大,到改革开放之前,文学豫军开始具备雏形,但作为一个整体远未引起全国文坛的关注。改革开放以来,河南老中青三代作家共同努力,不断有精品力作问世,文学豫军成为活跃在中国文坛的一支劲旅,引起了全国的广泛关注。

南丁是在新中国成立之初从上海来到河南的,那时,他还是一个18岁的少年。不久,未满20岁的南丁参与了河南省文联的筹备,并因此与徐玉诺、姚雪垠、李蕤、苏金伞等有了交集,串起了整个河南新文学发展史。从此,他把文学创作和文学组织工作当作了自己终生奋斗的事业。现在,南丁已经80多岁了,但依然不断参加文学界的各种活动,为文学豫军的进一步发展壮大奉献着自己的光和热。1950年南丁到河南至改革开放担任文联领导前的这段时间,是河南新文学发展的第二个阶段,也是文学豫军初具雏形的阶段,南丁这个阶段的主要精力是在创作上,他和同时代的一批作家以自己的努力,奠定文学豫军发展壮大的基础。南丁20世纪五六十年代创作的《检验工叶英》《科长》《被告》等,改革开放之初创作的《旗》《尾巴》等,都是当时河南以至中国文学的代表性作品。特别是他的短篇小说《旗》,是开反思文学之先河的作品,但由于种种原因,没有得到应有的重视。南丁的小说语言干净、沉稳、朴实而又闪现着智慧的光芒。他注重作品的思想性但寻求以文学的方式进行表达,以老到的叙事、扎实的细节和鲜活的人物来表现作品的主题。应该说,南丁的小说代表了当时中国文学创作的艺术水平。

20世纪80年代初,南丁开始担任河南省作协、河南省文联的领导,并逐渐把主要精力放在了文学组织工作上。以南丁的文学才情,他本可以在创作上走得更远,取得更大的成就。但从事文学组织工作以后,南丁的创作量迅速减少并几乎放弃了文学创作。这对一个作家来说是一件非常可惜的事,但对于文学豫军这个作家群体来说却是一件大大的幸事。南丁担任领导时,正是中国文学空前活跃的"新时期",为繁荣发展河南文学事业,南丁先后创办了《莽原》《散文选刊》等文学期刊,不仅发表了一大批优秀的文学作品,更成为河南一批青年作家成长的园地。南丁待人宽厚友善,他以自己开阔的胸怀和高尚的人格魅力为河南文学事业的发展营造了一个良好的环境。特别是,南丁以极大的热情发现和扶持青年作者,李佩甫、张宇、郑彦英、杨东明、齐岸青以至年龄更长一些的张一弓、田中禾等,都是在南丁主持工作时被调入河南省文联从事专业创作的,并取得了巨大的文学成就,成为文学豫军的中坚力量。应该说,没有南丁的组织和推动,"新时期"以来河南这批作家也许不一定这么快地成长并形成一支强大的创作队伍,文学豫军的发展壮大南丁厥功至伟。南丁,岂非"河南文坛园丁"之谓也?

南丁80岁生日时,适值其从事创作60周年,河南组织了隆重的纪念活动。我躬逢其盛,写下了这样一首诗:

> 六十耕耘八十翁,精神矍铄气犹雄。
> 执着艺业声名健,祭酒文坛德望隆。
> 善待同仁彰大义,诚帮后学见高风。
> 流芳岂止因佳作,兴振豫军无量功。

诗未必算得上好诗,但确实表达了我对南丁的敬重之情,也大体概括了南丁的成就和他对河南文学的贡献,因而得到了河南文学界的认可。

以上所说,只是就其大者泛泛而言,其实对河南当代文学来说,南丁作为一个全程参与者和重要的组织者,大大小小的活动、事件、人物都与他有着各种各样的联系,因而绝对是一个无可替代的标志性人物。文学豫军因为有南丁这样一位"文贤"而有今日之规模、今日之成就,乃文学豫军之幸也。研究文学豫军,首先应该研究南丁。

赵富海是南丁主持河南作协工作后开办的第一期文学讲习班的学员。那个班走出了李佩甫、张宇、杨东明、孙方友等一批优秀作家,赵富海作为其中的一员,后来把主要精力放在了报告文学写作和文化研究上。多年之后,他以极大的热情完成了《南丁与文学豫军》这部作品,对我们理解南丁、理解文学豫军,是一件功莫大焉的善事。在向南丁表达敬意的时候,也应当向赵富海献上我们的感谢和祝贺。

冉茂金(中国文联文艺资源中心副主任):

因为我是在文联工作,可能文联人读这本书的时候会有更多的切身感受,能够从这本书里获取很多的收益。这本书确实是一个很独特的书,在我阅读范围之内还很少阅读到这种有这么多文联工作细节的书。这本书从南丁与河南文联、河南作协、河南文坛这样一个独特的视角,提供了观察社会主义文艺制度和体制建立与运行的丰富的史料,具有多方面的启示意义。

本书呈现了社会主义文艺制度、文艺体制、文艺机制的重要领域——文联、作协如何建立及运行的生动案例:书里记录了南丁先生参与河南文联的筹备、组建、运行及发展壮大的许多细节,南丁的工作历程都在文联,从中华人民共和国建立到新时期,跨度几十年,对河南文艺产生了巨大影响,他是河南文联、作协非常难得的活历史,也是社会主义文艺制度、文艺体制、文艺机制发生、发展的难得的活历史。

本书生动呈现了中国当代文艺场域的形成及运行,提供了观察当代文艺场域内文艺自律与他律互动共生关系的生动案例,揭示了中华人民共和国文艺实践特别是20世纪80年代以来文艺实践中许多关键因素之间的关系。南丁通过文学讲习班、创办文学杂志、组织研讨会等,搭建起新时期河南文学发生发展的专业场域,从这里我们可以很好地观察诸如文艺发生与体制语境、历史语境、理论语境的关系,政策、组织、创作、编辑出版、传播、消费、评价评奖等文艺体制关键节点之间的结构性关系,其间的联系如何发生,如何有效运行。

本书生动呈现了文艺体制刚性与创作个性之间矛盾的如何解决,一个优秀的文艺体制建构者、文艺组织管理者如何管理的生动案例。体制束缚与文艺自主性诉求的悖论与矛盾,在南丁这里得到了比较有效的解决,从这本书里文学豫军和文艺家对南丁和文联的感恩心态,我们可以感受到他们得到的来自体制的巨大支持,这种支持作用是通过南丁高超的行家眼光和组织管理智慧、胆识、气魄,及其强大的执行力和运作力实现的,这给今天文联和作协的文艺工作者带来很多启示。

这本书也显示了社会主义文艺体制独特的积极意义:专业文艺家制度以及一系列专业阵地、专业场域的主动建构,积极的引导与支持政策,催生了规模化的优质文艺生产活力,体制与主流意识形态表现出独特的支持作用:南丁不仅是既定政策的贯彻者和执行者,也是文艺新思潮、艺术新探索的引领者,更是文艺生产的评价者和消费者,文艺创作主体的培养者、服务者、支持者。这种专业文艺机制及其建构的文艺场域,与今天纯由市场支撑的文艺机制和场域相比,对艺术家的支持力度、出产作品的整体性艺术质量上,都要出色不少。这种文艺体制培养了大批文艺人才,使当代文艺成为共和国国家意识形态非常有活力的部分,推动了意识形态的不断变化。

这本书记录的也是文艺体制随着社会变迁、外部环境的变化和内在矛盾的激化而不断革新的生动案例,给今天的文艺体制改革带来很多有益启示。在市场经济深入发展、社会形态深刻转型后,支持文艺发展的力量不仅来自传统文艺体制,也有了很多市场性的力量。但多元力量的支持并未使今天的文艺生态如许多人所预期的那样,脱离政治束缚后就完全回归审美本位,而是更多受控于资本、金钱和大众的低端消费趣味。在今天,社会趋势要求改革,传统文艺体制也在主动思考改革,国家层面也提出了深层推动文艺体制机制改革。在与市场经济社会相适应的新的文艺体制的建构中,传统文艺体制的出路在哪里,该如何主动根据社会形势变化而与时俱进,这是我们今天这些文艺工作者面临的迫切问题。从南丁建构并推动中国当代文艺体制有效运行的这老一辈文联人、作协人的历史身影中,我们今天的文联人可以吸取很多智慧和营养。

所以非常感谢赵富海老师从一个亲历者的立场,写出这样一本生动活泼的书。

王斌(编剧、作家):

《南丁与文学豫军》这本书我是读完了的。我现在读书有一个习惯,就是读情感,不像我的当年。20世纪80年代,我是从事文学批评的,那个时候读书愿意直奔形而上,首先是带着一种潜在的形而上的概念,来判断对一本书的取舍,然后在读的过程中也直接形而上。

看完了这本书第一个我要谈的是,虽然20世纪80年代在从事文学批评,而且所谓的小有名气,但是书中提到所有的豫军作家的作品,我都没读过,虽然这其中许多名字我是熟知的,但因其不符合我当时的批评观,因此就当视而不见了,这一点我感到了特别的惭愧。

我第二个要谈的是,在座的很多老师、朋友都说到了关于这本书的文本价值,谈及了它的史料价值、传记价值、文学价值,这方面我就免谈了,我就说说这本书给予我的感觉。

我觉得所谓一本好书乃是你在倾心阅读的过程中,它能及时地唤起你内心的强烈共鸣,由此又能与你的情感发生某种隐秘的关系,当它长驱直入地进入了你的内心世界,并引起了一些化学反应的时候,这时你便会认为这本书对你是有意义的。

我在读这本书的时候,感慨就在于此,当时在河北省文联怎么就没出现像南丁老师这么一位长者,令人尊敬的长者,真正懂文学的人,一个敢于担当的人。

这本书还给了我一个很大的感慨,在当代中国文坛,可能很少有这样一位德高望重的长者,能以自己的一己之力撑起一个地域的当代文学史,从这个意义上说,南丁老师太了不起了,厥功至伟。看这本书时我的感慨万千也就在这里。我是一个从来不搞是非、不争权夺利的人,只想为我的文学理想做一点我认为有价值的事情,可也受到过不公正的待遇,假如那时候有这么一位南丁老师,我想以他的宽容,他的胸襟,他对文学的专业眼光,他的那种惊人的正直的人格力量,他一定会知道怎么来对待一个尚且年轻且不谙世事的年轻人的,他会用他的方式来开导并保护他,甚至来帮助他的成长。从这个意义上说,每一个人在他的成长过程中,如果能幸运地遇见一个恩人般的南丁老师,这对他一生是多么的至关重要啊!

看完富海写的关于南丁老师的书之后,我便告诉自己,无论在什么情况下,无论你获得多大的名声,取得了什么样的地位,第一,要牢记的是:不要忘了你是谁。第二,须记住的是:所有的名声都是虚的,华而不实的。第三,你真的要去帮助那些确有才华,但在理想的道路上举步维艰的人。

南丁老师在20世纪80年代帮助了那么多人。刚才李佩甫专门谈了他作为一个普通的没有干部身份的人第一次去见南丁老师,也没能说几句话,只说了一些语无伦次的话,但是令他没想到的是,第二天南丁老师就拿了一个干部登记表来找他,将他调到了文联机关。这情景、这画面真的太令人动容,我在想,这种事在今天还有可能发生吗?我们难道不该追问一下自己的内心吗?

我还是要说,如果当年我遇见这么一个温厚善良的南丁老师,那肯定是我一生的幸运。所以,我要对富海说,在这本书中,我看到你对这位富有人格、富有风骨的南丁老师的一份敬仰和钦佩,你是带着激情去写这个人物的——而这个人物不是虚构的,是生活中真实存在的(在今天的人看来,他的存在,竟如神话),这样一个人物又是今天的中国所需要的。

李朝全(中国作协创研部理论处处长):

20世纪80年代就知道南丁先生这位作家,记得是在一本杂志的连环画栏目中看到南丁小说《科长》的,同时也看到另一个作品是陆文夫的《围墙》,当时我还是一个中学生,看到这两个小说就认为文坛上有这样两位很有名的作家,一个叫南丁,一个叫陆文夫。以后对南丁的关注并不多,但是20世纪90年代我毕业以后到中国作协中华文学基金会工作,那时候跟河南文联、河南作协联系很多,就知道了河南有"两丁",一个是于黑丁,一个是何南丁,知道他们都是河南文联的主要领导。

前些年到河南参加会,在会上又见到了南丁先生,是"坚守与突破——中原作家论坛"的研讨会,感觉南丁这位老先生非常低调,两天的会始终坐在会场最后面倾听,没有人会注意到他,他也不发言,也不出头露面,如果不是别人的引荐我都没注意到有这样一个德高望重的老人家在那儿听会。几次接触,南丁先生给我的印象是一个非常宽厚、包容、低调的老人。

前两年因为向阳调到我们部门当领导,其女如其父,从向阳的身上我也感受到她父亲的性格、为人对她的影响,包括治学、做学问、创作的影响。我读了赵富海老师的《南丁与文学豫军》以后,我就完全理解了南丁先生为什么那么多年没有影响特别大的作品出来,我借用最近很流行的一首歌《时间都去哪儿了》的话,南丁先生的"时间都去哪儿了"?南丁先生的时间都花在了他的"岗位"上,赵富海老师作品里提到,他的时间都花在文学组织工作、文学领导工作、扶持新人上,这样一个人是令人肃然起敬的。赵富海写这本书也正是向南丁先生致敬,表达自己感恩心情之书,也许他代表了很多作家,包括我们在座的一些作家,受过他恩泽的这些人共同的这样一种心情。我也注意到赵富海老师在写这本书的时候做了非常详细的初步的工作,有大量的访谈,多次跟南丁先生面对面的长时间的交流,再加上赵富海跟南丁先生多年的交往,多年来对他的创作、对他的事业一直都了如指掌,这样一个基础就确保了作品的写作材料是真实的,作品是很扎实的。

南丁先生是豫军的领头羊,是文学豫军的领队,我把这本书看作一部评传,很多文学、作家的丛生、簇生现象,如南阳作家群、中州作家群、河南作家群——从赵富海的书里我们能看出来——都是跟文学的组织者、文学的引领者或者说领头羊有着密不可分的关系。赵富海写这本书的时候,他的线索、写作的体例结构基本上是主干突出、旁枝逸出的写法,从何南丁先生的文学创作、文学评论、文学组织生产和各种文学活动,从不同的领域、不同的层面来看、来表现、来丰满这个人物。在写好主要人物的同时,他也涉及了大量的河南籍作家,特别是至今还在河南创作活跃的这些作家的一些生平事迹,他们的创作情况。因此,本书写作的框架是比较开放的,或者说是辐射式的那种框架。

这本书的价值,第一方面,是文学研究资料的价值,具有文学史的第一道工序的价值。我认为文学史的写作就应该从赵富海老师这样的最基础的工作入手,从第一道工序着手来进行文学史的创作和研究。第二方面,有传记的价值。它表现了南丁先生的经历和他一生的遭际,更主要的是凸显了老先生的人品、精神和理想,他的人格、精神魅力可以激励和感召更多的后来者,刚才冉茂金也提到他对文联的组织工作、领导工作可能会有很多的启发。第三方面,有文学文本的价值。这本书里面有很多人物的掌故,人物的言论,包括何南丁的自嘲:何南丁,河南一丁,曾经是河南的"眼中钉",又当过河南的"壮丁"。别的作家评论他,他不光是河南文坛的"壮丁",是一个勤勉创作的作家,更重要的,他还是一个辛勤的园丁,何南丁就是河南的"壮丁"和园丁,文坛的"壮丁"和园丁。有这样一位作家存在,这是河南作家之幸。这部作品有很多的细节、很多的情节都很生动,包括写到李佩甫老师两次去见何南丁的经历,那些描写让人如同看到了李佩甫先生本人一样,这是一个不太善于言谈,性格比较内向,但是又是很忠厚朴实的作家形象。第四方面,这本书具有研究和评论方面的价值。赵富海老师不光对南丁的创作和他的评论,他的文学理论观点、文艺观、有关文艺的阐述做了比较客观全面的把握跟评析,同时他对河南主要的一些作家也进行了一系列的解读,包括李佩甫、张一弓、张宇、田中禾老师等,对他们的生平都进行了一定的解读,有研究和评论的价值。

如果对这本书还有什么可以改进的建议,刚才大新老师提到,他说他也曾经跟南丁先生有过交往,也有一些难忘的经历,这样的内容就可以包括进本书。文学豫军应该是一个扩展的概念,应该包括进京的豫军,比如说至北京来的,柳建伟、周大新、刘震云等连续三届获过茅盾文学奖,包括在座的李洱,还有阎连科、朱秀海、刘庆邦、邢军纪,等等,这些作家跟南丁之间有没有过交往或者故事,这是这本书可以再丰富的一些内容。

乔叶(河南省作协副主席、作家):

很荣幸在这儿发言,我主要谈两方面的感受。如果说这本书像一个房间一样,那么南丁老师就是这个房间的灯,照耀着这个房间,所以,我就从灯开始谈,谈这个书的灵魂南丁老师。我现在算是河南省文学界比较年轻一代的作家,2001年我调到河南省文学院后,和南丁老师去白云山开笔会,邵丽和何弘都参加了。我当时快30岁了,社会意义上来说年龄已经挺大的了,但是文学意义上当时蛮小的,算是少年无忌,说话都很随意,南丁老师也很随意,我跟南丁老师玩得特别开心,这算是一个开始,后来就接触得比较频繁。他谈文学观点、文坛掌故、为人处世,都给我很多营养。我从他的作品中也获益很多。他当时70多岁,自称是"70后",说我跟乔叶一样都是"70后",现在他比我还年轻,是"80后"了。我觉得跟他在一块儿特别放松,像一个亲人一样,后来想想就是一个亲人,就是这种精神意义上的亲人。而且他也不仅仅是对我,对河南其他的青年作家,比如南飞雁、冯杰,我们都受到他的惠泽,有的不是那么直接的、是间接的,比如通过李佩甫老师,通过张宇老师辐射到我们身上的恩泽也蛮多的。我想到的是地域上的文学生态,大家刚才也谈到还是特别重要的,这个生态是个什么样的状况可能就在于园丁的水准、涵养、胸襟和气度,南丁老师是非常好的一个园丁,如果把他比作一盏灯的话,他是灯光不仅很明亮,而且是照耀很长久的一盏灯。

再谈赵富海先生。赵富海先生写过一套"老郑州",很好的。我很喜欢。他30年来的创作一直是沿着文化行走探索这方面的,民俗风情方面的,我没想到他会写人,觉得挺意外,但是想到他写南丁老师觉得又在情理之中。写这样的书要做资料,做功课,还有找角度都是挺难的,他自己自称为"文学老年",我觉得可能也只有"文学老年"才能写成这样的书,我自己想说如果让我这样的人去写,真是心有余而力不足。廖奔主席序里说南丁老师立言立德。通过赵富海先生的努力,这本书呈现在了我们面前,我们得以知道,南丁老师的这种立言立德是如何立言,如何立德,立了什么样的言,立了什么样的德,所有这些在这个书里都有生动具体的体现,从这个意义上来说这是我们文学界的财富,值得珍惜和回味。

张陵(作家出版社总编辑,评论家):

我作为这本书选题的编辑,听了大家的发言以后,感觉这本书看来是出对了。本来我们还有一点儿担心,这个书出来以后,文学界的恩恩怨怨,会不会卷到这里面,现在看来这种担心也是没必要的。大家的发言很好,我想提醒大家这本书的意义在哪里,我们十八大以来,文学这种形势越来越好,我们出版社最近出了两本直接跟文学话题有关系的书,一本是贾大山的小说集,习近平主席为贾大山写了一篇文章,那是多年前了,现在在《光明日报》发表以后,引起全国文学界的反响,这不仅仅是写给作家个人,而是写给全国作家的,反映我们党对文学在新的历史时期,对党、对文学的一种新的认识、新的开拓的需求。

第二本跟文学话题有关,即《南丁与文学豫军》这本书,这本书也在这样一个氛围中出版。虽然说这本书还没有得到习近平主席的关心,但它也是在我们党的文化大发展大繁荣这样一个形势下,而且我们党还继续在深化文学文化体制改革,在这样一个历史条件下出这本书,那么它的意义还会进一步被放大,被阐释。所以,这个意义上对赵富海同志的劳动我们也表示敬意。

另外我再讲一下传主,通过传主跟文学豫军或者跟河南作家的关系能看到一个什么东西?就是河南作家群的成长跟这个人之间的这种关系。刚才有的同志讲如果没有南丁,还有没有文学豫军?当然会有,河南文学不管它怎么变化,一个魂、一种力量凝结在这里面,连接这个力量的联合体就是南丁,所以,我们觉得这本书对南丁的位置把得很好,没有把他当作一个呼风唤雨解决所有问题的一个文学工作者。因为他本来是个作家,后来转过去工作,他把很多的精力、很多心血花在文学组织方面,是个联合体。河南作家群的文学成就对中国文学的贡献特别高,对我们民族文化精神的承接,对我们民族精神回归方面的贡献可以看得出来,河南文学的贡献在这个地方,跟文学组织工作者的贡献是分不开的,应该是这么来看南丁的这样一个位置,这是一点。另外一点,从南丁身上我们也看到我们党在领导文学时是什么样的,他怎么样通过这么一种非常敬业的很专业的文学工作者来跟我们这种文学发生联系,这样一种经验。文学大发展大繁荣很重要,总结我们执政党几十年领导文学的经验,通过南丁这个人,成功的经验就在这个地方。这是可以总结的。

最后，通过这本书给我们什么启示，我们怎么样按照文学规律去领导文学，去发展文学？在座的很多人今后可能会成为文学界的领导，给他们一个启发。我觉得我作为一个编辑出这本书很光荣，能跟各位未来文学界的领导者提供一点儿启示。通过南丁得到什么启示呢？一个很重要的启示：南丁他很谦虚，南丁并没有过大地把自己的好恶强加给所有的作家。刚才韩小蕙讲是外行领导我们好还是内行领导我们好，看上去是个伪命题，其实它是很重要的，外行有外行的好处，只要掌握了一些规律，有一定的好处。内行有内行不好的地方，从我们几十年的文学经验来看，有些内行的领导有时候会把自己的好恶变成一种文学政策的解释，他会把自己对文学，特别是这种内行跟评论、跟指导创作的人连在一起很容易走很狭窄的道路，把自己的东西强加给自己所管理的地域。我们现在看也有一些教训，几十年下来，文学发展的历程当中，有像南丁这样成功的经验，也有一些教训，有的地方文学变得非常狭窄。有时候一个领导人他看上去内行，但他其实做了一种外行的工作，还不如外行来领导，也有这种情况。所以，提供一个启发，领导人发展文学的时候怎么尊重作家，怎么来克制自己的一些好恶。毛主席就是这样一个人，我觉得他其实更喜欢古典诗歌，但他还是号召青年写一些新诗，他并没说大家都来写旧诗。我觉得这一点南丁跟主席的精神还是一脉相承的。所以，这一点对我们的启发非常深刻。通过出版这本书，作家出版社对文学大发展大繁荣，对中国文学的内部建设，提供一点儿资料，提供一点儿帮助，我们也感到非常光荣，谢谢大家！

何向阳（中国作协创研部主任，文艺评论家）：

首先，感谢赵富海先生写作《南丁与文学豫军》，赵富海先生原是做中原文化研究的，他的著作涉猎"老郑州"，"老郑州"共出三卷，有民俗研究与文化抢救之意；他的关注也涉及中原古代文化，如对登封少林寺周边建筑群申遗始末的追踪、研究,出版了《历史行走的声音》这部大书,有对世界文化遗产的非凡关注;此次他的著作《南丁与文学豫军》又将视点跳跃至中原当代文学文化,书写新时期文学豫军的生成、成长、发展、壮大,以及河南文学在新时期的繁荣与贡献;我感念于他长远的史的眼光。正在发生的,必将成为历史,或者正如哲人所言,一切历史都是当代史。赵富海先生在治学治文上不设壁障,将古今打通,既牵系中原古代历史文化的兴盛,又欣慰于中原民俗文化的点滴,更注目于中原当下人文文化的流脉,让历史已经发生或正在发生的事物,能够以文字的形式予以留存,予以传播,这是一种文学的记忆。并在深入调研的基础上严谨求证之,细致解读之,以求得治学治文的文化上的完整性。其意可鉴,其文可嘉。其发心与结果均令我感动。

其次,感谢作家出版社,这个出版社在致力于百位文化名人传记浩大工程的同时,也不忘在民族精神建设中的当代人文精神的建设,从最具体的人、事做起,从微小做起,从正在发生、正在进行的历史做起,这种高瞻远瞩的胸襟,这种对于当代文化的关切,令我感动。由此,感谢社长葛笑政、总编辑张陵、本书责任编辑罗静文女士,以及为本书出版作出贡献的出版社的各位同志,正是你们的热忱与敬业,让新时期的河南文学史得到了一次特殊的回望,让历史已经发生或正在发生的事物能够以文字的形式予以留存,予以传播。这是一种文学的记忆,而一个懂得和珍惜记忆的出版社,在这个商业发展已成为洪涛之势的年代,它的文化作为不仅令我感动,而且令我敬重。

再次,感谢廖奔先生为这部书深情作序,从中不仅见出其学识才情,而且见出其人格性情。感谢到会的各位评论家、作家、编辑家,以及新闻工作者,正是你们的参与,使得一个看似地域性的文学现象有了历史的更深的意味与文化的更广的影响。不记得谁说过,文学、文化都是要有"场"的,这个"场域"当然并不简单地指研讨的会场,而是指一个更广阔的空间,一个融合了各方智慧和思想,并使这种智慧和思想得以延续,得以传承,得以发扬光大的空间,这个空间,这个场域,使作家、文学组织者、评论家、编辑家、新闻工作者、文化学者、文化传播者等人物,都能各尽所能、各尽所心、各尽所力。这个"场域"是聚气的"场",是才华得以施展的"场",是人与人关系密切互动的"场",是相互尊重又彼此独立的"场",是自由创造而又彼此尊重的"场",是文人相重、君子互敬、创造力得以极大激发而灵感之作不断涌现的"场"。南丁在1983年任河南文联主席、党组书记时一直向往有这样的一个场,他做到了。今年,距他就任已31年过去了,他的继任者,在座的有李佩甫、邵丽、何弘、乔叶等,他们都在尽力工作,努力创作,文学豫军的这样一个"场域"之能够有今天的规模与成绩,并不是哪一个人的个人作用,而是群体——文学豫军群体,以及关注文学豫军成长的群体共同成就的结果。

最后,作为《南丁与文学豫军》这部书传主的女儿,我代表我父亲南丁感谢大家的到来,感谢大家的倾听与诉说。我曾问他有没有话要带到会上,他说有,他说:谢谢作协领导,谢谢各位朋友,谢谢,谢谢大家,谢谢大家!

忠诚与崇拜

我发言的题目叫《忠诚与崇拜》，今天，注定是我铭记在心的历史时刻，2014年2月27日，春天的北京因研讨会而有了暖意，我洗耳恭听中国作协领导的关怀，理论家、出版家、作家至情至真的评说，重量级高规格于我一生足矣。这是因为我写了《南丁与文学豫军》，我崇拜南丁老师，他对党对人民的无限忠诚，与人民结合，为人民服务，人性中有纯粹的无限的崇拜底色，他是人类的文化属性，是人类的精神滋养，是引领生活的光芒，昏天黑地时他把人性带到有光亮的出口，崇拜是我写作《南丁与文学豫军》的精神指引和动力。

南丁老师是中华人民共和国一代知识分子风骨的传承者、践行者，一个人的历史折射出当代河南文学史、中国文学史，他的作品对文坛影响深刻，荐贤贤与贤，他拉起了文学豫军立言立德，一位可亲可敬的老人最澎湃不已的生命与激情仍在燃烧，文学界内的慧意，有他在就有了气场，有了灵魂，有了力量。在他身上既有老一代知识分子的气韵又有令人感慨万千的诗意浪漫，他是我们山水辽阔沉静深远的风景。文化最终沉淀的是人格，南丁老师说作家的打拼最终是人格，一切文字最后只剩两个字"人格"，南丁老师的人格是血肉填充滋养的，是始终保持生命的一种学问，也是文化意义上的再生。

30多年来，我视南丁为做人为文的准则，写南丁老师我引以为荣，今天廖奔主席亲自来研讨会场,对我是很大的关怀。雷达老师,还有李炳银老师、周明老师、周大新先生、韩小蕙女士、刘玉琴女士、王山先生对书的评价,对我的一些关心和指引我将铭记在心,尤其是王必胜老师说到书中的一些问题,我当在修订中改正。另外,我要感谢的还有我们作家出版社葛笑政老师主持这本书的研讨会,美人之美,美美与共,我觉得这是一个出版家的时代显影,张陵总编辑最早看中这本书就像他今天说的一样,他说他看到了这本书的价值和意义,这对我是很大的鼓励。

我的领导李佩甫、邵丽、何弘、乔叶过去关注我,现在又亲临会场鼓励我,感激之情铭记于心。2014年的春天,北京领导、评论家、作家的智慧言说生动形象而直观,是我后半生鲜活饱满的滋养。再次表示感谢!

(赵富海:作家,民俗文化学者)

南丁远行

生前是传奇身后是传说。

南丁远行,我在2016年11月11日、11月14日在微信上连发纪念南丁老师的文章。2016年11月14日11点18分,孟华回信儿,三个流泪符号。说:2008年,我与孟华一块"投奔南丁"。如今推举逝者的唯有富海……

2016年12月8日20点52分,在外地医病的郑州市政协副主席张万一,在看我写的追思南丁老师的文章后,回信儿:看到富海的文章就难免想起他的老师,领路人,忘年交。想起富海对恩师的崇拜和爱戴,就想起人世间的真情。富海血液里永远都流淌着男子汉的刚毅和地球上最柔软的情感。富海对南丁的走有切肤之痛,富海对南丁会永远铭记于心。

2016年12月8日20点16分我发《大河报》副总编杨长春《南丁——送南丁先生远行》,长春回:赵老师对南丁情真意切,也是对文学情真意切,这样的人在文学界也越来越少,为赵老师的真情而感动(一个哭的符号)。

2016年12月8日20点30分,张颖微信问:这是转的李韬的微信吧?告知是杨长春。张颖:你对南丁是真感情啊,我也很感动!

2016年12月8日20点40分张颖微信:南丁的《经七路34号》的最后一段文字里写道:我要好好活着,这部题为《经七路34号》的回忆录还没写完呢!

记　住
（代后记）

如果留心，这几年有一个人频繁地出入省文联大院，他斜挎着包，有时嘴里叼着烟，端的前行，像个收电费或者收水费的。

那个人就是我。

我是在访谈一位文化老人。追随这位文坛大家，始于1980年，得益于著名作家、著名编辑家的推崇，还有一次文学讲习班的历练。著名作家是段荃法、著名编辑家是庞嘉季，历练是在河南省文联第一期文学讲习班，我称"黄埔一期"。这一期的学员后来是影响全国的文学豫军中坚。29年之后的2009年，我以讲习班为"切角"，写出了《南丁与文学豫军》，连载在《大河报》，挂在中国作家网，又刊发在《文学自由谈》杂志上。这个是"垫戏"，是一次试刀，我深算：再成一本书留下。

频繁地出入，端的前行，我又以大文化为视点，以现代中国文学史背景切入，以20多万字的容量，几十幅老照片的匹配，描摹南丁这一中国文学的文化符号，展示南丁与文学豫军这一中国文学史的标志和重大文化现象，因为，我能。因为，我能的支撑是记住了积淀了32年前文坛名家推崇，文学讲习班的历练，还有我采访文学豫军"将领"们的敬畏评说与真情告白，还有《南丁文集》五卷，皇皇150万字的阅读、铭记和摘抄化为我有的厚积。

记　住（代后记）

1980年，文学青年赵富海正逢其时。

春天，著名画家曹新林引我拜见乡土文学大家段荃法，他说：河南作家，读南丁的，很有特色。荃法老师纯正的河南许昌方言的"特色"二字，分外特色，色，他念成"筛"，我印象极深。嘿，说不定他是从豫地作家群中筛选出的南丁。

夏天，我在《奔流》帮忙，主任庞嘉季看了我的读书清单，说：河南的你读南丁的，他的小说白描手法，空灵有韵致。嘉季老师是著名编辑家、评论家，他是南方人，说"空灵"二字轻柔而有乐感，我虽点头称是，却不懂空灵为何物，到现在我也说不出个"小虫吃米儿"。我崇拜的老师推崇南丁老师，我心生感慨，又见诸行动：开始搜寻南丁的作品，从《检验工叶英》到《苦恼》到《旗》到《尾巴》等小说，学习、认识，写时模仿。

秋天，我参加了省文联第一期文学讲习班，省作协副主席南丁主持，开班，他说：搭个窝，你们在这里下蛋吧！

"下蛋说"对创作风趣幽默的比喻，从此在河南文坛传播开来。"下蛋说"，20世纪60年代的传播者是资深记者宋悟民，20世纪80年代的传播者是文学青年赵富海。

我记住了。

还记住：

廖奔博士为我的书写序《一个文学时代的取象》。

人心留有的一块空间，常常成为过去与现在的接口。40年知青过往成古今。

兴趣盎然，侃侃而谈，他与我共同掀动知青这一页，又一页页抚摸，承载的是那些日出而作、日落而息的新一代农民的青春年华。

2008年的8月，央视《见证》拍我的《老郑州：民俗圣地老坟岗》四集文化专题，外景地我执意选花园口黄河大堤，我伫立大堤上，眼望当年二连驻地，早已改水田，看到的是稻浪翻滚，我心怅然。这稻浪，令我想起了廖奔1974年创作的诗歌《风雨护秧》——生命与意志的歌唱：

> 刚才和风旭日，
> 一池天水泼下，
> 风大，雨大。

比倾盆倾缸大雨更威猛烈。生活中的质感：

> 几个身影扎进雨中

不是走，不是跑，是扎。扎进雨中，更果敢，更有力量，风雨中竖起的青春雕像：

> 雨水起泡，溅起片片水花。
> 隆隆雷响隐去回声：
> "……秧苗，篷没搭……"
> 青春对天回答：给秧苗搭篷。

是责任，是拯救，抢救口粮，拯救希望，拯救秋天的收获：

> 几条躯干在雨剑中跳跃，
> 踏雷踩电冲杀，
> 天闸，雨剑，踏雷踩电，炼一颗红心，滚一身泥巴。
> 战天斗地英雄胆，黄河岸边新农民。
> 秧苗睡在帐篷下，
> 咱的心里——

翻开千顷稻浪花。

春天，人种植了秧苗，才会有秋天的千顷稻浪花。

至真、至纯、至善的往事故情，用生命激情，用火热的青春编织出廖奔们的知青时代。他样样农活"全能"，又会开拖拉机、汽车，为新知青做各种农活示范，当农场副场长，又会办报写文章，处女作《风雨护秧》发表在1974年《河南文艺》（《奔流》）上。知青中的出类拔萃。带队干部对我说：廖奔，学生领袖，追他的女孩多。

眼望二连，我想到了廖奔的一篇散文，写的是二连的一次捕鱼，那是农场学习班开班庆贺，开班我致词，知青捕鱼，我吃鱼。还写他在大田卧坐仰望蓝天想心事。2500多年前，陈胜也是在大田小歇时，对同伴说了一句振聋发聩的话："燕雀安知鸿鹄之志哉。"廖奔招工不去，推荐工农兵学员让贤，非他所志，知青们不解，他不解释。

他不谈爱情。我"有任务"在肩，这回单枪匹马见廖奔，在花园口农场场部，高大英俊的廖奔身着白衬衣、蓝裤子，"内煞腰"，两条长腿端立，未及我开口，他说：我去办板报。脸色绯红，一阵风似的跑了。他拒绝。市、郊知青办的领导与他谈交女友，他也拒绝，也脸红。所有人的"任务"都未完成，扎根派夫妇，也非他志，"燕雀安知鸿鹄之志哉"。

"小三届"廖奔，十几岁到农场，他将一生最美好的年华奉献给了土地，那里有他的泪水与欢笑和踏实的脚印，是青春的祭奠。那段生活，充实一生，取之不尽，用之不竭，给了他面对人生的勇气和力量。40多年后，博士对我说：知青生活是我一生最大的财富。

从此，我关注廖奔，两个女知青带来他的信息。一个是女场长，她激动地说：廖奔第一个考上大学。另一个是知青宣传队的舞蹈演员，她告诉我，廖奔考上了研究生。我当年领过宣传队，她在学校是"校花"，在农场，带队干部嫉妒她漂亮，专让她进城扫垃圾沤粪，工装农服依然包裹不住她那婀娜的身姿,拉起"伸脖机"(知青戏称"架子车"),却成了马路上一道风景。她也曾是我的"任务"。报界的朋友告诉我,廖奔考上戏剧博士,留学美国博士后,戏剧理论家、文化学者,文联的朋友告诉我,廖奔从中国文联调入中国作协,副主席、党组成员。又在网上查出他的科研成果,他先后获得国家哲学社会科学基金优秀成果奖、"五个一工程"奖、国家图书奖、田汉戏剧理论奖等奖项。

议序,求签名书,他著述20余种,随手拈来二种:《东西方戏剧的对峙与解构》《品剧日记》。我尤喜欢后一种,这是"思想与文化研究丛书"的一种,是博士关于戏剧内涵与本质探寻的巨构。送我的是(2004—2010)本,为下部。计134篇近35万字。戏剧的规则、原理、美学风格以日记形式研究学问,我想到国学大师黄侃,带有"隐私性"的个人写作的日记体,是他的皇皇巨著。日记体,篇幅小,读着轻松,可置案几、枕边,顺手拈来,先查闻所未闻的看,一支香烟一篇文,舒心长见识。柳子戏《风雨帝王家》、京剧《袁崇焕》、京剧《曾侯乙》、话剧《望天吼》、美国话剧《怀疑》、上党梆子《赵树理》、舞剧《一把酸枣》、方言话剧《宣和画院》、剧本《拓跋鲜卑》等,我看博士新颖的评价,评得"切入",看现状与趋势。从中看出博士学养的高深、知识的渊博。对《拓跋鲜卑》的批评我尤为折服。大兴安岭脚下的拓跋鲜卑先大同、后洛阳为北魏都城。是民族融合。博士批评剧本的立意是"从意念出发结撰的戏"。博士日记体戏评结合时代,非时下众多戏剧批评著作脱离舞台侃侃而谈可比。

议序,博士以《一个时代的取象》序赵富海《南丁与文学豫军》。我读序,分明看见中华文化的斑斓色彩与趣味,在字里行间流动:

富海是文学豫军的独特存在,跨文体的写作,采用小说结构、散文笔法、诗歌意境来结构全书,语言口头而家常。以思路牵文脉,作品带时代,细节多于概括,鲜活多于理性。这是血肉粘连而非冷静旁观议论。写一个人,临摹一个时代,勾勒出文学豫军的整体群像。从一个未被人使用过的视角论述了文学与环境、与氛围、与群体、与个人的联系,情理充沛,真气饱涨,引人深琢,开蒙发悟。尽管也理论框定,观察眼光与描写笔触却是小说式的,烟雾一缕,娓娓道来。

炼字炼句,还有一种情怀。

书稿是春节期间看完,序是大年下写成,博士说:干咱这一行的春节放假是个好时候。

豪气入心,今生所向。

记住了,还要深表谢意。

还有两个人要记住,还要深表谢意。作家出版社总编辑张陵先生、资深编辑罗静文女士。

电话,晤面,张陵总编辑揽全书以高屋建瓴,在文艺理论上指出书中的不足,我深受教益。晤面。"南人北相"的张陵总编辑说自己是河南信阳光山人,汉代举家南迁,是谓客家人。他说"我是河南人",拉近了我们的距离,探讨《南丁与文学豫军》多了精神家园意识。

申报中原文艺精品创作工程重点项目作品需原创并且是豫版,2009年我在《大河报》上连载的《南丁与文学豫军》扩充后在《作家出版社》出版。此书为了申报中原文艺精品,因此2017年我又联系了河南人民出版社,得到了出版社大力支持,在此一并致谢!

记住,权当后记。

赵富海